망각
Vergeetboek

Vergeetboek

망각
우리의 기억은 왜 끊임없이 변하고 또 사라질까

초판 1쇄 인쇄일 2015년 8월 5일   **초판 1쇄 발행일** 2015년 8월 10일

지은이 다우어 드라이스마 | **옮긴이** 이미옥
펴낸이 박재환 | **편집** 유은재 | **관리** 조영란
펴낸곳 에코리브르 | **주소** 서울시 마포구 동교로 15길 34 3층(121-842) | **전화** 702-2530 | **팩스** 702-2532
이메일 ecolivres@hanmail.net | **블로그** http://blog.naver.com/ecolivres
출판등록 2001년 5월 7일 제10-2147호
종이 세종페이퍼 | **인쇄 · 제본** 상지사 P&B

ISBN 978-89-6263-138-8 03180

책값은 뒤표지에 있습니다.   잘못된 책은 구입한 곳에서 바꿔드립니다.

망각

우리의 기억은
왜 끊임없이 변하고
또 사라질까

다우어 드라이스마 지음
이미옥 옮김

에코리브르

일러두기

이 책은 네덜란드 Historische Uitgeverij에서 펴낸 *Vergeetboek*(2010)를 저자의 동
의를 얻어 독일 Galiani Berlin에서 출판한 *Das Buch des Vergessens*(2012)로 번역
했습니다.

차례

감사의 글

이 자리를 빌려 2009년에 세상을 떠난 내 누이 이베터에게 고마움을 전하고 싶다. 이베터는 내 모든 원고가 더 나은 책이 될 수 있도록 꼼꼼히 읽어주었다.

뤼디 카우스브루크는 스탕달의 책에서 중요한 부분을 지적해주었다. 나는 아직도 재미있게 네덜란드 석간신문 〈NRC 한델스블라트NRC Handelsblad〉를 펼쳐보곤 한다.

기억 및 망각과 관련해 대략 100통의 쪽지 및 편지를 받았다. 이에 대해 야코 흐로트에게 감사의 말을 전하고 싶다.

마리위스 드라이스마는 기타리스트 스티브 바이의 사례는 잠복기억이라고 언급해주었는데, 이 점에 대해 감사를 드리고 싶다. 〈홀란드스 디프Hollands Diep〉의 기자 로베르트 암메를란과 〈NRC 한델스블라트〉의 기자 헨드릭 스피링은 이 책의 과거 버전에 대해 많은 조언을 해주었다. 에바 우트 산더르스는 나에게 '망각의 책vergeetboek'에 관한 독특한 어원을 언급해주었다.

항상 유익한 지적과 문학 자료를 알려준 안네 봄스마, 마르턴 데르크선, 빔 호프스테, 호퍼 엔스마, 프란스 묄렌베르크, 존 뮐러와 사라 드 레이커에게도 감사를 전한다.

엘러 보페레이스는 거의 모든 장을 읽어주었으며, 나는 그녀의 편집 실력 덕을 톡톡히 보았다.

제목을 《망각의 책》으로 정하자 프란체스카는 마르턴 톤더르가 1976년에 출간한 《망각에 관한 소책자Het vergeetboekje》에 대해 언급했다. 나는 이와 같은 우연을 충분히 이용했는데, 이 경우에는 잠복기억과 아무런 상관이 없다.

뤼도 하르트만, 야퀴엘리너 코이만, 헤라르트 펠스와 쿤 시몬은 나에게 결정적인 순간에 기억할 가치가 있는 자극을 주었다.

그리고 파트릭 에베라르트에게도 고마움을 전한다. 20년 전부터 항상 그러했듯 나는 그를 위해 기꺼이 글을 쓰고 있다.

2010년 9월 12일

흐로닝언에서

드렌터 기록보관실의 맨 꼭대기 층(1900년경)

머리말: 망각에 대하여

우리의 기억을 널찍한 방이라고 가정해보자. 이 방은 높은 창문을 통해 빛도 들어오고 깨끗할뿐더러 정돈도 잘 되어 있다. 우리의 회상은 벽에 붙은 기다란 서가에 질서정연하게 늘어서 있다. 깔끔하게 청소한 서가는 잘 분류되어 있다. 자, 이제 당신은 서가로 조용히 다가가 책 한 권이나 파일 하나를 꺼낸다. 그것을 몇 장만 넘겨봐도 벌써 자신이 찾던 것임을 금세 알아차린다. 책상으로 가서 당신이 고른 책이나 파일을 펼쳐놓고 자리에 앉는다. 세상의 모든 시간이 이제 당신 것이다. 이곳은 조용하며 그 누구도 당신을 방해하지 않는다. 끝까지 다 읽은 당신은 책(또는 파일)을 덮고 원래 있던 자리에 다시 꽂아둔다. 방을 떠나기 전에 잠시 주위를 훑어본다. 단정하게 반짝거리는 책(또는 파일)을 살펴보고 문을 닫는다. 이 방에 있는 모든 게 다시 방문할 때까지 그대로 있으리라 생각하면서. 왜냐하면 당신 말고는 그 누구도 이 방을 방문하지 않으리라는 사실을 당신은 알고 있기 때문이다.

기억(영어memory/recall이 독일어Gedächtnis/Erinnerung에서는 상위 개념인 '기억'과 하위 개념인 '회상'이라는 단어를 어느 정도 구분하는 편이지만, 우리말에서는 그렇지 않으므로 특별히 구분해야 할 필요가 있을 때는 '회상'이라 번역하고, 그렇지 않으면 '기억'으로 통일한다―옮긴이)이 1900년경의 드렌터Drenther(네덜란드 북동쪽에 위치한 주―옮긴이) 기록보관실에 있는 방과 같았으면 좋겠다고 바라는 사람도 있다. 물론 모두가 그렇지는 않겠지만 말이다. 자, 이제 기억 속으로 한 번 빠져들어보자. 냉난방 시설이 제대로 갖춰져 있고 먼지 하나 없는 상태의 기억이라는 방에서 회상은 탈색한 종이 위에 고정되어 있고, 찾기 쉽게 색인도 있고, 무엇보다 50년 혹은 60년이 지나도 새로운 파일이 필요 없을 만큼 튼튼한 파일에 담겨 있다. 이렇듯 자신의 회상이 안전하게 보관되어 있는 기억이라는 이상理想을 누군들 보호하지 않겠는가?

우리는 은유를 통해 기억을 생각한다. 그 밖에 다른 방법은 없다. 플라톤은 기억을 회상의 복사물, '인상'을 보관하는 밀랍 판tabula cerata이라고 생각했다. 이후의 철학자들도 이와 같은 은유를 존중했으며, 다만 밀랍 판을 새롭게 해석해 다른 형태로 바꾸었을 뿐이다. 즉 밀랍 판을 파피루스나 양피지로 대체하고, 서적을 통해 기억을 표시했다. 기억을 표현하는 또 다른 은유로는 창고가 있다. 도서관이나 문서실처럼 정보를 보관한다는 의미에서 그리고 포도주나 일반적인 물건을 보관한다는 의미에서 그러했다. 19세기 들어 신경학자와 심리학자들은 기억을 정보를 저장하는 가장 새로운 기술 개념으로 서술하기 시작했다. 요컨대 1839년 이후에는 '사진기와 같은 기억'이라는 개념이 등장했으며, 이는 축음기(1877)와 영화(1895)처럼 기억에 관한 당시의 이론과 마찬가지로 흔적을 남겼다. (1877년은 에디슨이 최초로 축음기를 발명한 해이고, 1895년은 프랑스의 뤼미에르 형제가 최초로 영화를 상영한 해이다―옮긴이.) 심리학자들은 이런 흔적을 간직하고 있다. 다시 말해, 그들은 기억이란 홀로그램이 되어야 하며 결국에는 컴퓨터가 되어야 한다고 생각한다. 밀랍 판과 하드 디스크 사이의 변화처럼 기억에 대한 우리의 생각은 아직도 이 2개의 은유를 통해 만들어진 경계를 따라

움직이고 있다.[1]

이와 같은 모든 은유에는 공통적으로 '보존하다', '저장하다', '기록하다'라는 뜻이 담겨 있다. 기억에 관한 은유의 핵심에는 기록보관실이 포함되어 있다. 이런 은유는 기억이란 뭔가를 보관할 수 있다는 상상을 전달해준다. 그것도 흠 없이 완벽하게 말이다. 이런 얘기가 완벽하게 논리적으로 들리는 게 바로 문제다. 왜냐하면 기억이란 망각의 지배를 받기 때문이다.

세상에 발을 들여놓는 순간부터 우리는 망각하기 시작한다. 무엇보다 감각적인 자극을 다루는 다섯 가지 '감각적인 목록'(예전에는 울트라-단기 목록이라고 불렀다)은 감각적인 기억을 저장하게끔 되어 있다. 이런 것들은 제때 계속 이어지지 않으면 사라진다. 지금까지 사람들은 시각적인 목록을 아주 세부적으로 연구했다. 미국 심리학자 스펄링G. Sperling은 1960년대에 '영상 기억'은 시각적인 자극을 1초보다 훨씬 짧은 시간 동안만 간직할 수 있음을 밝혀냈다.[2] 스펄링은 피실험자들에게 0.05초 동안 4개씩 세 줄로 나열한 12개의 알파벳을 보여주었다. 번개처럼 짧은 시간이 지난 후, 그는 피실험자들에게 첫 번째 줄이나 두 번째 줄 또는 세 번째 줄에 있던 알파벳을 말해보라고 했다. 피실험자들은 평균적으로 4개의 알파벳 가운데 3개를 말할 수 있었다. 매우 짧은 순간에 봤지만 영상은 거의 완벽할 정도로 남아 있었다. 물론 이것은 스펄링이 알파벳을 보여주고 난 즉시, 그러니까 0.25초 안에 물어봤을 경우다. 이보다 좀더 기다린 후에 물어보자 영상은 지워졌다. 요컨대 나머지 2개의 줄에 있던 알파벳 순서를 물어보자 피실험자들은 대답을 하지 못했다. 첫 번째 줄에 있던 알파벳을 기억하기 위해 몇 초를 보내는 동안 다른 줄에 있던 알파벳이 사라져버린 것이다.

이처럼 신속한 삭제는 다른 감각에서도 일어난다. 소리에 대한 기억(에코박스)은 자극을 2~4초 더 오래 간직함에도 불구하고 그렇다. 받아들인 감각적인 정보를 방해받지 않고 간직하기 위해서는 자극을 꼭 붙들고 있을 필요가 있다. 그림은 잠시만 머무를 뿐이다. 우리가 눈썹을 깜빡이며 집중할 때 그림은 우리의 인식으로부터 사라지지 않는다. 실제로 하나의 장면이 움직이는 것처럼 보이려면 1초당 24개의 그림이 필요하다. 하지만 삭제 역시 매우 필요하다. 만일 정보가 조금 더 오래 입력되어 있으면, 이 정보는 이어지는 자극으로 인해 방해를 받을 수도 있다. 삭제되거나 망각한 것으로부터 남은 잔상은 좋은 기억이 되지 않고 오히려 혼란만을 초래할 가능성이 있다.

우리의 감각 기관은 우리한테 무엇을 명료하게 설명해주려는 걸까? 기억은 번개처럼 신속하게 사라진다. 기록보관실이나 컴퓨터라는 은유로 암시했던 기억과는 완전히 정반대다. 감각적 기억에서 망각은 결코 흠이 아니다. 기억이 제대로 작동하기 위해 반드시 필요한 전제 조건이다. 그렇다면 망각은 기억의 또 다른 형태로서 역시 중요한 기능을 할까? 이런 의문을 가장 적절하게 표현하려면 어떻게 해야 할까? 즉 우리는 **무엇을 통해** 잊어버리며 **왜** 잊어버릴까? 우리는 신경학적 그리고 생리학적 장치에 내맡겨져 있는 것일까, 아니면 이와 관련해 우리에게도 뭔가 할 말이 있는 것일까? 기억에 관한 은유가 아무리 많은 도움을 준다 할지라도 이런 은유는 기억에 대한 상상과 망각을 서로 분리시킨다. 망각에 관한 이론이 흔히 부정적 대우를 받는 원인 중 하나는 바로 이 때문일 수 있다.

우선 언어적 차원에서도 이런 점을 관찰할 수 있다. 기억과 관련해 개발된 단어는 매우 창의적이고 명확하다. 이와 반대로 망각에 관한 언어는 왠지 초라하게만 보인다.

예를 들어, 기억에 대한 은유와 망각에 대한 은유를 대조해보기만 해도 알 수 있다. 기억은 큰 명망을 누린다. 즉 문서는 우리 문화사에서 가장 중요한 발명품이다. 문서를 간직하는 기록보관실과 도서관은 신망이 두터운 기관이다. 기억은 대수도원, 연극을 상연하는 극장 및 궁전과 비교된다. 심리학은 기억에 대한 은유로 가장 발전했고 명망 있는 저장 기술을 선택했다. 이와 반대로 망각에 대한 은유를 기억에 대한 은유 옆에 두는(이를테면 사진기 곁에 여과기) 사람은 가치의 차이를 현실적으로 보여준다. 게다가 망각을 표현하는 은유는 흔히 기억을 표현하는 은유를 힘겹게 뒤집은 것에 불과할 경우가 많다. 요컨대 만약 우리가 뭔가를 잊어버렸다면 잉크가 말라버린 것이고, 양피지에서 내용이 지워진 것이고, 누군가가 컴퓨터 자판의 'delete'를 눌렀거나 정보가 하드 디스크에 더 이상 존재하지 않는 것이다. 망각은 '지우다', '삭제하다' 혹은 '사라지다'와 결코 다르지 않다.

은유의 역전은 기억과 망각이 서로 배타적인 과정이라는 생각에 근접해 있다. 무엇인가를 기억한다면 이는 분명 망각하지 않은 것이다. 아울러 뭔가를 잊어버렸다는 것은 그것을 더 이상 기억할 수 없다는 뜻이다. 하지만 우리는 우리 스스로 만들어낸 은유로 인해 마법에 걸려 있다. 실제로는 효모가 밀가루 반죽에 속해 있는 것처럼 망각도 기억에 속해 있기 때문이다. 무엇이든 '처음'의 기억은 그다음에 일어났지만 모두 잊어버렸던 일을 기억나게끔 해준다. 우리가 기억하는 한 줌의 꿈은 잠에서 깨어날 때만 하더라도 아직 기억했지만 금세 날아가버린 수백 개의 꿈을 쫓아버린다. 심지어 얼굴을 잘 기억하는 사람도 얼굴에 닮기 이야기에 관해서는 잘 기억하지 못한다. 솔직히 말해서, 과연 누가 사진을 보지 않고 지금 함께 살고 있는 사람의 10년 전 모습을 기억할 수 있을까? 지금은 예전과 다르게 회상하고 있는 사건을 기억과 망각이라는 이분법에 따라 어디에서 기억해낼 수 있을까? 따라서 기억과 망각의 관계는 하나의 형상을 모방한 그림을 각각 나눠 가진 윤곽이라고 할 수 있다. 그래서 우리는 임의대로 하나 혹은 다른 하나를 볼 수 있다.

나는 지난 3년 동안 늘 기억을 망각과 함께 보기 위해 노력했다. 그러자 우리가 기억에 관해 제기할 수 있는 가장 어려운 질문은 바로 망각에 관한 것이라는 사실이 눈에 띄었다. 기억을 훈련하는 방법은 있는데 왜 망각을 훈련하는 방법은 없을까? 만약 잊어버리는 훈련이 있다면, 과연 그런 훈련을 유용하다고 추천할 수 있을까? 억압된 기억은 어떤 운명에 처할까? 억압된 기억은 어디에 머물까? 이 '억압'이라는 게 과연 존재하기나 할까? 초상화와 사진은 왜 우리를 기억으로 내모는 특성이 있을까? 우리는 왜 꿈에 관해 아주 나쁜 기억을 갖고 있을까? 당신의 아이디어를 들은 동료가 어떻게 그것이 **당신으로부터** 나온 아이디어라는 사실을 까먹을 수 있을까? 뇌는 우리가 체험한 모든 것에서 지속적인 흔적을 만들어낸다는 생각, 다시 말해 절대적 기억이라는 가설이 매혹적인 이유는 무엇일까? 코르사코프 증후군(비타민 B_1 결핍으로 인해 생기며 기억상실-작화증후군이라고도 한다 — 옮긴이)을 앓는 사람은 자신의 전문 지식은 잘 처리하지만 자기가 5분 전에 말했던 내용은 왜 잊어버릴까? 얼굴을 전혀 알아보지 못하는 사람의 뇌에서는 어떤 일이 일어날까?

2007년에 어떤 심리학자가 전문 서적에 등장하는 기억의 종류를 구분하기 위해 목록을 작성해봤더니, 무려 256가지나 되었다.[3] 그렇다면 망각의 종류도 역시 그렇게 많을까?

우리가 이 책에서 집중적으로 살펴볼 망각의 종류와 관련해 말하자면,

자서전적 기억의 망각이 가장 중요한 요점이다. 이는 우리의 개인적 경험을 붙들기 위해 노력하는 기억 유형으로서 만약 개인적 체험을 놓치면 걱정에 휩싸여 더욱더 자신에게 몰두한다. 1장에서는 바로 이런 내용을 다룰 것이다. 우리는 살아가면서 많은 것을 잊는다. 하지만 태어나서 2년 또는 3년 때처럼 다채롭게 망각하지는 않는다. 최초의 기억은 무엇보다 망각을 강조한다. 아울러 최초의 기억은 이 망각에 둘러싸여 있다. 잘 들여다보면 최초의 기억 속에는 이미 망각의 과정이 깔려 있음을 알 수 있다. 이 망각의 과정이 훗날 우리로 하여금 더 많은 것을 잊어버리게끔 만든다. 우리는 최초의 기억으로부터 언어와 자의식의 발달이 기억에 상당한 도움을 주긴 하지만 동시에 좀더 이전의 기억으로 들어가는 입구를 차단해버린다는 사실을 배울 수 있다. 우리 앞에 있는 문은 우리 뒤에 있는 문이 닫힐 때에야 비로소 열린다.

꿈은 즉각 문이 꽝 닫히게끔 한다(2장).

우리는 꿈과 관련해 나쁜 기억을 갖고 있다. 최초의 기억처럼 꿈의 망각은 기억의 기능을 해명해줄 수도 있다. 꿈에서 깨어난 우리는—만약 운이 좋다면—마지막 장면을 기억하고, 그 전에 일어났던 사건을 재구성하기 시작한다. 마지막 장면 이전에는 무슨 일이 일어났더라? 또 그 전에는 무슨 일이 일어났더라? 왜 우리의 기억은 시간을 거꾸로 더듬어 올라갈 때 많은 문제가 있는 걸까? 만약 꿈이 금방 날아가버리는 원인에 주의하면, 우리는 꿈에 대해 무엇을 경험할 수 있을까?

이 책에서 다룰 두 번째 주제는 병리학적 형태로 나타나는 망각은 기억 과정에서 우리를 예기치 않은 인식으로 안내해준다는 사실을 보여준다. 1953년 당시 스물일곱 살이던 헨리 구스타브 몰레이슨Henry Gustav Molaison은 뇌전증(간질)을 고치기 위해 극단적인 뇌 수술을 했다(3장). 그런데 끔찍한 결과를 초래하고 말았다. 해마를 떼어내자 새로운 기억을 저장할 수 없게 된 것이다. 남은 인생 동안 그는 늘 '지금'을 살아야만 했다. 그것도 고작 30초도 채 되지 않는 '지금'을. 하지만 이런 손상 때문에 그는 기억 실험과 관련해 이상적인 인물이 되었다. '헨리 M.'이라는 그의 경력은 거의 반세기 동안 지속되었고 전후戰後 신경심리학 연구에서 가장 유명한 실험 대상자로 이름을 올렸다. 2008년 사망한 헨리의 비망록에는 그가 피실험자 이상으로 과학에 기여한 데 경의를 표한다는 내용이 쓰여 있다.

전후 신경심리학 서적에는 '군인 S.' 역시 등장한다(4장). 그는 1944년 3월 독일군 진영에서 수류탄이 폭발하는 바람에 후두엽에 심각한 손상을 입었고, 그 결과 특수한 기억 장애가 일어났다. 즉 얼굴을 알아보지도 못하고, 알고 있던 얼굴도 인식하지 못했다. 길에서 어머니를 마주쳐도 지나쳤으며, 심지어 거울에 비친 자신의 얼굴도 알아보지 못했다. '군인 S.'는 1947년 '얼굴인식불능증prosopagnosie'이라는 진단을 받았다. 이와 같은 질병은 선천적으로 타고나는 경우도 있으며, 우리가 예상하는 것 이상으로 자주 발병한다는 사실이 최근 수십 년 사이 분명해졌다.

코르사코프 증후군이라 부르는 뇌 손상은 망각의 가장 심오한 형태에 속한다(5장). 기억상실은 2개의 시간 축으로 뻗어나간다. 즉 대부분의 과거가 지워지는 한편 미래에도 해를 끼친다. 새로운 체험을 더 이상 각인하지 못하기 때문이다. 이것이 환자를 불구로 만들어버린다. 환자가 장애를 묵묵하게 받아들일 때도 그러하다. 다시 말해, 환자는 비통해할 원인조차 기억해낼 수 없다. 사람들은 오랫동안 코르사코프 증후군 환자는 의미론적 기억—사실과 의미—만은 잃어버리지 않는다고 여겨왔다. 그러나 Z. 교수—연구자가 아니라 코르사코프 환자—를 대상으로 실시한 실험에서 이와 같은 생각이 뒤집어졌다. Z. 교수는 병이 심각해지기 몇 해

전 자서전을 집필했는데, 이 자료를 바탕으로 그의 기억 속에 확실하게 남아 있는 내용을 테스트할 수 있었다. 실험을 해보니 그의 의미론적 기억에도 구멍이 숭숭 뚫려 있었다. 과거 가운데 최근 일어난 일에 관한 질문을 할수록 기억 못하는 내용이 훨씬 더 광범위하게 많았다. 그의 기억 속 빈칸은 코르사코프 증후군이 진행되면 예기치 않은 광경이 펼쳐진다는 것을 보여준다. 이를테면 완만한 언덕에 이어 아주 가파른 절벽이 나온다.

헨리 M., 군인 S. 그리고 Z. 교수는 모두 다양한 망각으로 인해 고통을 당했는데, 사람들은 건강할 때 이와 같은 질병을 경험할 수 없다. 하지만 병리학적 기억상실의 일부가 아닌 망각도 망각의 과정을 알게끔 해준다. 지난 20년 동안 사람들은 실험을 통해 '잠복기억cryptomnesia'을 파악하려고 노력했다. 이런 현상은 겉으로 보기에는 완전히 고유한 생각이지만 나중에 알고 보면 누군가로부터 들었거나 어딘가에서 읽었던 내용일 경우를 말한다(6장). 그래서 이를 '무의식적 표절'이라는 미사여구로 표현하기도 한다. 실험실에서는 망각 과정을 미묘하게 선동함으로써 잠복기억을 쉽게 불러올 수 있다. 이런 기술은 간단하다. 특정 시점의 기억에 해당하는 양만큼 망각을 혼합하는 것이다. 이때 기억은 사라지지 않지만 기억으로 인식되지 않는다.

이 책에서 다룰 세 번째 주제는 망각에 관해 오늘날 이해하고 있는 소견의 기나긴 뿌리를 보여준다. 오늘날 많은 사람이 내세우는 이론에 따르면, 우리의 뇌는 우리가 경험한 모든 것의 흔적을 보관한다. 1930년대에 수행한 신경생리학적 실험이 그와 같은 사실을 보여준다(9장). '억압'에 관한 오늘날의 견해는 프로이트가 일찍이 1895년부터 세웠던 의견을 포함한다(5장). 이를테면 지금도 여전히 트라우마를 건드리면 무의식으로부터 불행을 초래한다고 여긴다. '다시 발견한 기억' 같은 최근의 토론에서는 정신분석학이 도입하고 이후 100년 넘게 망각에 대한 우리의 생각에 영향을 미친 은유를 사용한다. 이보다 훨씬 이전까지 거슬러 올라갈 수도 있다. 즉 뇌의 일부는 다른 부분이 무엇을 하는지 알 수 없다는 이론은 프로이트 이전에 무명의 영국 가정전문의 아서 위건Arthur Wigan이 정립했다 (7장). 그는 1844년 뇌의 좌뇌반구와 우뇌반구는 각각 자체적인 의식과 기억을 갖고 있을지 모른다고 설명했다. 위건이 살던 시대에는 그 누구도 이와 같은 이론을 믿지 않았고, 이 이론을 믿지 않을 좋은 근거는 여전히 존재한다. 하지만 위건이—독자적 인식에서 '신경학계의 갈릴레이'라고 할 수 있는—두 가지 반구로 설명하고자 했던 내용 가운데 많은 것들 덕분에 프로이트는 이로부터 50여 년 후 의식과 무의식의 관계를 이끌어낼 수 있었다.

하지만 이 책의 핵심은 망각에 관한 생각을 하면서 우리가 기억 가운데 무엇을 원하고 무엇을 두려워하는지가 드러난다는 사실을 보여주는 데 있다. 기억은 우리를 불안하게 만드는 능력이 있다. 자신의 형상을 지속적으로 변화시킬 수 있는 능력이 바로 그것이다. 여기엔 많은 게 필요하지도 않다. 우리가 어떤 사람에 관해 무슨 얘기를 들으면 이 새로운 지식은 그 사람에 대한 기억을 다른 빛으로 비춘다. 또는 어떤 형태로든 한동안 속았다는 게 분명해진다. 그 이후 우리는 하나의 기억이 이와 같은 과거의 새로운 버전에 어떻게 이어지는지 지켜볼 수밖에 없다. 이와 반대로 우리는 좋아하는 기억을 기꺼이 보호하려 한다. 가능한 한 '오로지 읽기용'이라는 안전한 코드로 간직하려 애쓴다. 하지만 삶은 이미 존재하는 기억을 바꾸는 어떤 다른 기억을 첨부하기도 한다. 2000년 1월 헝가리 출신 작가 페테르 에스테르하지Péter Esterházy는 이런 일을 비교적 부드럽지 않은 방식으로 경험했다. 첩보 기관의 기록보관실에서 나온 서류에 따르면, 그는 청소년 시절부터 자신이 살았다고 생각한 것과 전혀 다른 삶을 살아온 게 분명했다(10장). 《수정본Verbesserte Ausgabe》이라는 제목을 붙인 책에서 에스테르하지는 자신이 어떻게 행복했던 청소년 시절의 기억 여기저기에 수치스러운 새로운 해석을 덧붙여야만 했는지 묘사했다. 이것 역시 망각의 한 형태이다. 즉 기억이 원래 의미했던 입구를 상실하는 것이다.

아마 망각하지 않도록 열정적으로 노력하는 기술로 사진만 한 게 없을 것이다(11장). 또 기억과 관련해 사진만큼 많은 모순을 지닌 기술도 없을 것이다. 우리는 잊을 수 없는 순간은 가능한 한 사진으로 찍어두는 걸 좋아한다. 잊지 말아야 할 것을 잊어버릴 수도 있다는 걸 의식적으로 알기 때문이다. 우리는 사진이 우리 기억을 지지해주길 기대하고, 아울러 언젠가는 우리 기억을 대체하기 시작한다는 사실을 알아차린다. 특히 초상화의 경우 그런 효과가 있다. 사랑했으나 이미 죽은 사람의 사진은 우리를 기억으로 떠민다. 왜 우리의 기억은 사진과 기억을 보관하지 않을까? 사진을 '기억을 지닌 거울'이라고 표현하기도 하지만, 우리에게 그토록 많은 것을 망각하게 만드는 사진으로부터 우리는 무엇을 원하는 것일까?

제멋대로 구는 기억은 망각의 경우 두 가지 방향으로 표출된다. 망각하는 기술 따위는 없다. 그리스 사람들은 우리에게 기억술을 남겨놓았는데, 라틴어로는 이를 '아르스 메모리아에ars memoriae'라고 한다. 그러나 뭔가를 의두적으로 잇어버리고 싶을 때 사용할 수 있는 명칭의 기술ars oblivionis은 남겨놓지 않았다. 유감스럽게 망각을 방지하는 안전장치도 없다. 우리가 잊어버리거나 잊지 않는 것은 우리의 기억에 달려 있다. 요컨대 우리에게 달려 있지 않다. 망각의 기술은 기억 실험으로 존재한다. 예를 들어 〈이 터널 선샤인Eternal Sunshine of the Spotless Mind〉(2004)이라는 영화를 보면 주인공이 불행했던 사랑의 기억을 지우기 위해 첨단 컴퓨터 회사인 라쿠나Lacuna에 의뢰한다. 비슷한 기억 실험을 1976년 출간한 봄멜 씨에 관한 이야기, 곧《망각에 관한 소책자》에서도 발견할 수 있다. 여기에서 마르턴 톤더르Marten Toonder(네덜란드의 유명한 만화가―옮긴이)는 망각의 현명한 철학에 대한 이야기를 소개한다(12장). 봄멜 이야기에서 망각의 기술은 '미술의 대가'가 발명하며, 사람을 억압하는 기억을 지우는 게 과연 얼마나 좋은 것인지 고민해야만 한다는 걸 보여준다.

아무것도 잊지 말아야 한다는 결심은 사랑하는 사람이 죽어서 그를 기억하고자 할 때 강렬한 그리움으로 변한다. 우리는 모든 기억 가운데 사랑하는 사람들에 대한 기억을 가장 보호하고 싶을지 모른다. 망각을 차단하고 싶을 정도로 말이다. 우리는 조문弔文을 통해 그런 약속을 하고 자신의 기억으로 맹세하기도 한다. 이와 반대로 어떤 사람은 가족과 친구의 기억 속에서 계속 살기 위해 자신의 삶과 결별하기도 한다. 오늘날에도 기억에서 사라지는 것을 '제2의 죽음'이라고 표현한다. 프랑스 혁명기의 공포 정치(1793~1794) 때 다음 날이면 죽게 되리라는 사실을 아는 사람들은 작별 편지를 쓰곤 했다. 그 편지를 보면 자기가 사랑했던 사람들이 자신을 잊지 않으리라는 것에 큰 위안을 얻고 있음을 알 수 있다(13장).

이 책에서는 대부분 신경학자, 정신과 의사, 심리학자와 그 밖의 다른 과학자들이 기억에 관해 말할 것이다. 하지만 그들이 망각의 과정과 이유에 대해 대답할지라도 우리가 이론적으로 기억에 관해 아는 지식과 우리가 개인적으로 기억과 관련해 경험한 내용 사이에는 여전히 심각한 차이가 있을 수 있다. 바로 이처럼 지식과 자기 관찰 사이에 있는 무인도에서, 자신의 기억과 망각에 관해 좀더 생각해볼 수 있는 문제가 등장할 것이다. 스위스 작가 막스 프리슈Max Frisch는 55~60세 때의 통렬한 질문을 일기장에 기록했다.[4] 그와 같은 질문으로 이 책을 마무리한다. 프리슈는 단 하나의 질문에도 직접 대답하지 않았고, 나 역시 즐겁게 그의 예를 따랐다.

망각으로 씻어낸 최초의 기억

몇 년 전 튀니지 영화 〈지붕 위의 소년Halfaouine〉을 봤다. 1990년 처음 상영된 이 영화의 줄거리에 대해서는 그다지 얘기할 게 없지만, 등장인물인 소년 누라에 관해서는 몇 가지 기억이 난다. 소년은 열두 살 때까지 어머니와 함께 여자 목욕탕에 갈 수 있었다. 매주 증기가 무럭무럭 올라오는 놀라운 세상으로 들어갔다. 안개 같은 증기 속에서 요정처럼 모습을 드러낸 여자들이 무릎을 꿇고 앉아 비누칠을 하고 몸을 씻었다. 그리고 너무나 평화롭게 팔과 다리 그리고 가슴에 오일을 발랐다. 어느 순간부터 누라는 눈을 크게 떴다. 점점 더 여자의 몸에 호기심을 갖게 된 것이다. 소년은 긴장하면서도 천진난만한 얼굴로 여자들을 관찰했다. 물론 그런 일은 오래 지속되지 못했다. 여자들 가운데 한 명이 소년의 시선에서 뭔가를 느낀 것이다. 그 뒤부터 누라는 남자 목욕탕으로 가야만 했다.

아직 어린 나이와 충분히 먹은 나이의 경계는 혼란스럽다. 하시만 일단 이 성계를 넘어서면 우리는 두 번 다시 돌아가지 못한다. 여섯 살짜리 누라는 자신이 열두 살이 되었을 때 여자를 어떻게 바라볼지 예감하지 못했다. 여자 목욕탕에서 쫓겨난 누라는 볼 게 너무도 많지만 아무것도 보지 못했고, 아무 생각 없이 발가벗은 여자들에게 둘러싸여 있는 게 어떠했는 지 더 이상 기억해낼 수 없다. 그사이에 성장해버린 성욕은 2명의 누라를 만들어버렸고, 이들은 서로 통하지 않는다.

하지만 이렇듯 접근하기 힘든 두 가지 상태는 정말 서로 통하지 않을 까? 기억은 우리를 과거의 자아로 인도해 그때 체험한 세상을 경험하게 끔 해줄까? 자서전을 쓴 많은 작가들은 정말 그렇게 된다고 믿는 경우도 있다. 자서전 작가들은 어린아이의 눈으로 세상을 관찰했다고 단언한다. 요컨대 어린아이가 생각하고 행동하는 그대로를 기록했다고 한다. 하지 만 아이의 눈으로 바라본다고 할 때, 이 아이라는 것도 자신의 기억에서 나온 것이다. 그게 아니면 어디에서 나올 수 있겠는가?

이런 질문은 천진난만하다. 어쨌거나 이이는 기억 속에서 재발견되지 않으며, 기억은 잘해야 아이를 새롭게 만들어낼 뿐이다. 이런 아이를 글 로 담아내기 위해 기억이 필요하다 해도 이때의 기억은 재발견된 게 아니 며, 흔히 힘들게 파낸 것에 불과하다. 자서전 작가는 이어서 이렇게 파낸 기억에 문학적 손질을 한다. 왜냐하면 어린 시절의 기억은 결코 어린 시 절의 이야기가 아니기 때문이다. 진짜처럼 보이게끔 하는 어린 시절에 대 한 서술은 독자들에게 자신의 어린 시절을 떠올리게도 한다. 하지만 사실 이는 문학가의 손에서 나온 생산물이며, 이런 관점에서 볼 때 실제 어린 시절의 경험과는 완전히 동떨어져 있다. 우리 모두는 자신의 기억과 간격 을 두고 있는데, 자서전에서 이런 간격은 2배 넘게 증가한다. 즉 자서전 작가는 기억을 위해 단어를 찾아야 하고, 이런 단어를 사용해 이야기의 내용을 채워가야 한다.

이와 같은 기억의 유형에 대해 심리학자들은 1980년대부터 전문 용어―자서전적 기억―를 사용해왔다. 이는 연상과 관련이 있으며 자서전과 관련한 문학 이론에서 채택한 표현이다. 필리프 르죈Philippe Lejeune은 일찍이 1975년에 다음과 같이 썼다. "우리 모두는 자신의 인생을 끊임없이 수정한 이야기를 지니고 다닌다."[1] 이로부터 25년 뒤 심리학자들은 이와 비슷한 결론을 얻어냈다. 즉 우리의 기억이란 체험의 반복이 아니라 오히려 재구성이며, 이런 재구성은 과거의 우리로부터 영향을 받을 뿐 아니라 그걸 기억하려는 현재의 우리로부터도 영향을 받는다는 것이다. 수동적인 상태에서 초안이 만들어지는데, 우리는 기억을 직접 새로 쓰는 게 아니다. 이런 일은 우리를 위해 저절로 일어난다. 이처럼 새로 기록한 내용과 직면하는 순간―일기나 오래된 편지를 읽을 때―우리 스스로도 그 일이 일어난 이후 체험했던 모든 것 가운데 무엇이 삭제되고 사라졌는지 알고는 깜짝 놀란다.

또는 거기에 덧붙여서 쓰기도 한다. 엘리아스 카네티Elias Canetti는 자서전《구출된 혀Die gerettete Zunge》에서 자신의 최초 기억을 이렇게 서술한다.

소녀의 팔에 안긴 채 나는 문을 나선다. 내 앞에 보이는 땅은 빨간색이며, 왼쪽에는 아래로 내려가는 계단이 있고, 이 계단 역시 빨갛다. 맞은편에는 우리가 나왔던 문과 똑같은 크기의 문이 있다. 그 문이 열리더니 미소 띤 남자가 친절한 표정을 지으며 나에게 다가온다. 바짝 다가온 남자가 말한다. "혀를 내밀어 봐!" 나는 혀를 쭉 내민다. 남자가 주머니에서 작은 칼을 꺼내더니 내 혀 가까이 가져오며 말한다. "우리는 이제 네 혀를 자를 거야." 나는 혀를 집어넣을 생각도 하지 않고, 남자는 내 혀에 거의 닿을 만큼 점점 더 가까이 다가온다. 마지막 순간, 남자가 칼을 내려놓고 말한다. "오늘 말고, 내일." 그러곤 칼을 다시 접어 주머니에 넣는다.[2]

매일 아침 이런 일이 반복되고 그때마다 어린 엘리아스는 두려움에 떤다. 하지만 그는 이 이야기를 아무한테도 말하지 않고 열 살이 되어서야 어머니에게 물어본다.

어머니는 빨간색에서 아버지 및 나와 함께 1907년 여름을 보낸 카를스바트의 여관을 떠올렸다. 부모님은 두 살짜리 아들을 위해 불가리아에서 열다섯 살도 채 되지 않은 하녀를 데려왔다. 소녀는 이른 아침마다 아이를 안고 거리를 돌아다녔다. 불가리아어만 할 줄 알았음에도 카를스바트 어디든 알아서 잘 다녔고 정확하게 집으로 돌아왔다. 한 번은 소녀가 거리에서 낯선 젊은 남자와 함께 있는 모습을 사람들이 보았다. 하지만 소녀는 잘 모르는 남자라고 하면서 우연히 만났을 뿐이라고 했다. 몇 주 후, 이 젊은 남자는 우리가 묵고 있던 여관 바로 맞은편에 살고 있다는 사실이 드러났다. 소녀는 밤만 되면 서둘러 이 남자한테 달려가곤 했다. 부모님은 이에 대해 책임감을 느끼고 서둘러 소녀를 불가리아로 돌려보냈다.[3]

엘리아스 카네티는 1905년 7월 25일 태어났으니 위에서 언급한 여름에는 두 살이었다. 빨간색, 소녀, 남자와 칼. 이 모든 게 최초의 기억치고는 비교적 이른 시기에 형성되었는데, 보통 최초의 기억은 만으로 세 살에서 네 살 사이에 형성되기 때문이다.[4] 카네티의 경우처럼 매우 포괄적인 사건을 담고 있는 최초의 기억은 다시 말해, 시간적인 경과도 포함하고 있는 기억은 대체로 이런 나이가 지나서야 가능하다. 하지만 우리가 위의 문장을 카네티가 자신의 기억 속에서 최초의 기록을 발견해 순수하게 옮겨놓은 것이라고 받아들인다 해도, 기억은 많은 부분 언어가 없는 순간을 포함하고 있다. 이를테면 언어 구사 능력이 없는 두 살짜리 아이가 체험하기엔 불가능한 그런 순간 말이다. 남자가 자신에게 했다는 3개의 문장은 훗날에야 비로소 언어로 옮겨진 것이다. 아이로서 겪었던 체험을 다시금 생생하게 만들고자 하는 모든 시도는 나중에 가서야 비로소 쓸 수 있는 도구를 사용할 수밖에 없다. 카네티가 기억을 1인칭으로 서술하고 3인칭으로 설명하는 것("두 살짜리", "아이")은 기억이란 순수한 원래 경험이라는 설명과 무관하게 서술될 수 있다는 것을 암시한다. 이는 현실에서는 존재하지 않는 2등분적 시각이다.

스헤프마커르의 수집

자서전적 기억에서 최초의 기록 이전과 이후는 텅 비어 있다. 최초의 기록은 우리 존재의 시작을 기억이 있는 존재로 표시해주지만, 동시에 기억이 하나도 나지 않는 이 텅 빈 공간은 최초의 기억이 얼마나 많은 망각으로 둘러싸여 있는지를 강조한다. 작가 베른레프J. Bernlef(네덜란드의 작가로 원래 이름은 헨드릭 얀 마르스만Hendrik Jan Marsman. 그의 시와 산문은 주로 주관적 및 객관적 체험, 기억과 망각, 관찰과 인식을 주제로 다룬다―옮긴이)의 최초 기억은 창살을 통해 밖을 내다보며 큰 소리로 "우일리, 우일리!"라고 부르는 장면이었다. 훗날 부모님은 당시 그가 아이들의 안전을 위해 창살을 달아둔 곳에 앉아서 우일리라는 이름의 독일인 하녀를 부르곤 했다고 설명해주었다. 그다음으로 베른레프가 기억하는 것은 이로부터 3년이 지난 뒤의 사건이었다. 프레더릭 포사이스 Frederick Forsyth(영국의 작가―옮긴이)는 한 살 반이었을 때 부모님이 유모차에 잠시 내버려둔 적이 있는데, 깨어나 보니 개가 자신을 지키고 있었다. 하지만 자신을 지켜준 개가 무서워 유모차 밖으로 기어 나오다 굴러 떨어졌고, 그러자 개가 그의 얼굴을 핥아주었다고 한다. 포사이스는 그 후

1년 반 동안의 기억은 하나도 떠오르지 않는다고 했다. 이렇듯 아이의 기억이란 탈탈거리며 시동이 걸렸다가 다시 꺼지는 엔진과 닮았다.

베른레프와 포사이스의 최초 기억은 1988년 출간한 《최초의 기억》[5]에 실려 있다. 기자였던 니코 스헤프마커르Nico Scheepmaker는 6년 동안 개인적으로 그리고 직업상 만난 사람들에게 최초의 기억이 무엇인지 물어보았다. 이렇게 해서 그는 최초의 기억 350개를 모을 수 있었다. 스헤프마커르는 이 최초의 기억을 모을 때 어떤 학문적인 기대도 하지 않았다. 이런 기대는 흔히 단점으로 작용하기도 한다. 그는 최초의 기억을 얘기해주는 사람에게 그때가 언제인지 물어보지 않았다. 그래서 그중 263개의 기억에만 나이를 확정지을 수 있었다. 물론 매번 나이를 묻지 않은 데 따른 장점도 있었다. 스헤프마커르는 어린 시절의 기억에 관해 이론적으로 깊이 파고들지도 않았다. 요컨대 사적인 견해도 달지 않고 수정도 하지 않은 채 기억만을 성실하게 기록했다. 20세기 들어 심리학자들은 연구 목적으로 최초의 기억을 다양하게 수집했다. 하지만 이러한 기억은 항상 대학생들에게 설문지를 나누어주고 얻은 결과였다. 이와 달리 스헤프마커르가 수집한 최초의 기억은 매우 다양한 직업에 종사하는 사람들로부터 나왔다. 따라서 출신과 나이도 매우 다채롭다. 하지만 무엇보다 스헤프마커르가 수집한 기억이 다른 사람들 것보다 훌륭한 점은 바로 엄청난 양이다. 우리가 10명의 사람에게 최초의 기억에 대해 물으면 단순히 열 가지 이야기를 얻는 데 그친다. 하지만 약 350명에게 물으면 이로부터 패턴을 얻을 수 있다.

최초의 기억은 모두 망각과 혼합되어 있다. 최초의 기억을 좀더 자세히 관찰해보면 그것이 최초가 아니라는 게 드러날 때도 많다. 스헤프마커르 역시 자신이 최초로 기억하는 내용은 휴가 때 가져간 따뜻한 빵이라고 생각했다. 하지만 나중에 그의 어머니는 다른 이야기를 해주었다. 즉 가족이 휴가를 떠나긴 했지만 할아버지가 돌아가시는 바람에 계획보다 일찍 집으로 돌아와야 했다는 것이다. 스헤프마커르도 물론 할아버지를 기억했다. 출판업자 게르트 판 오르스호트도 편지를 통해 스헤프마커르에게 최초의 기억을 적어 보냈다. 그런데 이 출판업자는 그에 앞서 이미 최초의 기억을 얘기해준 적이 있었다. 그가 편지에 새롭게 적어 보낸 최초의 기억은 예전에 얘기한 최초의 기억보다 나이가 더 들었을 때의 것이었다. 많은 사람이 최초의 기억과 관련해 서로 연관 있는 세 가지 혹은 네 가지 기억을 갖고 있다. 예를 들어 최초의 기억이 이사하기 전이거나 혹은 이사한 뒤에 누군가가 죽었을 때와 연관이 있다면, 이사와 관련한 기억이 서너 개씩 있어 무엇이 최초의 기억인지 혼란스러워진다. 사람들이 정확한 연도를 잊어버렸기 때문이다.

최초의 기억이 어디에서 나온 것인지 잊어버린 사람도 많다. 최초의 기억은 정말 자신이 체험한 것일까? 혹시 꿈이거나 가족 사이에서 등장하던 이야기는 아닐까? 이런 점과 관련해 문제를 일으키는 것은 바로 사진이다. 흑백사진 한 장. 언젠가 휙 스치며 봤던 사진이 몇 년 후 특정한 순간을 일깨우고, 이로부터 아련한 기억이 떠오른다. 마치 흑갈색의 정지 화면에서 시작해 갑자기 형상이 움직이는 영화처럼 말이다. 기자인 헨크 호프란트Henk Hofland는 오랫동안 자신의 최초 기억은 꿈이었다고 확신하며 살았다. 요컨대 부모님 집은 로테르담에 있었으며, 그 집 뒤쪽에는 연못이 있었다. 그런데 이 연못에 굴뚝이 3개 달린 스타텐담Statendam(1965~1966년 스위스 바젤에서 만든 배-옮긴이)이 지나갔다 호프란트는 나중에 아버지에게 그 얘기를 한 후에야 그게 꿈이 아니라는 걸 알았다. "스타텐담은 정말 우리 연못에서 운항을 했단다. 우리 이웃에 살던 사람이 그 배의 모형을 만들어 우리 집 뒤에 있는 연못에 띄웠지! 그러니까 넌 꿈을 꾼 게 아니라 실제로 봤던 거야!"[6] 게다가 최초의 기억으로 꿈을 언급하는 사람도 있다. 사전을 출간하는 네덜란드 출판사 판 달러Van Dale의 편집주간을 지낸 피트 하거스Piet Hagers가 바로 그런 경우였다. 그는 그네에서 떨어지는 꿈을 꾸고는 침대 옆에서 벌떡 일어났다. 디자이너 페터르 포스Peter Vos 역시 최초의 기억으로 꿈을 언급했다. "몬드리안이 그린 나무에 관한 꿈을 꿨어요. 나뭇가지들이 서로 엉켜 있는 정말 무서운 장면이었죠."[7]

스헤프마커르가 수집한 최초의 기억을 살펴보면, 사람들이 최초의 기억을 떠올린 시기는 평균 세 살 반이었다. 하지만 이와 같은 평균에서 상당히 벗어나는 예도 있다. 네덜란드 출신의 여성 작가 넬티어 마리아 민Neeltje Maria Min이 얘기해준 최초의 기억은 네덜란드가 해방되었을 때 어머니 품에 안겨 거리에서 축제를 벌이는 사람들을 관찰하는 장면이었다. 그런데 당시 넬티어는 고작 9개월 된 갓난아이였다. 작가 케스 스티프Kees Stip 또한 스헤프마커르에게 1913년 네덜란드 독립 100주년을 기념해 축제가 열렸을 때, 연어색 커튼을 친 자신의 요람에서 이웃집 울타리에 있는 개선문을 보았다고 했다. 고작 생후 3개월밖에 안 된 나이에 말이다. 이런 내용을 보면 우리가 과연 최초의 기억이라는 걸 얼마나 믿을 수 있을까라는 의문이 떠오르지만, 여기에 대해서는 나중에 다루기로 하겠다. 스헤프마커르에게 자신의 최초 기억을 얘기해준 사람 중 5명은 채 한 살도 되기 전의 일을 기억했다. 이와 달리 9명은 일곱 살 생일이 지난 후의 사건에 대해 이야기했다. 스웨덴 출신의 테니스 선수 비에른 보리Björn Borg는 30분 동안 곰곰 생각하더니, 일곱 살 때 스톡홀름에 있는 학교 계단에 서 있던 일이 최초의 기억이라고 말했다. 코냑을 파는 상인 베르트란트 플뤼리Bertrand Flury는 일곱 살 때 할아버지와 산책을 갔는데, '할

아버지'라고 말해야 하는 순간 그만 실수로 "할버지"라고 말했던 걸 최초의 기억이라고 했다. 또 다른 사람들은 일곱 살 혹은 여덟 살 생일에 받았던 선물이 최초의 기억이라고 말했다.

아주 늦은 나이의 일을 최초의 기억으로 떠올린 사람들은 약간 난처해하면서 그게 정상이냐고 걱정했다. 그래서 이들은 "미친 사람이 하는 소리로 들릴지 모르지만……"이라는 말로 최초의 기억을 고백했다. 이런 사람들에게 할 수 있는 말은 통계적으로는 예외에 속하지만 반드시 그들만 그런 것은 아니라는 것이다. 즉 어떤 조사를 해봐도 그들처럼 나이 든 이후에 일어난 일을 최초의 기억으로 생각해내는 사람들이 있다. 완벽하게 건강한 사람들도 그러하다. 나이가 한참 든 후의 사건을 최초로 기억하는 것에 대해 느끼는 수치심은 생후 7개월, 4개월 또는 2개월까지 거슬러 올라가는 사람들이 느끼는 특이한 자부심처럼 그다지 적절하지 않다. 스헤프마커르가 수집한 사례 가운데 이처럼 이른 시기를 기억한 경우는 바로 지휘자 클라우디오 아바도Claudio Abado("나는 태어난 지 2개월 되었을 때 아버지가 연주한 바흐의 샤콘느를 기억합니다")와 작가 얀 볼커르스Jan Wolkers("나는 유모차 지붕에 장식해둔 꽃 같은 재료를 기억합니다")가 있다. 당시 태어난 지 6개월밖에 되지 않은 갓난아기 얀은 유모차에 누워 있었다고 한다. ("그렇지 않나요, 가리나? 그게 바로 나의 최초 기억 맞죠?")[8] 만약 많은 사람을 상대로 최초의 기억이 무엇이냐고 질문하면, 누가 가장 어린 나이에 최초의 기억을 내놓는지를 놓고 경쟁이 펼쳐지는 걸 경험할 수 있을 것이다. 세 살에서 네 살 때의 일이 최초의 기억인 사람들은 의심스러운 태도로 두 살이나 한 살 이전의 일을 기억하는 사람들이 하는 이야기를 경청한다. 그리고 이들보다 더 이른 시기의 일이 최초의 기억인 사람들의 이야기까지 유심히 듣는다. 다행스럽게도 이성적인 사람이라면 심리학자가 이와 관련한 질문에 만족할 만한 대답을 해야 한다고 기대하지 않는다. 대부분의 경우 최초의 기억을 놓고 벌이는 경쟁은 의심을 드러내지 않고 호탕하게 웃으며 끝난다. 가령 이미 늙어버린 여자가 어린 시절을 회상하며 얘기하기 시작하면 대부분 쾌활하게 들어준다.

이보다 더 흥미로운 점은 나이와 최초의 기억으로 떠올린 사건의 종류 사이에는 관련성이 있다는 사실이다. 자신의 책 도입부에서 스헤프마커르는 70여 명에게 최초의 기억에 관한 질문을 한 뒤, 그 결과를 세 가지로 구분한 기자 디터 치머Dieter Zimmer에게 주의를 돌렸다. 디터가 세 가지 종류 중 가장 먼저 언급한 것은 하나의 '그림' 또는 하나의 단편 그리고 많은 경우 순간적으로 인지한 감각이다. 두 번째는 '장면'인데, 이 경우에는 장소와 배경 그리고 다른 사람들도 등장하는 그야말로 어떤 상황에 대한 기억이다. 하지만 이런 최초의 기억도 늘 짧고 파편적이다. 마지막으로 '에피소드'가 있다. 최초의 기억이 에피소드인 경우 모종의 발전된 이야기가 존재한다. 이는 돌발적인 하나의 사고 또는 사건에 관한 에피소드이며, 여기에는 흔히 행동하는 아이가 한 명 등장한다. 이런 세 가시 유형은 물론 전형적인 사례를 통해 쉽게 구분할 수 있지만, 그럼에도 불구하고 그 경계가 명확한 것은 아니다. 스헤프마커르가 수집한 최초의 기억도 그러하다. 그 목록에는 하리 뮐리스Harry Mulisch가 기억하는 밤나무 그림도 있다. 그런데 이 밤나무는 신문에 실려 있었다. 그런가 하면 시몬 빈케노흐Simon Vinkenoog는 다음과 같은 최초의 기억을 고백했다. "나는 누워서 태양이 하늘에서 움직이는 모습을 바라보고 있었어요."9 장면과 관련한 최초의 기억으로는 상대에게 말을 놓았다가 갑자기 따귀를 맞는다거나, 이사 가는 모습을 더 잘 보기 위해 누군가의 어깨 위에 올라앉는다거나, 서커스를 구경하고 있는데 갑자기 옆에서 코끼리 발이 나타나는 예(여성 작가 두스흐카 메이싱Doeschka Meijsing) 등이 있다. 에피소드에 속하는 최초의 기억을 예로 들어보면, 어릴 때 누나들에게 심술궂은 괴롭힘을 당했다고 기억한 그리스인 사키스 이오안니데스Sakis Ioannides가 있다. "내가 침대에 누워 있는데 누나들이 내 머리를 찰싹찰싹 때리더니, 마치 내 머리를 톱질할 것처럼 행동했어요. 그런 뒤 누나들은 내 머리에서 지푸라기를 끄집어내고 그 지푸라기가 없으면 내가 똑바로 서 있지 못할 거라고 말했어요. 그리고 나서 침대 위를 미친 듯이 풀쩍풀쩍 뛰었죠. 나는 정말 계속 넘어지면서 베개 밑에 있을지도 모르는 지푸라기를 찾아 헤맸습니다. 그러다 마침내 내가 큰 소리로 실컷 울고 나자 누나들은 내 머리에 지푸라기를 다시 꽂아주고 침대에서 뛰는 것도 그만두었죠. 그제야 나는 다시 똑바로 설 수 있었어요."[10]

이보다 더 오래전에 실시한 조사에서─치머의 경우도 역시─는 좀더 어린 시절의 기억은 흔히 그림으로 그리고 이후의 기억은 대부분 에피소드로 나타났다. 그리고 최초의 기억이 장면일 때는 아주 어린 시절과 나중의 중간쯤에서 나타났다. 스헤프마커르는 이와 같은 관계를 자신이 수집한 기억에서는 발견하지 못했다고 기록했으며, 비에른 보리의 일곱 살 때 기억 파편은 그림과 같았다고 지적했다. 하지만 날짜를 기록한 263개의 기억을 그림과 장면 그리고 에피소드로 분류한 다음 평균 나이를 계산해보면 똑같은 결과를 얻어낼 수 있다. 즉 날짜를 기록한 모든 기억 중 그림(17퍼센트)은 평균 두 살 10개월, 장면(53퍼센트)은 평균 세 살 2개월 그리고 에피소드(30퍼센트)는 평균 네 살 3개월이다. 그림과 장면 사이의 차이는 겨우 4개월에 불과하지만, 장면과 에피소드이 차이는 거의 13개월에 달한다. 두 살이 되기 전에 나온 최초의 기억은 대부분 그림이며, 이때 에피소드는 전혀 나타나지 않는다. 일곱 살 생일이 지난 후 최초의 기억을 얘기한 경우는 9명이었다. 그중 기억을 그림으로 표현한 경우는 비에른 보리밖에 없으며, 다른 8명은 대부분 에피소드로 기억했다. 이처럼 나이 및 기억 종류 사이의 관계는 우리의 계산보다 더 밀접한 관계일 수 있는데, 이는 그림의 형태가 흔히 장면이나 에피소드 형태보다 나이를 정확하게 기억 못할 때가 많기 때문이다. 아울러 아마도 우리는 나중에 가서야 어린 시절을 회상하며 유치원이나 초등학교에 다니기 시작한 시점을 알 수 있기 때문일 것이다.

무려 350건에 달하는 최초 기억은 대부분 시각적 인상으로 묘사되었다. 그리고 오로지 16개의 기억만이 시각적 인상이 아닌 나머지 감각 기관으로 묘사되었다. 이런 경우는 사례가 너무 적어 여기서 통계적으로 신뢰할 만한 결론을 이끌어낼 수는 없다. 이런 사례 가운데 다수는 불쾌한 맛에 대한 기억이었다. 예를 들면 모래를 씹었다던가, 구역질이 날 정도로 썩은 바나나를 먹었다던가, 석탄을 씹었다던가 하는 경험이었다. 그런가 하면 후각은 안정된 느낌과 관련이 있었다. 여성 작가 모니카 판 파에 멀Monika van Paemel은 갓난아이였을 때 잠시 강아지 새끼와 함께 바구니에 있었다고 했다. "나는 지금도 여전히 그 냄새를 맡고 강아지가 내는 깨갱 거리는 소리도 느낄 수 있습니다."[11] 독일 작가 미하엘 엔데Michael Ende는 이웃집에서 기르던 다컬이라는 개의 냄새를 기억했다. "나는 다컬과 함께 식탁 밑으로 기어들어가 뼈를 가지려고 서로 싸웠으며, 다컬의 냄새를 아직도 기억하고 있습니다. 하지만 이 냄새는 우리 이웃 사람이 불에 얹어서 따뜻하게 데워 먹던 부드러운 빵 냄새와 섞여 있지요. 나는 두 살 때부터 이 향기를 맡았어요."[12] 미하엘 엔데가 두 살 때 그 이웃은 이사를 갔다. 드문 경우이긴 하지만 소음이나 소리가 강한 인상을 남겨놓을 수도 있다. 조각가이자 화가인 예룬 헤네만Jeroen Henneman은 부모님이 살던 집의 이웃집 정원에서 아이들이 개를 나무에 묶어두었던 게 최초의 기억이라고 했다. 그런데 그 개가 이웃에서 키우던 벌 떼의 공격을 받았다. 이웃집 울타리에 가려 헤네만은 아무것도 보지 못했다. 하지만 죽어가는 개가 지르는 소리를 들을 수 있었다고 했다. 기자인 마레인 드 코닝Marijn de Koning은 V1 크루즈 미사일(제2차 세계대전 당시 나치군이 사용한 폭탄. 주로 영국의 런던과 벨기에의 안트베르펜 항구에 투하했음─옮긴이)이 내는 끔찍한 소리를 기억했다. 이와 달리 소리는 신뢰감과 안전한 느낌을 불러일으키기도 하는데, 가령 어머니가 계단을 오르내리는 소리 같은 걸 들 수 있다. 촉각을 최초의 기억으로 떠올린 경우는 여배우 리즈 스노잉크Liz Snoyink였다. 복숭아 압착기가 떨어지면서 그녀의 손에 과즙이 흐른 경험이 그것이다. 기타리스트 쥘리앵 코코Julien Coco도 비슷한 경험을 했다. 그는 자식이 10명이나 되는 집안에서 자랐다. "어머니는 키가 크고 힘도 센 수리남 출신 여자였습니다. 자식이 많아서 어머니는 늘 급히 서둘러야 했죠. 한 번은 나에게 젖을 물리려다 젖꼭지로 눈을 찔렀어요! 그때부터 나는 여자의 가슴을 보면 항상 놀라서 뒤로 물러섰습니다……."[13]

촉각, 미각, 후각 혹은 청각과 관련한 최초의 기억은 평균 두 살 반에 나타났다. 요컨대 평균적인 최초의 시각적 기억보다 1년 일찍 일어났다. 감각과 관련 있는 최초의 기억들도 파편적인 성격이 있어 아주 짧은 순간의 경험이다. 시각적이지 않은 어린 시절의 기억은 다른 이유로도 흥미롭다. 이런 기억의 경우는 사진을 두고 흔히 사람들이 그러듯 서로 혼동되지 않는다. 후각적 기억과 미각적 기억은 대부분 언어가 아닌 상태로 떠오르므로 가족끼리 이야기를 나눌 때 잘 등장하지 않기 때문이다. 방금 깐 리놀륨 냄새, 손에 떨어진 과즙이 주는 느낌, 혹은 모래를 입에 넣었을 때의 느낌은 언어로 표현하기 어렵다. 그래서 미하엘 엔데는 자기 기억에 신빙성을 더하기 위해 다컬과 빵 냄새를 증거로 내놓았다.

《최초의 기억》을 3~4쪽 읽어보면 크고 작은 사건에 관한 이야기가 많이 나온다. 프랑크 레이카르트Frank Rijkaard는 세 살 때 뜨거운 물이 가득 들어 있는 이웃집 여자의 욕조에 빠져 병원으로 갔다. 혹은 사냥개한테 쫓기거나, 치과에 갔다가 치아가 망가지거나, 뒤로 걷다가 다리미와 부딪혀 장딴지에 화상을 입거나, 배에서 떨어지거나, 창문에서 추락하거나, 물에 빠져 거의 익사할 뻔하거나, 다리에 유리 조각이 박히는 사고도 있다. 이런 모든 사고는 수십 건씩 최초의 기억으로 자주 등장한다.

실제로 겪었던 위험과 상상 속의 위험은 쉽게 기억된다. 겁을 잔뜩 집어먹은 채 타고 있던 유모차가 최초의 기억이라고 말하는 사람도 족히 10명은 된다. 최초의 기억을 얘기해보라고 하면 갑자기 홀로 된 경우를 많이 언급한다. 즉 길을 잃었다거나, 옷장에 갇혔다거나, 다락방에 갇혀 내려오지 못한 사건들이다. 트루먼 커포티Truman Capote(《티파니에서 아침을》로 유명한 미국 작가─옮긴이)는 하녀와 세인트루이스에 있는 동물원에 갔다가 혼자 남겨진 일을 기억했다. 누군가가 사자 두 마리가 우리에서 도망쳤다고 소리쳤다. 그리고 그때 하녀가 그의 두 다리를 손으로 잡아당겼다.

일찍이 1929년 모스크바의 교육학자 블론스키P. Blonsky가 지적했듯 두려움으로 점철된 최초의 기억이 과도하게 나타난다는 특징은 스헤프마커르가 수집한 최초의 기억에서 감정을 분석할 때도 역시 드러난다.[14] 최초의 기억을 얘기한 사람 가운데 126가지 사례─3명 중 한 명에 해당─의 경우 기억과 함께 어떤 느낌이 연관되어 있는지 말해주었다. 평균적으로 이런 기억은 어린 시절 중에서도 비교적 늦게 나타났다. 요컨대 세 살 8개월 정도 된 시점이었다. 그림 형태의 기억은 에피소드 형태의 기억과 비교할 때 상당히 적게 나타났다. 게다가 긍정적 감정과 부정적 감정이 최초의 기억에서 차지하는 비율도 상당히 불균형적이다. 최초의 기억을 얘기한 사람 가운데 고작 17퍼센트만이 그때를 떠올리면 즐겁거나, 자랑스럽거나, 안정을 찾는다고 했다. 하지만 83퍼센트는 최초의 기억에서 부정적 감정을 떠올렸다. 3명 중 한 명은 두려움을 느낀다고 했다. 날아가 버린 모자, 침대에 쏟아진 감기 물약, 토끼의 껍질을 벗기는 광경, 뜻하지 않게 벨기에산 튼튼한 말에 올라타는 광경, 불꽃, 멀리서 들려오는 총소리, 악몽, 학교에 등교하는 첫날 등등. 스헤프마커르가 수집한 사례 가운데 두려움으로 점철된 기억으로는 얼굴도 많았다. 예를 들면 갑자기 유모차 위로 나타난 얼굴이 그렇다. 이런 사례를 보면 앞으로 유모차에 있는 아이를 들여다볼 때는 조심해야 할 듯싶다. 두려움과 경악 다음으로 많이 나타난 감정은 걱정과 분노였다.

최초의 기억과 연관된 감정은 흔히 부모의 반응으로부터 영향을 받는 경우가 많다. 넬티어 마리아 민 역시 그런 기억을 얘기했다. 그녀는 어머니의 팔에 안겨 많은 사람이 축제를 벌이고 있는 광경을 바라보았다. 그런데 어머니가 이 축제를 못마땅하게 여겨 창문에서 한 발 떨어져 지켜보았으므로 어린 그녀는 두려움을 느꼈다고 했다. 아이들은 불을 봤을 때 자신이 두려워하는 모습이 아니라 부모들이 경악하는 모습을 기억한다. 어린 남동생이 죽었을 때 역시 어른들의 우는 모습을 기억하지 스스로 느낀 슬픔을 기억하는 것은 아니다. 네덜란드의 배우 발터르 크로멀린Walter Crommelin은 자신의 아버지가 2년 만에 인도네시아에서 돌아왔을 때 아버지를 알아보지 못했을 뿐만 아니라 계속 모른 척하면서 살고 싶었다고 말했다. 훗날 그는 무엇보다 어머니가 아버지 때문에 근심에 싸여 있던 모습을 기억했다. 이렇듯 아이들은 부모의 눈으로 세상을 평가한다.

스헤프마커르가 수집한 최초의 기억 가운데 약 50가지는 전쟁에 관한 것으로, 이들의 기억을 통해 전쟁의 진행 상황을 알 수 있을 정도다. 한 남자는 군에 징집되어 진지에 머물고 있던 아버지를 방문한 기억을 떠올렸다. 스히폴과 미델뷔르흐, 나중에는 헤이그 외곽의 베쮜이던하우트와 필립스 공장에 폭탄이 떨어진 것을 기억하는 사람도 있고, 경찰이 이펜뷔르흐 비행장 부근을 검색하는 장면을 기억하는 사람도 있었다. 공습경보 때 식탁 밑으로 기어들어가는 광경. 도로 포장 일을 하는 유대인 노동자를 학대하던 장면. 다락방에 숨어 있는 사람이 잠을 자던 모습. 지하실에서 공포에 떨며 위를 쳐다보던 광경. 두 살짜리 여자애가 무심코 지나가는 사람들에게 자기 이름을 말하며 다른 곳으로 데려다달라고 하는 모습. 독일 군인이 들이닥쳐 남편이 집에 있느냐고 묻자 거짓말을 하는 어머니를 보고 놀랐던 기억. V2 로켓이 있는 곳에서 빵을 훔쳐 먹던 기억. 독일의 레이더를 방해하기 위해 연합군 비행기가 뿌린 은색 종이. 폭탄과 식량을 투하하던 영국 비행기. 그리고 이어진 해방(5명은 캐나다 군인들이 행진하는 모습을 최초의 기억으로 얘기했다). 서투르게 게양한 국기. 퇴각하는 독일 군인들. 전쟁이 끝난 후 폐허로 변해버린 집에서 발견한 장난감 자동차.

스헤프마커르는 정보를 제공한 사람들이 몇 살인지 밝히지 않았다. 그 때문에 전쟁과 관련한 최초의 기억이 스헤프마커르가 수집한 기억에서 정말 과도하게 많았는지 여부를 가늠할 수는 없다. 하지만 그런 얘기를 한 사람들이 1937년부터 1943년 사이에 태어났다고 가정하면, 50건의 전쟁 기억을 최초의 기억으로 언급한 사람들은 당시 6~7세 정도 되었을 것이다. 그리고 이와 같은 기억에 남아 있는 경험과 체험을 좀더 정확하게 관찰하면, 최초의 기억을 씻어버린 모든 망각의 원인을 설명하는 최근의 이론을 지지할 수도 있다.

늦깎이

최초의 기억이 갖고 있는 가장 큰 수수께끼는 너무 많은 일들이 지나간 다음에 나타난 것이라는 점이다. 요컨대 최초의 기억을 떠올리기 전에 이미 몇 년이 훌쩍 지나가버렸다는 얘기다. 네덜란드 철학자 코르넬리스 베르후번Cornelis Verhoeven은 "우리는 우리 자신의 이야기에서 늦깎이입니다"[15]라고 썼다. 모순처럼 들리지만 어린 아이들의 기억은 **순간적으로는** 탁월하게 작동하는 것처럼 보인다. 두 살짜리 아이는 누구와 재미있게 놀고 누구와 재미없게 놀았는지 알고 있다. 그리고 어떤 사람이 방문하면 좋아하고 어떤 사람이 방문하면 숨어버린다. 따라서 이들도 자신의 체험을 간직하고 있는 게 분명하다. 그런데 이런 기억은 몇 년 후 사라지고, 또한 지속적으로 잊어버린다.

자서전적 기억이 왜 그토록 늦게 그리고 들쑥날쑥 나타나는지에 관해 나는 《나이 들수록 왜 시간은 빨리 흐르는가》의 2장 '어둠 속의 섬광'에서 자세히 설명한 적이 있다. 여기에서는 그 내용을 짤막하게 소개하고, 아울러 가장 최근의 연구를 보완해야 할 것 같다.[16] 많은 과학자들은 이와 같은 망각의 원인을 무엇보다 신경학적 성숙의 속도 때문이라고 설명한다. 인간의 뇌 무게는 태어날 때 약 350그램이다. 성인의 뇌는 1200~1400그램에 달한다. 뇌가 350그램에서 1000그램으로 가장 많이 늘어나는 시기는 한 살 때이다. 기억을 만드는 데 중요한 역할을 하는 대뇌 측두엽의 해마는 첫 해에 완전히 성장하지 않는다. 또한 해마는 신피질에 기억을 전혀 저장할 수 없다. 왜냐하면 신피질도 이 시기에 만들어지기 때문이다. 간략히 말해, 태어날 때 뇌는 기억 능력을 형성하지 못한 상태라고 할 수 있다. 대부분의 연결은 이후에 만들어진다. 따라서 그 누구도 뇌에 기억의 흔적을 만들 수 없다. 요컨대 어린 아이들이 거의 모든 것을 망각하는 이유는 바로 저장하는 데 실패한 결과다.

자서전적 기억은 뇌의 성장이 점차 안정되는 나이에 이르러서야 비로소 개발된다는 것이 성숙 이론에 적합하다. 그럼에도 불구하고 최초의 기억을 몇 살에 하는지는 사람에 따라 매우 다르다. 해마와 뇌의 성숙은 일반적으로 최초의 기억을 하는 나이처럼 개인마다 차이가 심하지는 않다. 뇌의 부분들 사이에 아직 연결이 부족하거나 그 과정이 만들어지고 있다 해서 이런 상태가 모든 것을 결정하지는 않기 때문이다.

심리학 이론은 망각의 원인을 오히려 부족한 자의식에서 찾는다. 어린 아이들의 경우는 개인의 과거에 관한 이야기를 종합할 수 있는 '나' 또는 '스스로'라는 개념이 전혀 없다.[17] '나'가 없는 한 자서전을 만들 수 없다—그 대신 서로 연결되지 않는 단편적인 사건만 있을 뿐이다. 우리가 '망각'이라고 부르는 것은 누구에게도 요구받지 못한 기억의 상실이다. '내가 체험하는'이라는 걸 의식하는 아이만이 지속적인 기억을 비축한다.

대체로 자의식은 점차 발전한다. 하지만 많은 아이들의 경우에는 갑자기 나타나기도 한다. 몇 가지 사례를 살펴보면 이미 최초의 기억에서 자의식이 발현되기도 한다. 한스 마그누스 엔첸스베르거Hans Magnus Enzensberger(독일의 시인이자 평론가—옮긴이)는 스헤프마커르에게 두 살 때 자신의 작은 침대에 서서 소포를 배달하는 우체국의 전기차를 관찰하고 있는데, 자동차에서 나오는 나지막한 소음이 "내가 나라는 느낌"[18]을 전달해줬다고 얘기했다. 발달심리학자 콘스탐D. Kohnstamm은 이처럼 '나는 나'라는 기억이 담겨 있는 수백 가지 기억을 모아서 이를 멋지게 분석했다.[19] 84세이던 카를 융Carl Jung이 자의식이 깨어난 기억에 관해 보고한 것이 콘스탐의 관심을 끌었다. "당시엔 중요한 다른 체험도 있었습니다. 우리는 클라인휘닝엔이라는 지역에 살았는데, 그곳에서 학교가 있는 바젤까지는 아주 오랫동안 걸어가야만 했죠. 그 길을 걷던 어느 날, 갑자기 나를 엄습하는 느낌이 들었습니다. 짙은 안개 속에서 깨어난 의식이었는데, '이제 나는 나야' 하는 느낌이었죠. 내 등에는 마치 안개 벽이 가로막고 있는 것 같고, 그 벽 뒤에는 내가 없는 것 같았습니다. 하지만 그 순간에 바로 내가 있었어요. 그 전에는 내가 없었고, 그냥 모든 게 일어나기만 했던 것이죠. 그런데 그때 나는 알았습니다. 이제 나는 나이고, 이제 나는 존재한다고 말입니다."[20]

이와 같은 기억은 흔히 번개처럼 분명해지곤 한다. 즉 아이는 자신이 어디에 있었으며, 누가 함께 있었고, 그 순간 무엇을 했는지 기억한다. 아이에게 감정을 불러일으키는 것은 대부분 의식意識이다. 왜냐하면 아이는 단번에 자신이 유일하며, 다른 사람과 바뀌지 않고, 형제자매와 다르며, 유일한 '나'라는 점을 분명하게 깨닫기 때문이다. 갑자기 자신은 혼자이며, 동떨어져 있고, 자신의 몸에 갇혀 있고, 거대한 세계에서 보이지 않는 존재라는 점을 의식하기 때문이다. 이런 의식을 갖는 순간 아이들은 강렬한 행복감을 느끼지만 약간 놀라움에 빠지기도 한다.

콘스탐이 수집한 '나는 나'라는 기억은 일곱 살, 여덟 살 혹은 그 이후에 나타난다. 그 이전에 나타나는 경우는 드물다. 따라서 자의식을 깨닫는 시기는 최초의 기억을 하는 때보다 나중에 일어나지만, 자서전적 기억이 실제로 진행되는 해에 정확하게 나타난다. 비록 자의식에 관한 기억보다 일찍 일어난 다른 기억들도 있지만 이런 시기의 기억은 '안개' 혹은 '어둠'으로 기록되고, '나는 나 기억'은 잠시 번쩍일 뿐이다(나보코프V. Nabokov), 한 젊은 여성은 이른 아침 침대에 누워 있는 주말을 떠올렸다. 어떻게 이런 생각을 떠올렸는지 설명할 수는 없지만, 단번에 생각이 났다. "갑자기 분명해졌어요. 내가 유일한 사람이라는 게 말이죠. 내 모든 것, 내 외양과 무엇보다 내 생각. 당시 나를 엄습했던 감정은 너무나 강렬하고 충격적이었습니다. 그런 강렬한 느낌을 그 이후로는 한 번도 느끼지 못했죠. 이런 체험은 또한 내 기억력에도 각인되었어요. 그날 이전에 대해서는 더 이상 기억할 수 없습니다. 마치 내 삶이 그때 처음으로 시작된 것처럼 느껴져요. 그 시기는 일곱 살 혹은 여덟 살이었던 게 분명해요."[21] 의식적인 자아가 나타나면 이와 동시에 뭔가를 종결짓는 듯싶다.

갑작스럽든 점진적이든 자의식의 발전이 어린 시절에 겪는 유일한 변화는 아니다. 구사하는 어휘와 언어 능력이 발달함으로써 아이들은 자신의 경험을 점점 언어적으로 소화하고 또한 이것을 저장한다. 그들의 기억은 점차 스토리를 가지며, 이와 같은 기억을 떠올리는 일은 이 순간부터 특히 언어적인 연상 작용을 거친다.[22] 대부분의 아이들이 세 살과 네 살 사이에 최초의 기억을 떠올리고 이에 대해 얘기하는 것도 이 시기에 신속하게 발달하는 언어 능력을 고려하면 결코 우연이 아니다. 하지만 그 결과 언어로 저장되지 않은 기억은 빨리 사라져버린다. 이런 기억을 언어로 붙들어두지 못하기 때문이다.

이것은 기억에서 삭제되는, 그러니까 아직 성장하지 않은 해마나 불안정한 신경학적 흔적과는 전혀 상관없는 유형의 망각이다. 왜냐하면 사라진 것은 기억 자체가 아니라 기억할 수 있는 통로이기 때문이다. 요컨대 자물쇠가 달린 문이 있고, 지금 갖고 있는 열쇠로는 이 문을 더 이상 열지 못한다는 얘기다. 이와 같은 설명은 다양한 나이에 나타나는 최초의 기억에 매우 적합하다. 아이가 언어를 전혀 구사할 수 없으면 기억은 '그림'으로 나타난다. 만약 아이가 자신의 경험을 언어로 되돌아볼 수 있고 다른 사람에게 자신이 경험한 것을 얘기하기 시작하면, 그때야 비로소 '장면'과 '에피소드' 기억이 등장하는 것이다.

그렇다면 아이들은 말로 표현하지 못하는 어린 시절의 기억을 훗날 언어로 옮겨 기억에 붙들어놓을 수는 없을까? 이것이 바로 엘리아스 카네티의 작품《구출된 혀》의 초반부가 암시하는 것이다. 즉 어린 엘리아스는 두 살 때 겪었던 두려운 경험을 훗날 언어로 옮겨놓았다. 그렇게 하지 않으면 어머니한테 그 이야기를 털어놓을 수 없을 것 같았기 때문이다. 하녀의 팔에 안긴 채 맞닥뜨렸던 주머니칼과 면도날 같은 단어들이 훗날 일련의 그림으로부터 하나의 에피소드가 될 수 있게끔 도와주었다. 스헤프마커르가 수집한 최초의 기억들에서도 비슷한 사례가 나타난다. 작가 아드리안 베네마Adriaan Venema는 이렇게 얘기했다. "누군가의 어깨 위에 앉아 손으로 강철로 된 동그랗고 차가운 것을 만지던 기억이 납니다. 어머니가 나중에 그때 무슨 일이 있었는지 얘기해주었죠. 우리 집은 헤일로의 그루넬란에 있었어요. 세 살이던 나는 우리 집 정원을 벗어나 레익스트라트 길로 갔어요. 1944년 당시에는 요즘처럼 교통이 혼잡하지 않았지만, 그래도 매우 위험했죠. 그때 철모를 쓴 독일군 한 명이 나를 붙잡아 어깨에 올리고는 주민들에게 나를 아는지, 내가 어디에 사는지 물어보았답니다. 당시 내 머리카락은 홍당무색이었는데, 이웃 사람 모두가 나를 알고 있었죠. 어머니는 독일 병사의 어깨에 앉아 있는 내가 문 앞에 갑자기 나타나자 놀라서 죽을 뻔했다고 하더군요."[23] 개별적인 감각—높은 곳에 앉거나 동그랗고 차가운 뭔가를 만지는 것 따위—이 외부의 도움을 받아 최후의 버전, 곧 에피소드 형태의 최초 기억으로 가공된 것이다. 이런 이야기는 모든 아이가 이른 시기든 아니면 나중에든 최초의 기억을 통해 혹은 그런 도움 없이 만들어내는 것 아닐까? 2명이 신리학지기 재치 있는 실험으로 그렇지 않다는 것을 보여주었다.[24] 아이가 어릴 적 경험을 훗날 습득한 어휘로 바꿔 쓰는 경향은 제한적으로만 가능하다는 것이다.

이 실험에는 연령에 따라 세 그룹이 참여했다. 가장 어린 그룹은 평균 두 살 3개월이고, 가장 나이 많은 그룹은 세 살 3개월이었다. 실험을 하기 전 모든 아이가 개별적으로 사용할 수 있는 어휘를 일일이 조사해두었다. 실험 자체는 아이들이 매우 놀라운 장비를 갖고 노는 것으로 이루어졌다. 마법의 축소 기계magic shrinking machine가 바로 그것이었다. 자그마한 기계에는 레버와 핸들이 고정되어 있었다. 레버를 건드리자 기계가 작동을 시작하고 몇 개의 작은 불이 깜빡거린다. 실험자가 상자에서 장난감을 하나 꺼내 그것을 기계에 떨어뜨린다. 이어 핸들을 돌리자 명랑한 소리가 흘러나온다. 그리고 얼마 후 아이들은 기계 아래쪽에서 처음보다 작아진 장난감을 발견한다. 모든 아이는 그 기계의 작동 방법을 금세 배웠다.

이 실험을 수행한 여성 심리학자들은 6개월 후 여기에 참여했던 아이들의 절반을 방문했다. 그리고 나머지 절반의 아이들은 1년 후 방문했다. 축소 기계 놀이에 대한 아이들의 이해 수준―행동의 순서, 사용한 장난감 등등―은 나이와 더불어 높아졌고, 흘러간 그동안의 시간과 더불어 줄어들기도 했다. 예상했던 결과였다. 하지만 이 실험은 전혀 다른 문제를 관찰하기 위해 실시한 것이었다. **아이들은 처음 시도했을 때 사용하지 못한 단어로 자신들의 기억에 대해 어느 정도 묘사할 수 있을까?** 심리학자들은 아이들에게 자신이 체험한 것에 대해 물었다. 그리고 아이들이 이야기를 마치면 당시 기계에 넣었던 장난감을 사진으로 보여주었다. 이때 아이들에게 혼란을 주기 위해 실험 때 사용하지 않았던 인형 3개 사이에 테디베어를 섞어두기도 했다. 그런 다음 마지막으로 축소 기계를 가져와 아이들에게 어떻게 작동하는지 보여달라고 부탁했다. 사진을 보고 실험 당시 사용했던 장난감을 찾는 일은 어렵지 않았다. 아울러 아이들은 기계로 했던 놀이를 잘 기억하는 게 분명했다. 하지만 놀랍게도 당시에는 몰랐으나 지금은 알고 있는 단어, 이를테면 '레버'나 '핸들' 같은 단어를 사용해 이야기하는 아이는 한 명도 없었다. 이 실험을 수행한 여성 심리학자들은 다음과 같은 결론을 내렸다. 언어적인 보고는 "설명할 때 꽁꽁 얼어붙은 상태이며, 재생하는 순간이 아니라 저장한 순간의 언어적 능력으로 표현된다".[25]

아이들이 상대적으로 짧은 시간에 언어를 능숙하게 습득하는 모습을 가까이에서 지켜본 사람들은 눈앞에서 기적이 완성된 듯한 느낌을 갖는다. 폭발적으로 늘어나는 어휘, 격에 따라 바뀌는 동사와 명사 그리고 형용사의 변화, 억양 등등. 마치 무無에서 발전한 듯싶은 이 모든 것은 평생을 살면서 소통하는 데 아주 중요한 요소다. 이렇듯 빠른 시간 안에 언어 능력이 발달함으로써 생기는 다른 측면도 있다. 성장하는 동안 아이들의 뇌는 좀더 오래된 기억을 새로운 코드를 통해 그 안에다 집어넣으려는 노력을 기울이지 않는다. 오래된 서류처럼 이런 기억은 관심에서 벗어나고 사람들은 결국 그것을 더 이상 찾을 수 없게 된다. 언어의 빠른 발달은 마치 마법의 축소 기계처럼 어린 시절의 경험에 영향을 준다. 어린 시절의 많은 나날은 몇 가지 희미한 그림, 파편적인 경험, 3~4초 정도 이어지는 장면으로 축소되어 있다. 이런 장면의 앞에서는 물론 뒤에서도 아무런 일이 일어나지 않은 채 말이다.

분명하게 설명해주는 걸 좋아하는 사람들은 유년기 동안의 기억에 관한 이론에 대해서만큼은 큰 기대를 갖지 말아야 한다. "이와 같은 망각은 다음과 같은 사실을 놓고 설명할 수 있다"라는 식의 시도는 독자를 오도하기 십상이다. 완전히 발달한 해마는 기억을 잘하기 위해 반드시 필요한 조건이지만 충분한 조건은 아니다. 해마가 완전히 만들어진 후에도 자서전적 기억은 활발하지 않다. 그러기 위해서는 다른 요소가 필요한데, 이 것이 또다시 문제를 일으킨다. 즉 이 시기의 아이들을 보면 매우 많은 게 동시에 변화한다. 생성되기 시작한 자의식은 '나'를 등장시키고, '나'는 체험을 개인적 과거로 경험하게끔 만든다. 또한 시간이 두 가지 방향으로 확장된다. 온갖 종류의 '옛날'에 관한 의식이 생기고, 아이는 **어제**가 **지난 주** 혹은 **지난여름**과 다르다는 것을 이해한다.[26] 여기에는 언어 발달이 큰 역할을 한다. 즉 시간에 관한 표현이 점차 섬세해지면서 연결점을 표시하는 단어가 필요해진다. 이와 동시에 언어는 더 많은 일을 수행한다. 다시 말해, 언어는 개인적 경험을 외부로 전달해준다. 언어 덕분에 아이는 자신의 기억을 부모, 형제, 자매 그리고 친구와 함께 나눌 수 있다. 요컨대 이와 같은 기억을 통해 서로 교환할 수 있는 어떤 것을 만든다. 곧 사회적 경험을 하는 것이다. 경험한 것에 대한 이야기는 기억을 새롭게 끄집어내 어느 정도 반복한다. 아울러 이를 통해 기억은 언어적 형상을 지닌다. 하나의 이야기로 구성된 기억은 예전의 의식과 훗날의 의식을 포함하며, 원인과 결과 그리고 다른 체험과 시간적으로 연관된 의식까지 포함한다. 이 모든 것이 기억에 견고한 영향을 주는 것이다.

하지만 언어와 자의식 외에 뭔가가 또 발전하는데, 이것은 유년 시절의 기억을 지우는 효과가 있다. 아이들은 자신의 경험을 습관적인 과정으로 정돈하기 시작한다. 요컨대 심리학에서 '시나리오'라고 부르는 고정된, 각본 같은 과정으로 배열하기 시작한다. 그리하여 옷을 입는 시나리오, 학교 갈 준비에 관한 시나리오, 친구들과 놀기 위한 시나리오, 할머니와 할아버지 집에서 머무는 경우를 위한 시나리오가 있다. 이와 같은 시나리오는 앞으로 살아가는 동안 내내 개발된다. 이로써 개별 경험은 하나의 도식과 같은 상상에 속하고, 그러면 개별 경험 자체로 불러오기가 점점 힘들어진다. 아이가 매일 경험하는 것은 성장하면서 전체적인 상상으로 탈바꿈한다. 그리하여 옷을 입을 때나 다른 곳에서 잠을 잘 때와 같은 상상이 만들어진다. 바로 여기서 최초의 기억은 자서전적 기억이 발전하고 있을 때 어떤 메커니즘이 작동하는지 분명하게 보여준다.

가령 리아 뤼베르스Ria Lubbers가 얘기해준 최초의 기억을 예로 들어보자. 리아는 남편이 집에 있는지 묻는 독일군의 질문에 거짓말을 한 어머니를 보고 깜짝 놀랐다. 이와 같은 경악은 결코 거짓말을 하지 않는 어머니라는 배경에서만 나타날 수 있다. 리아가 아직 어릴 때 어머니와 함께 했던 모든 경험, 이를테면 거짓말을 하지 않는 어머니라는 인상을 만들어준 모든 경험은 이로써 전반적인 상상과 더불어 사라졌다. 이와 동시에 이런 전반적인 상상에서 벗어난 특이한 사건을 목격함으로써 잠시 망각했던 것―어머니는 항상 진실을 얘기했다는 경험이 정상적인 상황이었다는 것―이 나타난다. 따라서 최초의 기억으로 전쟁이 자주 나타나는 이유를 이해할 수 있다. 각자가 경험한 전쟁은 정상적인 상황에서 벗어난다는 특징이 있다. 아버지가 집에 있는 게 아니라 군에 징집되는 바람에 진지에 머물고 있다거나, 사라진 사람이 다락방에서 자고 있다거나, 거리를 청소하는 유대인이 학대를 받는다거나, 공습경보 때 식탁 밑으로 숨는다거나, 비행기에서 은색 종이를 뿌리는 광경 따위가 그것이다.

이렇듯 정상에서 벗어난 예외적인 일은 최초의 기억으로 자리 잡기에 적합하다. 가령 처음 학교에 가던 날, 처음으로 전기를 보거나 바나나를 먹었던 순간이 그렇다. 빔 다위센베르흐Wim Duisenberg(네덜란드 정치가이자 경제학자. 1998~2003년 초대 유럽중앙은행 총재를 빌냈음―옮긴이)는 레머르를 출발해 암스테르담으로 향하는 배에서 아이스크림을 맛보고 느꼈던 놀라움을 아직 기억하고 있었다. 그는 이때 처음 나무 손잡이가 달려 있는 아이스크림을 먹었다. 그는 지금 예전에 먹었던 아이스크림콘을 기억할 수 없다. 손잡이가 달린 아이스크림은 와플로 감싼 콘과 달랐고, 그래서 독특했다. 이와 같은 설명에서 중요한 사실은 아이들의 경우 정상적인 것에 대한 의식이 먼저 발달해야 한다는 것이다. 요컨대 풍부한 시나리오를 담고 있는 의식이 먼저 발달해야 한다. 기억은 이와 같은 시나리오에 이른바 '지식'이라고 부르는 것을 위해 점차 자리를 마련한다. 가령 아이스크림은 어떤 모양인지에 대한 지식, 어머니는 거짓말을 하지 않는다는 지식 말이다. 그리고 이와 같은 지식으로부터 벗어나는 것을 경험할 때에야 비로소 훗날 이에 관해 가능한 한 지속적으로 기억한다. 뭔가를 기억하기 위해서는 우선 아주 많은 것을 잊어버려야만 한다는 뜻이다. 그렇다. 이렇게 우리의 세 살, 네 살의 삶이 지나간다.

"그런데 너는 왜 그걸 알지 못해?"

찰스 다윈이 얘기한 최초의 기억은 네 살 생일 이전으로 거슬러 올라간다. 찰스는 식탁에서 누나의 무릎에 앉고, 누나는 그를 위해 복숭아를 깎고 있었다. 그때 소 한 마리가 창문을 지나갔다. 찰스는 너무나 놀라 누나의 무릎에서 뛰어내리다 그만 칼에 상처를 입었다. 그때 다쳤던 상처 자국은 죽을 때까지 남아 있었다. 흔히 기억은 가족끼리 나누는 이야기에서 들은 것이라는 식의 설명을 하곤 한다. 하지만 다윈은 그 기억이 진짜라고 확신했다. 이런 확신에 대한 근거까지 제시했다. "나는 소가 어느 방향으로 갔는지도 정확하게 기억하고 있다. 여기에 대해서는 식구들이 얘기해주지 않았는데 말이다."[27] 스헤프마커르가 수집한 최초의 기억을 살펴봐도 그게 진짜 기억인지에 관한 논쟁이 자주 눈에 띤다. 최초의 기억을 묘사할 때 냄새에 관한 사진도, 모래를 씹는 사진도 없다. 즉 최초의 기억을 이야기하는 사람만이 어느 누구도 보지 못한 것을 보거나 행동했다는 뜻이다. 기억에 뭔가 신빙성을 부여하고자 하는 욕구는 주변 사람들이 어린 시절의 기억에 대해 의심을 갖고 반응한다는 것을 시사한다. 어떻게 하면 망각에 관해 다양하게 설명하면서 기억의 신뢰성에 대해 말할 수 있을까?

무엇보다 다음과 같은 점을 유념해야 한다. 즉 이 문제에 대한 연구는 너무 얽히고설켜서 해결하는 게 거의 불가능에 가깝다. 아무도 보지 못한 어떤 일이 최초의 기억이라고 얘기하는 사람은 어쩌면 안전하다는 주관적 느낌을 갖는 측면이 있지만, 유감스럽게도 그 기억을 확인해줄 목격자가 없다. 최초의 기억이 제3자가 나서서 증명해줄 정도로 가치 있는 경험인 경우는 매우 드물다. 장난감을 빼앗아간 이웃집 아이, 처음으로 먹어본 바나나, 지퍼에 끼여 떨어져나간 피부 한 조각, 다락방에 갇힌 사건 따위는 다른 누군가의 머리에 남아 있을 정도로 중요한 게 결코 아니다. 아이 자신에게는 아무리 의미심장한 사건이었을지라도 말이다. 부모 심지어 언니와 오빠(누나와 형)도 그런 이야기를 들으면 어깨를 으쓱일 뿐이다. 혹은 이보다 더 심각할 수도 있다. 우리가 네 살 혹은 다섯 살 때 경험을 이야기하면 흔히 당황스러운 질문을 받는다. "그런데 너는 왜 그걸 알지 못해?" 최초의 기억을 떠올렸을 때와 같은 시기에 일어난 일, 이를테면 이웃집에 불이 났거나 삼촌이 얼음판에 빠져 익사할 뻔했다거나 처음으로 자동차를 샀던 일을 왜 기억 못하는지 묻는 것이다. 이런 관점에서 보면 어린 시절의 기억은 활발한 기억이라기보다 오히려 망각에 더 주의를 환기시킨다.

확증할 수 있는 사건을 대상으로 수행한 연구 또한 그런 연구만이 내포하고 있는 어려움이 있다. 1993년 심리학자 위서르J. A. Usher와 네이서르

U. Neisser는 동생의 탄생, 이사 혹은 병원에 입원한 사건에 대한 기억을 조사했다.[28] 피실험자들은 동생이 태어날 때 자신을 보살펴준 사람은 누구인지, 태어난 아이가 남동생인지 여동생인지 어떻게 알았으며, 누가 자신을 병원에 데려갔는지를 기억해내야 했다. 피실험자들은 모든 질문에 답을 했고, 이어서 그들의 어머니가 그것을 확인해주었다. 그 결과 피실험자들의 기억은 전반적으로 맞았다. 그런데 5년 후 이코트M. J. Eacott와 크롤리R. A. Crawley가 이런 종류의 연구 중에서 매우 까다로운 연구를 실시했다.[29] 그들은 실험 대상자를 2개의 그룹으로 나누었다. 한 그룹은 위서르와 네이서르가 조사할 때 나누어준 것과 동일한 질문, 그러니까 두 살 혹은 세 살 어린 동생이 태어날 때에 관한 질문을 받았다. 다른 그룹은 이들과 비슷하지만 다른, 바로 피실험자 자신의 탄생에 관한 질문을 받았다. 예를 들면, 자신이 태어났을 때 누가 자신의 형을 돌봐줬는지에 대한 질문이었다. 따라서 이 그룹은 기억에 의존에 대답할 수 없고, 훗날 이야기나 사진을 보면서 들은 정보로 대답해야만 했다. 두 번째 그룹은 첫 번째 그룹이 어린 동생이 태어날 때 어떠했는지에 대답했듯 아주 쉽게 자신의 탄생에 관해 대답했다. 어머니들이 두 번째 그룹의 대답을 읽고서 '정확함'이라고 평가하더라도 이런 평가가 그게 진짜 기억임을 보장하지는 못한다. 이 나이의 아이들은 정보를 얻는 것 외에 자신의 탄생에 관한 경험을 간직하기란 분명 힘들기 때문이다.

대부분 즉석에서 얘기하는 최초의 기억은 확인할 수 없다. 정보를 얻은 사건에 대한 기억은 훗날 우리가 이런 정보와 무관하게 기억하고 있는 내용과 구분하기 힘들다. 이 두 가지 점을 조합하면, 최초의 기억이 과연 믿을 만한지에 관해서는 결정적으로 말하기 힘들다는 뜻이다. 어쨌든 학문적인 판단을 내리기 힘들다. 이코트와 크롤리의 연구는 왜 그런지를 설명하는 데 유용하다. 개인의 최초 기억은 일반적 성숙 및 발달을 통해 그 신뢰성을 가늠할 수 있다. 태어나서 1년 동안의 뇌 상태와 인지 능력의 발달을 고려할 때, 생후 2개월짜리가 바흐의 샤콘느를 기억하는 것은 불가능하다. 이와 비슷하게 태어난 지 3개월 된 갓난아이가 이웃집 울타리에 있던 개선문을 기억하는 것도 불가능하다. 얀 볼커스가 유모차에 찍혀 있는 작은 꽃무늬를 기억하는 것도 마찬가지로 있을 수 없다. 하지만 그 이후가 더 어렵다. 아울러 신경 및 인지의 성숙도는 사례마다 다르다. 갓난아이였을 때 개와 함께 바구니에 들어가 있는 걸 기억했던 모니카 판 파에멀은 어땠을까? 9개월 때 어머니의 팔에 안겨서 축제를 즐기는 사람들을 관찰했다는 넬티어 마리아 민은? 이와 같은 경우는 "그럴 리가 없어"라고 말하는 대신 뭔가 더 세밀한 부분에 가능성을 열어놓아야 한다. 예를 들어 민이 정말 그 사건을 기억한다거나, 아니면 민의 가족이 몇 년 후 해방 당시를 떠올리며 얘기했는데 민이 네 살 혹은 다섯 살 때 그 얘기를 들으면서 그게 자신의 경험이라고 생각했을 수도 있다는 점을 곰곰이 따져봐야 한다.

또한 민이 이와 같은 이야기를 꿈에서 보았는데, 이런 그림이 꿈이라는 사실조차 더 이상 기억 못할 수도 있다. 기자인 호프란트가 진짜 일어난 사건을 꿈으로 기억했듯 꿈을 마치 진짜 일어난 일처럼 기억할 수도 있다. 어린 시절의 기억을 다룬 서적들은 이처럼 꿈과 사실이 뒤바뀐 사례를 아주 많이 보여준다. 다시 한 번 말하지만 그러한 숙고는 중요하지 않으며, 권위를 가지고 기억을 삭제하는 대신 여기저기에 의문부호만 달아줄 뿐이다.

단계

•••••

    사람들은 인간의 기억을 매우 듣기 좋은 은유로 묘사하곤 한다. 기억은 인간 정신의 보루라 할 수 있는 진화가 안겨준 최고의 보석이다. 하지만 이 보루는 첫눈에는 그다지 대단해 보이지 않는다. 태어나서 몇 년이 지나 부드러운 뇌에 중요한 일들이 새겨져야만 한다. 음식과 움직임에 대한 세심한 반응, 눈과 손의 협동적 발달, 감각적 인지의 패턴 발견, 인상에 대한 해석 등. 뇌는 처음에 이 모든 것에 대해 수동적으로 작용해도 충분하다. 어느 정도 자의적으로 뭔가를 불러올 수 있는 기억의 발달은 그다지 중요하지 않다. 태어나서 몇 년 동안의 시간은 아이들이 애착 관계를 맺고 발달하는 데 중요하지만 동시에 이 시기의 일에 회상할 수 있는 게 너무나 적다는 건 모순처럼 보인다. 즉 아이들의 애착과 관련해 중요한 일은 자의적인 기억으로 불러올 수 없다.

    그 이후 몇 년 동안에도 어린 아이에게는 아주 많은 기억이 쌓이지만 불러올 수 있는 것은 조금밖에 없다. 기억 능력을 점차 형성하는 시점에 이르면, 그러니까 아이가 뭔가를 기억할 뿐 아니라 뭔가를 기억한다는 사실을 의식하는 시점이 되면, 그제야 비로소 기억이라고 부를 수 있는 많은 것들이 저장된다. 어른들이 제대로 된 기억이라고 여기는 이른바 자서전적 기억이 이처럼 느리게 발달하는 이유는 그만큼 복잡하기 때문이다. 이런 자서전적 기억을 위해서는 아주 많은 것이 마련되어야 하는데, 신경학적으로나 인지적으로도 이런 것들이 온전하게 잘 작동해야 한다.

    이런 과정에는 여러 단계가 있고, 우리를 새로운 것으로 안내해주기도 한다. 태어나서 10년 혹은 15년 사이에 위기의 시간과 변화가 빠르게 오간다. 하지만 그 어떤 단계도 우리가 '언어적' 존재가 되는 단계처럼 영향력이 크지는 않다. 이 순간부터 기억은 점차 다른 성격을 지니며 흔히 내

쥘리안(2세)과 에른스트 할아버지(65세)

면의 독백 및 언어적 논쟁과 연결된다. 이런 변화는 상반된 방향으로 2배의 효과를 준다. 즉 기억을 만들고 저장할 수 있는 새로운 가능성을 열어주지만, 이와 동시에 어린 시절의 기억에 접근하는 것을 어렵게 만들기 시작한다. 시나리오가 발달할 때도 역시 똑같은 일이 발생한다. 시나리오는 기억이 같은 종류의 회상을 한동안 붙잡고 있어야만 생겨날 수 있다. 하지만 그 이후에는 동일한 시나리오에 흡수되어 보이지 않는다. 이와 같은 변화와 단계는 항상 존재한다. 중간에 휴지 기간이 있더라도 마찬가지다. 여자 목욕탕을 떠나야만 했던 누리는 성에 눈을 떠 새로운 경험을 하지만, 열두 살 소년은 더 이상 여덟 살 소년의 기억을 불러올 수 없다. 이렇듯 어린 시절에 관한 망각에는 훗날 우리의 삶에서 상당히 많은 것을 잊어버리게끔 만드는 메커니즘이 매설되어 있다.

어떻게 설명하든 망각의 결과는 깊은 슬픔으로 채워질 수 있다. **시작은 너무 늦게 온다.** 우리는 두 살짜리 아이가 할아버지와 어떻게 놀고 있는지 볼 수 있으며 훗날, 이를테면 1년이나 1년 반 뒤 아이가 무엇을 기억할지 알 수 있다. 그리고 잔인하지만 어린 아이에게 무엇이 결여되었는지도 확언할 수 있다. 즉 '녹음하기'라는 버튼과 아이의 뇌가 지금 뭔가를 받아들이고 있다는 것을 조용히 보여주는 빨간색 불이 그것이다.

진화는 기억을 위해 다른 계획을 가지고 있었다. 이런 멋진 계획 덕분에 우리는 덜 불편해지며, 그리하여 다른 것보다 우선시하는 목록을 자체적으로 갖게 되었다. 기억은 우리에게 불쾌감을 덜어줌으로써 스스로 우선시하는 게 있다. 최초의 기억에는 같이 놀아주는 할아버지가 아니라 존댓말을 하지 않는다고 따귀를 찰싹 때리는 할아버지를 영원히 남겨놓는다. 개양귀비 사이로 산책하던 순간이 아니라 뜨거운 다리미, 유리 조각, 무서운 개를 기억에 남겨놓는다. 또 책을 읽어주는 어머니가 아니라 문이 닫힌 어두침침한 장롱을 남겨놓는다. 사고가 나지 않은 자전거 여행이 아니라 바퀴살에 발이 끼었던 딱 한 번의 경험을 기억나게 한다. 이 모든 것은 우리를 위해서다. 기억은 기억을 보유하는 자가 아니라 창조한 자의 말을 듣는다.

우리는 우리 자신의 기억을 통제할 수 없다. 다른 사람의 기억은 말할 것도 없다. 이런 기억이 여전히 작동하지 않으면 그야말로 성공하지 못한다. 우리 자신이나 어린 시절의 말랑한 기억과 관련해 생기는 무력함은 어쩌면 여성 화가 아르야 판 덴 베르흐Arja van den Berg의 최초 기억에 가장 잘 표현되어 있을지 모른다. 세 살 무렵, 베르흐의 어머니는 매우 강력하게 이렇게 말했다고 한다. "넌 항상 그것만은 꼭 기억해야 해!"[30] 베르흐가 유일하게 기억하는 건 바로 이 문장뿐이었다. 기억해야 할 게 무엇인지는 전혀 모르지만 말이다.

02

우리는 왜 꿈을 망각할까

시간이 없어, 나는 그녀가 말하는 걸 들었다

미끄러져 나가기 전에 네 꿈을 잡아[1]

100년 전 영국 심리학자 해블록 엘리스Havelock Ellis는 만일 우리가 잠을 자면 낡고 어두운 집 안으로 들어가는 셈이라고 썼다. 우리는 공간을 헤매며 돌아다니고, 계단을 올라가고, 계단 위에서 멈춰 서기도 한다. 그리고 아침이 되면 다시 이 집을 떠난다. 우리는 문지방에서 잠시 어깨 너머로 바라본다. 강렬한 아침 햇살 속에서 우리가 밤을 보냈던 방이 발하는 희미한 빛을 알아챈다. 그러면 문이 닫히고, 몇 시간 후에는 마지막까지 남아 있던 꿈의 기억이 사라져버린다.[2]

우리는 잠에서 깨어난 후 잠깐 동안 꿈의 조각에 접근할 수는 있다. 하지만 그 꿈이 무엇인지 기억하기 위해 노력하는 동안, 이 조각들이 얼마나 뿔뿔이 흩어져버리는지 알아차린다. 꿈 조각이 조금 남아 있는 경우도 많다. 우리는 깨어나서 꿈을 꾸었다는 인상을 털어버릴 수 없고 꿈의 분위기도 알 수 있다. 하지만 도대체 무슨 꿈을 꾸었는지는 더 이상 기억하지 못한다. 혹은 아침에는 아무것도 기억나지 않다가, 그러니까 꿈은 물론 꿈을 꾼 느낌마저 없다가 낮이 되어 잊어버린 꿈의 조각 같은 게 갑자기 떠오르는 경우도 있다. 하지만 우리가 문지방에서 본 것을 회상하는 일은 대부분 순식간에 휙 지나가고, 이런 의문이 남는다. 왜 이렇지? 왜 꿈을 붙잡는 게 이렇게 힘들지? 우리는 왜 꿈을 잘 기억하지 못하는 걸까?

미국 심리학자 메리 컬킨스Mary Calkins는 1893년 《꿈의 통계학》이라는 책을 출간했다. 그녀와 남편이 6주 동안 꾼 꿈을 분석한 책이다. 두 사람은 침대 옆의 작은 탁자에 초, 성냥, 연필과 종이를 준비해두었다. 하지만 컬킨스에 따르면 꿈은 너무나 홀연히 사라졌다. 성냥을 잡기 위해 팔을 뻗는 순간 이미 꿈이 사라졌다는 걸 알 수 있었다. 그래서 "전혀 기억나는 것은 없지만 매우 흥미로운 꿈을 꾸었다는 고통스러운 의식을 간직한 채"[3] 포기해야만 했다. 그야말로 생생한 꿈들조차 잠에서 깨어나면 남는 게 하나도 없이 사라졌다.

꿈이 너무나 생생해 아침까지 반드시 기억할 수 있으리라 확신하고 기록해두는 것을 미루면 대부분 치명적인 오류를 범한다. 하루는 어떤 과학자가 의미심장한 꿈을 꾸었다. 그는 주위가 완전히 어두운 상태에서 그 꿈을 기록해두었다. 나중에 다시 그 꿈을 연구할 계획으로 말이다. 그런데 다음 날 아침에 보니 빈 종이였다. 심 없는 연필로 꿈을 기록했던 것이다. 그 과학자는 밤에 깨어났을 때만 하더라도 완전히 기억했던 꿈을 전혀 떠올리지 못했다.[4]

컬킨스의 경우처럼 성냥을 잡기 위해 손을 뻗는 순간 모든 게 사라졌다는 데 문제의 요점이 있다.

그 전에 몇 가지 주의할 게 있다. 꿈을 연구하는 일은 방법론적으로 악몽이다. 이런 비유는 매우 적절하다. 여기서 한 가지 문제는 꿈 연구의 결과는 그 방법에 따라 달라진다는 데 있다. 눈동자가 빠르게 움직이면 꿈을 꾸는 증거라고 생각한 시기 그리고 동물도 눈동자를 빠르게 움직이는 동안에는 연구 대상이 될 수 있다고 생각한 시기가 있었다. 당시 동물이 꿈을 꾸는 것을 방해하면 그 동물의 기억력이 지속적으로 손상을 입는다는 이론을 조사하는 일련의 실험이 이뤄졌다. 과학자들은 실험 대상인 쥐를 둥둥 떠 있는 얇은 조각 위에 올려놓았다. 쥐들은 깊은 잠이 들면 움직이지 않았다. 당연히 아무 일도 일어나지 않았다. 하지만 렘rapid eye movement, REM수면 상태 동안 쥐들은 불안정했다. 그러다 차가운 물을 뒤집어쓰고 잠에서 깨어났다. 이런 밤을 며칠 보낸 후, 쥐들은 잘 알고 있는 과제, 곧 미로에서 특정한 길을 찾는 과제를 실제로 더 빨리 잊어버린다는 사실이 드러났다. 또 다른 실험에서는 렘수면과 기억에 관한 동일한 가설을 연구했는데, 이번에는 쥐들에게 다른 과정을 거치도록 했다. 안구가 빠르게 움직이자마자 쥐들을 약간 흔들어 깨운 것이다. 그러자 쥐들은 아무런 어려움 없이 미로에서 길을 찾았다. 쥐들의 학습 장애는 렘수면을 방해해서가 아니라 물을 뒤집어쓰는 스트레스로 인해 생겼던 것이다. 이처럼 실험 조건이 꿈과 기억에 대한 결론을 좌우한다.

두 번째 어려움은 다른 사람이 꾸는 꿈에 직접 접근할 수 있는 통로가 없다는 것이다. 자신의 꿈에 접근할 수 있는 개인적 통로 역시 피할 수 없는 장애로 인해 막혀 있다. 꿈에서 측정 가능한 것은 꿈을 꾸는 자의 행동, 곧 꿈을 꾸는 동안 안구를 움직이는 것과 같은 행동이다. 그런데 이것 역시 간접적인 차원이다. 연구자는 꿈을 꾼 사람의 보고에 종속될 수밖에 없고, 꿈을 꾼 사람도 자신의 보고가 꿈과 일치하지 않는다는 걸 매우 잘

의식하고 있다. 꿈 연구는 간접적으로 측정할 수 있는 영역이다. 따라서 이 분야에서는 절대적인 결론이나 중요한 답을 기대할 수 없다. 꿈을 꾼 사람뿐 아니라 꿈을 연구하는 사람도 착각을 하곤 한다.

그리고 이론을 만들 때도 일관적이지 않다는 단점을 지적할 수 있다. 심리학에서는 동일한 현상에 대해 지극히 다양하고 흔히 모순적인 이론을 맞닥뜨리는 일이 거의 원칙처럼 여겨진다. 인식은 변화하고 관심사도 달라지며, 많은 질문이 의미 있던 배경을 잃고 만다. 하지만 꿈에 관한 이론에서 나타나는 다양성은 심리학에서조차 매우 드문 경우에 속한다. 이는 세부적인 내용에서도 그러하지만, 전 세계에서 각각의 시각과 방향이 나타나기 때문일 것이다. 따라서 우리는 꿈이란 심오하고 다른 방식으로는 다다를 수 없는 인식을 전해준다는 해석도 만나고, 꿈이란 아무런 의미도 없는 것이라는 시각도 만날 수 있다. 많은 심리학자들이 꿈이란 심리적 건강을 유지하기 위해 절대적으로 필요하다고 생각한다. 반면 또 다른 심리학자들은 만일 특정 약품을 복용한 뒤 사람들이 더 이상 꿈을 꾸지 않는다 하더라도 변하는 건 없다는 시각을 견지한다. 꿈이란 결코 포기할 수 없을 만큼 중요하거나 혹은 우연히 생겨난 부산물에 불과하다는 두 가지 견해로 압축되며, 모든 꿈은 어쨌거나 이 둘 중 어느 쪽에 가깝다. 꿈과 기억에 대한 책을 읽다 보면 필자는 자주 낡고 오래된 집에서 헤매고 있는 것 같은 느낌이 든다.

내 느낌도 고려한다면 꿈에 관한 시각은 총 세 가지가 될지도 모른다.

도마뱀에 관한 꿈

독일 철학자 루트비히 아돌프 폰 슈트륌펠 Ludwig Adolf von Strümpell은 1874년 꿈에 관한 저서를 통해 꿈을 잊어버리는 현상에 대해 아주 잘 설명했다.[5] 그에 따르면, 꿈에 나타나는 그림은 기억으로 진입하기에는 너무 **약하다**. 낮에 자극을 많이 받지만 기억에 흔적을 남기기에는 미약한 것과 같다고 한다. 꿈에 나타나는 그림은 반복될 때가 드물며, 일반적으로 꿈의 내용을 간직하기 위해 효과적인 전략이라고 할 수 있는 반복법도 아무런 도움을 주지 못한다. 사람들이 기억하는 꿈 가운데 자주 반복된다고 여겨지는 소수의 꿈은 우연이 아닐지도 모른다. 대부분의 사람은 자신이 꾼 꿈에 대해 그다지 관심이 없다. 깨어나자마자 그날 해야 할 일을 생각하고, 그러다 보면 간밤에 꾸었던 꿈은 이내 지워진다. 슈트륌펠은 한동안 꿈의 내용을 기록한 사람은 꿈을 더 많이 꿀 뿐 아니라 꿈을 더 잘 기억한다는 사실을 관찰했다. 이런 현상은 이후 여러 차례 옳다는 게 증명되었다.

또한 꿈은 너무나 **연결이 잘 되지 않아** 이로부터 질서정연한 연상을 하기가 힘들다. 꿈에 등장하는 그림은 각각의 그림일 뿐이다. 만약 사건이 논리적인 방법으로 이어져 있다면 우리는 더 쉽게 꿈을 기억할 수 있을 것이다. 슈트륌펠이 미처 사용하지 못한 은유로 표현하자면, 꿈은 단편적인 장면을 무질서하게 합성 편집한 영화와 닮았다. 따라서 우리가 이런 그림을 간직할 수 없는 것은 놀라운 일이 아니다. 슈트륌펠에 따르면, 우리가 꿈을 잊어버리는 것은 결코 수수께끼가 아니며 가끔은 꿈을 기억하는 것도 가능하다.

슈트륌펠의 설명은 아주 옛날 것이지만 그렇다고 낡았다고 말할 수는 없다. 현대의 저자들도 꿈에는 연상할 수 있는 힘이 부족하다고 지적하거나 또는 수면과 깨어남 사이에 있는 중간 단계에 집중하지 않는다고 지적한다. 꿈에서는 설명할 수 없는 일, 비논리적인 일 혹은 불가능한 일이 너무 많이 일어나며 연결이 안 되어 있기 때문에 기억하기 힘들다고 말하는 논쟁의 가치는 평가하기 어렵다. 사람들은 이로부터 완전히 반대되는 결론을 도출해낼 수도 있다. 만약 내가 실제 삶에서 갑자기 좋아하는 이웃집 여자를 창고에서 만난다면, 분명 일주일 뒤에도 그 일을 떠올릴 수 있을 것이다. 우리 집에 창고가 없다면 더더욱 기억을 잘할지 모른다. 나는 이런 종류의 꿈을 가끔 꾸는데, 단 하나도 기억할 수가 없다. 심지어 내용이 지극히 기묘한 꿈조차 뇌에 저장된다고 보장할 수는 없다. 그 밖에 꿈에서 뭔가 특이한 일이 일어났다는 의식도 대부분 꿈에 대해 이야기하거나 무슨 꿈을 꿨는지 고민해야 비로소 나타난다. 그러고 나면 우리는 불합리한 일들을 의식한다. 즉 한 번도 본 적 없는 사람을 만나거나, 아직 살아 있는 사람이 죽은 사람으로 나오고, 어디에서 왔는지 물어볼 사이도 없이 갑자기 나타난 사람과 대화를 하기도 한다. 꿈에서 사람들은 느닷없이 에스파냐어를 유창하게 말하고, 몸은 함부르크에 있지만 베를린에서 누군가를 만나는 일도 생길 수 있다. 꿈을 꾸는 동안 우리는 정말 어떤 것에도 놀라지 않는다. 따라서 기묘한 꿈과 그 꿈을 기억하는 것 사이의 관계는 조금 애매모호하다.

꿈과 기억 사이에 온갖 밀접한 관계가 있는 것처럼 보이는 이 부분이 바로 꿈의 망각을 수수께끼로 만든다. 낮에 일어났던 사건의 일부가 밤에 꿈으로 등장하는 것은 꿈이 그 내용의 일부를 기억에서 빌려온다는 걸 암시한다. 심지어 꿈을 꾸는 사람이 깨어 있을 때보다 꿈을 꿀 때 **더 많이** 기억할 수 있다는 것을 입증해주는 꿈도 있다. 이와 같은 현상은 기억 이상 증진Hypermnesie이라고 알려져 있다. 마치 기억이 꿈을 꾸는 사람에게 낮에는 닫혀 있던 문을 열어주는 것과 같다. 프로이트는 《꿈의 해석》에서 벨기에의 철학자이자 심리학자 조제프 델뵈프Joseph Delboeuf에 관해 언급했다.[6]

델뵈프는 눈이 내리는 마당을 걷다가 거의 반쯤 얼어버린 도마뱀 두 마리를 발견하는 꿈을 꾸었다. 그는 도마뱀을 따뜻하게 해준 다음 담장의 구멍에 넣어주었다. 그리고 양치식물의 잎을 몇 장 따서 구멍 속에 밀어 넣었다. 꿈에서 델뵈프는 그 양치식물의 학명도 알고 있었다. 그건 아스플레니움 루타 무랄리스asplenium ruta muralis였다. 얼마 후 델뵈프는 그 식물의 잎을 즐겁게 먹으려는 또 다른 도마뱀 두 마리를 보았다. 주변을 둘러보자 다시 한 무리의 도마뱀이 보였다. 얼마나 많은지 길을 덮을 정도였다. 도마뱀은 모두 담장에 있는 틈으로 향했다.

식물에 관해 아는 게 거의 없던 델뵈프는 꿈에서 본 그 식물의 이름이 무엇인지 궁금했다. 그래서 찾아보니 놀랍게도 그 식물은 실제로 존재했다. 그것은 정말 아스플레니움 루타 무라리아였다. 꿈에서는 무라리아 muraria가 아니라 약간 변형된 무랄리스였지만 말이다. 한 번도 들어본 적 없는 식물의 이름이 어떻게 꿈에 등장할 수 있는지 수수께끼가 아닐 수 없었다.

그로부터 16년이 지난 후, 델뵈프는 한 친구의 집을 방문해 식물 표본 책을 넘겨보던 중 오래전 꿈에서 본 식물을 다시 발견했다. 책에는 그 식물의 학명이 라틴어로 적혀 있었다. 그것도 **자신의 필체로**. 그제야 델뵈프는 그 친구의 누이동생이 1860년에 그 표본 책을 들고 자신의 집을 방문했던 일이 기억났다. 그때 친구의 누이동생이 그 책을 선물로 받았다고 생각한 델뵈프는 한 식물의 라틴어 이름을 적어주겠다고 제안했다. 요컨대 델뵈프가 꿈을 꾸기 2년 전에 이미 그 양치식물의 이름을 기록한 적이 있었던 것이다.

이야기는 여기에서 끝나지 않는다. 델뵈프는 어느 날 그림이 실려 있는 옛날 잡지를 보았다. 한때 정기 구독을 한 잡지였다. 그런데 1861년에 출간한 잡지의 표지에 바로 꿈에서 본 도마뱀 무리가 있었다. 델뵈프는 18년에 걸친 일의 정확한 시기를 재구성해보았다. 1860년에 친구 누이동생의 표본 책에 라틴어 이름을 썼고, 1861년에는 도마뱀 무리가 실려 있는 표지를 보았다. 그리고 1862년에 도마뱀 꿈을 꾸었고, 1877년에는 표지에 있는 도마뱀 무리를 다시 보았다. 그리고 1878년에는 표본 책도 다시 보았다.

델뵈프는 이러한 자신의 꿈을 1885년에 공개했으나 그 꿈은 실제로 1862년에 꾼 것이었다.[7] 눈에 띄는 점은 그의 꿈이 **당시에는** 그렇게 멀지 않은 과거, 그러니까 1년 혹은 2년 전에 일어난 일을 포함하고 있으며 적어둔 라틴어 이름도 기록되어 있었다는 것이다. 아울러 이런 꿈은 두 가지 흔적, 다시 말해 청각적이고 시각적인 흔적을 남겨 이른바 '이중 코드화'의 경우에 해당한다. 아마도 델뵈프는 그래서 꿈을 더 잘 기억할 수 있었는지 모른다. 그럼에도 불구하고 그는 단어는 물론 그걸 기록한 일도 기억할 수 없었다. 이와 반대로 꿈에서는—거의 모든 꿈이 그렇듯 잠깐 동안이지만—그것을 기억할 수 있었다. 따라서 이 꿈은 기억 이상 증진을 보여주는 좋은 사례가 될 것이다. 즉 꿈을 꾸는 사람은 의식이 깨어 있을 때 접근하지 못하는 것을 기억한다. 델뵈프는 프로이트가 《꿈의 해석》을 발표하기 4년 전인 1896년에 사망했다. 따라서 그는 프로이트가 자신의 꿈을 거세에 대한 무의식적 저항이라고 해석한 내용을 읽어보지 못했다. 프로이트가 이런 해석을 한 이유는 도마뱀은 꼬리가 잘려나가도 다시 성장하기 때문이다.

프로이트와 꿈을 연구한 다른 과학자들은 이런 종류의 '기억 이상 증진'에 속하는 일련의 사례를 수집했다. 해블록 엘리스는 인도의 향료 이름을 기억하려고 하루 종일 헛되이 보냈다. 그런데 잠이 들자 갑자기 그 이름이 떠올랐다. 바로 파촐리Patchouli였다. 하지만 아침이 되어 깨어났을 때 그 이름도 사라졌다. 프로이트의 환자 한 사람은 진료 도중 커피숍에서 콘투스초브카Kontuszówka(약초로 향을 낸 알코올음료 — 옮긴이)를 한 잔 시키는 꿈을 꾸었다고 얘기했다. 그런데 이 환자는 그 음료가 무엇인지 전혀 알지 못했다. 프로이트는 그것은 폴란드 독주이며, 오래전부터 시내에 있는 광고판에서 선을 보였다고 말해주었다. 그러자 환자는 그 사실을 믿으려 하지 않았다. 며칠 후, 몇 달 동안 분명 매일 두 번씩 지나다닌 거리의 구석에서 그 광고 포스터를 볼 때까지 말이다. 프로이트 역시 어디 있는 것인지 모르는 교회의 탑이 꿈에 나타나 고민에 빠졌다. 그러다 약 10년 후 기차를 타고 가던 중 꿈에서 본 교회의 탑을 발견했다. 그때 이게 처음이 아니라 예전에도 기차 여행을 하며 동일한 철도 구간에서 그 탑을 봤다는 게 생각났다. 해블록 엘리스에 따르면 의식이 깨어 있을 경우 연상 작용은 목적에 합당하게 집중하지만, 꿈에서의 연상은 산만하고 한층 폭넓다. 하지만 우리에겐 이를 통제할 능력이 없다. "우리의 눈은 감기고, 근육은 흐늘흐늘해지고, 고삐는 손에서 빠져나간다. 하지만 말horse은 우리보다 집으로 가는 길을 더 잘 알고 있다."[8]

이상 기억 증진의 성격을 띤 꿈은 우리가 체험한 사건은 그 어떤 것도 기억에서 다시 사라지지 않는다는 이론을 입증하는 증거가 되었다(9장 참조). 그림을 잠시 쳐다본 순간, 긴 라틴어 이름, 광고 포스터, 기차를 타고 가면서 바라본 공허한 시선 등 우리가 체험한 사건의 신경학적 흔적은 비록 우연히 다시 살아나긴 하지만 평생 남아 있다.

델뵈프의 동시대인들에게 이와 같은 이상 기억 증신은 또 다른 수수께끼를 해결해주는 열쇠였다. 그것은 바로 데자뷔 현상이다. 모든 경험은 심지어 우리가 다음 날이면 더 이상 기억 못하는 꿈도 뇌에 저장되어 있다. 만일 낮에 지난밤 꾸었던 꿈과 비슷한 것을 연상하면 예전에 그걸 경험해봤다는 느낌이 생긴다. 요컨대 우리가 막 겪은 경험의 배후에는 그것과 유사한 꿈의 그림자가 서 있다. 하지만 우리는 이 꿈을 기록하지 못하고 희미하게 연상만 할 수 있기 때문에 아주 먼 옛날에 일어난 사건처럼 보인다.

우리가 체험한 모든 것을 뇌가 정말 보유하고 있는지 절대적으로 확신할 수는 없다. 그리고 우리가 꿈에서는 좀더 크고, 좀더 깊고, 좀더 풍부한 또 다른 기억의 창고 안으로 들어갈 수 있는 입구를 찾는 것인지도 확실하지 않다. 그렇게 하려면 우리가 깨어 있는 상태에서 매우 잘 기억하고 있지만 꿈에서는 접근하기 불가능한 것과 델뵈프와 엘리스 그리고 프로이트의 예를 비교해봐야 할 것이다. 그런데 이런 비교는 불가능하다. 꿈에서는 일상에서 연상하기 힘든 어떤 것들이 분명 등장할 수 있다. 해블록 엘리스의 설명에는 이의를 제기하기 힘들다. 꿈을 꾸는 동안에는 연상의 고리들 몇 개가 떨어져 이야기와 연결이 잘 안 되지만 새로운 연결이 생기게도 해준다. 다시 말해, 이미 잊어버린 것처럼 보여서 더 이상 의식으로 떠오르지 않던 사건을 보관하고 있는 장소와 새롭게 연결되기도 한다. 해블록 엘리스는 모호한 맥락을 이렇게 설명한다. "우리는 우리가 잊어버린 것을 기억하는데, 이는 우리가 기억한다는 것을 망각하고 있기 때문이다."[9] 50년 혹은 60년 동안 새로운 언어로 말하던 늙은 이주민이 놀랍게 모국어로 꿈을 꿀 수도 있다. 요컨대 꿈이란 낮에는 연상할 수 없는 어휘로 근접할 수 있는 입구처럼 보인다.

꿈을 꾸는 사람은 꿈을 꾸는 동안 흔히 뭔가를 듣거나 보았다는 느낌을 갖는다. 그리고 그야말로 새롭고 일반적으로 겪을 수 있는 경험과 동떨어진 이런 느낌을 반드시 오랫동안 기억하고 싶어 한다. 프랑스 출신 천문학자 드 랄랑드de Lalande는 1766년 이탈리아 여행을 하던 중 파도바와 대학 도시 베네치아를 방문했다. 그곳에서 랄랑드는 작곡가이자 음악 이론가인 주세페 타르티니Giuseppe Tartini를 만났다. 당시 일흔네 살이던 이 작곡가는 검으로 결투를 벌이다 손에 부상을 입어 1년 전부터 바이올린 연주를 그만둔 상태였다. 노음악가는 랄랑드에게 〈소나타 델 디아볼로Sonata del Diavolo〉에 관한 이야기를 들려주었다. 요컨대 스물두 살이던 1713년 악마에게 자신의 바이올린을 빌려주고 어떤 아름다운 곡을 연주할 수 있는지 지켜봤다는 얘기였다. 훗날 랄랑드는 이렇게 썼다.

타르티니는 너무나 놀랐다고 한다. 악마가 바이올린으로 연주한 소나타는 그때까지 들어본 어떤 음악보다도 아름답고 멋졌기 때문이다. 타르티니는 충격을 받았다. 마법에 걸린 듯했다. 무아지경에 빠진 그는 숨이 차서 목구멍이 막혔다. 그러다 격렬한 흥분 상태로 잠에서 깨어났다. 순간, 그는 방금 꿈에서 들은 소리 가운데 일부라도 잡아보려는 희망을 가지고 바이올린을 들었다. 하지만 헛된 바람이었다. 그럼에도 이때 그가 작곡한 소나타는 그의 모든 작품 가운데 가장 뛰어났다. 그래서 타르티니는 그 작품에 '악마가 연주한 소나타'라는 이름을 지었다. 하지만 그는 꿈에서 들은 그 음악을 떨쳐버릴 수 없었다. 그소나타를 기록해둘 수만 있다면, 자신의 바이올린을 부수고 음악도 영원히 포기할 수 있을 것 같았다.[10]

타르티니가 이런 꿈을 지어냈다고 의심할 이유는 없다. 오히려 정반대로 그는 가능한 한 남의 눈에 띄지 않으려 애쓰는 소박한 사람이었다. 그는 자신이 어떤 영감을 받아 음악을 작곡했는지 결코 말하지 않았다. 그는 작품에 대한 내용을 이탈리아 시인 페트라르카Petrarca의 작품을 약간 모사해 기호로 적어두었고, 이것은 1932년에야 비로소 해석되었다. 타르티니가 이날 밤 경험한 일의 핵심은 철저하게 진실일 가능성이 많다. 즉 그는 꿈에서 이 세상에 속하지 않는 아름다운 소리를 들었고, 깨어난 후에는 그 꿈을 붙잡아둘 수 없다는 사실을 깨달았다. 많은 사람이 굳이 음악은 아닐지라도 목소리, 시, 풍경, 그림 같은 것과 관련해 그런 경험을 해봤을 것이다. 혹은 둥둥 떠다니거나 날아다니는 꿈을 꾸기도 한다. 물론 이런 것은 현실에서 재현 불가능하다. 그리고 시간이 어느 정도 흐르면 사람들은 음악, 풍경, 둥둥 떠다니는 상태를 더 이상 기억하지 못한 채 꿈을 꾸는 동안 감지했던 황홀감만 기억한다. 이런 꿈은 그야말로 악마와 맺은 계약처럼 보인다. 즉 꿈을 기억에 혹은 종이에 붙들어놓으려는 순간 그 꿈은 휙 달아나버린다.

우리 모두는 타르티니처럼 이례적인 꿈을 꾼 뒤에 바이올린을 잡아본 적이 있다. 다시 말해, 꿈에 대해 기록하거나 이야기한다 하더라도 그 내용 가운데 일부만을 재생할 수 있을 따름이다. 듣는 사람이 아무리 수긍하더라도 정작 이야기를 하는 사람은 자신이 얼마나 부족하게 묘사하고 있는지 분명하게 감지한다. 물론 깨어 있는 상태에서 멋진 음악을 들은 후 그 음악을 완벽하게 기억하거나 재생하는 일도 쉽지는 않다. 또 깨어 있는 상태에서 연필로 이야기 전체를 쓸 때도 있지만, 나중에 알고 보니 연필에 심이 없다는 것을 발견하는 경우도 흔히 있다. 따라서 이런 의문을 제기할 수 있다. 깨어 있는 상태에서 체험하는 것보다 꿈의 내용을 기억하는 게 왜 더 어려울까? 이를 위해서는 왜 꿈을 잊어버리는지가 아니라 하필이면 왜 꿈을 그렇게 쉽게 잊어버리는지를 설명해야 한다.

낮의 잔유물
‥‥‥‥‥‥‥‥

이상 기억 증진 외에 꿈과 기억 사이를 연결해주는 것으로 낮의 잔유물이 있다. 이 개념은 프로이트로부터 나왔으며 꿈과 마찬가지로 오래된 현상이다. 요컨대 우리가 낮에 했던 일들의 일부가 밤에 나타난다는 뜻이다. 이는 프로이트에 앞서 다른 과학자들이 통계 수치로 증명을 했고 현대의 꿈 연구가들도 인정하는 부분이다.

낮에 있었던 일 가운데 어느 정도가 꿈에 나타나는지는 일정하지 않다. 미국 심리학자 메리 컬킨스는 꿈에 일어난 모든 일은 낮에 체험한 것에서 비롯된다고 했다. 하지만 또 다른 사람들은 낮에 있었던 일이 꿈에 나타나는 경우는 훨씬 적다고 주장한다. 렘수면을 하는 동안 측정한 꿈 연구는 낮에 있었던 일이 가장 많이 등장할 때는 당일 날 밤이며, 그 이후에는 이날의 사건과 연계된 요소가 확연하게 줄어든다는 사실을 발견했다. 이를테면 그저께, 사흘 전 그리고 그 이전의 낮에 겪었던 사건이 꿈에 나타나는 경우는 눈에 띄게 줄어든다. 프랑스 꿈 연구가 미셸 주베Michel Jouvet도 약 2525가지 꿈에 대한 기억을 분석해―모두 자신의 꿈이었다―대략 비슷한 결론을 얻었다.[11] 예를 들어 일요일과 월요일 밤에 꾼 꿈 가운데 35퍼센트는 일요일 낮에 일어난 사건과 관련이 있었다. 이 수치는 다음 날 밤 20퍼센트로 떨어졌고, 이후 점차 줄어들었다. 그런데 주베는 놀라운 발견을 했다. 일주일 후, 그러니까 8일째 밤에 기억난 꿈의 내용 가운데 최고 10퍼센트가 방금 지나간 일요일이 아니라 지난주 일요일의 사건과 관련이 있었다. 이는 아주 특이한 관찰이다. 일반적인 기억의 법칙에서는 이와 같은 수치가 나타나지 않기 때문이다. 즉 경험한 뭔가를 재생할 수 있는 기회는 시간이 지나면서 신속하게 줄어들지 결코 늘어나지 않는다. 이에 대해 설명하자면, 아마 대부분의 사람들에게 평일은 감정과 결부되어 있기 때문일 것이다. 수요일은 금요일과 다르게 느껴진다. 그리고 만약 월요일이 휴일이라 화요일에 일을 시작한다면 사람들은 '월요일 느낌'을 가지고 화요일에 일을 할 수 있다. 이런 착각이 일주일 내내 지속될 경우도 많고, 따라서 금요일이 되어서도 목요일의 느낌을 가질 수 있다. 이런 현상으로 인해 사람들은 사흘 혹은 나흘 전 일어난 일보다 저번 주 금요일에 일어난 일을 더 쉽게 기억할 수도 있다. 이를테면 '지난주의 이 시점이라는 효과'가 일주일 전 낮에 일어난 일이 꿈에 등장하는 기회를 높여줄 수도 있다는 얘기다.

뭔가 다른 환경에서 꿈이 적응할 경우에도 특이하고 설명할 수 없는 주기週期가 나타난다. 여행객들이 꾸는 꿈을 분석해보니, 7일 혹은 8일 밤 동안에는 익숙한 고향에서 낮에 일어났던 일이 나타났고 그 이후에야 비로소 새로운 환경에 대한 내용이 꿈에 나타났다. 여행에서 돌아온 후에는 또다시 여행지가 꿈에서 사라질 때까지 오랜 시간이 걸렸다. 죄수들의 꿈에서도 이와 비슷한 지연 현상을 확인했다. 즉 교도소에 들어간 처음 며칠 동안은 그 이전의 일상이 꿈에 나타났고, 교도소를 나와서는 그 반대의 현상이 일어났다. 이처럼 한참이 지나서 뇌가 작업하는 경우를 보면, 사건과 이런 사건의 시각적-공간적 세팅을 저장하고 재생하는 일에 다양한 기억 과정이 참여한다는 것을 알 수 있다.[12]

기억의 흔적
꿈의 내용을 기록하는 사람들은 꿈에 등장하는 낮의 일은 흔히 낮에 중요한 일이라고 여기는 것과는 전혀 상관이 없다는 걸 안다. 요컨대 그 일 때문에 걱정하거나 하루 종일 그 일 때문에 시간을 보낸 그런 중요한 일이 아니다. 흔히 무의미한 그림, 낮에는 전혀 알아차리지 못하고 스쳐간 외양, 뭔가 진부한 사건 또는 대화의 파편일 수도 있다. 그래서 많은 사람들은 낮에 겪은 일이 밤이면 새롭게 투사되고, 낮의 잔여물은 낮에 겪은 일의 여운이라는 인상을 갖고 있다. 이와 같은 현상을 설명해주는 두 가지 신경생리학적 이론이 있다.

첫 번째 이론은 유전학자 프랜시스 크릭Francis Crick과 분자생물학자 그레임 미치슨Graeme Mitchison으로부터 나왔다. 이들에 따르면, 기억은 낮 동안 연상으로 가득 차 있다고 한다. 거의 모든 연상은 쓸모없고 중요하지 않기 때문에 기억은 밤이면 낮에 얻은 정보를 조용하게 다시 한 번 살펴보고 그 대부분을 버린다.[13] 우리는 이처럼 비우는 작업에 대해 잘 알지 못하며, 오로지 꿈에서만 낮의 일을 분류하는 뇌의 작업을 희미하게나마 알아차리고 버려지는 파편들이 지나가는 모습을 본다는 것이다.

두 번째 이론은 신경학자 조너선 윈슨Jonathan Winson으로부터 나왔다.[14] 그에 따르면 뇌는 밤이 되어야 임시로 저장해둔 기억을 지속적으로 간직할 기억으로 옮겨놓을 기회가 있으며, 사람은 뇌에 있는 특정 부분을 활성화하고 그에 필요한 신경 전달 물질을 생산함으로써 그런 정보를 교류할 수 있다. 이는 인간의 진화 시기로 볼 때 비교적 일찍 발달한 기능이라 그에 따른 특징도 나타난다. 즉 꿈은 언어 없이도 나타나고, 우리는 그림 형태의 꿈을 꿀 수 있다. 꿈은 대부분 무의식에서 이뤄지는데, 이는 진화적으로 의식이 나중에야 발달했기 때문이다.

위의 두 가지 이론은 뇌전도 연구, 상처에 관한 연구, 생화학 연구, 신경망 자극과 세포 측정 및 동물 연구로 뒷받침되고 있지만 이 모든 경험론적 결과도 두 가지 이론이 서로 모순된다는 사실을 바꾸지는 못한다. 크릭과 미치슨은 자신들의 이론을 유명한 문장으로 요약한다. "우리는 잊기 위해서 꿈을 꾼다." 이와 반대로 윈슨은 우리가 좀더 잘 기억하기 위해 꿈을 꾼다고 생각한다. 두 이론에는 공통점도 있다. 즉 꿈은 기억을 효과적으로 관리하는 기능을 갖고 있다는 생각이 그것이다. 하지만 이런 생각도 사람들이 꿈을 잘 잊어버린다는 점 때문에 더욱 특이하게 여겨진다.

다시 한 번 물어보자. 우리는 왜 꿈을 잘 기억하지 못할까?

꿈과 시간

프랑스 출신 영화감독 페르디낭 제카Ferdinand Zecca가 제작한 〈범죄의 역사Histoire d'un crime〉(1901)는 6분도 채 안 되는 영화다.[15] 이 영화에서 우리는 다섯 장면을 볼 수 있다. 주인공이 강도 살인을 저지르고—술집에서 체포되고—경찰이 시체를 대면시키고—감방에 수감되고—단두대에서 목이 잘린다. 영화의 역사적 의미는 네 번째 장면의 사건에 숨어 있다. 살인자는 감방의 나무 침상에 누워 있다. 그러다 갑자기 자신의 삶에 대해 회상하기 시작한다. 어렸을 때 아버지의 직장에 찾아갔던 일, 소년일 때 부모님과 함께 식사하던 일, 청년으로 성장해 친구 한 명과 술집에 앉아 있던 일. 〈범죄의 역사〉는 영화 역사상 최초의 커트 백cut back(두 화면을 교차 편집해 긴장감을 강조하는 전환 기법―옮긴이) 장면을 포함하고 있다. 일직선으로 이어지는 시간의 순서를 파괴하는 것은 당시 자주 사용하는 기법이었다. 1895년 오귀스트 뤼미에르Auguste Lumière와 루이 뤼미에르Louis Lumière 형제가 최초의 영화를 상영했을 때, 사람들은 〈노동자들이 뤼미에르 공장을 떠난다〉, 〈라클로탈 역에 도착하는 기차〉 같은 특정 사건만을 보여주는 짤막한 영화만 볼 수 있었다. 하지만 20세기 들어 영화는 스토리를 이야기할 수 있는 수단으로 바뀌었다. 새로운 편집 기술이 이를 가능케 했다. 1910년에는 대부분의 기술, 그러니까 시간을 빠르게 혹은 느리게 하기, 겹치는 시간, 커트 백과 미리 보여주기를 도입했으

며 관객은 새로운 관습에 따라 영화를 구경하는 법을 배웠다.[16]

영화는 시간 체험을 바꾸었고, 이와 동시에 꿈과 시간에 대한 새로운 은유를 제공했다. 이미 1890년대에 꿈이 지속되는 주관적 시간과 객관적 시간 그리고 꿈에서 봤던 사건이 일어나는 속도에 관한 열띤 논쟁이 벌어졌다. 1910년 이후에는 이런 논쟁에서 영화에 등장하는 은유를 제외한다는 게 불가능해 보였다. 해블록 엘리스는 1911년 꿈의 속도는 순전히 보여지는 현상일 뿐이라고 썼다. 실제로 꿈을 꾸는 사람은 그림을 시리즈로 보며, 이 시리즈는 "일종의 영화 같고, 어느 정도 영화에 출연한 예술가들이 하듯 꿈에서도 농축되어 있다".[17]

많은 연구가들이 꿈을 잊어버리는 이유는 꿈에 나타나는 시간 관계가 정상에서 벗어나기 때문이라고 설명했다. 꿈에 등장하는 사건이 지속되는 시간과 연대순은 우리의 기억에서 특이하게 처리된다. 꿈에서 깨어나면 흔히 **두 가지** 차이를 발견할 수 있다. 놀라울 정도로 빨리 진행되는 꿈의 속도와 연대순의 전환이 그것이다. 프랑스 출신 의사이자 역사학자 알프레드 모리Alfred Maury가 꾼 '단두대 꿈'이 아주 유명한 사례다. 그는 부모님의 집에 살고 있을 때, 어느 날 몸이 불편해서 잠시 자리에 누웠다. 어머니는 침대 가장자리에 앉아 있었다. 이내 잠이 든 그는 공포 정치 시대에 관한 꿈을 꾸었다. 꿈은 너무나 생생하고 상세했다. 사형 집행 현장에서 그는 로베스피에르와 마라 그리고 푸키에 탱빌Fouquier-Tinville(프랑스 공포 정치 시대의 악명 높은 검사—옮긴이)을 만났다. 체포된 그는 혁명 법정에서 심문에 답하고, 사형 선고를 받았다. 그리고 수레에 실려 수많은 군중이 모여 있는 혁명 광장으로 갔다. 이어 단두대에 올라가 목을 나무 널빤지에 고정했다. 사형 집행인이 자리에서 일어나 모든 준비가 끝났다는 신호를 보냈다. 그는 단두대가 높이 올라가고 자신의 목 위로 떨어지는 소리를 들었다. 그리고 목이 몸뚱이에서 떨어져나가는 것을 느끼는 순간, 공포에 싸인 채 잠에서 깨어났다. 그는 목으로 손을 가져갔다. 그런데 나무로 된 침대의 널빤지 한 장이 자신의 목 위에 떨어져 있었다. 어머니에 따르면 그가 깨어나기 조금 전에 그렇게 되었다고 했다.[18]

모리는 몇 년 후에야 이 꿈을 기록했는데, 꿈에 관한 이 보고는 시간이 지나면서 상세하고 또 장황하게 전해졌다. 이 꿈은 이미 한참 전에 시작되었다가 마지막 순간 목에 뭔가를 맞았을 가능성도 있다. 어쨌거나 우리 모두는 그리 대단하지는 않지만 현실이 꿈으로 나타나는 매력적인 경험을 해봤을 것이다. 해블록 엘리스는 아내에게 옆방에 갔었냐고 물어보자 "닫혀 있어"[19]라고 대답하는 꿈을 꾸었다. 그런데 꿈에서 깨어난 그는 아내가 실제로 그런 말을 했다는 사실을 알았다. 하지만 자신에게가 아니라 그 방에 들어가도 되는지 물은 하인에게 대답한 것이었다. 해블록 엘리스는 이렇듯 질문과 대답이 뒤집히는 것은 사건을 논리적으로 진행하려는 욕구, 시간보다 논리를 더 중요시하는 본능 때문이라고 여겼다. 꿈에 관해 연구하는 사람들은 그와 같은 종류의 꿈을 많이 기록했다. 꿈 연구가 디멘트W. Dement와 울퍼트E. A. Wolpert는 다양한 자극이 꿈에서 어떻게 작용하는지 알아보기 위해 여러 가지 자극을 주어 피실험자들을 잠에서 깨웠다.[20] 남자 피실험자의 등에 차가운 물을 뿌린 적도 있었다. 잠에서 깨어난 남자는 먼저 자신이 어떻게 연극을 하게 되었는지에 대해 꽤나 복잡한 이야기를 들려주었다. 이어서 그가 얘기한 장면은 아마 물을 뿌린 다음이었던 듯싶다. "주인공 여자가 갑자기 쓰러졌습니다. 나는 여주인공에게 물이 쏟아지는 걸 보고 서둘러 그녀 뒤쪽으로 갔습니다. 그때 내 등과 머리에도 물이 떨어졌어요. 지붕이 새고 있었죠. 나는 여주인공이 왜 쓰러졌는지 몰랐어요. 그래서 혹시 지붕에서 석고가 떨어져 맞은 건 아닌지 곰곰 생각해봤어요. 위를 쳐다보았더니 지붕에 구멍이 하나 있더군요. 나는 여주인공을 무대 가장자리로 끌고 갔어요. 그리고 연극 무대의 커튼을 쳤죠. 그때 잠에서 깨어났습니다."[21]

우리가 꿈을 기억하는 것은 놀라울 정도로 연대순이 뒤집히는 행위다. 미국 식물학자 줄리어스 넬슨Julius Nelson은 1888년 이런 연대기가 두 번이나 전환되는 현상을 발견했다. 꿈에서 깨어난 사람은 흔히 마지막 장면을 기억한다. 꿈의 내용을 재구성하기 위해 사람들은 이 마지막 장면에 앞서 일어난 일을 기억하려 애쓰고 "그리하여 잠자리에 든 밤까지 거슬러 올라간다".[22] 이를테면 자신이 지하실에 있는 장면을 보고 잠에서 깬 사람은 어떻게 그 지하실로 들어가게 됐는지를 재구성한다. 그러면 갑자기 집 안으로 침입한 사람들에게 들키지 않으려 그랬다는 생각이 문득 떠오른다. 실제로 사람들은 이처럼 정상적인 기억과 반대 방향으로 움직인다. 이는 우리가 항상 사건을 거슬러 올라가며 기억하기 때문이다. 만약 일상에서 무엇을 경험했는지 얘기한다면, 우리의 기억은 그것이 일어난 순서대로 하나씩 보여준다. 행동에는 결과가 있고, 이 결과는 새로운 행동으로 이어진다. 하지만 꿈을 기억할 때 우리는 강을 거슬러 올라간다. 다시 말해 결과를 지나친 채 원인을 떠올리고, 질문보다 대답을 먼저 떠올리고, 꿈의 시작을 가장 나중에 떠올린다. 또한 꿈의 재구성은 매끄럽지 못하고 들쑥날쑥하다. 장면 중에도 자체적으로 또 시간을 거슬러 올라가야 할 것이 있기 때문이다. 1888년 넬슨은 이것을 사슬과 비교했다. "사람들은 반대 방향으로 사슬의 고리를 기억한다. 각각의 고리 안에 있는 사건은 실제로 시간이 역행한 상태에서 보여진다."[23] 만약 넬슨이 지금과 같은 시대에 살았다면 분명 〈메멘토Memento〉(2000)라는 영화를 언급했을 것이다. 꿈을 재구성하는 이 영화는 해답부터 시작해 그 이전에 일어난 장면으로 풀쩍 이동한다. 그렇지만 모든 장면에서 시간은 완전히 정상대로 흘러간다.

만약 우리가 플래시 백flash back(현재 시간에 과거의 사건을 회상하는 장면을 불러오는 기법—옮긴이)을 사용한 영화를 보고 누군가에게 그 얘기를 해주려 한다면, 우리에게 익숙한 일직선적인 연대순에서 벗어나는 경험을 재구성하는 게 쉽지 않다는 걸 깨달을 것이다. 이런 경우에는 반드시 다음과 같은 점에 주의를 기울여야 한다. 즉 당신은 항상 하나의 이야기를 연대순으로 이야기하는 것을 듣고, 그다음에 회상하는 내용을 듣는다. 영화〈범죄의 역사〉를 재생하는 것과 똑같이 사람들은 우선 하나의 이야기를 본 다음에 다른 이야기를 본다. 요컨대 하나의 이야기가 다른 이야기로 인해 중단되는 게 아니라는 뜻이다. 이는 이야기를 할 때 발생하는 문제만은 아니다. 영화를 한 편 보고 나면 우리의 기억은 마치 그 영화를 새롭게 조합하는 것 같다. 그래서 나중에 우리가 영화에 대해 기억하는 것은 여러 가지 이야기의 묶음이지, 이야기를 구성하고 있는 시간의 도약이 아니다. 우리는 이렇듯 직선적이며 연대기에 충실하게 기억하는 것을 지극히 좋아한다. 따라서 꿈을 재구성할 때는 시간의 방향에 역행함으로써 상당히 방해를 받는다. 우리는 꼬리에서 시작해 많은 시간과 수고를 들여야 비로소 머리에 도달할 수 있다. 이는 사람들이 왜 꿈을 잘 기억 못하는지에 대한 하나의 설명이 될 수도 있다.

렘수면과 꿈
.... 미셸 주베는 1992년 매우 진기한 소설《꿈의 성Le château des songes》[24]을 발표했다. 당시 리옹 대학 의과대학 교수이던 주베는 수면과 꿈에 관한 신경생리학 연구의 대가로 알려져 있었다. 그는

1959년 "패러독스 수면"이라는 하나의 단계를 발견했는데, 이 단계에서는 자고 있는 사람의 뇌파가 깨어 있는 사람의 뇌파와 매우 비슷했다. 주베의 소설《꿈의 성》은 18세기의 아마추어 과학자 위그 라 세브라는 사람이 연구한 자료 뭉치가 들어 있는 트렁크를 발견하면서 시작된다. 라 세브는 20년 동안 자신의 꿈을 약 5000가지 간직하고 있었다. 그 밖에 갖가지 실험을 실시한 그는 그 결과를 한 일기장에 기록해두었다.《꿈의 성》은 소설로서는 그다지 매력이 없을지 모른다. 하지만 이 소설 속에 있는 학문적 실험은 그야말로 흥미롭다. 18세기 사람들이―오늘날의 기술 없이―무엇에 주의를 기울여야 하는지 알았다면 과연 무엇을 발견할 수 있었을까?

18세기의 과학은 무엇보다 관찰이 중요했다. 그래서 라 세브는 잠을 자는 사람이 어떻게 행동하는지 관찰하는 것부터 시작한다. 그가 관찰한 첫 번째 사람은 스위스 출신의 한스 베르너라는 인물이었다. 친위대 소속 기병대의 일원인 그는 키가 크고 금발이었다. 그는 금화 14개를 받고 하룻밤 동안 자신이 잠자는 모습을 관찰하도록 허락했다. 저녁 식사를 마친 베르너는 향을 뿌린 욕조에서 목욕을 한 다음 잠을 자러 갔다. 따뜻한 밤이라 옷도 입지 않고 목욕 수건을 덮은 채 금세 잠이 들었다. 라 세브는 침실 주변에 동그란 모양으로 초를 켜두었다. 그리고 노트, 거위 깃털로 만든 필기구와 회중시계를 가지고 작은 책상 앞에서 대기했다. 약 한 시간 반이 지나자 잠을 자는 병사의 호흡이 바뀌었다. 서둘러 침대로 다가간 라 세브는 베르너의 눈이 반쯤 뜬 상태에서 이리저리 움직이는 걸 보았다. 목의 동맥도 부풀어 올랐다. 심상은 불규칙적으로 뛰었다. 하지만 가장 눈에 띄는 변화는 목욕 수건 밑에서 드러났다. 그는 완전히 발기한 상태였다. 라 세브는 피실험자를 깨웠다. "한스 베르너 기병, 일어나세요!” 그러곤 잠에서 깬 그에게 무슨 꿈을 꾸었는지 물었다. 베르너는 꿈에서 정원을 돌아다니며 향기를 즐겼다고 얘기했다. 그리고 이내 다시 잠에 빠져들었다. 약 30분 후 라 세브는 그를 다시 깨웠다. 1분 정도 발기한 것을 목격한 뒤였다. 그리고 또다시 성적인 의미가 없는 꿈 이야기를 들었다. 아침이 다가올 무렵 라 세브는 세 번째로 발기하는 모습을 관찰했다. 베르너는 꿈을 꾸는 내내, 그러니까 20분 정도 발기 상태를 유지했다.

이와 같은 소견은 비교할 수 있는 다른 연구가 필요했다. 그래서 라 세브는 실험을 위해서라며 자신의 애인 베아트리체에게 함께 밤을 보내자고 설득하는 데 성공했다. 그는 애인의 눈동자가 빠르게 움직일 때까지 기다렸다. 불안정한 호흡은 피실험자가 꿈을 꾸고 있다는 증거였다. 라 세브가 손으로 애인의 질을 만져보니 따뜻하고 촉촉하게 젖어 있었다. 그는 만족한 얼굴로 꿈을 꿀 때 여성의 반응은 남성의 반응과 동일하다고 기록했다.

라 세브는 우연히 주어진 실험 기회에 몹시 매달렸으며, 이로부터 항상 장점을 이끌어냈다. 하루는 말한테 차인 이웃 사람으로부터 도와달라는 요청을 받았다. 말굽이 이웃 남자의 두개골 왼쪽을 때려 뼛조각이 뇌를 파고들었고, 그는 의식을 잃은 상태였다. 라 세브가 뼛조각들을 떼어내자 금화 크기만 한 구멍이 뇌에 남았다. 빨갛게 부어오른 뇌 조직을 보니 뇌 피질 동맥이 고동치고 있었다. 그는 상처를 얇은 붕대로 덮어두었다. 그날 밤 환자의 딸은 아버지의 뇌가 구멍을 통해 바깥으로 빠져나올 것처럼 붕대가 위로 불쑥 올라오는 모습을 봤다고 했다. 라 세브는 이 장면을 정확히 확인하고 싶었다. 그래서 환자의 침대 곁을 지키던 그는 한 시간 뒤 얼마 전 기병대 군인에게서 관찰한 것을 목격했다. 불규칙한 호흡과 안구의 빠른 움직임. 라 세브는 이불을 살짝 들쳐보았다. 역시나 환자는 발기 상태였다. 그는 환자의 뇌에 생긴 구멍을 보려고 허리를 굽혔다. 그러자 모세혈관이 뇌 표면을 가득 채우고 그 부분이 점점 더 빨개지는 것을 볼 수 있었다. 25분쯤 후 울혈鬱血이 가라앉자 뇌는 다시 분홍색을 띠었다.

역사적으로 보면 주기적으로 나타나는 뇌 활성화, 밤에 일어나는 발기와 안구 운동에 대한 관찰은 이 소설에서만 볼 수 있는 게 아니라 1950년 대에 수면 연구소가 생겨나기 전부터 있었다. 멀리는 아리스토텔레스도 이미 안구 운동에 대해 알고 있었다. 1831년 프랑스 의사 피르킨C.-C. de Pierquin도 뇌 조직이 부풀어 오르는 현상을 질병으로 인해 뇌의 일부가 없어진 한 여성 환자에게서 확인했다. 운동생리학자 모소A. Mosso는 1877년 뇌가 부풀어 오르는 현상을 최초로 기록한 사람은 바로 자신이라며 이의를 제기했다. 그는 압력계를 이용해 열한 살짜리 소년에게서 뇌의 박동을 붙들어놓은 적이 있었다. 모소에 따르면, 뇌가 그렇듯 고동치는 이유는 이랬다. "불행한 소년이 자면서 자신을 기쁘게 해주는 꿈을 꿨기 때문일 것이다. 어머니의 모습이나 어린 시절의 기억이 다시 살아나 어두운 존재에 빛을 가져다주고 뇌에 자극을 주었을 수 있다."[25]

밤에 일어나는 발기도—약간 은폐하기는 했으나—과학 도서에 소개되는 길을 발견했다. 하지만 주기적으로 나타나는 이 모든 현상과 이런 현상을 믿을 수 있게 측정하려면 수면 연구소가 필요했다.

클라이트먼N. Kleitman과 아세린스키E. Aserinsky는 1953년 렘수면 현상을 발견했다. 요컨대 수면 도중 어떤 단계에 이르면 우리의 눈이 빠르게 움직인다는 것이다.[26] 렘수면의 첫 번째 단계는 대략 한 시간 만 후에 나타나며 10분 정도 지속된다. 렘수면의 두 번째와 세 번째 단계는 좀더 빨리 이어지고, 지속 시간도 더 길다. 렘수면의 네 번째 단계는 거의 30분에 걸쳐 나타나고, 그 결과 잠에서 깨어난다. 꿈은 주로 렘수면이 이루어지는 동안 꾼다. 즉 이 단계에서 잠이 깨면 꿈에 관해 얘기를 할 수 있고, 그보다 깊은 잠에서 깨어난 사람은 꿈에 대해 얘기하는 경우가 드물다. 렘수면 동안에는 꿈에서 둥둥 떠 있거나 날아다닌 느낌을 설명할 수 있는 능력이 차단되며, 목숨이 위험한 상태에 있음에도 불구하고 더 이상 움직이지 못한다.

렘수면의 발견으로 꿈에 대한 연구는 강력한 자극을 받았다. 안구 운동을 측정한 덕분에 꿈이 무엇인지 알 수 있는 열쇠는 아닐지라도 꿈꾸는 행동을 이해할 수 있게 되었다. 이제 연구실에서 통제 가능한 조건을 갖추고 잠자는 태도를 조사하며 지켜보는 게 가능해졌다. 잠자는 동안 생리적으로 변하는 것, 가령 심장 박동, 혈압, 뇌의 활성화, 잠을 못 자게 방해하는 실험도 가능해졌다. 만약 렘수면과 이 단계에서 꾸는 꿈이 하나의 기능을 갖고 있다면, 오랫동안 지속되는 수면 부족은 육체적으로나 정신적으로 어떤 결과를 낳아야만 할 것이다.

이로부터 50년이 지난 후 사람들은 이제 전 세계에 있는 수많은 수면 연구소의 렘수면에 관한 여러 가지 연구 덕분에 꿈에 대해 좀더 흥미로운 관찰을 확인할 수 있다. 그중 하나는 가장 길고 생생하고 기괴한 꿈은 렘수면의 네 번째와 마지막 주기에 꾼다는 사실이다. 또한 꿈을 꾸고 난 뒤 몇 분 동안에는 많은 내용을 잊어버린다는 연구 결과도 흥미롭다. 다시 말해, 꿈을 꾸고 있다는 생리적 신호를 본 뒤에도 피실험자를 깨우지 않고 몇 분 기다리면, 피실험자가 꿈을 기억할 수 있는 기회가 약간 더 줄어든다는 얘기다. 대략 렘수면에 있는 사람들의 80퍼센트가 페니스나 질에 혈액 공급이 왕성해지는 편이지만, 스위스 출신의 기병대 군인에게서 보았듯 이는 에로틱한 꿈을 꿔서 그런 게 아니다. 발기는 일상적인 꿈이나 악몽을 꿀 때도 생긴다. 잘해야 열 번의 꿈 가운데 한 번 정도가 성적인 내용을 담고 있을 뿐이다. 안구가 기괴할 정도로 움직이는 것도 꿈의 내용과는 거의 상관이 없다. 사람들은 한동안 눈으로 꿈을 꾸고 있는 장면을 따라잡느라 그렇게 안구가 활발하게 움직인다고 생각했다. 그러나 이와 같은 '스캐닝 가설'은 뒤집어졌다. 즉 안구 운동은 태어날 때부터 눈이 보이지 않는 사람들, 그러니까 시각적인 꿈을 전혀 꾸지 못하는 성인들에게서도 관찰할 수 있으며, 시선으로 뭔가를 따라잡는 걸 배우지 못한 신생아의 경우에도 나타난다.

하지만 수면 실험실에서 이루어진 연구는 꿈을 상대화하는 결과도 초래했다. 따라서 꿈은 맨 처음의 렘수면과 엄밀하게 일치하지 않는다. 다시 말해, 렘수면이 아닌 단계에서도 꿈을 꾼다. 렘수면 단계에서처럼 그렇게 많이 꾸지 않을 뿐이다. 신경생리학적 결함으로 인해 렘수면을 취하지 못하는 많은 사람도 꿈을 꾼다. 거꾸로 렘수면 장애를 갖지 않았음에도 불구하고 뇌 손상 이후 더 이상 꿈을 꾸지 않는 사람도 있다. 통상적인 렘수면 기준에 따라 꿈을 전혀 꾸지 않는 사람도 지속적으로 관찰해보면 특별히 고통스러워하지는 않는다. 많은 항우울제 약품이 렘수면을 억누르지만, 그럼에도 이런 약을 복용하는 사람은 기억하는 데 아무런 문제가 없다. 엘 도파L-DOPA는 신경 전달 물질인 도파민이 줄어든 것을 보완하기 위해 파킨슨병에 걸린 환자에게 처방하는 약물이다. 그런데 이 성분은 렘수면이 늘어나지는 않지만 꿈을 자주 꾸게끔 한다. (유감스럽게 악몽 역시 많이 꾸게끔 한다.) 지금까지의 연구에 따르면, 꿈과 수면의 비율은 일대일이 아니다.

지난 10년부터 15년 사이 꿈을 사진 기술로도 조사하기 시작했는데, 예를 들면 PET 스캔(양전자 방사 단층 촬영에 의한 화상—옮긴이)을 들 수 있다.

렘수면을 연구하던 초기 단계처럼 이에 대한 기대도 높다. 이런 실험 가운데 하나에서 사람들은 꿈을 꾸는 동안 뇌 깊숙한 곳에 있는 부분은 상당히 활성화하지만 기억과 관련한 뇌 부분의 활성화는 그렇지 않다는 것을 발견했다. 어쩌면 이런 점이야말로 우리가 왜 꿈을 잊어버리는지 적절하게 설명해줄지도 모른다. 즉 꿈을 관할하는 뇌 부분이 일시적으로 작동하지 않기 때문에 꿈을 붙잡아둘 수 없다는 뜻이다. 하지만 실제로는 이와 같은 결과야말로 온갖 문제의 시작이라고 할 수 있다. 그럼에도 불구하고 우리가 기억하고 있는 수많은 꿈은 도대체 무엇이란 말인가? **반복적인 꿈을 꾼다는 사실은 차치하고라도** 말이다. 이런 관찰은 또 기억은 꿈을 꾸는 동안 열심히 분류한다고 주장한 프랜시스 크릭의 이론과 어떤 차이가 있을까? 기억은 우리가 꿈을 꾸는 동안 흔적을 탄탄하게 고정시켜준다고 설명한 윈슨의 이론에는 또 무슨 말을 할 수 있을까? 꿈처럼 복잡한 정신생리학적 문제에 새로운 기술을 도입하면 대체로 새로운 가설이 나오지만, 그럼에도 이는 예전의 가설을 충분히 반박하거나 인정하지 않는다. 신경생리학적 매개변수(파라미터)를 가지고 수행하는 연구는 '객관적'이라는 연상 작용을 불러일으킬 수 있지만, 우리는 왜 꿈을 잊어버리는가에 대한 해답은 여전히 애매하고 이중적으로 남아 있다.

왼쪽 대뇌반구, 오른쪽 대뇌반구
●●●●●●●●●●●●●●●●●●●●●●●● 지난 150년 동안 이루어진 꿈 연구에 대한 역사적 특징을 말하자면, 그러니까 프로이트부터 최근의 수면 연구실에서 수행한 실험에 이르기까지의 특징을 말하자면, 꿈은 두 가지 과정으로 분류할 수 있다. 이와 같은 이분법은 당연히 다른 명칭으로 부르지만, 공히 꿈을 생성하는 하나의 시스템과 그 꿈을 처리하거나

해석하는 또 다른 하나의 시스템이 있을 것이라고 결론짓는다. 이 2개의 시스템이 서로 중계가 잘 안 되면 우리는 꿈을 잊어버릴 수 있다. 이 두 가지 분류 방식은 일반적인 학문에도 적용되며 신경학과 정신병학 그리고 심리학에도 등장한다. 여기서는 두 시스템을 각각 '생산자'와 '해석자'라고 부르도록 하자. 이를 분류하면 다음과 같다.

생산자	해석자
원본능Id, 무의식	자아Ego
오른쪽 대뇌반구	왼쪽 대뇌반구
뇌간	피질
시각적 활성화	언어적 재생
산만한 활성화	서술적 지성

이 두 가지 시스템의 공통점은 꿈은 근원이나 원천을 필요로 할뿐더러 생각하고, 중재하고, 번역하고, 질서정연하게 하고, 해석하고, 이야기할 게 필요하다는 것이다. 간략하게 말해서, 우리가 깨어났을 때 제대로 전달할 수 있는 하나의 형태가 필요하다. 우리는 꿈을 전달하고자 하지만 쉽지가 않다. 특히 왼쪽 대뇌반구와 오른쪽 대뇌반구는 각각 꿈과 관련해 각기 담당하는 부분이 있다고 주장하는 연구자들이 1970년대부터 많이 등장했다.[27]

처음에는 우리가 오른쪽 대뇌반구로 꿈을 꾸며 왼쪽 대뇌반구는 이 꿈을 하나의 스토리로 작입하고 나중에도 이 왼쪽 대뇌반구의 도움으로 타인에게 꿈에 대해 말해줄 수 있다는 생각이 우세했다. 이런 주장은 대뇌의 기능에 따른 분류로서 당시 지배적이던 '좌뇌-우뇌의 차이'라는 이론에 적합했다. 언어를 관장하는 부위는 오른쪽 손을 사용하는 사람의 경우 거의 모두 왼쪽에 위치하며, 왼손을 사용하는 사람 대부분에게도 그러하다. 따라서 왼쪽 대뇌반구는 말하기와 쓰기 같은 과정을 포함해 일련의 정확한 과정을 조합하는 과제를 떠맡고 있을 가능성이 많다. 이와 반대로 오른쪽 대뇌반구는 공간적인 정보를 전문적으로 담당한다. 이때 오른쪽 대뇌반구는 순서대로가 아니라 동시에 작업하며, 그림의 상징적 의미를 감지하고 정보의 감정적 가치를 매우 민감하게 알아차린다. 꿈에는 아주 많은 시각적 성분이 포함되어 있기 때문에 자고 있는 뇌에서는 무엇보다 오른쪽 뇌가 활성화한다고 추측해볼 만하다. 우리의 꿈에 나오는 그림을 생산하느라 말이다.

이런 이론 가운데 좀더 전문적인 주장은 오른쪽 대뇌반구뿐만 아니라 왼쪽 대뇌반구도 잠을 자는 동안 그림을 생산한다고 말한다. 이때 왼쪽 대뇌반구는 그와 같은 그림을 즉각 논리적이고 이야기할 수 있는 맥락으로 받아들인다. 그리고 오른쪽 대뇌반구는 그런 그림과 연관이 없는 것처럼 느끼며 많은 꿈에 등장하듯 기괴하고 흔히 환각 같은 성분을 만들어낸다.

이처럼 이분법을 지지하는 실험과 연구를 통해 다양한 결과가 나타났다. 오른쪽 대뇌반구를 다친 환자의 경우 은유 이해 능력을 잃어버린 사례가 많았다. 요컨대 이들은 더 이상 은유에 해당하는 언어적 성분을 그림으로 상상할 수 없었다. 이러한 그림이 바로 중계하는 의미를 설명해줌에도 말이다. 또한 오른쪽 대뇌반구에 손상을 입은 환자는 꿈을 꾸는 기능 자체를 잃어버린다는 기록도 있다. 그 밖에 렘수면을 하는 많은 시간 동안 오른쪽 대뇌반구가 왼쪽 대뇌반구보다 훨씬 더 활성화한다는 주장도 있다. 이와 같은 소견에 따르면, 꿈은 무엇보다 창의적인 오른쪽 대뇌반구의 산물일 수 있다. 감정을 기록할 뿐만 아니라 감정에 상징적인 인상과 압도적으로 시각적인 인상을 부여해줄 수 있는 오른쪽 대뇌반구 말이다. 그리고 나면 왼쪽 대뇌반구에는 감정이 담겨 있는 이 모든 그림을 언어로 표현하는 과제가 부과된다. 그러니 많은 내용을 잊어버려도 놀랄 일이 아니다. 아울러 우리의 왼쪽 대뇌반구가 전달하는 언어적 표현보다 꿈이 훨씬 더 풍부하고 깊이 있다는 인상을 떨쳐버릴 수 없는 것도 놀랄 일은 아니다.

하지만 이렇듯 '오른쪽 대뇌반구는 꿈을 꾸고, 왼쪽 대뇌반구는 말한다'는 초기의 주장은 새로운 연구를 통해 약간 혼란에 빠졌다. 가장 생생한 꿈은 렘수면 중 제일 마지막 단계에 등장하며, 이때는 왼쪽 대뇌반구가 가장 활성화하는 시점이기 때문이다. 혼란을 가져온 또 다른 예는 '뇌 분할' 수술을 받은 사람에게서 나타났다. 심각한 뇌전증(간질)에 걸린 환자의 경우는 2개의 대뇌반구 사이를 절개하는 수술을 받는 경우가 흔했다. 2개의 대뇌반구를 연결해주는 뇌량corpus callosum을 살짝 절개함으로써 한쪽 대뇌반구에서 다른 쪽 대뇌반구로의 신호 전달을 차단하는 것이다. 그런데 이런 수술을 받은 환자도 꿈을 꾸며 꿈 얘기도 한다. 이는 왼쪽 대뇌반구는 왼쪽 대뇌반구가 꾸었던 꿈을 기억한다는 뜻이다. 요컨대 왼쪽 대뇌반구가 '스스로' 꾼 꿈을 말이다. 이런 꿈도 그림을 포함하고 있다. 하지만 오른쪽 대뇌반구와 연결되어 있을 때 꾸었던 꿈에 비하면 흑백인 데다 지루하기까지 하다.

이런 연구와 그 밖의 다른 연구 결과를 보면, 꿈은 오른쪽 대뇌반구의 산물이라는 뉘앙스를 풍긴다. 하지만 오늘날에는 꿈을 2개의 대뇌반구가 통합된 활동이라고 본다. 이를테면 언어적 성분이 그림을 물러올 수 있고, 반대로 왼쪽 대뇌반구가 손상을 입으면 그림의 질이 떨어질 수 있다고 본다. 요약하면 꿈의 무늬는 실패가 보이지 않을 만큼 빠르게 이동하면서 움직이는 베틀에서 나온다. 이로써 왼쪽 대뇌반구는 오른쪽 대뇌반구로부터 전달되는 것을 전혀 다루지 못하기 때문에 꿈을 잊어버린다는 이론의 신빙성도 사라진다.

무의미한 것

꿈은 의미 없는 조각들이 우연히 조합된 것이며 그럴 수밖에 없는 신경생리학적 원인이 있다고 이해하는 방식은 역사가 아주 오래되었다. 17세기에 데카르트는 인간의 신경 체계를 가지가 정교하게 뻗어 있는 그물망이라고 생각했다. 아주 얇고 작은 관으로 이루어진 그물망 말이다. 데카르트는 이 작은 관에는 가스 모양을 한 성분(스피리투스 아니말레스spiritus animales)이 가득 차 있고, 이 전체는 수력 시스템처럼 움직인다고 여겼다. 아울러 자고 있는 뇌에서는 스피리투스 아니말레스가 약하지만 자의적으로 움직여 영혼에 닿을 수 있기 때문에 꿈이 생겨난다고 했다. 마치 범각삭帆脚索(돛을 풍향에 맞게 조정하는 밧줄―옮긴이)이 느슨하게 달려 있으면 바람이 불 때 돛대가 펄럭이는 것과 같은 이치다. 그러므로 꿈은 대체로 의미 없고, 혼란스러우며, 파편적이다.

꿈의 탄생에 관한 이 이론을 추종하는 사람은 여전히 있다. 비록 그동안 바람과 느슨한 범각삭이 다른 신경생리학적 개념을 갖게 되었음에도 말이다. 하버드에서 함께 근무한 앨런 홉슨Allan Hobson과 로버트 매칼리Robert McCarley는 1977년 렘수면의 등장과 이로부터 꾸는 꿈은 뇌간에 있는 세포들이 주기적으로 우연히 방전되기 때문이라고 여겼다.[28] 뇌간에서 나오는 자극은 전두엽을 동원하고, 전두엽은 이 모든 우연한 조각들로 하나의 스토리를 엮으려 노력한다는 것이다. 꿈이 기괴한 특징을 갖는 이유는 뇌간이 우리 뇌 가운데 상대적으로 원시적인 부분에 속하고, 방전할 때 어떤 패턴도 없기 때문이다. 그래서 아무것도 없는 무의 상태에서 갑자기 장면이나 사람이 이동하는 게 기묘한 연상 작용을 불러일으킨다. 이처럼 활성화와 통합성에 관한 가설은 홉슨에게 환각, 뇌전증, 정신분열증 환자한테서 볼 수 있는 사고와 체험의 분열에 대한 광범위한 이론의 일부였다. 이 모든 것은 원시적인 뇌가 우연히 활성화한 경우로서 뇌의 다른 부위가 그 의미를 발견해야만 한다는 뜻이다.

이와 비슷한 것으로 미국 신경과학자 데이비드 폴크스David Foulkes의 이론이 있는데, 그는 꿈이란 기억 흔적의 일부에 속하는 세포들이 즉석에서 발포되는 바람에 생겨난다고 주장했다.[29] 이와 같은 방전은 완벽하게 자의적이고, 따라서 꿈에는 맥락이라는 게 생략된다는 것이다. "꿈을 꾼 사람이 자신의 꿈이 어떤 의미인지 이해하지 못하는 이유는 그리고 꿈이 어떤 의미인지 적절하게 설명하기 위해 우리가 그토록 많은 노력을 기울이는 이유는 꿈이 아무런 의미가 없기 때문이다."[30] 물론 꿈을 꾸는 사람이 자기가 꿈을 꾸고 있다는 걸 의식하는 '명백한 꿈'도 있기는 하다. 그럼에도 불구하고 이런 사람은 계속 꿈을 꾸며 심지어 자신의 꿈에 뭔가 정해진 방향이 있을 수 있다는 느낌을 갖는다. 하지만 이런 것들은 예외에 속한다. 대부분의 꿈은 꿈을 꾸는 당사자를 수동적으로 동반할 뿐이다. 꿈을 꾸는 동안 꿈이 꿈이 아니라 '정말' 경험하는 것인 이유는—폴크스에 따르면—대부분의 꿈을 생산하는 뇌의 부위가 낮에 우리가 겪는 감각적 인상 및 체험을 소화하고 작업하는 바로 그 신경성 장치이기 때문이다. 꿈을 꾸는 사람은 정말 아무것도 모른다. 즉 뇌가 스스로 생산해내는 것들, 요컨대 기억·환상·기대·두려움 같은 것들로부터 뇌가 뭔가를 파악하기 위해 힘들게 작업하는 동안 꿈을 꾸는 사람은 그 모든 걸 체험하고, 보고, 들었다고 믿어버린다. 이런 점에서 꿈은 실제로도 환각과 비숫하다. 그런데 이 환각은 외부에서 등장하는 것처럼 보이지만 사실은 뇌가 자체적으로 만들어낸다. 꿈은 흔히 기괴하고 변덕스럽게 진행될 때가 많은데, 이는 우리가 꿈을 연결해주는 부분을 망각해서가 아니라 외부 세계로부터 통제가 부족한 까닭이다. 히프나고기아Hypnagogia(잠이 들 때 혹은 밤에 깨어났을 때 나타나는 의식 상태를 말함—옮긴이) 때 나타나는 이미지, 그러니까 잠이 들었을 때 머릿속을 지나가는 광경과 이제 막 잠들 것이라는 의식이 있는 사람에게 떠오르는 장면이 이 이론에 적합하다. 이런 이미지는 두서없이 빠르게 나타나는데, 외부로부터 자극을 적게 받을 뿐 아니라 정해진 질서도 없고 모든 걸 운에 맡기기 때문이다. 꿈을 설명하고자 시도하는 사람은 무질서가 존재하고 있음을 깨닫고, 무질서가 지배하는 곳에서는 우연이라는 패턴이 나타난다. 다시 말해, 우리의 뇌가 참으로 바보 같고 무의미한 것을 만들어내는 셈이다.

　우리가 우연적인 요소로부터 연속적인 스토리를 구성해낼 수 있다는 사실은 미국 철학자 대니얼 데닛Daniel Dennett이 설명한 '사회 놀이'에서도 증명된다.[31] '사회 놀이'는 다음과 같이 진행된다. 먼저 '희생자'가 잠시 방에서 나간다. 잠시 후 다시 방으로 들어온 '희생자'는 자리에 앉아 있던 사람들 가운데 한 명이 꿈 얘기를 했는데 '예/아니요'만으로 그 꿈을 맞춰야만 한다는 말을 듣는다. 다른 모든 참가자는 꿈 얘기는 없었다는 것을 알고 있다. 아울러 질문의 마지막 알파벳이 알파벳 순서로 앞에서 2분의 1에 속하면 무조건 '예'라 대답해야 하고, 그 뒤에 속하면 '아니요'라고 대답해야 한다는 것을 알고 있다. 물론 이런 규칙에도 예외는 있다. 만약 참가자 가운데 이미 지나간 질문에 대한 답에 이의가 있을 경우 그렇다. 데닛에 의하면, 이 놀이가 우스꽝스러운 이유는 꿈 이야기에 대해 암시하는 대답이 완전히 자의적이지만 계속 하나의 이야기가 나오기 때문이다.

심지어 지극히 기묘한 반전과 황당함에도 불구하고 하나의 이야기가 나온다. 대답은 뇌간에 있는 뉴런들이 우연히 폭발(흡슨)하는 것과 비슷하거나 기억이 자의적으로 활성화(폴크스)하는 것과 비슷하며, '희생자'가 조합해내는 이야기는 바로 꿈이다.

데닛은 이와 같은 사회 놀이를 '정신분석'이라고 부르는데, 내가 보기에는 꿈을 불필요하게 과소평가한 것이 아닌가 싶다. 비록 꿈에 나타나는 느슨한 요소가 우연한 반전에 기반을 두고 있다 하더라도 꿈의 과정과 체험이 전혀 무의미할 필요는 없다. 어쩌면 정반대로 꿈은 의미심장할 수 있으며, 무질서에서 질서를 만들어내고, 사람들이 무엇을 생각하고 두려워하고 기대하는지에 대해 아는 방법을 제시할 수도 있다. 동일한 실에서 아주 다양한 무늬를 짤 수 있기 때문이다.

"생각이 나지 않소"
• • • • • • • • • • • • • • • • •
바빌론의 왕 네부카드네자르Nebuchadnezzar가 왕위에 오른 지 2년이 되었을 때였다. 어느 날 밤, 왕은 두려움에 떨며 악몽에서 깨어난 후론 다시 잠을 이룰 수 없었다.[32] 다음 날 아침 그는 예언자와 마법사 그리고 현자 들을 궁중으로 불러 모았다. 꿈의 의미를 알면 안심할 수 있으리라는 희망을 갖고 말이다. 부름을 받은 자들은 왕에게 무슨 꿈을 꾸었는지 얘기해달라고 했다. 그래야만 꿈의 의미를 말해줄 수 있기 때문이다. 하지만 네부카드네자르 왕은 거부했다. 왕은 자신이 무슨 꿈을 꾸었는지 그들이 얘기해주길 바랐다. 그래야만 그들이 진실을 말한다고 믿을 수 있기 때문이다. 그들은 두 가지 중에서 하나를 선택해야만 했다. 만약 왕이 꾼 꿈을 맞추고 해석한다면 많은 선물을 받을 것이다. 반면 꿈을 맞추지 못한다면 사지가 절단되고 모든 재산을 잃을 것이다. 하지만 그들은 그 누구도 다른 사람의 꿈을 알 수는 없다고 말했다. 네부카드네자르 왕은 이를 거절로 받아들이고 다시 한 번 위협적인 명령을 반복했다. 하지만 그들은 또다시 똑같은 대답을 하고, 이 세상에 있는 그 어떤 지배자도 그런 과제를 신하들에게 요구하지 않았다고 덧붙였다. 그러자 왕은 인내심을 잃고 자신의 왕국에 있는 모든 현자를 붙잡아 죽이라고 명령했다. 다니엘(구약시대 4대 예언자 중 마지막 인물—옮긴이)의 집 앞에도 병사들이 나타났다. 그런데 다행스럽게도 신이 그를 도와주었다. 밤에 왕이 꾸었던 꿈을 그대로 보여준 것이다. 황급히 궁으로 달려간 다니엘은 왕이 꾼 꿈을 이야기하고 해몽도 하겠다고 제안했다. 다니엘은 네부카드네자르 왕이 거대한 입상立像에 관한 꿈을 꾸었다고 말했다. 머리는 순금, 몸통은 은, 다리는 구리, 발은 부분적으로 철과 석고로 되어 있었다. 그런데 아무런 이유도 없이 돌 하나가 입상의 발에 떨어졌다. 그러자 입상이 넘어져 가루가 되고 결국 먼지로 변해 여름철 탈곡할 때의 왕겨처럼 날아가버렸다. 이렇게 꿈 이야기를 마친 뒤 다니엘은 그것을 해석하기 시작했다. 그의 신이 네부카드네자르에게 시간의 종말을 꿈으로 꾸게 했다면서 말이다. 순금의 머리는 바로 지금의 왕국을 의미하며, 은과 구리는 이어질 왕국을 의미했다. 그리고 철과 석고로 된 발은 마지막 왕국에서 나타날 불화를 의미했다. 해몽이 끝나자 네부카드네자르는 다니엘 앞에 무릎을 꿇었다. 그리고 다니엘이 섬기는 신이야말로 신들 가운데 최고의 신이라는 사실을 깨닫고 그를 총리대신으로 임명했다.

이 이야기는 성경을 현대적으로 해석한 것이다. 하지만 이야기가 전혀 다른 방향으로 진행될 수도 있는 결정적 문장 2개가 빠져 있다.[33] 부름을 받은 자들이 네부카드네자르 왕에게 가서 무슨 꿈을 꾸었는지 얘기해달라고 말했을 때, 왕은 그 즉시 자신이 꾼 꿈이 무엇인지 말해보라고 다

그치는 대신 모른다고 대답했다. 1545년 루터가 번역한 성경에는 다음과 같이 나와 있다. "생각이 나지 않소."[34] 이어 부름을 받은 자들이 독촉하자 왕은 이렇게 말한다. "이제 내가 꿈을 잊어버렸음을 알았으니 그대들이 찾아야 할 것이오." **왕은 자신이 꾼 꿈을 잊어버렸던 것이다.** 왕이 그들에게 자신이 꾼 꿈을 이야기해야 한다고 요구한 것은 두 번째 대화에서 나온 일종의 시험이다. 왕은 곤궁에 처한 나머지 궁여지책으로 그렇게 요구했으며 다른 해결책이 없었다. 아무리 끔찍하다 해도 그 꿈은 사라지거나 숨어버렸다. 왕은 다니엘이 묘사했을 때에야 그 장면을 꿈에서 봤다는 걸 알아차릴 수 있었다. 하지만 정작 왕 자신은 그 장면을 불러오지 못했다.

네부카드네자르 왕의 꿈이든 우리의 꿈이든, 꿈을 잊어버리는 원인에 대해서는 어떤 결론도 내릴 수 없다. 하지만 꿈이라는 낡고 어두운 집을 헤매고 다니면 아무것도 하지 않는 것보다는 이득이 있을 것이다. 일상에서도 우리의 기억은 전체적으로 연결된 것보다는 뭔가 개별적이고 조각나 있는 요소를 이어가는 데 훨씬 어려움을 느낀다. 게다가 꿈은 흔히 혼란스러울 때가 많다. 우리는 또한 사건이 시간에 따라 차례로 이어질 경우 잘 기억한다는 것을 알고 있다. 그런데 많은 꿈은 역으로 추적해야 하는 경우가 많다. 아울러 꿈을 다 꾸고 깨어날 즈음 기억은 눈에 띄게 약해진다. 우리 모두는 이런 경험을 갖고 있다. 밤에 한순간 깨어 있던 사람과 짤막하게 대화를 나눴는데, 다음 날 그 사람이 우리와 나누었던 대화를 깡그리 잊어버린 경험 말이다. 꿈은 정말 불리한 순간에 등장한다. 게다가 꿈을 기억하려 할 때 우리는 또 다른 요소에 직면한다. 다시 말해, 자동적으로 조합되지 않는 두 가지 인식 체계 사이를 번역해야 한다. 이를테면 그림과 단어 사이처럼 말이다. 시각적인 장면은 지극히 많은 정보를 담고 있다. 즉 사람들은 4초 만에 사진 한 장을 관찰할 수 있지만, 그 사진에서 무엇을 봤는지 말로 표현하려면 4분이 걸린다. 이런 번역만 힘든 게 아니다. 번역하려면 시간이 필요하다는 사실 자체가 우리를 힘들게 하는 요소다. 다시 말해, 자기 자신이나 다른 사람에게 꿈의 결말을 이야기하는 동안, 꿈의 시작 부분은 벌써 기억의 가장자리로 곤두박질친다. 꿈을 붙잡아두는 것은 그야말로 초를 다투는 행위이며, 시간을 허비해서는 절대 안 된다. 네부카드네자르 왕이 기원전 603년 어느 날 밤 이미 느꼈고, 메리 컬킨스가 1893년 수면 연구실에서 뇌파 검사 장치를 머리에 붙이고 잠을 자는 피실험자의 꿈을 기록하기 위해 성냥을 찾을 때도 같은 일이 벌어졌다. 디멘트와 울퍼트가 피실험자들을 깨운 뒤 그들의 꿈을 기록하기 위해 녹음기를 찾는 일 외에 다른 것에 시간을 허비했다면—이불을 정리한다거나, 물을 한 모금 마신다거나—녹음할 내용은 더 이상 없었을 것이다.[35]

03

헨리 M.의 비망록

2008년 12월 2일 초저녁에 일어난 헨리 구스타브 몰레이슨의 죽음은 예상한 바였다. 그는 여든두 살이었으며, 이미 오래전부터 건강을 잃은 터였다. 열여섯 살 때부터 처방을 받았던 뇌전증 약의 부작용으로 석회분이 뼈에서 빠져나갔고, 더 이상 서거나 걸을 수도 없었다. 몰레이슨은 1980년대 중반 자신을 받아준 코네티컷 주 하트포드 요양원에서 휠체어를 타고 움직였다. 호흡 곤란으로 잠도 제대로 잘 수 없었다. 비장도 부풀어 올랐다. 열두 가지 넘는 약을 복용했지만 호흡 문제가 더 심각해지는 바람에 고통을 겪었다. 결혼도 하지 않은 그의 침상에는 지켜봐줄 가족조차 없었다. 먼 친척뻘 조카만 한 명 있었을 뿐이다. 몰레이슨은 이날 5시 5분에 숨을 거두었다. 공식적인 사망 원인은 '급성 호흡 곤란 증후군'이었다.

요양원에서 몰레이슨을 돌본 의료팀은 그가 죽기 몇 시간 전 몇몇 곳에 중요한 전화를 걸었다. 신경해부학자이자 캘리포니아 대학의 뇌연구소 소장인 제이코포 앤네스Jacopo Annese와도 몇 차례 통화를 했다. 제이코포는 2006년 몰레이슨을 만나기 위해 샌디에이고에서 코네티컷으로 온 적이 있었다.[1] 몰레이슨의 임종이 임박했다는 연락을 받은 그는 다시 한 번 비행기를 타고 동쪽 해안으로 날아갔다. 하지만 그는 몰레이슨이 죽고 난 뒤 병원에 도착했다. 몰레이슨을 돌본 의료팀이 전화를 건 사람 중에는 신경학자 수잰 코킨Suzanne Corkin도 있었다. 요양원에서 200킬로미터 떨어진 MIT에서 근무하던 수잰은 몰레이슨 사후 MRI를 찍을 기회를 확보했다.

사람들이 몰레이슨의 죽음을 공식 발표한 뒤, 몇 가지 사건이 잇달아 일어났다. 사람들은 몇 시간 후 마지막으로 몰레이슨의 MRI 뇌 사진을 찍었다. 이어 뇌를 두개골에서 분리해 캘리포니아 대학의 뇌연구소로 보냈다. 그리고 여기서 몰레이슨의 뇌를 2401조각으로 쪼개고, 각각의 조각을 사진으로 찍어 디지털화했다. 이와 같은 전반적인 작업을 통해 그의 뇌를 온라인에서 볼 수 있도록 말이다.

무엇 때문에 이렇듯 약물에 찌든 늙은 뇌를 위해 이런 비용과 수고를 들인 것일까? 몰레이슨이라는 남자가 대체 어떤 사람이었기에?

H. M. 스토리
••••••••••••••• 몰레이슨이 죽을 때까지 그의 이름은 조심스럽게 비밀에 부쳐졌고, 어쩌면 아마 빨리 잊혔을지도 모른다. 하지만 몰레이슨은 H. M.이라는 이니셜로 거의 반백년 넘게 신경과학의 집단적 기억 속에 남아 있다. 아울러 그가 1957년 뇌 수술로 인해 기억을 잃어버렸다는 기사는 오늘날까지 신경학 분야에서 가장 많이 인용하는 내용이다.[2]

헨리 몰레이슨의 스토리는 수백 권의 신경학 안내서와 신경심리학 도입부에서 자주 발견할 수 있다. 항상 똑같은 방식으로 말이다. 이야기는

헨리 몰레이슨(1926~2008. 50세 때 찍은 사진)

1953년 여름에 시작된다. 당시 스물일곱 살이던 헨리 몰레이슨은 하트포드 병원에 입원했다. 그는 심각한 뇌전증으로 인해 갈수록 고통을 겪고 있었다. 뇌전증은 약을 복용해도 낫지 않았다. 그러자 외과 의사는 뇌 양측에서 해마 일부를 제거하면 뇌전증 발생지를 약화시킬 수 있을지 모른다는 희망을 갖고 수술을 제안했다.

수술할 부위는 특히 왼쪽과 오른쪽 관자놀이 내부에 있는 해마였다. 실제 해마처럼 생긴 이 조직은 전기 자극에 민감하게 반응한다. 수술 후 뇌전증에 의한 발작은 정말 줄어들었다. 하지만 이로 인해 몰레이슨은 엄청난 대가를 치러야 했다. 과거의 일부가 기억에서 사라진 것이다. 이보다 더 끔찍한 일은 새로운 기억을 만드는 능력이 없어졌다는 사실이다. 요컨대 '순행성 기억상실anterograde Amnesie'에 걸린 것이다.

헨리 몰레이슨에게는 너무나 비극적인 일이었지만, 신경심리학계는 그 덕분에 그야말로 놀랄 만한 발전을 이룩했다. 알츠하이머와 코르사코프 증후군도 기억상실을 유발하지만, 이들 질병은 뇌 전체를 공격하며 특수한 기억 과정이 뇌의 어떤 부위에서 일어나는지에 관해 아무런 힌트를 제공하지 않는다. 가령 총에 맞는 것처럼 외부에서 받은 트라우마는 뇌 외부를 손상시키지 않고서는 결코 더 깊은 부위에 손상을 일으키지 못한다. 그런데 헨리 몰레이슨 덕분에 해마—그의 경우는 양쪽에 있는 이 부위를 부분적으로 제거했다—가 새로운 기억을 저장하는 데 없어서는 안 될 부위라는 사실이 밝혀졌다. 기억은 해마에 자체적으로 저장되지는 않는 것 같았다. 몰레이슨은 자신의 옛 기억 중 일부를 기억할 수 있었기 때문이다. 그가 이런 기억을 불러올 수 있다는 사실은 기억 저장은 기억을 재생하는 신경 장치와 동일하지 않다는 뜻이기도 했다.

몰레이슨은 오랫동안 의학계가 알고 있던 '순행성 기억상실'의 탁월한 사례였다. MIT 연구자들은 그를 정기적으로 실험실로 불렀고, 이로써 신경계의 어떤 부위에서 기억 과정을 담당하는지에 관해 일련의 새로운 지식을 얻을 수 있었다. 몰레이슨은 연구팀 모두가 친절하며 참을성이 있다고 칭찬했으며 그 자신도 항상 진심을 다해 실험에 임했다. 자신의 뇌를 최신 기술로 촬영할 수 있도록 허락한 것은 물론이다. 70대 후반이던 2004년에도 그는 MRI를 찍었다.[3] 영국의 〈랜싯Lancet〉에 실린 추도사에 따르면 그는 55년 동안 이와 같은 실험에 헌신적으로 응했다. 아울러 약 100명의 과학자들이 몰레이슨을 피실험자로 활용했고, H. M.이라는 이니셜은 약 1만 2000번이나 기사와 학술 논문에 실렸다.[4]

이 모든 언급이 그의 이야기를 얼마나 상세하게 보고했는지는 약간의 차이가 있지만, 다음과 같은 내용만큼은 항상 포함되었다. 1953년에 치료를 받지 못한 뇌전증, 용감한 외과 의사, 실험적인 수술과 뇌전증 호전, 연구에 협조적인 환자 덕분에 뇌 연구가 한층 발전했다는 등의 내용이 그것이다. 하지만 헨리 몰레이슨의 운명에 관해 우리는 또 다른 이야기를 할 수 있다.

헨리 몰레이슨(1926~1953)
● ●

몰레이슨이 순행성 기억상실로 괴로워했다는 사실이 수술하기 전의 기억은 온전했다는 뜻은 아니다. 수술하

헨리 몰레이슨(21세)

기 몇 개월 전의 일도 기억에서 완전히 사라졌고, 1950년 사랑하는 삼촌이 죽었지만 그에 대한 기억도 사라지고 없었다. 그보다 더 과거에 속하는 기억―학창 시절, 방학 때 했던 아르바이트, 어린 시절―도 조각으로만 남아 연결되는 이야기가 없었다. 다른 말로 하면, 그런 기억들은 끝없이 반복되는 일화로서 수십 번이고 거듭되는 모험일 뿐이었다. 수술 후 오래된 기억이 떠오르긴 했지만, 20분 전 심지어 몇 분 전 누군가와 이야기를 나누었다는 기억은 사라졌다. 이야기의 레퍼토리는 바뀌었으나 해가 지날수록 얘기할 목록은 줄어들었다. 당연히 몰레이슨을 다루는 일에는 인내심이 필요했다.

1990년대 초 과학 전문 기자 필립 힐츠Philip Hilts는 몰레이슨에 관한 책을 쓰기 위해 전기傳記적인 정보를 찾아보았다. 하지만 그의 조부모, 부모, 삼촌과 숙모는 이미 사망하고 없었다. 그래서 힐츠는 지인들의 이야기, 병력에 관한 기록, 당시 60대 중반이던 몰레이슨의 희미한 기억에 의지할 수밖에 없었다.[5] 사진은 물론 가족에 관한 기록도 없고, 몰레이슨의 기억에 도움이 될 만한 어떤 자료도 없었다. 힐츠는 헨리가 1926년 2월 26일 태어났으며 하트포드와 그 주변 마을에서 성장했다는 사실을 알아냈다. 이는 그가 청소년 시절 고향에 있는 저수지에서 낚시와 수영 그리고 사냥을 즐기며 보냈다는 뜻이기도 했다. 헨리는 죽을 때까지 무기 같은 종류를 매우 좋아했다. 그 밖에 헨리가 즐긴 취미로는 낱말 맞추기(크로스워드 퍼즐―옮긴이)가 있었다. 그리고 존 필립 소사John Philip Sousa의 행진곡을 좋아했다는 사실도 알려졌다. 아버지는 전기 기사였는데, 헨리는 소년 시절 아버지처럼 살려고 마음먹었다. 하지만 열여섯 번째 생일날 아버지 옆자리에 앉아 쉐보레를 타고 소풍을 갔다 돌아오는 길에 뇌전증 발작을 일으켰다. 이후 발작은 횟수도 늘어나고 강도도 높아졌다. 이런 발작은 헨리의 미래를 바꾸는 데 그치지 않았다. 아버지는 처음에는 차분했다. 하지만 하필이면 하나밖에 없는 아들한테 그런 병이 생겼다는 사실에 실망한 나머지 술에 의지하게 되었다. 헨리는 전기 기사가 되겠다는 계획을 포기해야만 했다. 뇌전증을 앓는데 사다리 위에서 일하는 것은 너무나 위험했기 때문이다. 고등학교를 졸업할 당시 그는 연단에 올라가 졸업장을 받지 못했다. 학교 이사들이 혹시라도 연단에서 발작을 일으킬까 두려워 그런 조치를 취한 것이다. 고등학교를 졸업한 그는 허드렛일을 전전했다. 양탄자 가게의 창고에서 중노동을 하고, 타자기 회사인 언더우드의 컨베이어벨트에서 일했다.

1953년 여름이 되자 뇌전증이 더욱 악화해 하루에 열 번까지 정신을 잃었다. 특히 일주일에 한 번은 매우 심각한 발작을 일으켰다. 뇌전증으로 처방받은 약의 양을 최대한 늘렸으나 도움이 되지 않았다. 헨리와 어머니는 전문가들이 정말 이 병을 치료 못하는지 알기 위해 하트포드 병원을 찾았다. 이 병원에는 2명의 외과 의사가 진료를 하고 있었다. 그중 한 명은 뇌전증 전문가 벤 위트콤Ben Whitcomb이었다. 하지만 헨리를 담당한 사람은 다른 외과 의사인 윌리엄 빌 스코빌William Bill Scoville이었다. 어쩌면 두 사람은 정말 나쁜 시기에 만난 것일지도 모른다.

로보토미
••••••••• 스코빌은 헨리 및 어머니—아버지는 함께 온 적이 없었다—와 대화를 나눈 다음 '실험적인' 수술을 추천했다. 스코빌 박사가 추천한 수술은 몇 년 전인 1949년 노벨 의학상을 받은 기술을 약간 변형한

방법이었다. 노벨상 수상자인 포르투갈 출신의 뇌 전문의 에가스 모니스 Egas Moniz('전두엽 백질 절제법의 치료적 효과에 관한 발견'으로 1949년 노벨 의학·생리학상을 수상했음—옮긴이)는 이런 수술을 '전두엽 뇌엽 절제leukotomie'라고 불렀는데 여기서 leuko는 '흰색', tome는 '자르다'는 뜻이다. 이 수술에서 의사는 양쪽에 있는 전두엽 전면의 흰색 물질을 건드리는데, 이 물질은 대부분 뇌의 회색 표면 밑에 있는 신경섬유 조직이다. 이 수술에 관한 이야기는 기록에 자주 등장하지만 세부적인 과정은 그렇지 않다.[6]

최초의 수술은 1935년 우울증과 편집증적 망상으로 고통을 겪던 예순세 살의 여성을 대상으로 이뤄졌다. 의사들은 환자를 부분 마취한 뒤 전두엽 양쪽에 구멍을 하나 뚫었다. 그리고 모니스의 조수—당시 예순 살이던 모니스는 통풍으로 인해 수술을 다른 의사들에게 맡겨야 했다—가 이 구멍 속으로 주삿바늘을 찔러 넣어 백색의 물질에 순수 알코올을 주입했다. 수술이 끝난 뒤 환자는 다시 정신 병동으로 갔다. 이런 수술을 하기 몇 달 전 모니스는 런던에서 열린 회의에 참석하던 중 아이디어를 얻었다. 이 회의에서 예일 대학의 신경학자 제이컵슨C. F. Jacobsen과 풀턴J. F. Fulton이 암컷 침팬지 두 마리를 대상으로 전두엽을 부분적으로 절제한 결과를 발표했다. 그러자 학습에 큰 장애가 발생했고, 두 마리 가운데 한 마리에게서 행동의 변화를 관찰할 수 있었다. 수술을 하기 전 암컷 침팬지 한 마리는 규칙적으로 화를 냈다. 검사실에 들어가는 게 무서워 거부하기도 했다. 그러나 수술을 받고 나자 실험실에도 잘 들어갔고 심지어 즐거워하기까지 했다. 그들의 발표가 끝나자 모니스는 자리에서 일어나 그런 수술을 공포 상태에 있는 사람들의 기분을 좋게 해주기 위해 실시해도 되는지 물었다.[7] 리스본으로 돌아온 모니스는 전두엽을 제거하지 않은 채 뇌의 나머지 부분을 부분적으로 통제하지 못할 정도로만 손상을 입히는 프로그램을 만들기 시작했다. 조직을 죽이는 이 같은 알코올 주입법은 곧 '뇌엽 절제' 분야에서 명실공히 한 자리를 차지했다. 이 방법으로 뇌 표면을 심각하게 손상시키지 않고서도 뇌 깊숙한 자리에서 효과적으로 신경 섬유를 분리할 수 있게 된 것이다.

이런 수술을 정당화하는 이론이 신속하게 발표되었다. 모니스의 확고한 견해는 정신 질환을 유발하는 것으로 보이는 병리학적 사고思考 과정은 백색 물질 안에 안정적으로 자리 잡고 있으며, 이런 병리학적 과정은 약물이나 치료를 받더라도 제거할 수 없다는 것이었다. 이는 어떤 종류의 정신 질환─중독, 우울증, 편집증적 망상, 환각, 강박 상태 같은 질병─이든 오로지 신경 조직을 과격하게 방해함으로써만 고통을 줄일 수 있다는 뜻이었다. 수술은 사전에 동물 실험을 해보지도 않고 이뤄졌다. 그래서 수술을 받은 환자는 이중으로 손상을 입었다. 결과에 대해 장기적으로나 체계적으로 연구하지도 않았다. 따라서 다음과 같은 결과가 나온 것은 지극히 당연했다. 환자들은 수술을 받은 뒤 감정이 없고 굼떴으며 방향을 잡지 못했다. 모니스는 이런 현상은 수술을 한 지 얼마 되지 않아 그런 것이며, 시간이 지나면 정상으로 돌아올 것이라고 주장했다. 하지만 모니스는 그때까지 기다리지 않았다. 20건의 수술을 하고 두 달 후 최초의 논문을 발표한 것이다. 그리고 1년 6개월 후에는 10개 이상의 논문을 6개국에서 발표했다. 이런 활동으로 그는 '정신외과'라고 부르는 프로그램에서 핵심 인물로 부상했다. 그는 정신외과라는 명칭을 직접 만들었으며, 이는 정신적 문제를 수술을 통해 해결하고자 하는 시도를 의미했다.

많은 국가에서 뇌외과의들이 뇌엽 절제를 받아들였다. 이렇듯 거칠고 이론적으로도 확실하지 않은 수술이 빠르게 확산한 이유는 기존의 치료 방법에 만족하지 못했기 때문이다. 심각한 손상을 입은 사람들에게 정신

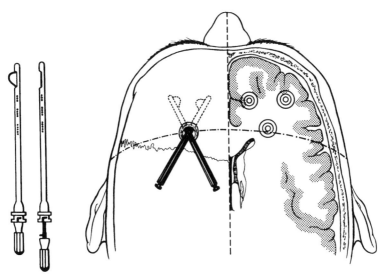

뇌엽 절제 수술을 할 때는 움푹 파인 홈이 있는 가느다란 핀이 있어야 한다. 이 홈 안에는 날카로운 철사가 들어 있다. 뇌에 뚫은 구멍 속으로 이 핀을 넣어 제대로 자리를 잡으면, 철사를 한껏 밀어 넣는다 (왼쪽). 그런 다음 핀을 몇 차례 돌려 백색 물질로 이뤄진 동그란 모양의 핵을 자른다. 그리고 핀에 달려 있는 철사를 다시 팽팽하게 당긴다. 풀어진 세포핵은 뇌에 남아 있으나 아무런 기능도 하지 못한다. 핀의 각도와 깊이에 따라 똑같은 구멍에 핀을 넣더라도 여러 개의 핵을 풀어헤칠 수 있다. 사과에 구멍을 뚫는 도구와 비슷하게 생겼다고 해서 영국 전문 서적에서는 이를 'core operation'이라고 불렀다.

분석은 거의 도움을 주지 못했다. 그리고 당시엔 정신 계통의 약물도 없었다. 그래서 불안에 떨고 공격적이고 자살 위험이 있는 환자를 감금·결박하거나 약을 먹여 조용히 만들거나 인슐린을 과도하게 주입해 코마 상태에 두는 방법 외에 별로 도움을 줄 수 없었다. 뇌엽 절제술은 실용적이고 비용도 많이 들지 않으며 빨리 배울 수 있는 기술이었다. 특히 미국 정신외과에서는 이 뇌엽 절제술이 인기가 있었다. 이는 워싱턴 출신의 외과 의사 월터 프리먼Walter Freeman 때문이었다.[8] 모니스가 영감을 받은 런던 회의에도 참석한 적이 있는 그는 1936년 초 이 수술에 관해 쓴 모니스의 최초 논문을 읽었다. 그리고 곧 두 차례의 뇌엽 절제술을 준비했다. 여름휴가를 마친 프리먼은 우울증을 앓으며 불안해하는 여성에게 첫 수술을 집도했다. 양쪽 대뇌반구에서 6개 정도의 핵을 풀어헤치는 수술을 끝낸 뒤 프리먼은 환자에게 몇 가지 질문을 던졌다.

"행복하세요?"

"네."

"당신이 이곳에 왔을 때 얼마나 두려움에 떨었는지 기억하세요?"

"네. 엄청 두려움에 떨었죠. 그렇지 않나요?"

"왜 그랬죠?"

"나도 모르겠어요. 잊어버린 것 같아요. 이제는 그렇게 중요하지도 않고요."[9]

프리먼은 이 수술을 '로보토미Lobotomie'라고 불렀다. 그가 생각하기엔 신경 가지뿐 아니라 신경 자체도 잘라버렸기 때문이다. 뇌엽 절제술에 관한 자신의 연구서에 서명까지 해서 워싱턴으로 보낸 모니스처럼 프리먼 역시 가능한 한 많은 환자의 수술을 집도했다. 논문을 쓰거나 회의 때 충분한 사례를 소개하기 위해서였다. 수술하는 동안 그는 환자를 깨어 있는 상태로 두었다. 환자들은 노래를 부르거나 혹은 100부터 거꾸로 7까지 숫자를 세어야 했다. 환자의 두려운 감정이 잠을 자듯 갑자기 평온한 감정으로 바뀔 때까지 그는 많은 신경 다발을 절단했다. 이렇게 마지막 절단을 한 뒤 절개한 구멍을 실로 꿰맸다.

1936년 크리스마스 저녁, 이미 15명의 환자를 수술한 프리먼은 수술을 받고 난 뒤에 일어난 진귀한 결과를 수집했다. 알코올 중독자였던 한 남자는 병실로 돌아가자마자 옷을 입고 붕대를 감은 머리에 모자를 쓴 채 근처에 있는 술집으로 갔다. 이런 사례에서 알 수 있듯 프리먼은—다시한 번 말하건대 모니스와 비슷하게—뇌엽 절제술의 징후와 관련해 매우 관대했다.

이 수술을 받아야 할 대상은 우울
병자, 두려움에 사로잡힌 사람, 정신
병 혹은 강박증을 앓는 사람이었으
나 프리먼에 따르면 알코올 중독자,
도박 중독자와 동성애자도 여기에
포함되었다.

세월이 흐르자 정신외과라는 전문
영역에서 뇌엽 절제술에 속하는 다양
한 시술이 개발되었다. 프리먼도 '안
구 뇌엽 절제술orbital undercutting'을 선
택했다. 이는 안구를 통해 이중 날을

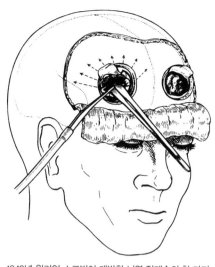

1949년 윌리엄 스코빌이 개발한 뇌엽 절제술의 한 가지
시술법: 조직을 빨아내기 위해 전두엽의 굴곡 사이에 작
은 구멍을 뚫는다. 헨리 몰레이슨은 1953년 측두엽의 깊
은 곳까지 제거하기 위해 이 수술을 받았다.

갖춘 가느다란 칼을 두개골 안으로 넣은 다음, 칼을 마치 작은 자동차의
와이퍼처럼 움직여 전두엽 밑부분을 자르는 방법이었다. 이 수술은—반
대파들은 그를 '얼음송곳 외과 의사'라고 불렀다—뇌에 구멍을 뚫는 뇌엽
절제술과 동일한 효과가 있을 뿐 아니라 외래 환자에게도 적용할 수 있는
장점이 있었다. 프리먼은 미국 전역에서 이 방법을 시연하기도 했다.

좀더 집중적이고 정교한 시술은 1949년 대중에게 알려진 방법으로, 눈
위에 위치한 두개골에 구멍을 뚫고 이 구멍을 통해 핀셋과 비슷한 도구를
집어넣는 것이었다. 이렇게 하면 전두엽의 굴곡 중간에서 은색 관으로 뇌
깊숙한 곳에 있는 뇌 조직을 빨아낼 수 있었다. 이 기법을 개발한 사람은
프리먼이 광적으로 숭배한 의사, 곧 하트포드 병원의 빌 스코빌이었다.[10]

두 번 손뼉 치기

윌리엄 빌 스코빌은 자동차 기술자가 되고 싶었

지만 아버지의 소원대로 의학을 공부했다.[11] 스포츠카에 대한 열정은, 무엇보다 빨간색 재규어 모델에 대한 열정은 평생 그의 곁을 떠나지 않았다. 외과 의사로서 그는 특히 기술적인 부분에 관심을 가졌다. 그래서 척추 골절을 치료하기 위해 다양한 도구를 설계하고 새로운 수술 기법을 도입하기도 했다. 그의 동료였던 위트콤은 그를 모든 규칙과 규정을 경시하는 사람이라고 묘사했다. 1940년대 말에 스코빌은 정신외과의 길을 택했다. 그리고 몇 년 동안 정신분열증 환자, 신경증 환자, 병적으로 흥분 상태에 있는 조증躁症 환자 혹은 정신병자를 대상으로 수백 번의 수술을 집도했다. 1953년 여름 헨리가 스코빌 박사의 진료실에 들어가 자신을 소개했을 때, 그는 손뼉을 두 번만 치면 에가스 모니스를 바짝 뒤쫓을 수 있었다.

그런데 헨리는 무엇을 두려워했던 것일까? 그는 간질에 의한 발작 때문에 병원을 찾았고, 뇌엽 절제술은 정신병적 고통을 치료하기 위해 시술하는 것이지 신경성 질환을 치료하기 위한 것은 아니었다. 그동안 뇌엽 절제술은 정신 질환 외의 질환을 치료하는 데 도입되었다. 예를 들면 만성 통증에도 이런 치료를 했다. 더 위험한 문제는 정신외과 분야에 종사하는 사람들의 정신 상태였다. 요컨대 많은 정신과 의사들이 느긋하게 환자를 '실험용' 수술에 동원했다. 그것도 상대적으로 많은 환자 그룹의 뇌양쪽에 이런 수술을 했다. 그들은 이렇듯 새로운 수술 방법을 동원한 뒤그 효과를 문서화할 때까지 오랜 시간을 기다리지 않았다. 뇌엽 절제술이나 메스로 하는 수술을 무조건 실시했다. 병소病巢의 위치조차 확정하기 힘든 상태에서 말이다. 당시에는 뇌 영역의 기능에 대한 이론이 없었기 때문이다. 즉 전두엽은 알 수 없는 영역, 곧 '테라 인코그니타terra incognita' 였으며 이 부위에 수술을 집도하는 외과 의사 절반은 거의 탐험가처럼 일

월리엄 빌 스코빌(1906~1984)

했다. 모든 외과 의사가 결코 프리먼과 그 추종자들처럼 신중하게 수술에 임하지도 않았다. 뇌엽 절제술은 신경학자들 사이에서 여전히 많은 저항을 불러일으켰지만 이를 금지할 수 없었다. 감독이라는 것 자체가 없었고, 동료들이 감시하더라도 강제성을 갖고 수술을 막을 수는 없었다. 스코빌과 같은 병원에서 일한 위트콤은 뇌전증 전문의였다. 그는 헨리에 대한 수술을 집도하지 말라고 충고했으나 아무런 소용이 없었다. 스코빌 박사는 모든 규정을 지키면서도 계속 수술을 할 수 있었다. 요컨대 그 당시에는 이런 수술과 관련해 어떤 규정도 없었다.

위트콤이 아니라 스코빌을 선택한 게 헨리의 유일한 불행은 아니었다. 1950년대 초반만 하더라도 미국에서는 이미 1만여 명이 뇌엽 절제술을 받았으며, 가정의와 환자 가족들은 수술 후의 극심한 부작용이 계속되는 것을 지켜봐야만 했다. 수술은 대수롭지 않게 그리고 별다른 결단도 없이 이뤄졌다. 그로 인해 환자들이 겪는 신체적 결과는 심각했고 많은 경우―간질, 출혈, 감염 등―치명적이었다. 그러자 스코빌은 사람들의 관심을 뇌의 일부분으로 향하도록 만들었다. 바로 전두엽 뒤에 있는 측두엽이 그것이었다. 그는 이 영역 안에 있는 변연계에 손상을 주거나 절단을 해버리면 정신적 및 신경적 고통을 덜어주는 효과가 있을 거라고 추측했다. 1953년 10월 중순 〈신경외과 저널Journal of Neurosurgery〉에 보낸 논문에서 스코빌은 변연계 양쪽을 아주 많이 제거하더라도 좋은 결과를 얻을 수 있다고 적었다. 그러나 유감스럽게도 2명이 환자가 이 수술로 인해 "매우 심각한 기억상실"을 겪어야 했다.[12] 이 환자 가운데 한 사람은 마흔일곱 살의 D. C.였다. 역시 의사인 D. C.는 편집증적 정신분열로 인해 수술을 받았다. 그리고 나머지 다른 환자는 바로 H. M.이었다.

헨리는 6주 전 미리 국부 마취에 이은 수술을 받았다. 수술은 스코빌이 1949년 일종의 뇌엽 절제술 중 하나로 개발한 방법이었다. 그는 우선 헨리의 이마 위에 있는 피부를 가로로 잘라 눈 위까지 접어 올렸다. 그런 다음 망치(수술 노트에는 "1달러만 주면 공구점이나 자동차 부속품 가게에서 구입할 수 있음"이라고 적혀 있다)로 안구 위에 깊이 3센티미터의 구멍을 2개 뚫었다.[13] 그리고 이 구멍 안에 마치 지렛대처럼 전두엽을 들어 올릴 수 있는 주걱을 꽂았다. 이런 시술이 종양을 발생시킬 수도 있다는 것은 50년 후에야 밝혀졌다. 어쨌거나 이렇게 해두면 원하는 수술을 실행할 수 있었다.

스코빌은 주걱 아래로 은색의 작은 관을 측두엽 깊숙한 내부에 닿을 때까지 밀어 넣었다. 그런 다음 8센티미터가량의 조직을 빨아내기 시작했다. 변연계 대부분, 곧 편도체 대부분과 해마의 4분의 3이 관 안으로 사라졌다. 이제 헨리의 양쪽 뇌에는 쩍 벌어진 커다란 구멍이 생겼다. 스코빌은 엑스레이 사진에 잘 나오도록 안구를 금속 핀으로 표시하고, 이런 사진과 수술 경과를 문서로 남겼다.

나중에 발표한 논문에서 스코빌은 이와 같은 수술을 뇌 양쪽에 여러 차례 했다고 밝혔다. 뇌전증 수술을 많이 해본 의사들은 바로 이런 점을 못마땅하게 생각했다. 그들은 스코빌이 어떠한 경우에도 예전 방식대로 수술을 해야 한다고 여겼다. 다시 말해, 그는 한쪽에만 수술을 해야 했다. 특히 이런 수술은 스코빌 자신의 말마따나 "솔직히 실험적인 성격"을 많이 띠고 있었기 때문이다. 아마도 당시 사람들이 순행성 기억상실을 확정지을 수 없었던 이유는 대부분의 환자가 너무나 고통스러워 자신의 기억이 없어진다는 사실을 알아차리지 못했기 때문일 것이다. 하지만 헨리는 보통 이상으로 지적인 사람이었고 정신 질환도 없었다.

당시 스코빌은 헨리의 기억 문제가 그렇게 비극적이라고 간주하지는 않은 것 같다. 몇 년이 지나면 호전될 거라고 기대했던 것이다. 논문에 실려 있듯 그가 이미 정신분열증 환자 230명의 측두엽을 매우 다양한 방법으로 수술했다는 내용은 그냥 무시할 수 있는 게 아니었다. 게다가 이들 환자 가운데 절반은 수술을 받아 호전되었다고 했다. 요컨대 우울증을 앓거나 신경 질환을 앓는 환자들이 뇌엽 절제술을 통해 아주 좋은 결과를 보았다는 것이다. 그는 정신외과와 관련해 몇 가지 희망에 찬 전망을 내놓으며 논문을 끝맺었다. 이를테면 아마도 변연계에 대한 연구는 지속적으로 전기 충격 요법을 선택할 텐데, 이 요법은 해마를 거침으로써 가능하며 이로써 정신분석은 학문에서 배제될 것이라는 내용이었다. 특정 뇌 영역을 외과 수술을 통해 절개하면 "간질 발작을 일으킬 가능성이 줄어들어 앞으로 우리는 항간질성 약품을 사용하지 않고도 환자를 치료할 수 있을 것이다".[14]

그런데 정반대 결과가 나왔다. 몇 년 후 뇌전증을 치료하는 약품의 효과가 좋아지자 외과적인 수술은 가장자리로 밀려났다. 1953년 헨리가 스코빌의 진료실에 나타난 것은 참으로 타이밍이 좋지 않았다. 몇 년 전에만 찾아갔더라도 헨리는 아마 표준적인 전두엽 절제술만 받았을지 모른다. 그리고 몇 년 후 약품을 처방받았을 수도 있다. 만일 그랬더라면 헨리는 자신의 기억을 잃지 않았을지도 모른다.

영원한 서른 살
이미 지나갔지만 끝나지 않은 삶은 어떤 것일까?

집으로 돌아온 뒤, 헨리가 어떤 장애를 입게 되었는지 확연히 드러났다. 그는 많은 사람을 더 이상 알아보지 못했다. 간단한 일도 중간에 방해를 받지 않아야만 혼자서 끝을 낼 수 있었다. 잔디를 깎다가도 잠깐 집 안으로 들어가면 그것으로 끝이었다. 헨리는 물건이 일정한 장소에 있음에도 불구하고 그것을 어디에서 찾아야 하는지 까먹었다. 그 자신도 뭔가 대단히 잘못되었다는 걸 인식했다. 기억을 잃은 다른 사람들처럼 헨리는 자신의 상태가 보통 사람들이 깊은 잠을 자다 깨어난 뒤 몇 초 동안 겪는 것과 비슷하다고 말했다. 온전한 기억이라고 해봐야 겨우 2초 혹은 3초 정도 무질서하게 머물러 있는 게 고작이었다. 헨리에게는 이제 지속적으로 혼란만 남아 있을 뿐이었다. 매일 백지 같은 무서운 하루가 시작되고 그 이면에는 희미한 불안과 공허만 있을 따름이었다. 조금 전 내가 무슨 일을 했지? 내가 방금 "입 닥쳐!"라는 말을 했나? 아니면 욕설을 내뱉었나?

몰레이슨 가족은 1956년 원래 살던 거리에서 약간 위쪽에 있는 집으로 이사를 갔다. 이때부터 헨리는 동행이 없으면 밖으로 나가지 못했다. 계속 예전에 살던 집으로 돌아갔기 때문이다. 새로운 주소를 외우는 것도 불가능했다. 이런 장애 때문에 친구를 사귈 수도 없었다. 간질병을 앓을 때에도 의사는 결혼 계획 같은 건 아예 생각도 하지 말라고 충고했었다. 그런데 수술을 받은 지금은 결혼에 대한 관심조차 사라져버린 듯했다. 그는 누구든 심지어 완전히 낯선 사람도 집 안에 들였다. 그의 방은 점점 타임캡슐처럼 변했다. 청소년 시절에 익숙했던 1940년대 물건과 잡지 그리고 포스터로 가득했다.

헨리가 퇴원할 때 스코빌 박사는 그의 상태를 "호전"이라고 기록했다. 하지만 이는 오직 간질성 질환에 한해서만 그런 것이었다. 몇 달이 지나도록 기억력이 재생되지 않자 스코빌은 몬트리올 신경학연구소에서 뇌전증 수술을 많이 해본 신경외과의 와일더 펜필드Wilder Penfield에게 전화를 걸었다. 펜필드는 스코빌이 헨리의 뇌에 저지른 행동을 듣고 격분했다.[15]

그가 듣기에도 정신 질환이 전혀 없고 지적인 능력도 온전했던 남자에게 뭔가 손상이 일어난 게 분명했다. 그래서 펜필드는 동료 브렌다 밀너 Brenda Milner를 하트포드로 보내 상세한 조사를 하도록 했다. 이로써 밀너는 헨리에 대한 실험 가운데 중요한 부분을 담당한 초기의 몇몇 신경학자와 신경심리학자 가운데 한 명이 되었다. 스코빌과 밀너의 공저로 많이 인용되곤 하는《양쪽 해마의 병변을 수술한 뒤의 최근 기억상실》(1957)은 헨리라는 인물을 H. M.으로 표기했다.

밀너는 1955년 4월 26일 처음으로 헨리를 검사했다. 밀너가 오늘이 며칠인지 묻자, 헨리는 1953년 3월이라고 대답했다. 나이는 스물일곱이라고 했는데, 헨리의 실제 나이는 당시 스물아홉이었다. 밀너와 면담하기 전에 다른 신경학자들과 대화를 나누었음에도 헨리는 그 사실을 까마득하게 잊고 있었다. 그는 지능, 계산 그리고 논리적 토론 능력에 대한 검사에서 아주 탁월한 성적을 받았다. 그런데 이야기를 듣고 그걸 기억하는 검사에서는 형편없는 성적을 받았다. 즉 헨리는 세부적인 사항에 대해서는 전혀 기억하지 못했고, 누군가가 자기와 이야기를 했다는 사실조차 조금밖에 기억하지 못했다. 밀너는 헨리보다 앞서 발병한 D. C.도 방문했다. 그는 아내를 살해하려 한 정신분열증 환자였다. 그의 양쪽 해마도 스코빌 박사의 수술로 인해 사라졌는데, 밀너는 D. C.에게서도 동일한 장애를 확인할 수 있었다. 다시 말해 그의 지성과 어휘력 그리고 예전에 습득한 의학적 지식은 그대로였지만 2분 전의 사건은 완전히 잊어버렸다. 코끼리 한 마리를 그리라고 했더니 잠시 후 그 그림은 벌써 그렸다고 따졌다. 그는 자신이 어디에 있는지 전혀 알지 못했지만, 자기가 전날 서녁에야 그곳에 도착했으므로 놀라운 일은 아니라고 설명했다. 하지만 D. C.는 그 시설물에 온 지 6주가 된 터였다. 그 자신이 의사가 아니라 피실험자라는 사실은 심리적인 장애로 인해 전혀 문제되지 않았다.

　H. M.이 피실험자로 등장하는 최초의 논문에서도 벌써―새로운 기억을 생성하지 못하는 심각한 장애를 입고 있음에도 불구하고―모든 것이 온전하다는 점에 대해 놀라움을 금치 못하는 내용을 감지할 수 있다. H. M.의 경우 의미론적 기억은 사라지지 않았다. 즉 헨리는 1953년에도 어휘력을 잃지 않았다. 우주비행사들은 그에게 '로켓 탑승자rocketeer'였고, 무함마드 알리(미국의 흑인 프로 권투 선수―옮긴이)는 조 루이스(미국의 흑인 권투 선수. 1937년 세계 헤비급 타이틀을 획득해 12년 동안 방어함으로써 세계 최고 기록을 세웠음―옮긴이)였다. 헨리는 '아야톨라(이란 회교 시아파의 종교 지도자를 일컫는 말―옮긴이)'가 무슨 뜻인지 영원히 알 수 없었다. '워터게이트'라는 말을 들으면 방어 프로젝트라고 생각했다. 그가 즐겨 하던 일에 대한 기억은 그대로 살아 있었다. 이는 그의 오랜 취미였던 낱말 맞추기를 포기할 필요가 없었다는 뜻이기도 했다. 그리하여 헨리는 죽을 때까지 낱말 맞추기를 했고, 하루 3~4개 정도의 문제를 풀었다. 그가 생존했을 때 출간한 저작물 가운데 하나에는 헨리가 채워 넣었던 낱말 300여 개에 대한 분석이 담겨 있다.[16] 많은 심리학자들이 낱말 맞추기가 기억 훈련에 적합한가라는 질문을 받는데, 헨리의 경우를 보면 뇌에 심한 손상을 입더라도 차분하게 낱말 맞추기를 풀 수 있다고 대답해도 될 것이다.

H. M. 덕분에 기억심리학에서는 '차이'를 도입하게 되었는데, 그사이 사람들은 항상 이런 차이를 구분한다고 믿을 정도로 친숙해졌다. 여기서 말하는 차이란 흔히 단기 기억과 장기 기억의 구분을 말한다. 그런데 실제로 심리학자들은 1950년 이후에야 비로소 시간을 기준으로 기억을 구분하기 시작했다고 독일 심리학자 쿠르트 단치거Kurt Danziger는 설명한다.[17]

정확히 얘기하면 이런 구분은 1970년대 들어서야 비로소 이루어졌다. 그 이전에 기억을 구분한 예로는 윌리엄 제임스William James(미국의 심리학자이자 철학자. 미국 심리학의 시조로 알려져 있다―옮긴이)를 들 수 있는데, 그는 이미 1890년에 '일차적' 기억과 '부수적' 기억을 구분했다. 그에 따르면 일차적 기억은 우리의 의식에 속해 있다. 즉 이 기억은 의식을 떠나지 않은 관찰과 인지를 포함하며, 우리가 현재 경험하고 있는 것이 우리의 의식이 되도록 기여하는 기억이다. 제임스에게는 엄밀한 의미에서 부수적 기억만이 진짜 기억이었다. 이 기억은 순간순간 갖게 되는 의식의 외부에 저장된다. 이런 구분은 H. M.에게 무엇이 부족했는지를 아주 잘 보여준다. 의식하는 순간에 일어나는 것을 헨리는 잘 간직할 수 있었다. 지극히 다양한 주제에 관해 맥락이 통하는 대화도 잘했다. 시간 간격에 대한 추정도 보통 사람들처럼 할 수 있었다. 다만 그 간격이 20초보다 길면 안 되었다. 이 시간이 넘어가면 헨리는 15분을 1분으로 혹은 한 시간을 2분으로 추정했다. 결정적으로 중요한 것은 항상 의식하고 주의하는 일이었다. 뭔가가 의식에서 사라져버리면―누군가가 대화 도중 다른 주제를 언급하거나 잠시 방에서 나가면―더 이상 돌아갈 수 없었다. 주제와 연결된 모든 연상이 사라져버리는 것이다. 그의 의식은 새로운 정보로 보충되지 않았다. 그 때문에 이미 예순 살이 되었지만 자기 나이를 "대략 서른 살"이라고 대답했다. 거울을 보면 점점 더 늙어가는 자신의 얼굴을 인식했지만, 거울에서 돌아서면 이런 사실을 잊어버렸다. 1982년에는 마흔 번째 생일을 맞이한 1966년 사진을 더 이상 알아보지 못했다.[18] 일차적 기억을 지니는 정보를 부차적 기억에 옮겨놓는 능력이 없었던 것이다.

아마 헨리 몰레이슨만큼 단기 기억과 장기 기억을 구별하는 데 이바지한 사람은 없을 것이다. 그가 겪었던 장애는 정보를 준비하고 이 정보를 좀더 오랫동안 보관하는 데 적합한 뇌 부위로 이송하기 위해서는 해마가 반드시 필요하다는 증거였다. 장애를 입기 전 보관해두었던 정보의 일부가 다시 단기 기억으로 나타났기 때문에 헨리 몰레이슨은 이따금 자신이 사냥하던 시절에 관해 얘기할 수 있었다. 하지만 이렇듯 일방통행적인 기억으로 인해 새로운 이야기를 저장하지는 못했다.

몰레이슨이 장애를 입고 처음 몇 해 동안 사람들은 단기 기억과 장기 기억 사이의 일방적 봉쇄는 모든 정보에 해당한다고 여겼다. 하지만 밀너는 1962년 놀라운 결과를 발표했다. 건강한 사람은 여러 차례 연습을 해야만 '거울 보고 그리기(심리학에서 가장 오래된 현상으로, 지시받은 행동을 할 때 눈과 손이 서로 잘 조합하는지 관찰한다—옮긴이)'를 배울 수 있다. 즉 건강한 사람은 예를 들어 2개의 평행선 사이에 별을 하나 그려 넣을 때 거울을 들여다본다. 밀너는 H. M.을 대상으로 동일한 실험을 수행한 결과, 놀랍게도 그의 학습 과정이 일반적인 건강한 사람들과 특별히 다르지 않다는 것을 발견했다. 다른 말로 하면, H. M.은 건강한 사람과 똑같은 재주를 가졌으나 자신이 거울 기호를 배웠다는 사실을 까먹었을 뿐이다. 당시 밀너의 대학생 제자였던 수잰 코킨은 몇 년 후, 이는 다른 운동 능력에도 해당한다는 사실을 증명했다. 다시 말해, H. M.은 다른 운동 능력도 배웠지만 그런 걸 배웠다는 사실을 잊어버렸을 뿐이다.[19] 이런 수업을 받은 보통 사람들처럼 말이다. H. M.은 심지어 규칙적인 접촉을 한 지 40년 후 수잰 코킨에게 희미하지만 지인이라는 느낌을 받았다. "내가 학교 다닐 때 알던 사람인가? 이스트하트포드 고등학교 시절에?"[20]

거울을 보고 그린 결과물을 오늘날 사람들은 '절차에 관한 기억'으로 분류하는데, 이런 기억에는 수영하는 법이나 자전거 타는 방법이 저장된다. H. M. 이후부터 이와 같은 유형의 기억은 자서전적 기억이 손상을 입더라도 제대로 작동한다는 게 분명해졌다. 수업 때 배운 내용은 남아 있으나 수업 자체는 사라지는 것이다. 상세한 기억과 포괄적 기억을 구분하는 과제에도 그와 같은 일이 일어난다. 밀너와 코킨 그리고 튜버H.-L. Teuber는 H. M.에게 부분이 빠져 있는 삽화를 보여주며 그 그림이 무엇인지 물어보았다. 헨리가 맞추지 못하자 그들은 그가 충분히 알 수 있을 때까지 차례로 빠진 부분을 채운 삽화를 보여주었다. 그런 다음 며칠 후 동일한 테스트를 하자 H. M.은 삽화가 무엇인지 금세 알아차렸다.[21] H. M.이 그 삽화를 언젠가 봤다는 사실을 부인했음에도 불구하고 분명 뭔가가 저장되었다는 건 분명하다.

자신의 많은 행동과 경험에서 H. M.은 코르사코프 환자를 연상케 했다. 그의 '오래된' 기억은 점차 줄어들어 끝없이 반복되는 레퍼토리에 국한되었다. 그리하여 과거에 일어났던 일과 관련해 희미한 불안감만 남았다. 사실 이런 불안감은 그 누구도 없애줄 수 없었다. 많은 코르사코프 환자처럼 그도 자신의 기억에서 구멍이 뚫려 있는 곳을 채우려 시도했다. 몇몇 마지막 검사에서 사람들이 안경을 어디에 두었는지 질문하자 H. M.은 요양원에서 도둑을 맞았다고 대답했다. 실제로는 몇 년 전 레이저 시술을 받아 더 이상 안경을 쓸 필요가 없었는데 말이다.

심지어 모든 사람의 기억에 남아 있을 법한 사건조차도 H. M.의 경우에는 몇 분 후 사라져버렸다. MIT 연구원이던 튜버는 어느 날 더 많은 실험을 하기 위해 H. M.을 데리러 갔다. 세찬 비가 내려 길이 미끄러운 날이었다. 그때 앞서 가던 자동차가 한 바퀴 도는가 싶더니 데굴데굴 굴렀다. 튜버는 황급히 차를 세운 다음 도로 경사면에 옆으로 넘어져 있는 자동차로 달려갔다. 자동차 안에는 어머니와 딸이 타고 있었다. 그들은 매우 당혹해했으나 심한 부상을 입지는 않은 상태였다. 얼마 후 경찰이 도착했다. 넘어져 있던 자동차가 똑바로 세워지자 튜버는 H. M.이 있는 자신의 차로 돌아갔다. 튜버는 H. M.과 사고에 대해 흥분해서 얘기를 나누며 다시 차를 몰았다. 15분 뒤 튜버는 H. M.에게 왜 자신의 몸이 젖어 있는지 물어보았다. 그러자 H. M.이 대답했다. "당신이 차에서 내려야 했기 때문이죠. 차에 대해 물어보기 위해서요."[22]

텅 비어 있는 동시에 생산적이던 헨리 몰레이슨의 삶은 그렇게 흘러갔다. 몰레이슨의 아버지는 1966년에 죽었고 어머니는 아흔다섯 살 되던 해인 1980년까지 헨리를 집에서 보살폈다. 그는 마지막 인생을 요양원의 2인실에서 다른 환자와 함께 보냈다.

몰레이슨은 아무것도 모른 채 윌리엄 스코빌의 경력에 기여했다. 신경학적 사례로 점점 유명해진 H. M. 덕분에 스코빌은 직접 집도한 수술과 그 결과에 대해 강연해달라는 초청을 받았다. 그의 논문 중 하나에는 이렇게 쓰여 있다. "나는 H. M.에 대해 간단하게 얘기해달라는 요구를 받았다. 정신생리학 연구에서 유명한 사례가 된 한 남자에 관해서 말이다."[23] 스코빌은 헨리에게 큰 손상을 입힌 수술을 했음에도—알려지지는 않았지만 수많은 다른 환자를 수술했음에도—자신의 명성에 어떤 식으로든 피해를 입지 않았다. 그는 계속해서 명성을 떨쳤으며 명예박사 학위를 받고 교수로도 임명되었다. 신경외과협회 웹사이트는 그가 명예 회원 또는 회장으로 있는 단체가 국내외에 25개나 된다고 소개했다. 스코빌은 1984년 2월 교통사고로 사망했다.

H. M.과 영화

모든 시대는 당대에 등장하는 신경학적 유물을 다루는 습관이 있다. 철도 노동자였던 피니어스 게이지Phineas Gage는 1848년 폭발 사고로 쇠막대가 이마를 뚫고 지나가는 불행을 당하고도 살아남았다. 이로써 그는 전두엽의 기능에 관한 이론을 보여줄 수 있는 산증인이 되었고, 사람들은 하버드 대학의 워런 해부학박물관에 그의 두개골을 안치해 기념하고 있다. 그의 두개골과 쇠막대는 전시 품목 중 최고의 볼거리이며, 해당 웹사이트에서도 첫 페이지에 이를 소개하고 있다.

제화공 르보르뉴Leborgne는 '탕 씨'라는 별명을 갖고 있었으며, 왼쪽 전두엽에 손상을 입은 후 실어증을 앓았다. 이 부위는 오늘날 브로카 영역이라는 이름이 붙어 있다. 브로카P. Broca가 1861년에 붙인 이름이다. 포르말린을 넣은 르보르뉴의 뇌는 지금 파리의 뒤피트랑Dupuytren 박물관에 보관되어 있다.

한편 몰레이슨의 뇌는 도처에 있고, 또 어디에도 없다고 할 수 있다.

2009년 2월 16일, 보스턴을 출발해 샌디에이고로 향하는 비행기 안에서 제이코포 앤네스는 몰레이슨의 뇌를 플라스틱 봉지에 담아 자신의 옆자리, 그러니까 창가 자리에 놓아두었다. 행여 사람들이 지나가면서 건드릴까봐.[24]

몰레이슨의 뇌가 연구소에 도착하자 사람들은 우선 딱딱해지도록 몇 달 동안 아교에 담근 다음 냉동실에 넣었다. 그리고 2009년 12월 2일(헨리가 죽은 지 꼭 1년 되던 날) 두 번째이자 마지막으로 그의 뇌에 메스를 댔다.

인터넷으로 생중계하는 가운데 앤네스와 동료들은 여러 번에 걸쳐 53시간 동안 헨리의 뇌를 2401조각으로 잘랐다(대략 이마와 평행이 되도록 앞에서 뒤로 수직으로 얇게). 뇌 조각의 두께는 70미크론이었다. 2010년 여름에는 이 뇌 조직의 세포 구조를 한층 더 분명하게 볼 수 있도록 니슬 염색Nissl Färbung(신경 조직을 두드러지게 만들어주는 염색 기술—옮긴이)을 했다. 마지막에는 인터넷 사진으로도 볼 수 있게끔 뇌 구조를 스캔해서 가상의 뇌

제이코포 앤네스, 캘리포니아 대학 뇌연구소 소장

로 변형시켜야 했다. 앤네스는 이 프로젝트를 신경학의 구글 어스Google Earth로 간주했다. 즉 모든 과학자가 원하는 부분, 그러니까 뇌의 영역부터 각각의 뉴런에 이르기까지 상세하게 관찰할 수 있어야 한다고 생각했다. 한 인터뷰에서 앤네스가 한 말처럼 어쩌면 이 사이트를 방문한 사람은 줌 렌즈로 생명을 볼 수 있을지도 모른다. "내가 전기傳記를 쓴다고 믿는다면 약간 낭만적일 수 있다. 이는 우리가 그의 뇌 한 조각 한 조각에 몰입해 그에게 생명을 주었던 구조를 연구함으로써, 그가 경험한 생명 그대로의 구조를 연구함으로써 그의 삶을 새로 짚어보는 것 아닐까 싶다."[25]

앤네스가 헨리 몰레이슨의 뇌를 어떻게 손에 넣었는지에 대한 의문은 훨씬 덜 낭만적이다. 헨리는 자신의 뇌를 분리하고, 그것을 마이크로톰microtome(현미경 관찰을 위한 표본을 만들기 위해 시료를 일정한 두께의 조각으로 자르는 장치─옮긴이)에 넣어 온라인에 전시하라고 허락했을까?

2002년 수잰 코킨이 밝힌 바에 따르면, H. M.은 그가 죽은 뒤 과학 연구용으로 뇌를 사용할 수 있게끔 해달라는 그녀의 부탁에 동의했다고 한다.[26] 먼 친척뻘인 그의 조카가 후견인으로 지명되어 사인을 했다. 그리고 1년 후 코킨은 앤네스가 뇌 전체를 절단할 수 있는 장치를 확보했으며, 따라서 앤네스의 연구소가 헨리의 뇌를 연구하기에 적합하다는 이야기를 들었다. 2006년에는 헨리의 뇌를 적당한 시기에 샌디에이고로 가져오는 계획이 한층 더 구체적인 양상을 띠었다. 그해 여름 앤네스가 자신의 뇌를 기꺼이 허락해준 남자와 점심을 먹기 위해 하트포드로 간 것이다.

2년 후 몰레이슨이 죽자 그의 뇌는 대대적인 환영을 받으며 캘리포니아

로 왔다. 앤네스의 실천력이 얼마나
컸는지는 한 동료의 자부심 가득한
말로도 알 수 있다. "제이코포는 연
구할 기회를 놓치지 않았습니다—모
든 사람이 지켜보는 가운데서도 말
이죠."[27] 앤네스는 몰레이슨의 사례

냉동해두었던 헨리 몰레이슨의 뇌. 2401조각으로 자르
기 바로 직전의 모습

가 앞으로 더 많은 기증자를 낳게 할 것이라고 생각했다. 지금까지 자신
의 신체 기관을 학자들이 연구할 수 있도록 기증하겠다고 말하는 사람은
극히 드물다. 뇌를 기증하겠다는 사람도 마찬가지다. "우리가 H. M.의 뇌
를 다루는 방식을 보면 다른 사람들도 믿고 자신의 뇌를 기증할 수 있을
것이다. 자기 뇌가 이런 도서관의 책이 된다면 정말 멋지지 않을까?"[28]

헨리 몰레이슨의 뇌가 그가 원한 만큼 과학에 큰 기여를 했는지는 의문
이다. 우리가 인터넷에서 볼 수 있는 것은 늙고 병든 뇌의 가상 모델일 뿐
이니까 말이다. 기억 장애를 불러일으켰던 정확한 부위는 이미 초기에 스
캔을 통해 밝혀졌다. 샌디에이고에서 이용한 것은 전혀 다른 잠재력이었
다. 뇌연구소 웹사이트에는 'H. M. 프로젝트 돕기'라는 메뉴가 있다. 이
것을 클릭하면 실용적인 선택을 하는 다음 메뉴로 이어진다. '당신의 기
증을 세 가지 방법으로 지정하기.' 이를 통해 염색과 스캔을 위해 뇌 조각
을 기증한 사람에게 50달러를 기부할 수 있다(슬라이드를 위한 스폰서).[29]

19세기의 시대 상황에서 사람들은 피니어스 게이지나 '탕 씨'에게 굳
이 물어볼 필요도 없이 그들의 두개골과 뇌를 압류해 전시할 수 있었다.
몰레이슨의 경우 사람들은 공식적인 요청에 따른 허락을 받았다고 공개
했다. 코킨은 뇌를 기증한 몰레이슨의 진정성을 추호도 의심하지 않았다.
"다른 사람들을 돕고자 하는 그의 바람이 이뤄졌다."[30] 하지만 자신이 동

의했다는 사실을 금세 까먹어버리는 사람의 동의가 무슨 가치가 있을까? 인터넷이나 온라인이 그에게 도대체 무슨 의미가 있을까?

가장 최근의 정보에 따르면 H. M.은 유물로 존재하는 것에 그치지 않는다. 수잰 코킨은 헨리 몰레이슨에 관한 책에서 영화 판권을 콜롬비아 픽처스와 〈노인을 위한 나라는 없다〉의 제작자로 잘 알려진 스콧 루딘 Scott Rudin에게 팔았다고 썼다.

04

얼굴을 까먹는 남자

당신은 영화관 매표구 앞에 서 있다. 당신 옆에서는 사람들이 기다랗게 줄을 섰고, 그중 한 여자가 어쩐지 아는 사람 같다. 여자가 당신을 보고 친절하게 고개를 끄덕인다. 그러자 당신도 얼떨결에 고개를 숙여 인사한다. 그러면서 속으로 생각한다. 누구지? 영화를 절반 넘게 봤을 때에야 비로소 떠오른다. 그 여자는 바로 당신이 운영하는 빵집의 손님이다. 당신은 그 여자를 몇 년 전부터 적어도 일주일에 두 번은 봤다. 그 사실이 생각나자 약간 수치스럽다.

익숙한 환경 밖에서 만나는 사람을 분류하는 건 흔히 힘든 일이다. 하지만 그런 경우를 뭔가 다르게 설명할 수는 없을까? 그 여자가 이런저런 빵을 주문할 때 당신은 수없이 그녀를 봤다. 하지만 분명 당신은 당신이 생각하는 것보다 그 여자의 얼굴에 그다지 관심을 갖지 않았을 것이다. 영화관 매표구 앞에 줄을 선 여자의 경우도 마찬가지다. 우리가 무엇보다 사람의 얼굴을 안다는 걸 어떻게 확신할 수 있을까?

신경학 분야에서는 '얼굴인식불능증'이라는 게 있는데, 얼굴을 기억하지 못하는 사람들이 겪는 고통을 말한다. 매일 접하는 동료나 이웃임에도 불구하고 그들을 인식하지 못하거나, 적어도 얼굴을 알아보지 못하는 것을 말한다. 이런 장애를 가진 환자들이 지인을 정확하게 확인하는 것은 다음과 같은 증거 덕분이다. (적어도 이런 환자들은 그렇게 믿고 있다.) 즉 의상, 헤어스타일, 목소리 등 그 사람에 대해 알고 있는 특별한 지식 덕분이라고 생각한다. 마치 초상화 액자를 통해 인물을 알아보는 것과 같다.

어떤 얼굴도 인식 못하는 사람은 예전부터 있어왔다. 하지만 이 장애를 최초로 공식 인정한 것은 1947년의 일이다. 많은 신경학적 발견처럼 제2차 세계대전의 간접적 결과였다.

군인 S.

전쟁이 계속되는 동안 사람들은 슈바벤 숲 속 깊은 곳에 위치한 빈넨덴이라는 도시에, 그러니까 전선으로부터 멀리 떨어져 있는 숲 속에 뇌 부상을 당한 군인을 위한 종합 병원을 세웠다. 대부분의 환자는 총이나 수류탄에 부상을 당한 채 전선에서 곧장 이곳으로 실려 왔다. 대학 병원에서 이송된 경우는 흔히 총알이나 수류탄 조각이 뇌에 박혀 있는 환자도 많았다. 이들 가운데 스물네 살짜리 군인이 한 명 있었다. 단지 S.라고만 알려진 군인이었다. 그는 1944년 3월 18일 수류탄에 맞았다. 수술 보고에 따르면 의사들은 그의 뇌에서 50페니히와 5마르크 동전 크기의 금속 조각을 제거했다. 이들 금속 조각은 귀 위쪽 부분에 박혀 있었다. 후두엽에는 뼛조각들이 박혀 있고, 양쪽 대뇌반구는 심각한 손상을 입은 상태였다.

S.는 빈넨덴에서 신경학자 요아힘 보다머Joachim Bodamer의 치료를 받았다. 이 의사는 전선의 상황에 대해서도 잘 알고, 군의관으로 러시아와 프

랑스에서도 복무한 경험이 있었다. 부상을 당한 환자들은 빈넨덴 병원에서 수개월, 혹은 몇 년씩 머물렀다. 이런 까닭에 보다머는 오랫동안 환자들을 관찰할 수 있었다. 대부분의 손상은 되돌릴 수 없었다. 보다머는 특히 뇌 부상으로 인한 손상과 장애에 집중했다. 이를테면 신경학적 고통이 따르는 기억상실, 실어증, 실행증失行症, 인식불능증, 실독증失讀症, 실서증失書症(필기불능증) 등이 여기에 속했다. 전쟁이 끝나자 보다머는 신경학 사전에도 나오지 않는 질병을 앓던 3명의 군인을 치료한 사례를 출간했다. 요컨대 그들은 얼굴을 인식하는 능력을 잃어버린 환자였다.[1] 보다머는 이와 같은 질병을 '프로소파그노시아Prosopagnosia'라고 불렀다. 그리스어에서 prosopon은 '얼굴'을 의미하고 agnosia는 '모른다'는 뜻이다. 3명의 군인 중 가장 중요한 사례는 바로 S.였다.

S.에 대한 보다머의 보고는 한정된 수단을 갖고 관찰·실험할 수 있는 탁월한 사례다. 처음부터 이 독특한 장애는 보다머를 매료시켰다. 주의력, 집중, 지성, 운동. 이 모든 게 특별한 문제 없이 잘 작동했다. 기억력 역시 아무런 이상이 없었다. S.가 지인들의 얼굴을 알아보지 못하는 것은 기억력 손상으로 인한 결과처럼 보이지 않았다. 이 장애는 무엇보다 그의 시각에서 비롯되었다. S.는 "모든 것을 흑백 영화처럼 본다"[2]고 진술했다. 그는 색깔도 기억하고 알록달록한 꿈도 꾸었다. 그럼에도 불구하고 깨어보면 실망스럽게 세상은 늘 창백한 잿빛이었다. 이는 변하지 않았다. S.는 부상당하기 전에 알았던 대상들을 여전히 알아보았다. 하지만 새로운 대상은 기억할 수 없었다. 또 개별적 사항을 전체적 맥락에서 상상할 때도 문제가 발생했다. 가령 주유소의 경우 그는 오가는 차, 건물, 표지판을 알아봤으나 사람들이 그곳에서 무엇을 원하는지 이해 못했다. 기록 영화도 해설하는 사람의 말을 주의 깊게 들어야만 무슨 이야기인지 알 수

있었다. 음악이 배경으로 깔리고 보덴 호수에 있는 섬에서 시골생활을 하는 영화도 이해하지 못했다.

보다머는 새로운 장애를 발견했다고 확신했다. 하지만 사람들은 그런 증상을 전혀 알아차리지 못했고 심지어 환자 자신들도 마찬가지였다. 당사자들이 이런 장애를 신속하게 보완하는 전략과 속임수를 개발했기 때문이다. S.도 처음에는 더 이상 사람들의 얼굴을 알아보지 못한다는 사실을 전혀 의식하지 못했다. 보다머가 여러 가지 테스트를 한 뒤에야 비로소 그의 장애가 어떤 것인지 분명히 드러났다. S.는 하나의 얼굴을 그냥 '얼굴'로 보았다. 얼굴에 있는 요소 하나하나, 요컨대 코·눈·주름살과 윤곽을 확인하는 데 전혀 문제가 없었다. 다만 이런 요소 전체가 하나의 개별적 얼굴을 이루며 이로써 사람을 구분할 수 있다는 걸 알지 못했다. 심지어 그는 인상의 변화도 파악할 수 있었다. 하지만 그 인상을 해석하지는 못했다. 따라서 어떤 사람이 화가 난 상태에서 보는지 또는 웃고 있는지 알지 못했다. 어느 날 보다머는 그를 거울 앞에 앉혔다. S.는 처음에는 자신이 그림을 보는 거라고 생각했다. 그리고 잠시 후 거울에 비친 게 바로 얼굴이라는 것을 알았다. 그는 오랫동안 주의 깊게 거울에 비친 얼굴을 바라보았다. 하지만 그게 누구의 얼굴인지는 몰랐다. 그로부터 몇 달 후에도 거울 앞에 있는 자신의 얼굴을 알아보지 못했다. 그는 오랫동안 거울을 관찰하면, 자신의 얼굴과 닮은 것 같은 희미한 기억이 난다고 말했다. 보다머는 그와 같은 병실에 있는 동료 몇 명을 불러 함께 거울 앞에 세웠다. 그리고 S.에게는 말을 하며 웃어달라는 부탁을 하고, 동료들에게는 움직이지 말고 조용히 있어달라고 부탁했다. 이런 조건 속에서도 S.는 다른 사람들 가운데 있는 자신의 얼굴을 알아보지 못했다.

보다머는 S.에게 알브레히트 뒤러Albrecht Dürer의 스케치를 한 장 보여주었다. 비단 모자와 모피 외투를 입고 있는 늙은 남자의 초상화였다. S.는 이 초상화를 보더니 코와 눈을 가리켰으나 그 사람이 남자인지 여자인지, 늙었는지 젊었는지 구분하지 못했다. 보다머는 S.에게 그것은 비단 모자를 쓴 늙은 남자의 초상화라고 얘기해주었다. 며칠 후 보다머가 그 초상화를 다시 가져가자 S.가 즉시 말했다. "비단 모자를 쓴 늙은 남자를 또 가져왔군요." 그래서 보다머는 어떻게 아느냐고 물었다. 그랬더니 S.는 모자를 가리켰다. 얼굴이 아니었다. 다음 번 방문 때 보다머는 마지막으로 초상화를 가져갔다. 이번에는 모자와 외투가 없는 같은 인물의 초상화였다. 그러자 S.는 예전에는 이런 얼굴을 한 번도 본 적이 없다고 말했다.[3]

이런 고통이 안고 있는 모순은 S.의 경우, 얼굴에 대한 기억이 손상을 입지 않고 온전했다는 점이다. 그는 부모와 형제자매의 얼굴을 상상할 수는 있었지만 정작 그들이 찾아왔을 때 알아보지 못했다. 몇 달 동안 병실을 함께 사용한 동료들의 얼굴도 그에게는 낯설었다. 매일 진료하느라 지나다니는 의사도 안경을 보고서야 알아차렸다. 요컨대 의사가 안경을 벗으면 S.는 그를 알아보지 못했다.

보다머는 이런 장애가 동물들의 얼굴에서도 일어난다는 사실을 발견했다. 머리털이 기다란 사진 속 개를 보자 S.는 이렇게 말했다. "윤곽을 보니 사람인 것 같은데 머리카락이 너무 웃기네요." 보다머는 그에게 사진 속 주인공은 개라고 말해주었지만 그는 여전히 그 사실을 알아차리지 못했다. "아뇨. 전에 본 그대로예요. 개일 수도 있지만 너무 이상해 보이네요."[4] 보다머는 동물 그림책을 함께 넘겨봤지만 S.는 단 하나의 동물도 알아보지 못했다. 살아 있는 동물을 보여줘도 결과는 비슷했다. 어느 날 S.는 길에서 차 앞에 묶여 있는 커다란 동물을 한동안 지켜보았다. 하지만 그게 소인지 말인지 알 수 없었다. 동물 가까이 다가가서야 비로소 그게 말이라는 걸 알아보았다.

S.는 자신의 장애를 놀라울 정도로 잘 관리했다. 그래서 일상생활에서는 혼돈에 빠지는 일이 거의 없었다. 그는 얼굴이 아닌 다른 증거를 이용했다. 옷이나 안경 또는 헤어스타일이기도 했지만 대부분은 목소리를 비롯해 그 사람이 낼 수 있는 다른 소리로 구분을 했다. 그는 이런 능력을 엄청나게 개발했다. 복도에서 나는 발소리 혹은 문손잡이를 열고 들어오는 방법을 듣고 금세 그 사람이 누구인지 알 수 있을 정도였다. 하지만 뭔가가 정확하지 않아 고민하는 경우도 있었다. 휴가를 받은 며칠 동안, 그는 우연히 길에서 만난 어머니를 알아보지 못했다. 보다머는 S.의 또 다른 불행은 인상을 이해하지 못하는 까닭에 S. 자신도 표정을 짓지 못한 것이라고 기록했다. S.의 시선은 멍하고 표정이 없었다. 이를 근거로 판단하건대 인상을 짓게 만드는 신경 장치도 인상을 이해하는 신경 장치가 관장하는 게 분명했다. 심지어 풍경―S.는 부상을 입기 전에 자연을 사랑하는 사람이었다―도 아무런 인상을 주지 못했다. 그에게는 유쾌한 풍경이나 불쾌한 풍경이라는 게 더 이상 없었다.

보다머는 얼굴인식불능증은 매우 특수한 장애의 결과라고 주장했다. 그는 S.를 직접 관찰함으로써 그것이 후두엽의 손상 때문이라는 걸 밝혀냈다. 후두엽에 손상을 입으면 눈앞에서 대상물의 윤곽이 한순간에서 다음 순간까지 떨리면서 깜박거린다. 대략 10분 동안 보는 모든 것이 그렇게 떨린다. 보다머는 이런 증상에 대해 잘 알고 있었다. 요컨대 간질 발작을 할 때 후두엽에서 나타나는 증상이었다. 후두엽의 이 위치에 전기 자극을 줌으로써 이런 상황을 만들어낼 수 있다는 것도 보다머는 전문 서적을 통해 알고 있었다. 특이한 것은 S.의 경우에는 얼굴의 윤곽이 떨림 없이 머물렀다는 점이다.

보다머는 이런 손상의 특수성에 관한 두 번째 증거로 S.가 휴가 동안 겪은 우발적 사건을 들었다. 군 행정부에 신고를 하러 간 그는 소위에게 인사를 하지 않았다는 이유로 질책을 받았다. S.는 뇌 손상을 입어서 그랬다고 사과했으나 장교는 만족하지 않았다. 티격태격하는 사이 S.는 급격히 흥분했다. 그로부터 15분쯤 후 S.를 둘러싸고 있는 사람들의 얼굴이 갑자기 눈처럼 하얗게 변했다. 형태도 사라졌다. 눈과 콧구멍이 하얀색과 대비되어 시커먼 구멍처럼 두드러졌다. 하지만 S.가 보는 그 밖에 다른 모든 것은 아무것도 변하지 않았다.

이 두 가지 관찰을 통해 이중 분열이 있음을 알 수 있다. 즉 한 가지 기능이 온전하게 작동하는 동안, 다른 한 가지 기능이 장애를 입는 것이다. 이는 신경학에서 흔히 불거지는 논쟁으로, 뇌에는 '자체의' 기질substrate을 가지고 있더라도 그 기능은 종속되어 있지 않다는 것이다.

"카를, 당신이야?"
보다머는 얼굴인식불능증 환자 2명을 더 연구해 논문을 보완했다. A.(계급: 소위)는 동프로이센 전선에서 부상을 입은 환자였고, B.(계급: 병장)는 노르망디에서 뒷머리에 수류탄 조각을 맞은 환자였다. A.는 복도에서 들려오는 발소리로 사람을 알아보았다. 또 거울에 비친 자기 얼굴을 알아보지 못한 채 골똘히 생각에 잠기곤 했다. 그 역시 대학 병원에서 사회 복귀 훈련을 받는 삶이 어떤 것인지를 알려주는 실험에 참여했다. 수간호사는 A.가 정말 얼굴을 알아볼 수 없는지 의심스럽다고 말했다, 소위가 멀리서도 항상 자기에게 인사를 했기 때문이나. 그래서 보다머는 수간호사에게 다른 간호사와 함께 입을 다문 채 가만히 있어보라고 부탁했다. 간호사 2명의 얼굴은 완전 딴판이었다. 나이 차이도 스무 살이나 났다. 그런데 A.는 몇 분 동안 둘을 번갈아보기만 했다. 그리고 둘 가운데 누가 수간호사인지 구분하는 데 실패했다. 실험은 수간호사가 더 이상 웃음을 참지 못하고, A.가 그녀의 아름답고 하얀 치아를 알아봤을 때 끝났다.

보다머는 소위가 자신의 아내를 알아볼 수 있는지 의문스러웠다. 그래서 새로운 실험을 하기로 했다. A.의 아내에게 간호사 복장을 해달라고 부탁한 다음 그녀와 비슷한 키의 간호사 몇 명을 찾아내 소위 앞에 일렬로 서 있게 한 것이다. A.는 아무 말 없이 자기 앞에 있는 여자들에게 천천히 다가가 모든 얼굴을 주의 깊게 살펴보았다. 하지만 이내 아내를 지나쳐버렸다. 그리고 다시 한 번 차례로 살피더니 이번에도 아내를 지나쳤다. 아내의 눈에서 뭔가 희미하지만 익숙한 것을 알아차리는 듯했지만 말이다.

보다머는 전문 서적에서 얼굴을 인식하지 못하는 다양한 환자에 관해 읽었다. 하지만 그게 전부가 아니었다. 그런 환자들에겐 기억 장애도 있었다. 어떤 여자는 자신의 딸과 하녀를 구분할 수 없었다. 하녀가 딸보다 머리 하나는 더 컸음에도 말이다. 이 여자는 남편을 오직 목소리로만 알아차렸기 때문에 방에 있는 사람들에게 이렇게 묻곤 했다. "카를, 당신이야?"[5] 보다머에 따르면 이런 사례의 특이한 점은 장애가 오로지 이 부분에만 한정되어 있으며, 보편적 능력인 패턴 인식을 하지 못해서 생겨난 결과이거나 기억상실로 인해 나타나는 게 아니라는 것이다.

S., A. 그리고 B.에 관한 보고를 통해 보다머는 의학자로서 신경학 전문 분야에 기여했다. 아울러 의학 말고도 카를 야스퍼스에게 철학을 배움으로써 실존주의적 문화철학자의 길을 걸었다. 기술이 지배하는 사회에서 인간의 위치에 관해 탁월한 책을 썼으며, 1985년 일흔다섯 살의 나이

로 사망했다.

얼굴인식불능증
· · · · · · · · · · · · · · · ·
보다머가 죽은 해인 1985년 올리버 색스Oliver
Sacks는 음악학자이자 음악원 강사이던 P. 박사와의 경험을 《아내를 모자
로 착각한 남자》⁶라는 제목의 책으로 출간했다. P.는 자신이 가르치던 학
생들을 더 이상 알아보지 못했다. 그런데 학생들이 말이나 노래를 하기
시작하면 상대가 누구인지 알았다. 면담 시간이 끝나자 P. 박사는 아내의
머리를 잡더니 머리에 쓰려 했다. 색스는 이렇게 말했다. "아내는 남편의
그런 행동에 익숙한 것처럼 보였다."⁷ 아울러 색스는 각주에 책을 완성하
고 나서야 비로소 P.가 유일한 사례는 아닐뿐더러 이런 장애를 앓는 사
람들이 다양한 언어권에 존재하며, 병명도 있다는 사실을 알게 되었다고
썼다. 이처럼 많은 공부를 하고 경험도 많은 신경학자가 얼굴인식불능증
을 의미하는 프로소파그노시아라는 병을 앓는 사람들이 겪는 고통에 대
해 들어본 적이 없다는 사실은 보다머의 저작이 생리학자들의 집단적 기
억에서 얼마나 깊은 곳에 침몰해 있었는지를 잘 보여준다. 과거의 자료
를 상세히 찾아보면 수십 건의 사례를 발견할 수 있지만, 이것들은 언어
적 장벽으로 인해 널리 퍼지기 힘들었다. 즉 독일 사람들은 독일어로 된
자료만, 프랑스 사람들은 프랑스어로 된 자료만 인용한다. 그리고 스위스
사람들은 독일어와 프랑스어 자료만 인용할 뿐 영어로 된 자료는 거의 인
용하지 않는다. 하지만 지금은 상황이 바뀌었다. 이제는 거의 모든 연구
를 영어로 발표하고 유일한 독일어 자료로 보다머의 1947년 저서를 인용
할 뿐이다.

오늘날의 지식으로 판단하면, 보다머는 처음부터 정확하게 진단했다는

걸 알 수 있다. 다시 말해, 얼굴을 잊어버리는 것은 어떤 프로세스의 광범위한 결과라고 봤다. 그의 환자들은 이름이나 사건을 잊어버리듯 얼굴을 까먹은 게 아니었다. 문제는 얼굴이 그들의 기억에까지 다다르지 않았다는 데 있었다. 요컨대 인식할 게 아무것도 없었을 뿐이다. 보다머가 환자들의 결함이 눈이나 시신경에 있는 게 아니라고 진단한 것 또한 지극히 정확했다. 결함의 원인은 뇌 깊숙한 곳, 그러니까 시각적 자극을 패턴으로 정리한 다음 이 패턴에 관한 지식을 기억하는 부분과 연결시키는 부위, 곧 측두엽 혹은 후두엽에 있었다. 따라서 오늘날 이 질병을 지칭하는 'face blind'라는 개념은 오해를 불러일으킬 수도 있다. 왜냐하면 우리는 눈으로 보지 않고 후두부로 보기 때문이다.

얼굴인식불능증은 시각적 자극을 얼마나 빨리 전달하고 작업하는지에 따라 두 종류로 나뉜다. 우선 통각統覺(경험이나 인식을 자의식 속으로 종합하고 통일하는 작용—옮긴이)적 얼굴인식불능증이 있는데, 이 경우 환자는 얼굴을 구성하고 있는 요소를 정확하게 조합하는 능력을 상실한 상태다. 이는 얼굴을 인식하는 과정에서 비교적 '초기'의 장애에 해당한다. 이런 장애를 가진 환자는 두 장의 사진에 있는 사람이 동일한 얼굴인지 다른 얼굴인지 구분할 수 없다. S.와 A. 그리고 P. 박사도 이처럼 통각적 얼굴 인식 장애를 앓았다. 두 번째로 연상적 얼굴인식불능증이 있는데, 이 경우 환자는 얼굴을 그릴 수도 있고 사진에 있는 얼굴의 동질성과 이질성도 판단할 수 있다. 하지만 아는 얼굴에 대한 식별을 그 사람에 대한 지식 및 기억과 연결하지는 못한다. 요컨대 기억 속에서는 잘 아는 얼굴들이 사라지지 않지만, 일상에서 그 사람에 대한 지식과 기억을 불러오지 못한다.

영국 신경학자 라너A. J. Larner는 1871년 출간한 루이스 캐럴의 《거울 나라의 앨리스》[8]에서 앨리스가 험프티 덤프티Humpty Dumpty(《거울 나라의 앨리스》에 등장하는 달걀로, 높은 담장 위에 위태로운 자세로 앉아 있다 떨어져서 깨져버리는 캐릭터—옮긴이)와 만나는 장면을 주목했다. 힘들게 대화를 나눈 뒤 앨리스는 이렇게 작별을 고한다.

앨리스는 손을 쭉 내밀고 가능한 한 친절하게 말했다. "아듀! 곧 다시 만나!"
"나는 너를 알아보지 못할 거야. 비록 우리가 다시 만난다 해도." 험프티 덤프티가 매정하게 말하며 앨리스에게 작별 인사로 손가락 하나를 내밀었다. "너는 다른 모든 사람과 너무 많이 닮았거든."
"보통 사람들은 얼굴로 알아보는데." 앨리스가 사려 깊게 지적했다.
"내가 너한테 말하고 싶은 불만이 바로 그거야." 험프티 덤프티가 말했다. "넌 모든 사람이 갖고 있는 얼굴이야—눈 2개(그러곤 엄지손가락으로 허공을 두 번 콕콕 찔렀다). 가운데는 코가 있고, 그 밑에 입이 있지. 예를 들어 네 눈 2개가 한쪽에만 있다면, 아니 입이 위쪽에 달렸다면, 널 알아보기 훨씬 쉽겠지."[9]

여기에서 놀라운 사실은 이처럼 모든 사람의 얼굴이 천편일률적이라고 불평하는 주인공은 다름 아닌 달걀이라는 것이다.

오랫동안 사람들은 얼굴인식불능증을 후천적 장애라고 믿었다. 그러니까 사고, 기절, 산소 부족 혹은 P. 박사의 경우처럼 종양으로 인한 뇌 손상의 결과라고 봤다. 하지만 1976년에 이미 증명할 만한 뇌 손상이 없음에도 얼굴인식불능증을 앓거나 어릴 때부터 어떤 얼굴도 인식 못하는 사람들에 관한 사례가 드물게 보고되었다. 10여 년 전부터는 태어날 때부터 안고 있는 이런 장애를 '발달 얼굴인식불능증'이라고 부른다. 이 같은 장애는 애초부터 존재하기 때문에 흔히 당사자가 알아차리지 못한다. 아이들의 경우에는 당연히 그렇다. 대부분은 돌발적 사고로 인해 얼굴을 인식 못한다는 사실이 분명하게 드러나곤 한다. 다섯 살짜리 아이가 유치원에서 자신을 화나게 만든 아이의 팔을 깨물은 경우가 있었다. 그런데 선생님한테 불려간 그 애는 자신이 누구를 깨물었는지 정확히 알지 못했다. 또 여섯 살 난 여자애가 자주 가던 가게에서 엄마를 잃어버렸는데, 만나는 여자한테마다 자기 어머니냐고 물은 경우도 있었다. 2003년 발표한 논문들에서만 하더라도 이런 장애는 '그야말로 드문' 사례였다.[10] 하지만 근래에는 인구의 약 2퍼센트가 얼굴을 인식하는 데 심각한 어려움을 갖고 있으며, 따라서 이를 '장애'라고 부르는 게 당연하다고 주장한다. 여기에는 인터넷이 결정적으로 중요한 역할을 했다. 하버드 대학은 2001년 유니버시티 칼리지 런던과 공동으로 얼굴인식불능증 사이트, 곧 www.faceblind.org를 개설했다. 이 사이트에 대한 사람들의 반응은 기대 이상이었다. 얼굴인식불능증으로 고통을 겪는 사람들이 그만큼 많았다는 얘기다. 이런 사람들을 조사해보니 많은 경우 그들의 가족도 이 질병으로 고통을 받는다는 사실이 드러났다. 이 장애는 타고날 뿐만 아니라 유전적인 요소도 있는 것 같다.[11]

'발달 얼굴인식불능증'은 자폐에 관해 어느 정도 해명을 해줄 수도 있다. 자폐증을 가진 사람들은 얼굴을 인식하는 데 어려움을 느낀다. 아울러 그들은 얼굴을 다른 방식으로 관찰한다.[12] 여기에서 맥락이 중요하다는 것은 의심할 필요가 없다. 하지만 그 맥락의 **방향**은 불분명하다. 자폐 아들이 얼굴을 인식하는 데 문제가 있어 사회적 교류에 필요한 도구가 부족하고, 그에 따라 자폐증이 더 심해지는 것일까? 아니면 거꾸로 사회성에 필요한 도구가 부족해 중요한 단계에서 얼굴 인식을 위한 자극을 충분히 받지 못하고, 이로 인해 얼굴 인식 능력이 발달하지 않는 것일까?

아무런 문제 없이 얼굴을 인식하는 사람이 얼굴을 인식 못하는 사람의

주세페 아르침볼도 〈채소를 가꾸는 정원사〉(1590년경)

경험을 상상하는 것은 매우 어렵다. 얼굴 인식은 대부분 자동적으로, 무의식적으로 이뤄진다. 따라서 거의 모든 사람은 이탈리아 화가 주세페 아르침볼도Giuseppe Arcimboldo(1527(?)~1593)의 유명한 초상화를 알아볼 수 있다. 비록 도서관 사서의 얼굴은 책으로 이뤄져 있고 또 다른 얼굴은 채소, 과일 혹은 생선으로 이뤄져 있지만 말이다. 얼굴인식불능증인 사람은 이런 그림을 보면 그야말로 어찌할 바를 모를 것이다. 초상화에서 오로지 배, 사과와 포도송이만 볼 테니 말이다. 하지만 아르침볼도의 작품 가운데 〈채소를 가꾸는 정원사〉를 통해 얼굴을 알아보는 데 아무런 문제가 없는 사람들도 얼굴 인식 장애가 어떤 것인지 약간이나마 느껴볼 수 있다. 무, 구근, 양파와 당근 등이 담겨 있는 사발 그림이다. 이 그림에서 사람들은 얼굴을 알아보지 못하고 일시적이지만 얼굴 인식 불능 상태를 경험한다. 하지만 이는 말 그대로 일시적일 뿐이다. 그림을 거꾸로 돌리면 즉각 얼굴을 알아볼 수 있기 때문이다.

어떤 얼굴도 인식 못하거나 지인들의 얼굴을 잊어먹는 것은 한 사람의 사회생활에 결정적 영향을 줄 수 있다. 이것도 밖으로 드러나는 장애의 일부이기 때문이다. 얼굴인식불능증은 색맹이라는가 읽고 쓰기에 대한 장애처럼 잘 알려져 있지 않은데, 이는 어떤 당황스러운 상황이 발생하더라도 신속하게 원인을 설명할 수 없다는 뜻이기도 하다. 환자들과 인터뷰를 해보면 그들이 일상생활에서 그런 고통에 적응하려 애쓴다는 걸 알 수 있다.[13] 그 밖에 그들은 잘 알고 있는 동료한테 자신을 소개하거나 지인이라는 확신을 갖고 낯선 사람과 어울리는 위험에 처할 수도 있다. 이런 환자는 많은 사람이 모여 있는 곳에서 동행을 잃어버리지는 않을까 하는 두려움에 빠지곤 한다. 어떤 사람은 유치원에서 자기 아이가 아닌 다른 아이를 데려올까봐 늘 두렵다고 얘기한다. 지인에게 인사를 하지 않고 지나쳐 거만하다는 오해를 받을 수도 있다. 얼굴인식불능증을 앓고 있는 대부분의 사람은 이와 같은 상황에서 벗어날 수 있는 속임수를 나름대로 개발한다. 요컨대 밖에 나가면 사람들과 절대 눈을 마주치지 않는다. 그런가 하면 지극히 친절하게 모든 사람에게 인사를 건네기도 한다. 남편이나 아내일 경우에는 만나는 즉시 이름을 부르는 경우가 많다. 얼굴인식불능증을 앓고 있는 사람들은 불안해하며 가능한 한 사회적인 상황에서 벗어나려 한다. 그럼에도 이런 것이 자신들의 성격 때문인지, 아니면 경험 때문인지 알지 못한다.

그들이 느끼는 고통을 완화시켜줄 수는 없다. 약이나 치료법이 전혀 없기 때문이다. 그에 따른 결과를 잘 다루는 법을 배우는 수밖에 없다. 대부분은 자신에게 그런 장애가 있다는 사실을 숨기려는 경향이 있는데, 이는 사태를 더욱 심각하게 만들 뿐이다. 1844년 런던의 가정전문의 위건이 의학 전문 서적에 보고한 최초의 환자는 그로부터 자신의 장애를 드러내놓으라는 충고를 받았다. 이를테면 친구와 가족의 이해를 믿어야 한다는 얘기였다. 이런 장애를 가진 환자에게 지금도 여전히 유효한 가장 좋은 조언이다.

완만한 언덕에 이어 가파른 절벽

알츠하이머와 코르사코프는 둘 다 기억 속에서 살아 있다. 그들의 이름이 심각한 기억 장애와 연관이 있기 때문이다. 두 사람 가운데 신경병리학자 알로이스 알츠하이머Alois Alzheimer(1864~1915)가 좀더 유명하다. 알츠하이머는 1906년 프랑크푸르트에 있는 자신의 요양 시설에서 생활하는, 과거 경험했던 모든 것을 잊어버린 한 여성에 관해 묘사했다. 여자가 죽자 알츠하이머는 그녀의 뇌에서 뇌세포 사이의 대화를 방해함으로써 기억 장애를 유발한 단백질 침전물을 발견했다. 오늘날 알츠하이머병은 모든 후천성 정신박약의 4분의 3을 일으키는 원인이다. 알츠하이머를 추앙하는 다양한 전기도 나왔다.[1] 그런데 코르사코프는 그다지 알려져 있지 않다. 그에 관한 전기도 없으며 코르사코프 증후군에 관한 지식도 한정된 범위에서, 그러니까 기억력 장애는 알코올 중독을 통해 일어난다는 식으로만 널리 알려져 있을 뿐이다. 하지만 전혀 그렇지 않다.[2]

세르게이 코르사코프Sergej Korsakow는 1854년 러시아의 구시흐루스탈니에서 태어났다. 대학에서 의학을 공부한 뒤 신경 및 정신과 전문의가 되

세르게이 코르사코프(1854~1900)

었고, 훗날 모스크바에 있는 정신병원의 원장을 역임했다. 1887년에는 알코올이 정신과 신체에 미치는 영향에 관한 논문으로 박사 학위를 받았다. 이후 러시아 잡지뿐 아니라 독일과 프랑스 잡지에도 '다발성 신경염multiple neuritis 정신이상'에 관한 논문을 실었다. 코르사코프가 직접 이름을 붙인 다발성 신경염은 여러 차례에 걸친 신경성 염증으로, 그가 치료한 환자들은 이로 인해 심각한 혼란과 방향 감각을 상실하는 정신병을 앓았다.

이 장애는 초기에 가짜 회상을 동반한다. 즉 환자는 모든 가능한 것을 지어내면서도 그걸 정말 체험했다는 인상을 갖는다. 작화증作話症은 코르사코프 증후군을 앓는 환자에게서 볼 수 있는 가장 눈에 띄는 특징 중 하나다.

신경 손상을 입은 사람에게서는 술에 취한 행동, 불안한 발걸음, 마비 및 손상된 반사 작용 등이 나타난다. 그들은 이 같은 심신 관련 고통 때문에 이보다 더 심각한 정신적 결함, 곧 금방 일어난 일을 간직하고 기억하는 능력을 완전히 상실했다는 사실을 알지 못한다. 이런 질병은 흔히 위기로 인해 시작된다.

"환자는 밀려드는 불안한 생각을 떨쳐버릴 수 없고 뭔가 끔찍한 일을 기다린다. 죽음, 발작 혹은 그 자신도 모르는 그 무엇을. 혼자 있게 될까봐 두려워하고, 끊임없이 누군가를 부르고, 한숨을 내쉬고, 자신의 운명을 탓한다. 날카로운 비명을 지르고, 발작을 일으키는 매우 변덕스러운 히스테리성 환자와 비슷하다. 욕을 하고, 주변 사람을 비난하고, 자신의 가슴을 치기도 한다. 특히 밤이 되면 불안이 극에 달한다. 즉 거의 잠을 자지 않는다. 그뿐 아니라 다른 사람도 잠을 잘 수 없게 만든다. 끊임없이 상대방을 부르고 자기 옆에 앉아 자신을 보살피라고 요구한다."[3]

흥분 상태가 가라앉으면 환자들은 다시 정신을 차렸다. 그들은 생각을 집중할 수 있고, 어느 정도 시간이 지나면 아주 침착한 상태를 되찾았다. 모든 게 다시 완전히 정상이라고 느낄 때도 많았다. 하지만 기억은 복원되지 않았다. 위기 후 겪었던 게 전혀 저장되지 않는 것 같았다.

탈곡하지 않은 쌀
코르사코프는 스웨덴 의사 마그누스 후스Magnus Huss—1849년 '알코올 중독'이라는 개념을 도입한 인물—가 이미 장기간의 알코올 남용과 기억 장애 사이에 관련이 있다는 사실을 지적했다고 언급했다. 하지만 코르사코프가 연구해보니 동일한 장애가 알코올 중독과 상관없이 나타났다. 코르사코프는 장티푸스, 결핵 혹은 산욕열로 인해서도 같은 증상이 발생할 수 있다고 보고했다. 비소, 일산화탄소, 납 혹은 상한 곡식에 중독되어 나타날 수도 있다고 했다. 이유는 피에 흡수되어 신경을 중독시키는 어떤 성분 때문이었다. 코르사코프가 1897년 대규모 의학 회의를 조직했을 때, 베를린 출신 동료 프리드리히 졸리Friedrich Jolly 는 이 증후군에 코르사코프의 이름을 붙이자고 제안했다. 장애는 기억력의 손상에만 한정되었다. 의사들은 질병의 원인에 대해서는 당분간 언급하지 않기로 했다. 비록 모든 의사가 그때까지 승명할 수 없는 감염에서 원인을 찾아야 한다는 사실에 의견을 같이했음에도 불구하고 말이다.
증후군의 원인은 정말 우연히 발견되었다. 1890년 네덜란드령 인도에서 현지인은 물론 네덜란드인까지 많은 사람이 각기병에 걸렸다. 각기병은 코르사코프의 다발성 신경염처럼 신경 체계의 손상을 동반해 동일한 감각 장애와 근육 약화를 가져왔다. 질병의 규모가 네덜란드군을 약화시킬 정도로 확산하자 사람들은 군의관 크리스티안 에이크만Christiaan Eijkman을 소장으로 하는 연구소를 설립하기로 결정했다.[4] 에이크만은 각기병에 걸린 실험용 닭들이 얼마 후 다시 건강을 회복한 것에 주목했다. 그 원인은 새로 들어온 요리사에게 있었다. 요리사가 병에 걸린 닭들에게 탈곡한 쌀 대신 탈곡하지 않은 쌀을 모이로 준 것이다. 이어진 연구에서 에이크만은 닭들은 흰쌀에 들어 있는 어떤 성분이 아니라 쌀에 부족한 어떤 성분으로 인해 병에 걸렸다는 사실을 발견했다. 그건 쌀 껍질을 벗겨냄으로써 사라진 성분이 분명했다. 요컨대 각기병은 감염이 아니라 뭔가가 부족해서 생기는 병으로 드러났다. 자바의 죄수들을 대상으로 수행한 또 다른 실험에서도 결과는 동일했다. 1911년 폴란드 생리학자 풍크 C. Funk는 새들의 다발성 신경염을 치료한 성분을 분리하는 데 성공했다. 1936년에는 오늘날 비타민 B_1으로 잘 알려진 티아민을 합성하기에 이르렀다.

세르게이 코르사코프는 이런 발전을 목격하지 못했다. 겨우 마흔여섯 살인 1900년에 심장마비로 사망했기 때문이다. 그는 일찍이 각기병과 자신의 이름이 붙은 증후군 사이의 관련성에 대해 언급했다. 코르사코프 증후군의 진짜 원인은 지속적인 비타민 B_1 부족이었다. 흔히 알코올 중독으로 인해 비타민 B_1이 부족해지는데, 이는 직접적인 알코올 섭취가 아니라 알코올 때문에 정상적인 음식을 섭취하지 않기 때문이다. 음식물을 통해 6~7주 이상 비타민 B_1을 공급하지 않으면 심각한 기억 손상을 일으킬 수 있다. 하지만 이런 장애는 전혀 다른 원인으로 인해 생길 수도 있다. 요컨

대 식욕 부진, 거식증 혹은 소화 기관의 질병으로 인해 위가 작아진 뒤에
도 발생한다. 따라서 이런 경우엔 가능한 한 신속하게 비타민 B_1을 처방
해야 한다.

이중적인 기억상실

엄격하게 말하면 코르사코프 증후군을 앓는
환자는 두 가지 형태의 기억상실로 고통을 겪는다. '순행성 기억상실'의
경우 환자는 새로운 정보를 더 이상 기억하지 못한다. 기억상실은 앞으로
일어나는 일에 대한 상실이다. 다시 말해, 환자가 앞으로 체험할 일이 더
이상 자신의 기억에 저장되지 않는다는 얘기다. '역행성 기억상실'의 경
우는 환자의 과거, 그러니까 이미 경험했던 모든 것에 대한 기억이 사라
져버린다. 이를 구분하는 기준은 항상 손상이 일어난 순간이다. 그 순간
이전에 일어났거나 뒤에 일어나는 것이 망각 속으로 빠져드는 것이다.

혹은 둘 다 겪기도 한다. 순수하게 순행성이거나 역행성인 경우는 드
물다. 대부분의 손상이나 질병을 살펴보면 지속적이든 일시적이든 두 가
지 형태가 혼합되어 나타난다. 전극으로 충격 요법을 받은 우울증 환자는
흔히 기억하는 데 문제가 있다. 요컨대 과거의 일부를 잊어버리거나 많은
경우 3~4년까지 거슬러 올라간 기억을 상실할 수 있다. 뇌 손상으로 인
한 기억 장애도 역시 순행성과 역행성을 모두 불러일으킨다. 정신박약의
경우를 빼고 코르사코프 증후군을 앓는 환자가 두 가지 유형의 기억상실
을 앓고 있는 환자 가운데 가장 많은 수를 차지한다. 일상에서 그들을 관
찰해보면 순행성 기억상실이 두드러지게 나타난다. 환자들은 방금 체험
한 것, 말한 내용 혹은 행동을 저장해서 나중에 불러오지 못한다. 심지어
몇 분 후 불러오는 것조차 불가능하다. 그래서 늘 같은 이야기를 반복하

고, 끝없이 똑같은 질문을 하고, 잠깐 자리를 비운 사람을 알아보지 못한다. 아주 먼 과거에 대한 기억은 흔히 온전한 것처럼 보인다. 학교에서 배운 것, 전문 지식, 성장하면서 얻은 체험 등이 그렇다. 이런 것들은 반복적인 긴긴 이야기의 기초로 사용되는 기억이다. 사정이 이렇다 보니 코르사코프 증후군이 발생한 뒤에만 기억에 문제가 있다는 인상을 심어줄 수 있다.

이렇듯 기억상실을 앓는 사람들과 일상적으로 만나면 끝없이 똑같은 이야기를 들어야 하는 부담만 있는 게 아니다. 코르사코프 박사도 티푸스 질환을 앓고 나서 심각한 기억 장애를 겪고 있는 마흔여섯 살의 여성 환자를 치료했다. 환자는 잘 까먹을 뿐 아니라 아주 먼 과거의 기억조차 떠올리지 못했다. 코르사코프는 그녀의 정신을 일종의 공허가 지배하고 있다고 기록했다.[5] 발병 2년째 되던 해에 이 공허는 다시 채워졌다. 하지만 유감스럽게도 기억이 '가짜 회상'들로 채워졌다. 환자는 자신의 남편이 그 도시에 사는 여자들과 바람을 피운다고 추측했다. 코르사코프 박사에 따르면, 나이 지긋하고 존경받는 환자의 남편은 그런 의심을 받을 만한 행동을 전혀 하지 않았다. 하지만 아내는 변명할 기회조차 주지 않았다고 한다. 자신을 비난하는 아내의 이야기를 종합해본 남편은 다음과 같은 결론을 내렸다. 즉 언젠가 자신이 아내에게 한 독신 남자에 관한 이야기를 해주었는데, 그걸 남편한테 투영하고 있는 게 틀림없었다. 얼마 후 아내는 또 다른 얘기를 기억해냈다. 이번에도 남편이 자신을 배반하는 내용이었는데, 이는 한때 자신이 읽었던 소설의 줄거리와 같았다. 이런 기억은 남편을 무척 당혹스럽게 했다. 이런 기억을 제외하면 아내는 정신적으로 완벽하게 정상이었기 때문이다. 문제는 아내가 떠오르는 생각을 실제 출처와 더 이상 연결 짓지 못한다는 데 있었다. 환자는 자신이 기억하는 내용이 무엇이든 그것을 속수무책으로 믿었다.

코르사코프 증후군을 앓고 있는 사람들의 기억에 대한 실험적 연구는 꽤 복잡하다. 대부분 장기간 알코올 중독에 빠져 있다가 코르사코프 증후군이 생기기 때문이다. 이는 실험을 할 때 코르사코프 증후군이 있는 알코올 중독자로 이루어진 실험 집단과 그렇지 않은 알코올 중독자를 찾아내야 한다는 뜻이다. 이런 사람들은 아주 많겠지만 이들에게 기억 실험에 참여하라고 설득하기는 쉽지 않다. 또 다른 문제는 연구자는 환자가 한때 알고 있던 것을 제한적인 범위에서만 알고 있다는 데 있다. 실험을 통해 망각의 깊이와 범위를 측정하는 시도를 할 수 있지만 이와 동시에 코르사코프 질환으로 인해 망각한 내용이 정말 기억 속에 있었다는 걸 어느 정도 확신할 수 있어야 한다. 많은 연구는 1950년대, 1960년대 혹은 1970년대에 유명했던 사람들의 사진을 보여줌으로써 이루어졌다. 그러나 유명한 배우에 대한 피실험자들의 기억이 영화가 나왔던 1950년대의 것인지는 아무도 모른다. 혹은 그 영화를 재상영한 1960년대의 것인지 아무도 모른다. 게다가 피실험자들이 영화를 자주 보러 가는 편이 아니라 사진을 알아보지 못할 수도 있다. 순행성 기억상실에 관한 연구는 방법적으로 훨씬 단순하다. 단어 목록, 사진, 이야기 등 실험자가 준비한 자료를 제시한 다음 피실험자가 무엇을 기억하는지 테스트하는 것이다. 또한 충분하지는 않지만 이런 실험은 다양한 종류의 정보와 관련한 기억이 심각한 손상을 입었는지 어떤지 알 수 있게 해준다. 여기에서도 심리학의 주요 법칙이 해당된다. 즉 조사한 양을 통해 실험에 직접적으로 접근할 수 있다. 이와 달리 역행성 기억상실에 대한 연구는 순행성 기억상실과 비교할 때 등한시하는 편이다.

하지만 역행성 기억상실에 대한 실험이 완전히 없는 것은 아니다. 유명한 인물 외에 중요한 사건, 텔레비전 프로그램이나 누군가의 목소리를 알고 있는지에 대해 질문할 수 있다. 그 결과 코르사코프 증후군을 앓는 환자는 최근의 기억보다 오래된 기억을 좀더 잘 재생했다. 하지만 코르사코프 증후군이 없는 그룹에 비하면 여전히 기억력이 떨어졌다. 코르사코프 증후군을 앓는 환자에게 자주 등장하는 인상이나 옛날 기억은 비교적 온전하지만 실제로는 과거의 기억 가운데 많은 것들이 사라지고 없다.

두 번째 결과는 망각이 시간의 변화에도 지배를 받는다는 걸 보여준다. 즉 새로우면 새로울수록 그만큼 많이 사라진다. 심지어 많이 잊어버리는 시간대가 30년이 넘는 과거까지 거슬러 올라가더라도 사건을 기억하는 데는 차이가 있다. 이를테면 30년 전의 기억과 10년 전의 기억 사이에 차이가 난다. 코르사코프 환자들은 옛날 사진을 통해 한창 활동하던 배우를 알아보지만 그 이후의 배우는 더 이상 알아보지 못했다. 혹은 10년 전 정말 유명했던 인물보다 40년 전에 적당히 유명했던 인물을 더 잘 알아보았다.[6] 이렇듯 과거가 어느 정도 오래되었는지에 따라 기억에 차이가 난다는 사실은 우리가 기억에 딱 하나의 '구멍'만 나 있다고 말할 수 없으며, 현재와 가까워지면 질수록 점점 더 많은 구멍이 뚫려 있음을 의미하기도 한다.

P. Z. 교수의 망각 곡선

코르사코프 환자에게 기억 장애를 일으키는 원인으로 들고 있는 티아민 결핍에 대해서는 모두가 동의하고 있다. 뇌세포의 신진대사를 위해 중요하며 세포막을 온전하게 유지하고 신경세포의 축색을 감싸는 피막인 미엘린을 형성하는 효소는 티아민에 달려 있기 때문이다. 뇌는 거의 제공하는 만큼의 티아민을 흡수하는데, 이는 방출된 양만으로도 문제를 일으킬 수 있다는 의미다. 즉 자극은 계속 전달되기 힘들며, 세포 조직은 퇴화하기 시작하고, 많은 뇌 구조가 측정할 수 있을 만큼 수축한다. MRI를 찍어보면, 해마는 대략 10퍼센트 작아질 수 있다. 그 밖에는 아직도 불분명한 게 대부분이다. 기억과 관련해 문제가 없는 알코올 중독자들에게서도 이와 동일하게 뇌가 작아지는 현상이 나타날 수 있다. 수축한 해마와의 관계는 역시 분명하지 않다. 해마는 기억을 저장하는 데 관여한다. 따라서 해마가 손상을 입으면 코르사코프 환자의 경우 순행성 기억상실의 원인을 설명할 수도 있다. 하지만 과거 기억의 **재생**이라는 문제에서는 온전한 해마가 반드시 필요한 것은 아니다. 다시 말해, 헨리 M.의 경우 해마 대부분이 제거되었으나 아무런 문제 없이 청소년 시절을 잘 기억했다.

왜 새로운 기억일수록 손상을 더 많이 입는가라는 의문은 신경생리학 이론이 초래한 수수께끼다. 여러 가지 가설 가운데 하나는 현재 역행성 기억상실이라고 소개하는 것도 실제로는 이미 오래전부터 존재하던 순행성 기억상실의 결과라고 추정한다.[7] 알코올은 신경섬유를 공격함으로써 기억력도 공격한다. 코르사코프가 서술했듯 급성으로 발전하기 전 단계에서 오랫동안 술을 마시는 가운데 기억은 어쩌면 점점 더 나빠질 것이고, 그럼으로써 오랜 세월이 지난 후 구멍들이 생겨난 것처럼 보인다. 그동안 실제로 저장되는 기억은 점점 줄어들지만 말이다. 뇌 손상은 진행성이라는 성격을 가지고 있어 곡선의 기울기를 설명할 수도 있다. 알코올 중독자와 나중에 코르사코프 증후군을 앓는 환자의 기억에는 기록할 게 점점 줄어들고 마침내 지울 게 완전히 사라진다.

이와 같은 가설은 1980년대 초반 P. Z.라는 이니셜로 알려진 한 교수의 실험을 통해 알려졌다.[8] (Z.는 연구자이자 환자, 곧 피실험자였다.) 1916년에 태어난 Z.는 서른 살부터 상당량의 술을 마셨음에도 불구하고, 자연과학 분야에서 높은 지위를 얻는 데 성공했다. 수백 편의 논문과 다양한 저서를 펴냈고, 중요한 잡지의 편집위원을 맡았다. 회의를 조직하고, 학생을 가르치고, 논문을 지도하고, 전 세계를 돌아다니며 강의도 했다. 1979년에는 자서전을 출간했다. 그로부터 2년 후(65세) 급성 기억상실에 걸렸고, 코르사코프 증후군이라는 진단을 받았다. 그는 자신을 기억 연구에 사용할 수 있게끔 했다.

사람들은 맨 먼저 Z.가 순행성 기억상실을 앓고 있다고 확신했다. 그는 '목덜미와 소금' 같은 낱말 조합이나 숫자와 지리적 형상을 조합한 것을 기억할 수 없었다. 게다가 역행성 기억상실도 심각한 수준으로 나타났다. 1930년대 혹은 1940년대의 인물 한두 명은 기억했지만 말이다. 전문분야에서 이룩한 Z.의 탁월한 위치와 자서전 덕분에 연구자들은 개인적테스트를 실행할 수 있었다. 그들은 '유명한 학자' 75명을 목록으로 만들었다. 대부분 그의 자서전에서 뽑은 동료, 함께 일한 편집자, 공동 저자등 Z.가 한때 잘 알고 지낸 인물들이었다. 그리고 이 인물들을 세 부류, 곧 1965년 당시와 이전 및 이후에 각각 중요한 역할을 한 사람들로 나누었다. 연구자들은 Z.에게 이 이름들을 보고 어떤 분야에서 일했으며 어떤기여를 했는지 얘기해달라고 요청했다. 각각의 대답에는 0점, 1점 혹은2점을 매겼다. 예를 들어 Z.가 인물의 전문 영역은 맞추었지만 어떤 기여를 했는지 모르면 1점이었다. 비교를 하기 위해 Z.의 동료─나이도 똑같고 일하던 분야에서도 동일한 명성을 얻었지만 알코올 중독 병력이 없는 사람─도 이 테스트에 참여했다. 결과는 분명했다. 함께 일했던 유명한 동료임에도 불구하고 Z.는 실험에 참여한 다른 교수에 비해 훨씬 적게알아보았다. 전혀 기억 못하는 이름은 특히 1965년 이후의 동료들이었다.

물론 1965년 이전의 이름도 대부분 기억하지 못했다. 1981년, 그러니까 급성 코르사코프 증후군에 걸리기 2년 전만 하더라도 동일한 인물들에 관해 모든 것을 자서전에 기록했다는 사실이 믿기지 않았다.

연구자들은 동일한 자서전을 기초로 또 다른 실험을 실시했다. 이번에는 가족과의 체험, 회의 때 일어난 사건, 주목할 만한 연구 보고 혹은 책에 관한 실험이었다. 실험 결과는 한눈에 알 수 있었다. 요컨대 시간이 갈수록—나이가 들수록—정확하게 대답한 경우가 확연히 줄어들었다. 비교적 잊어버리지 않은 시기부터 열다섯 살 때까지의 기억이었음에도 불구하고, 정확한 대답은 70퍼센트를 넘지 못했다. 전환점은 Z.가 스물다섯 살에서 서른다섯 살까지의 시기였다. 이때는 Z.가 술을 엄청 마신 시기로 질문에 대해 40퍼센트 정도만 정확한 답을 했다. 그래프를 보면 1960년대 이후는 완전히 밑바닥이다. 마흔다섯 살부터 예순다섯 살까지, 즉 20년 이상을 아무것도 기억하지 못했다. 다시 한 번 강조하지만, 모든 질문은 Z.가 병에 걸리기 몇 년 전에 직접 기록으로 남긴 내용이었다.

코르사코프 환자의 자서전적 기억은 심각하게 손상을 입지만 의미론적 기억에 저장되어 있는 전문 지식은 대부분 온전할 것이라는 생각으로 실시한 세 번째 실험은 가장 고통스러웠다. 연구자들은 먼저 Z.의 논문과 저서에서 서른다섯 가지 개념을 뽑아냈다. 그리고 Z.에게 이들 개념을 정의하고 가능한 한 많은 사례와 상세한 내용으로 설명해달라고 부탁했다. Z.와 함께 연구에 참여한 비교 대상은 이 실험을 거절했다. 그런데 Z.는 슬프게도 한때 그렇게 많이 사용한 개념에 대해서조차 더 이상 아무 말도 하지 못했다.

Z.에 대한 연구는 너무 단순하게 이분법적으로 구분하는 것은 별다른 의미가 없다는 걸 보여주었다. Z.의 기억력은 전반적으로 더 이상 작동

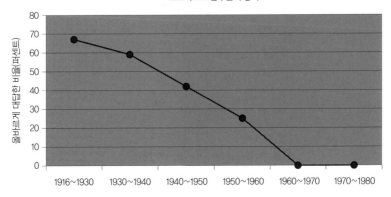

코르사코프 증후군의 망각

자서전에서 선별한 정보에 대한 P. Z. 교수의 기억상실

하지 않았으며, 자신의 과거로 들어가는 문도 큰 손상을 입은 상태였다. 자서전적 기억에 비하면 의미론적 기억이 훨씬 잘 작동했으나 그것 역시 많은 부분 사라지고 없었다. 자신의 저서에 관한 구두시험—마지막 실험—에서 그는 떨어지고 말았다. 역행성 기억상실은 순행성 기억상실의 변형이며, 알코올 중독자가 살아오는 동안 점점 나빠진 기억의 결과라는 것은 진실이 아니다. 시간의 변화도 중요하다고 했으나 진단을 내리기 몇 년 전만 해도 그는 모든 것을 기억할 수 있었다. 그런데 위기가 닥치자마자 기억으로 들어가는 많은 문이 동시에 막혀버렸다. 따라서 코르사코프 증후군에 접근하기란 여간 힘든 일이 아니다. 완만한 언덕이 시작된다 싶으면 곧이어 가파른 절벽이 따라오는 식이다.

클라파레드 효과

Z.를 대상으로 한 실험은 그 한 사람의 피실험자에게만 집중한 덕분에 코르사코프가 100년 전 발표한 사례 연구에 매

우 근접할 수 있었다. 코르사코프 역시 자신이 돌봤던 환자의 경험을 집중 연구함으로써 기억과 망각을 정확히 규명하려고 시도했으며, 그 결과 Z.의 실험에서와 마찬가지로 단순하게 두 가지로 분류하지 못한다는 결론에 이르렀다. 코르사코프는 이처럼 손상된 기억도 절대적 의미에서는 손상을 입은 게 아니며, 처음에는 치료가 불가능해 보일 정도로 심각한 손상을 입은 기억력도 마찬가지라고 결론지었다. 코르사코프가 환자 한 사람에게 자신이 누구냐고 묻자 그는 모르겠다고 대답했다. 몇 분 후 다시금 그 환자의 방에 들어갔을 때는 완전히 낯선 사람인 것처럼 반응했다. 여러 차례 방을 들어간 뒤 코르사코프는 자신이 의사라는 걸 더 이상 설명할 필요가 없었다. 그 환자는 여전히 코르사코프를 한 번도 만나본 적 없는 사람이라고 주장했다. 비록 환자 자신은 의식하지 못하지만 분명 뭔가가 환자의 기억 어느 한 부분에 저장되어 있는 게 틀림없었다. 이와 같은 관찰은 다른 측면에서도 이뤄졌다. 제네바에 있는 아질 벨 에어Asile-Bel-Air 정신병원에서 신경학자 에두아르 클라파레드Édouard Claparède는 이와 같은 '무의식적' 기억에 대한 실험적 증거를 도출하고자 했다. 1900년 입원한 마흔일곱 살의 여자 환자는 모든 유럽 국가의 수도 이름 같은 과거의 지식을 대부분 잊어버리지 않았지만 순행성 기억상실을 앓고 있었다. 매일같이 자신을 돌봐주는 간호사를 낯선 사람으로 여겼고("마담, 누구신지?"), 몇 년 동안 자신을 치료하고 있는 의사들한테도 마찬가지였다.[9] 클라파레드는 환자가 모른다고 주장하는 것과 그럼에도 불구하고 알 수밖에 없는 것 사이의 차이에 완전히 매료되었다. 여자 환자는 보통 사람들이 간호사에게 질문하듯 화장실이 어디냐고 물어보았지만 지체 없이 화장실을 찾아갔다. 또한 병원의 복도와 홀을 전혀 모른다고 말했지만 아무런 어려움 없이 그곳을 찾아갔다. 클라파레드는 손에 압핀 하나를 숨긴 채 환자를 방문했다. 환자는 그와 악수하면서 압핀에 찔렸지만 매번 이 사실을 까먹었다. 어느 날 의사가 압핀을 지니지 않은 채 악수를 하려고 손을 내밀자 환자는 반사적으로 급히 손을 뒤로 뺐다. 왜 악수를 거부하는지 묻자 환자는 당황해하며 이렇게 말했다. "사람들한텐 악수를 거부할 권리도 있는 것 아닌가요?" 그래도 클라파레드가 꼬치꼬치 캐묻자 환자는 이렇게 물었다. "혹시 손에 압핀을 숨기지 않았나요?" "부인, 왜 그런 생각을 했죠?" "그냥 갑자기 그런 생각이 떠올랐어요. 손에 압핀을 숨기는 사람이 많다니까요."[10] 환자는 어떤 순간에도 이런 생각이 기억임을 알아차리지 못했다.

저장되어 있지만 의식적으로 끄집어내지 않으면서 사고와 체험에 광범위하게 영향을 주는 경험은 훗날 클라파레드 효과라는 이름이 붙었다. 아울러 이것은 1985년부터 '함축적 기억'이라고 알려진 현상에 대한 이론을 정립하는 데 한 가지 요소가 되었다.[11] 클라파레드 이후 50년이 지나헨리 M.의 경우에서 나타났듯 어떤 사람은 심각한 순행성 기억상실을 앓으면서도 특정 능력을 습득할 수 있다. 헨리는 거울을 보며 쓰는 글씨나기호, 혹은 사람이나 장소에 대한 무의식적 지식을 획득했다. 역행성 기억상실의 경우에도 뇌막염으로 인한 심각한 기억상실을 보여준 어떤 경찰관의 경우와 비교하면 손상을 덜 입은 편에 속한다.[12] 그 경찰관은 신혼 여행지, 자식 3명의 생일, 자신의 경력, 살았던 집, 친구들까지 모조리잊어버렸다. 군 복무 시절 이집트에 있었다는 사실만 기억했고, 그곳에서무엇을 했는지 혹은 무엇을 체험했는지는 잊어버렸다. 염증이 거의 모든것을 지워버렸다. 클라파레드 효과는 이 환자에게 MRI를 실시할 때 나타났다. 그는 MRI 검사를 끝까지 받을 수 없었다. 피라미드 속으로 들어가는 것 같다며 극심한 공포를 호소했기 때문이다.[13]

코르사코프가 살던 시대에는 자서전적 기억, 의미론적 기억, 클라파레드 효과 혹은 함축적 기억 같은 개념이 없었다. 하지만 제네바의 여성 환자, 헨리 M. 혹은 영국인 경찰관을 관찰함으로써 얻은 소견이 코르사코프의 확신을 강화해주었다. 즉 심지어 가장 심각한 손상을 입은 기억의 경우에도 뭔가는 여전히 남아 있다. 어떤 기억으로도 접근하지 못하지만 잊지 못할 그 무엇이 말이다.

당신의 동료에겐 탁월한 아이디어가 있다
: 바로 당신의 아이디어

1870년 출간한 쥘 베른의 《달세계 일주》에서는 남자 3명이 캡슐을 타고 달로 날아간다.[1] 그때까지 만든 것 가운데 가장 큰 대포가 이들을 쏘아 올려주었다. 우주선 안은 그다지 불편하지 않았다. 안락의자도 있고, 가스등은 쿠션을 넣은 벽을 비추고, 브랜디는 몇 달을 마셔도 될 만큼 넉넉했다. 달에서 사람을 도와줄 사냥개 두 마리도 탑승했다. 유감스럽게도 두 마리 중 한 마리인 트라반트가 비행선을 쏘아 올릴 때 머리를 부딪쳐 기력을 약간 잃었다. 그런데 트라반트는 다음 날 아침 죽은 채로 발견되었다. 슬픈 일이었다. 비행사들은 이 시체를 어떻게 했을까? 개를 버리기 위해 우주선에 있는 둥근 창을 열 수는 없었다. 우주선 안에 있는 공기가 밖으로 빠져나가서는 안 되기 때문이다. 그렇다고 죽은 개의 시체를 우주선 안에 둘 수도 없었다. 그래서 비행사들은 위험을 감수하기로 결정했다. 2명이 바닥에 있는 해치를 열면 나머지 한 사람이 재빨리 개를 넣어 뜨리기로 한 것이다.

나중에 어떤 일이 발생할지 아무도 예상하지 못했다. 며칠 후 남자 3명

"트라반트를 '매장'했다."

중 한 명이 창밖에 있는 개를 보고 깜짝 놀랐다. 그들은 우주선에서 떨어뜨린 모든 것은 우주 공간을 계속 떠다닌다는 사실을 잊고 있었다. 죽은 개는 그야말로 부적절한 순간에 우주선의 창을 지나가고 있었다.

많은 사람들이 바로 이 개와 같다.

우리는 자신의 삶에서 사람들을 던져버린다. 결코 보지 않길 바라면서. 우리는 그들과 더 이상 아무런 관계도 맺지 않길 원한다. 하지만 그럼에도 불구하고 그들은 늘 다시 나타나고, 결코 사라지려 하지 않는다.

나는 이 은유를 논문에 사용하려 했지만 어디에선가 읽어봤다는 불안한 느낌을 떨쳐버릴 수 없었다. 아무리 애를 써도 출처를 발견할 수 없었다.[2] 하지만 나는 표절하고 싶지 않았다. 실수로라도 말이다. 나는 이 은유를 사용함으로써 위험에 빠질 수도 있고, 특이한 형태의 망각의 희생자가 될 수도 있다. 이는 다른 사람으로부터 듣거나 그의 글을 읽었는데, 내 머릿속에 떠오른 그와 똑같은 생각이 다른 사람에게서 나왔다는 사실을 잊어버리는 현상이다.

잠복기억은 말 그대로 하면 '잊어버린 기억'인데, 그야말로 자주 나타난다. 예를 들어 누군가가 스스로 어떤 해결책을 고안해냈다고 확신하더라도 실은 과거에 이미 다른 사람이 제안한 것일 수 있다. 또 성형 잡지에 '새로운' 수술이라고 공개할 때도 잠복기억이 모종의 작용을 한다. 새롭다고는 하지만 사실 그 기술은 이미 몇 년 전부터 외과에서 가르치는 과

목의 일부일 수 있다.[3] 다른 분야에서 잠복기억이 사용되는 예를 살펴보면, 새로운 방식으로 만드는 칵테일이나 요리법 혹은 농구 연습을 들 수 있다.[4] 동료들 사이에서는 가끔 다른 동료가 갖고 있는 생각을 자신도 하게 됨으로써 끔찍한 갈등을 빚는다.

잠복기억과 관련해 가장 유명한 사례로 비틀스 멤버였던 조지 해리슨George Harrison을 꼽을 수 있다. 1969년 해리슨은 전 세계적으로 히트를 친 〈My sweet Lord〉를 썼다. 그리고 얼마 후 1963년 〈He's so fine〉이라는 히트곡을 낸 여성 그룹 치폰스Chiffons로부터 고소를 당했다. 조지 해리슨이 그들의 곡을 표절했다는 이유였다. 멜로디가 거의 비슷했다. 해리슨은 치폰스의 노래를 알고 있다고 시인했지만 베낀 것은 아니라며 이의를 제기했다. 판사는 해리슨의 감정을 다치지 않게 판결을 내렸다. 마치 정신분석학 서적을 탐독한 듯한 판결이었다. 요컨대 해리슨이 자신의 무의식적 기억 속에 있는 것을 의도치 않게 복사한 것 같다는 내용이었다.[5] 하지만 의도적이든 아니든 복사는 복사였다. 결국 해리슨은 이익금 가운데 50만 달러를 배상하라는 판결을 받았다. 이런 논란을 종식시키기 위해 해리슨은 나중에 〈He's so fine〉의 저작권을 구입해버렸다. 유튜브에서 이 노래를 클릭하면 정말 〈My sweet Lord〉의 가사로 노래를 불러볼 수 있다.

지난 20년간 출판한 심리학 서적을 살펴보면 잠복기억을 '무의식적 표절'과 동일시한다. 이는 정확하지 않다. 무의식적 표절은 잠복의식의 결과일 수 있지만 이 둘이 결코 동일한 것은 아니다. 잠복기억이라는 개념이 갖고 있는 풍부한 스토리에 걸맞지 않기 때문이다.

잠복기억
● ● ● ● ● ● ● ●
1900년경 사람들은 기묘한 관찰과 상태를 설명하고 거기에 이름을 붙이고자 했다. 이와 관련한 대부분의 관찰은 영매 강령술 모임과 병원의 침실에서 이루어졌다. 1894년 12월 제네바의 심리학 교수 테오도르 플루르노이Théodore Flournoy는 영매이자 비단 가게에서 일하는 헬레네 스미스Hélène Smith를 알게 되었다. 플루르노이 교수는 그녀가 전달하는 메시지가 초자연적 원천을 갖고 있는지 밝혀내기 위해 모든 강령술 모임에 참가했다. 몽환 상태에서 그녀는 자신이 화성에 체류하던 때를 얘기했다. 고대 인도어로 말하고, 고대 프랑스어로 마리 앙투아네트 궁전에 있는 사람들과도 대화를 나누었다. 강령술 모임이 있을 때마다 잃어버린 물건을 어디에서 다시 찾을 수 있는지도 말해주었다. 플루르노이는 1900년 자신이 관찰한 현상을 책으로 출간했다.[6] 그리고 이 책의 출간으로 인해 스미스와 맺은 진심 어린 관계는 끝나버렸다.

플루르노이는 우선 영매의 모든 발언은 결국 심리적 과정을 통해 설명할 수 있다고 확신했다. 사람의 모든 과정을 스스로 의식이 있는 상태에서 접근할 수는 없다는 점에서 출발한 것이다. 스미스는 절대적으로 선한 믿음을 갖고 행동했지만, 그녀가 전달한 모든 것은 자신의 정신으로부터 나왔다. 하루는 스미스가 브로치 하나를 잃어버렸다. 그 브로치가 좋은 추억을 가진 물건이라 스미스는 분실물 광고를 냈다. 하지만 아무에게서도 연락이 없었다. 열흘 후 스미스는 영매 강령술 모임에서 브로치가 정확히 어디에 있는지 암시를 받았다. 드 뱅 가街에 있는 하얀 돌에서 서쪽으로 1미터 떨어진 곳이었다. 전등을 들고 그곳으로 간 사람들은 하얀 돌 옆에서 브로치를 발견했다. 플루르노이에게 이 경우는 '잠복기억'에 해당했다. 잠복기억이라는 개념이 처음 등장한 것은 이때다.[7] 스미스는 무의식적으로 그 사실을 알아차렸을 수도 있다. 이를테면 강령술을 행하던 날 브로치를 떨어뜨린 일에 대한 기억이 의식으로 떠올랐다는 얘기다. 또 루이 16세의 궁전에 관한 세부적인 이야기도 잠복기억을 통해 설명할 수 있다. 어렸을 때 백과사전이나 역사책에서 그 내용을 읽었으나 깨어 있는 상태에서는 그 기억을 불러오지 못하고 몽환적인 상태에서는 불러올 수 있었다는 것이다.

플루르노이는 잠복기억과 관련해 프레더릭 마이어스Frederic Myers의 이론을 인정할 수밖에 없었다. 영국 출신의 고대어문학자인 마이어스는 1882년 심리연구소를 공동 설립했으며, 인간의 정신을 잠재적 자아와 의식 내 자아로 구분했다. 경계를 넘어 있는 것만이 인간의 의식에 접근할 수 있다. 그가 처음 사용한 '잠재적subliminal'이라는 단어는 심리학 용어에 큰 기여를 하고 있으며 이론상으로 잠재적 메시지라는 형태로 계속 이어졌다. 이는 의식적으로 인지하기엔 너무나 짧고 쉬운 자극이지만 정신 안으로 통과해 들어가는 메시지를 말한다. 영매 스미스에게 일어난 일은 마이어스가 이미 수집한 사례에 완벽하게 들어맞았다. 다시 말해 잠재적 인지에 대한 기억(즉 정상적인 인격체가 알아차리지 못하고 직접적으로 기록되는 기억)은 꿈에서 계시로 나타나거나 혹은 비슷한 형태의 자동운동으로 나타나는 경우에 속한다고 플루르노이는 썼다.[8] 마이어스는 1903년 자기 나름대로 잠복기억을 의식적 자아가 망각한 사건에 대한 잠재적 기억이라고 정의했다.[9]

의사들 역시 잠복기억을 통해서만 설명할 수 있는 관찰을 제시했다. 프리본H. Freeborn 박사는 1902년 의학 저널 〈랜싯〉에 일흔 살 된 여성에 관한 글을 실었다. 그녀는 심한 열병을 앓는 외중에 힌두어를 말하기 시작했다. 그런데 그녀는 힌두어가 네 살 때부터 사용하시 않았던 언어이며 자신이 힌두어를 과거에 말했다는 사실조차 까먹고 있었다.[10] 열병에서 나은 후 그녀는 힌두어를 다시 구사할 수 없었다. 프리본의 동료 한 사람은 새뮤얼 T. 콜리지Samuel T. Coleridge가 보고한 사례가 생각난다고 논평했다. 즉 교육을 받지 않은 하녀가 열병을 앓는 도중 몇 시간 동안 그리스어와 히브리어를 사용한 사례였다. 나중에 알고 보니 하녀는 어렸을 때 어느 목사의 집에서 일을 했고, 그 목사는 큰 소리로 책을 읽는 버릇이 있었다. 이 모든 경우에서 알 수 있듯 '잊어버린 기억'은 나중에 의식으로 밀고 들어오는데, 대부분 일시적으로 나타난다.

당시의 잠복기억은 표절과 아무런 상관이 없었다. 잠복기억은 초월적 근원처럼 보이지만, 사실은 특별한 상황에서만—꿈, 몽환 상태, 횡설수설하는 상태—의식에 떠오를 수 있는 기억의 결과였다. 20세기 들어 초감각적 현상을 연구하는 초심리학은 심리학 분야에서 가장자리로 밀려났다. 하지만 잠복기억이라는 개념은 기억이 일시적으로 의식에서 사라졌다가 돌아올 때 기억으로 인지되지 않는 과정을 서술할 때 사용되었다. 정신분석학자들은 잠복기억을 망각 과정에 관한 이론에 열정적으로 받아들였다. 프로이트는 이미 1901년에 그랬다. 개인적으로 잠복기억을 경험한 후, 그는 자신의 《일상의 정신병리학》에 이에 관해 서술했다. 하루는 프로이트가 친구인 빌헬름 플리스Wilhelm Fließ(독일 출신의 생물학자이자 의사. 프로이트의 친한 친구—옮긴이)에게 모든 개인은 삶을 바이섹슈얼bisexuell로 시작한다는 인식을 갖게 되었다고 말했다. 그러자 플리스가 발끈했다. "내가 2년 반 전에 자네한테 얘기했잖아. 저녁 때 함께 산책을 하면서 말이야. 그런데 자넨 그때 듣지도 않았거든."[11] 프로이트는 그 대화를 기억할 수 없었다. 하지만 그 주가 지나는 동안 모든 게 다시 떠오른 그는 나중에 이렇게 말했다. "그때부터 나는 약간 관대해졌다. 의학 서적에서 분명히 내 이름을 언급해야 하는데 그렇게 하지 않은 경우를 보더라도 참고 넘어갔다."[12] 프로이트는 어떤 아이디어나 생각이 자신의 것일 경우 투쟁적으로 지켰다는 명성을 자랑하지만, 위의 자화상을 보면 그런 명성과 어울리지 않는다.

정신분석학에서 잠복기억은 한때 매우 비밀스러운 것으로 여겨졌다. 1934년에 출간한 미국 심리학 사전에서는 잠복기억을 이렇게 정의했다. "원래의 경험이 무의식적 동기의 영향으로 망각되고, 그러다가 기억이 가진 특징 없이 외양상 새로운 창조처럼 등장하는 기억 상태를 말한다."[13] 망각 외에 '무의식적 동기'라는 것도 설명해야만 한다.

잠복기억: 실험
. . . .

신경학자이자 출판업자인 피에르 빈켄Pierre Vinken 은 1982년 취임 연설에서 표절 문제, 우선순위의 갈등 그리고 다른 사람의 잘못으로 돌리는 행위에 관해 말할 때, '무의식적 표절'에 관해서도 설명하려 했다. 당시 그는 잠복기억에 대해 이렇게 말했다. "만족스러운 설명은 아직 없다. 이와 관련해 수수께끼로 남아 있는 것은 바로 그와 같은 현상의 특징이다."[14] 수수께끼를 수수께끼로 남겨두려는 것은 다행스럽게도 심리학의 주요 원칙이 아니었고, 그리하여 사람들은 1989년 잠복기억에 관한 실험을 하기 시작했다. 미국 심리학자 브라운A. S. Brown과 머피D. R. Murphy는 훗날 과학자들이 대략적으로 이용한 방법을 하나 고안해냈다.[15] 첫 번째 모임에서 피실험자들은 아이디어를 내보라는 주문을 받는다. 특정 지역을 위한 초안을 얘기하는 것처럼 아주 간단한 아이디어일 수도 있지만, 복잡한 의학 문제를 해결하기 위해 브레인스토밍을 해야 하는 경우도 있다. 첫 번째 모임을 갖고 몇 주 혹은 몇 달 후 두 번째 모임에서 참가자들은 지난번 모임 때 자신이 어떤 기여를 했는지 말해보라는 주문을 받는다. 그리고 세 번째이자 마지막 모임에서 연구자들은 지금까지 꺼내놓지 않은 아이디어를 얘기해보라고 주문한다.

지난 20여 년 동안 이와 같은 실험은 수십 차례 이뤄졌고, 결과는 항상 동일했다. 참가자들은 두 번째 모임에서 다른 사람의 아이디어를 자기 것이라고 얘기하거나, 세 번째 모임에서 자신은 새로운 아이디어로 간주하지만 알고 보면 그 전에 이미 제안했거나 대부분 다른 사람이 제안했던 아이디어를 얘기하는 경향이 있었다. 그 원인은 소유권을 혼동했기 때문만은 아니었다. 자신의 아이디어였음에도 불구하고 다른 사람에게서 나온 것이라고 한 경우도 있었기 때문이다. 물론 이런 경우는 다른 사람의 아이디어를 자기 것이라고 얘기한 경우에 비해 매우 소수에 불과했지만 말이다. 실험은 지극히 정직하게 치러졌으며 피실험자들은 아이디어의 출처를 정확하게 앎으로서 상당한 존중을 받을 수 있음에도 불구하고 가끔 아이디어의 출처를 다른 사람이 아니라 자신이라고 말했다.[16] 정직은 공평성과 동일하지 않았다. 그리하여 모든 개인은 잠복기억은 특히 동료들이 앓고 있는 병이라는 인상을 갖게 되었다. 반복적으로 자기 아이디어를 빼앗겼다고 느끼는 사람은 정직한 사람처럼 자기가 도둑 무리 속에 있다고 느낄 게 틀림없다.

이런 패턴보다 훨씬 오래된 실험으로 기억의 출처를 망각하는 이른바 '출처 기억상실'에 관한 연구가 있다. 출처 기억상실은 다음과 같은 결과를 낳는다. 이를테면 한 동료로부터 들은 소문을 다른 동료들에게 계속 얘기해주고, 마지막에 가서 그걸 처음 들려준 동료에게 다시 전해주는 것이다. (이때 처음의 동료가 소문을 다른 사람에게 퍼뜨리지 말라고 신신당부했다는 사실이 갑자기 떠오른다.) 잠복기억은 이것과 다르다. 출처 기억상실의 경우 사람들은 누구에게서 들었는지 혹은 어디서 읽었는지 잊어버리지만 출처가 있었다는 사실은 망각하지 않는다. 그런데 진짜 확실한 잠복기억의 경우에는 이런 출처마저 잊어버린다. 탁월한 아이디어나 해결책, 갑자기 떠오르는 행복한 묘안은 실제로 자신의 기억에서 나오고 회상으로 인식되지 않는다.

물론 출처가 누구 혹은 무엇인지 망각하는 사람은 이미 다른 사람의 아이디어를 저만치 가져간 셈이라는 말은 맞다. 연구 결과, 출처 기억상실을 촉진하는 요소는 동시에 잠복기억의 기회도 올려주는 것으로 밝혀졌다. 모임과 모임 사이의 기간을 늘이면 늘일수록 잠복기억을 하는 경우가 더 자주 일어났다. 비록 출처가 매우 비슷할 때라도, 예를 들어 모두가 직장 동료일 경우에도 잠복기억이 일어나는 경우가 잦았다. 성별에 따라 차이는 있었다. 다시 말해, 여성은 여성의 아이디어를 좀더 쉽게 가져가고, 남성은 남성의 아이디어를 더 쉽게 가져갔다. '두 번째 효과next-in-line-effect'라는 것도 있다. 즉 브레인스토밍을 할 때 나중 사람은 앞선 사람에게 자기 아이디어를 빼앗겼다고 생각할 위험이 크다. 남의 생각을 자기 생각으로 간주하는 경향 때문이다. 또 무질서한 상황에서 표현한 아이디어도 브레인스토밍이나 모두가 뒤죽박죽으로 말하는 다른 모임에서와 마찬가지로 나중에 남의 것을 자기 아이디어라고 간주할 위험이 크다.

잠복기억이 일어나게 도와주는 가장 강력한 요소는 제안한 아이디어를 수정하기 위해 참여자들을 초청하는 것이다.[17] 아이디어를 정당하게 소유한 사람을 이만큼 신속하고 효과적으로 그의 아이디어와 분리시킬 수 있는 것은 없다. 사소하게 보충하거나 무의미하게 변화시키는 것만으로도 충분하다. 그런 다음 몇 주가 지나면, 사람들은 약간 바꾼 것으로도 자신이 직접 **자신의** 아이디어를 수정했다고 확신하기에 이른다.

아바부터 자파까지

이와 같은 요소는 '한층 격렬한' 잠복기억에

서 다시 찾아볼 수 있다. 이를테면 실험실 밖에서 일어나지만 흔히 설득력 있게 문서화해놓은 경우들이다. 열아홉 살에 자파F. Zappa 밴드로 데뷔한 기타리스트 스티브 바이Steve Vai는 훗날 솔로 기타리스트로 활약했는데, 가끔은 순회공연을 하는 밴드에서도 일을 했다. 1990년대 중반 그에게 이런 일이 일어났다.

그는 순회공연을 할 때면 항상 다음 번 앨범을 준비하곤 했다.[18] 순회공연을 마치고 집에 돌아오면 그렇게 모아둔 악보 중에서 쓸 만한 게 있는지 살펴보았다. 〈파이어 가든Fire Garden〉(1996) 앨범을 녹음할 때 악보 더미에서 왠지 아는 듯한 곡이 눈에 띄었다. 그는 과거에 한 번 연주해본 곡이어서 그런가보다 생각했다. 악보를 그린 사람도 바로 그였다. 바이는 이 곡을 '가든 파이어 모음곡'에 넣기로 결정했다. 녹음을 마친 뒤 그는 이 트랙을 한 친구한테 보냈다. 그러자 친구로부터 재빠른 반응이 나왔다. "팀 라이스Tim Rice(영국의 뮤지션이자 영화 음악 작사가—옮긴이)의 뮤지컬 〈체스Chess〉에서 따온 것이더군." 바이: "뭐라고? 난 아무것도 따온 적이 없어!" 친구: "정말? 하지만 그 곡은 〈체스〉에 나오는 〈방콕〉이야." 바이는 황급히 레코드판을 뒤졌다. 〈체스〉를 찾아 틀어보니 진짜 자신의 멜로디와 같았다. 바이는 당시 일을 이렇게 회상했다. "난 거의 죽는 줄 알았죠." 뮤지컬 레코드판에는 이렇게 쓰여 있었다. "그의 이름이 뭐냐고? 녀석은 아바Abba 출신." 〈방콕〉은 바로 그룹 아바 출신 비에른 울바에우스Björn Ulvaeus가 쓴 곡이었다.

"어떻게 이런 일이?" 바이는 자문했다. 그때 문득 떠오르는 장면이 있었다. 바이가 같이 연주했던 반 헤일런Van Halen 밴드의 싱어 데이비드 리 로스David Lee Roth가 순회공연 도중 그에게 테이프를 하나 주었다. 공연장의 세트를 교환할 때 틀라고 준 테이프였다. 바이는 이 곡을 악보에 기록해두었지만 한 번도 연주하지 않았고, 그런 상태에서 자신이 기록한 악보를 발견한 것이다. 친구 덕분에 바이는 아슬아슬한 순간 조지 해리슨이 겪었던 위기를 피할 수 있었다. 하지만 〈방콕〉을 앨범에서 뺄 수는 없었다. 왜냐하면 〈파이어 가든〉 앨범은 이미 완성을 해놓았기 때문이다. 결국 비에른 울바에우스에게 허락을 받고 저작권료를 지불할 수밖에 없었다.

이 사건은 정직한 스티브 바이 같은 남자도 곤궁에 빠뜨릴 수 있는 요소들의 조합이다. 우선 테이프에 있는 음악의 출처가 불분명했고, 그게 출처 기억상실의 시작이었다. 그런 다음 바이는 곡을 기록했는데, 아마 테이프를 여러 번 들으면서 편곡해 멜로디가 머릿속에 잘 남아 있었을 것이다. 게다가 자신이 직접 악보를 기록했다. 그런데 이로부터 아주 많은 시간이 흘렀고, 편곡한 악보를 발견한 순간 그 곡이 다른 악보 뭉치와 다른 출처에서 비롯되었다는 사실은 뒷전으로 밀려난 것이다. 나는 그를 믿는다.

남아 있는 것은 당신의 아이디어

하지만 잠복기억을 촉진하는 여러 가지 요소 가운데 하나를 확인한다고 해서 모든 설명이 가능한 것은 아니다. 잠복기억에서는 무슨 일이 벌어질까?

지난주에 당신이 복잡한 문제를 아주 예리하게 해결하는 방책을 소개하는 모임에 참여했다고 가정해보자. 많은 대화가 오가는 가운데 당신이 낸 아이디어는 채택되지 않았다. 사람들은 다른 동료가 제안한 아이디어를 먼저 실행에 옮기자고 결정했다. 그런데 다음 번 모임에서 그 해결책은 효과가 없었다는 결론이 나왔다. 다행히 그 동료가 그사이 다른 아이디어를 고안했는데, 예전 것보다 더 뛰어나고 탁월했다. 하지만 그건 바로 당신이 지난번에 낸 아이디어였다. 그래서 당신은 사람들을 쭉 훑어보았다. 놀랍게도 동료의 새로운 아이디어가 **당신의** 아이디어라는 사실을 눈치챈 사람은 오직 당신뿐이었다. 동료들의 머릿속에서 대체 무슨 일이 일어난 것일까?

이런 경우는 두 가지 기억 유형 사이의 매혹적인 차이 때문에 일어난다. 의미론적 기억과 자서전적 기억의 차이가 바로 그것이다. 의미론적 기억은 우리가 기억이라기보다 오히려 '지식'이라 칭하는 재료를 간직하고 있다. 즉 포란기는 무엇인지, 피타고라스의 법칙은 어떤 것인지, 살아남은 배우자를 위한 유언장은 어떤 것인지, 영국과 프랑스 사이의 해협을 뭐라고 하는지와 같은 지식을 말한다. 우리는 한때 이런 지식을 습득하지만 대부분의 경우 이런 지식을 배웠던 상황을 까먹는다. 그래서 스톡홀름이 스웨덴의 수도라는 사실을 언제 어떻게 배웠는지 말하지 못한다.

자서전적 기억은 우리가 경험한 것을 지니고 있으려 노력한다. 이와 같은 유형의 기억은 우리가 경험한 상황을 붙들려 한다. 어쨌거나 그렇게 하려고 많은 노력을 기울인다. 시간이 지나면서 모든 가능한 것을 잃을 수 있지만, 우리는 흔히 어디에서 어떤 일이 일어났는지 혹은 누가 그때 있었는지 또는 저녁에 일어났는지 낮에 일어났는지, 집 밖에서 일어났는지 아니면 직장에서 일어났는지 말할 수 있을 때가 많다. 우리가 자서전적 기억으로부터 불러오는 사건은 대부분 전후 사정을 갖춘 내용이다.

당신이 지난번 모임에서 해결책을 제시했을 때, 동료들의 자서전적 기억에서 당신이라는 존재는 잠시 동안 제안된 해결책과 관련해 기억의 일부로 남아 있었다. 당신이 제안한 해결책 자체는 동료의 의미론적 기억에 들어가 부담스러운 문제에 관해 이미 있던 지식과 연결되었을 따름이다.

당신이라는 존재는 빨리 증발해버리는 배경이 되었고 말이다.

따라서 잠복기억은 고장 난 기억이 갑자기 떠올리는 내용이 아니다. 잠복기억은 기억의 다른 부분이―동료들의 경우엔 의미론적 기억, 조지 해리슨과 스티브 바이의 경우엔 음악적 기억―특별히 잘 보관되어 있기 때문에 등장한다. 잠복기억을 만들어내는 것은 다양한 기억 과정 사이의 큰 차이 때문이다. 전반적인 사안을 포괄적이고 진화론적 맥락으로 관찰하면, 우리는 이로부터 뭔가 긍정적인 답을 얻을 수 있다. 하나의 문제에 직면하면 실용적인 해결책을 **누가** 발견했는지 기억하는 것은 개인과 그룹의 생존을 위해 그다지 효율적이지 않다. 하지만 그 해결책이 **무엇**인지 기억하는 일은 다르다.

07

신경학계의 갈릴레이

1847년 영국 가정전문의 아서 위건이 사망하자 그의 이름은 다시금 그늘 속으로 들어갔다. 그는 단 하나의 이론과 책 한 권으로 잠시 유명세를 탔을 뿐이다. 우리 뇌는 오른쪽 대뇌반구와 왼쪽 대뇌반구로 나뉘어서, 그러니까 하나의 기관에 속하는 2개의 부분으로 각각 활동을 하는 게 아니라 2개의 뇌가 각각 자체적인 감정과 생각 그리고 자극을 받는다는 게 그의 지론이었다. 위건의 유일한 저서 《마음의 이중성》은 그가 수집한 심리학적 및 신경학적 자료가 모두 포함되어 있다.[1] 1844년 가을에 출간한 이책은 잠시 동안 의학계의 주목을 받았다.

하지만 이후 그늘에 가리고 말았다. 처음에는 위건에 대해서였다. 초상화도 없고, 그가 쓴 짧은 편지 한 통을 개인이 소유하고 있는 게 전부였다. 런던의 외과의사 단체인 왕립외과의협회Royal College of Surgeons 기록부에 딱 한 번 그의 서명이 나온다. 그의 이름은 당시의 편지에도 일기장에도 그리고 자서전에도 등장하지 않는다. 유언장은 물론 그가 묻힌 장소도 알려지지 않았다.

그의 책도 마찬가지다. 이런 경우는 지극히 드문데, 고서점에서는 이 책을 엄청 비싼 가격에 팔고 있다.[2]

2개의 대뇌반구에 대한 그의 이론은 훨씬 더 짙은 그늘에 가려져 있었다. 책에 관해 아무런 비평도 하지 않는 게 가장 좋은 평가였고, 무시하고 빈정대는 비평도 자주 있었다. 처음에 열 번가량 비평이 나온 다음부터는 아무도 이 책에 대해 언급하지 않았다. 심지어 역사적인 골동품으로, 신경학 사전의 각주에조차도 위건의 이론은 등장하지 않았다. 그의 저서는 점차 넓어지는 길로 나아간 적이 없었다. 아니, 좁은 길로도 나아가지 못했다.

하지만 1969년 《마음의 이중성》은 뭔가 기묘한 일을 경험했다. 갑자기 조명이 커지면서 몇몇 사람이 책을 넘겨보기 시작하더니 또 갑자기 어두워졌다. 자극이 된 사건은 미국 신경학자 로저 스페리Roger Sperry가 '분할된 뇌'로 수행한 실험이었다. 수술로 분리한 대뇌반구를 갖고 수행한 실험에 의하면, 2개의 대뇌반구는 어느 정도 자체적 기능을 수행한다는 사실이 드러났다. 스페리의 제자 조지프 보겐Joseph Bogen은 대뇌반구 전문화 이론의 선구자는 위건이라고 믿었다.[3] 갑자기 위건이 몽상가에서 선구자로 돌변하는 것처럼 보였다. 하지만 그의 명예 복원은 오래가지 않았다. 저서를 살펴보자 위건의 이론은 전혀 다른 것이라는 사실이 드러났기 때문이다. 사람들은 이내 《마음의 이중성》을 덮어버렸다.

위건의 운명과 이론을 간략하게나마 살펴보았다. 그의 책―1985년에 새로 발간한 책―은 사흘 동안 내 책상에 놓여 있었다. 참으로 멋진 사흘이었다. 그는 심리학적 사례를 연구하면서 동정심을 갖고 기록했으며 올리버 색스의 이야기처럼 감동적이었다. 자서전적 내용은 정말 감동 그 자체였다. 요컨대 위건은 자신의 정신이 어떤 과정을 겪는지 민감하게 관찰한 사람이었으며, 고통을 독자와 함께 나눌 줄 아는 용기도 있었다. 자기 환자에 관한 이야기는 그가 진료하는 오랜 시간 동안 눈을 크게 뜨고 있었다는 것을 보여준다. 이 책을 읽는 순간, 단 하나의 아이디어가 어떻게 모든 걸 결정하는 원칙으로 변하는지 이해할 수 있다. 위건은 머리말에서 독자들에게 지난 25년 동안 2개의 뇌에 관한 자신의 가설이 거의 매일 추측에서 확신으로 성숙되어가는 것을 지켜보았다고 썼다. 독자들은 전혀 다른 일이 일어났음을 알고 있다. 즉 위건에게 이 2개의 대뇌반구는 자신과 세상을 파악할 수 있는 유일한 가능성이었다.

2개의 대뇌반구는 자체의 기억을 갖고 있다. 하지만 2개의 기억은 능력이 곧 2배라는 것을 의미하지 않는다. 2개의 대뇌반구 중에서 어떤 것도 다른 것에 접근하지 않으며, 따라서 이중의 기억상실을 의미하기도 한다. 각각의 대뇌반구는 자체의 판단에 따라 선별하고, 해석하고, 기록하고, 자체의 법칙에 따라 망각한다. 하나의 대뇌반구가 겪는 경험과 체험은 다른 대뇌반구의 경험과 체험이 아니다. 2개의 대뇌반구가 온전하고 건강하면 두 기억 사이의 차이는 한정적이다. 2개의 대뇌반구는 장부를 이중으로 기록하지만 그렇게 큰 불규칙은 없다. 그런데 2개의 대뇌반구 중 하나가 공격을 받거나 혹은 2개 모두 병에 걸리면 문제가 발생한다. 이때는 병든 대뇌반구가 반항을 하고 건강한 대뇌반구가 지휘권을 내려놓으면서 모든 행동과 체험과 관련해 치명적인 결과가 나온다. 위건이 증거로 채택한 자료는 주로 병적인 분야에서 나왔다. 눈에 띄는 동기 없는 살인, 이해할 수 없는 인격의 변화, 환각, 추잡한 자극 같은 것들이 온전해 보이는 환자들로부터 생겨난다. 하지만 이는 사실 건강하고, 의지 강하고, 품행 단정한 뇌가 통제하고 있어 드러나지 않던 것들이다. 망각했던 것이, 단 한 번도 존재하지 않았던 것이 나중에 의식으로 떠오른다. 위건은 2개의 대뇌반구로 병리학적 현상을 정돈하려 했다. 하지만 병리학적 현상은 2세대가 지난 후 다른 축으로 분류되었다. 의식과 무의식이 바로 그것이다.

독학자
• • • • • • • 아주 적지만 잘 알려진 위건의 사생활은 1843년부터 1845년까지 잡지 〈일러스트레이티드 매거진〉에 익명으로 기고한 글에 나온다.[4] 기고문에 따르면, 아서 위건은 열다섯 살 때인 18세기의 마지막 주에 런던으로 왔다. 그는 아마도 런던의 병원 어딘가에서 공부했을 것이다. 물론 확실하지는 않다. 위건은 자신이 받은 교육에 관해 끝까지 침묵했기 때문이다. 《마음의 이중성》에서 그는 불충분한 의학 교육이 자신의 발목을 잡았다는 것을 인정했다. 비록 그 덕분에 교수들의 편견을 이어받지 않은 장점도 있다는 걸 간파했지만 말이다. 어쩌면 젊은 위건은 오늘날 사람들이 표현하듯 권위와 관련해 문제가 있었던 것 같다. 즉 경험 많고 나이 많은 의사들이 해주는 좋은 충고를 따르기 어려웠던 것으로 보인다. 《마음의 이중성》에 따르면, 그가 교육을 받는 동안 영국은 광견병이 휩쓸고 있었다.[5] 개한테 물린 사람은 상처를 충분히 깊게 도려내라는 조언을 받았다. 위건도 그런 상처를 치료했지만 점점 반감이 쌓였다. 왜냐하면 자신은 광견병은 없다는 결론을 내렸기 때문이다. 그는 신문 기고를 통해 광견병에 예전처럼 마술 같은 이상한 미신이 작용하고 있다고 설명했다. 아무도 그 말을 믿지 않자 위건은 자신을 실험에 쓰겠다고 제안했다. 자신이 광견병에 걸린 개한테 물리겠다는 얘기였다. 위건은 실험을 위해 개가 깨물 부위만 남겨둔 채 자신의 팔에 붕대를 감았다. 하지만 마지막 순간 그 실험을 그만두었다.

위건은 1807년 외과 의사들의 모임인 왕립외과의협회 회원이 되었다. 런던의 가정전문의 클리블랜드Cleveland와 함께 개업한 그는 1813년 그의 딸 리디아와 결혼해 가정을 이루었다. 클리블랜드가 죽은 후에는 병원을 이어받고, 1829년 가족과 함께 브라이턴으로 이사했다. 당시 요양지로 부상하던 브라이턴은 런던 중산층들이 주로 찾는 곳이었다. 병원 업무 외에도 위건은 극빈층을 위한 무료 진료소인 '디스펜사리움Dispensarium'을 개설했다. 〈브라이턴 가제트Brighton Gazette〉에 실린 광고에 따르면, 이 진료소는 매일 한 시간씩 문을 열었다. "눈에 띄게 더러운 사람들"은 진료를 받을 수 없었다. 한데 무료는 결코 좋은 아이디어가 아니었다. 자기 재산을 들여 이 무료 진료소를 운영하는 바람에 1835년 부득이 파산을 하고 말았다. 그래도 개인 병원은 1841년까지 계속 운영했다.

그 후 프랑스와 이탈리아를 여행한 위건은 그곳의 정신병원과 감옥을 방문한 뒤 브라이턴에 관한 책을 썼다. 이즈음 그의 이름 뒤에는 매우 은밀하게 'MDMedical Doctor'가 등장했다. 하지만 아무도 그가 어느 대학에서 의학 박사 학위를 취득했는지 알지 못했다. 1843년에는 《마음의 이중성》을 집필하기 시작해 이듬해인 1844년 11월에 출간했다. 그러는 동안 위건은 어느덧 예순 살이 되었다.

의학 관련 언론 매체에서는 이 책에 대해 하나같이 거리낌 없는 문체로 서술한 점을 비판했는데, 어떤 사람은 "예순 살 먹은 남자의 수다"라고까지 해석했다. 문체를 보면 이 책은 "나이 든 신사분이 쓴 책이라는 것을 간파할 수 있다. 새로운 일의 구상과 그로 인해 생기는 복잡한 문제를 제대로 다루는 법에 관한 내용이다".[6] 의학 전문지 〈랜싯〉은 위건이 한 개인과 한 세대가 감당하기에는 지나치게 광범위한 주제를 다루었다고 썼다. 〈미국 정신병 저널American Journal of Insanity〉에서 익명의 비평가는

20가지 주장을 다루며 위건과 그의 이론을 포함시켰다. 이 비평가는 이중적인 뇌에 관한 그의 주장은 결코 새로운 것이 아니며—골상학자들은 오래전에 이미 그런 주장을 펼쳤다—그 밖에 위건이 내세운 의견 또한 새롭기는 하지만 유감스럽게도 사실이 아니라고 썼다. 어쨌든 위건이 내세우는 논쟁을 근거로 하면 그의 주장을 사실로 받아들일 수 없다는 얘기였다. 그럼에도 불구하고 이 비평가는 책을 재미있게 읽었다고 고백했다. 책의 일부만이 위건의 독특한 이해에 관해 다루고, 나머지 대부분은 위건이 자신의 이론을 위해 제시한 "매우 흥미로운" 사실과 사례를 다루었기 때문이라면서. 하지만 비평가는 위건이 자신의 이론을 좀더 쉽게 보여주기 위해 제시한 그와 같은 사실과 사례는 전혀 상관이 없어 보인다고 덧붙였다.[7] 간략하게 말해 비평가들은 위건의 저서에 매혹되기는 했지만 확신을 가질 수는 없었다.

비평가들의 의견 때문에 감정을 상할 필요는 없었다. 그의 문체는 정말 전문가라기보다 열정에 가득 찬 아마추어 같았다. 위건은 장황하게 자신이 한 일에 대해 말하기 시작하다가 "하지만 이것은 덧붙여서 하는 말이며"라고 잘라버리곤 했다.[8] 이렇게 세 번 네 번을 반복하다가 마침내 획기적인 표현을 쓴다. 이를테면 자신의 학설을 신경학계에서 완성할 것이며, 기존의 의사들이 이의를 제기할 수도 있다고 쓰는 식이다. 여기서 위건은 갈릴레이를 언급했다. 그는 항상 자신과 갈릴레이를 비교했다. 독학으로 공부한 갈릴레이의 혁명적 아이디어를 사람들이 믿어주지 않았다면서 말이다. 아마도 위건은 자신의 직업적 위치에 불안을 느꼈던 게 아닌가 싶다. 그는 외과 의사를 의학계에서 가장 낮은 위치, 곧 거의 약사 바로 위쯤이라고 보았다.

《마음의 이중성》을 출간한 뒤에도 위건은 계속해서 증거가 될 만한 자료를 찾았다. 나폴리, 지중해의 작은 섬 자르디니엔과 이탈리아 북부의 롬바르디아 그리고 네덜란드에 있는 정신병원과 여자 형무소를 방문했다. 사체 해부에도 참석하고 해부학 연구실도 구경했다. 이런 여행을 하는 동안 위건은 자신의 학설인 이중 대뇌반구에 관한 대화를 나누기 위해 "유럽의 저명인사 100명 이상"을 방문했고, 훗날 이때를 만족스럽게 떠올렸다. "내 설명을 다 듣고 이견을 제시하는 사람은 한 명도 없었다."[9]

이렇듯 자신에 차 있던 영혼도 죽기 전에는 외로웠을 뿐 아니라 병에 시달렸다. 아내는 그의 저서를 출간한 해에 죽었다. 1847년 11월 어느 날, 위건은 런던의 리젠트 스트리트 인근에 있는 하수도 시설 옆에 서 있던 중 갑자기 속이 불편함을 느꼈다. 의사인 친구 포브스 윈슬로Forbes Winslow가 얼마 동안 런던 인근에 있는 해머스미스에 머물라며 위건을 초대했다. 위건은 이곳에서 며칠을 머물렀지만 돌아가지 말라는 만류를 뿌리치고 저녁 파티에 참석하기 위해 런던으로 갔다. 그가 절대로 무시해서는 안 될 충고였다. 다음 날 고열에 시달리던 위건은 1847년 12월 7일 폐렴으로 사망했다.

두 개의 뇌, 하나의 의식

우리의 사고와 감정 그리고 행동을 조종하며 1200그램 혹은 1300그램 나가는 신경 다발을 표현하기 위해 네덜란드어는 단수로 brein, 복수로 hersenen이라는 단어를 사용한다. 이렇듯 언어는 해부학적 불확실성을 반영하고 있다. 뇌는 심장처럼 단일한 기관일까, 아니면 눈과 신장처럼 한 쌍으로 되어 있을까? 위에서 뇌를 관찰하는 사람은 중앙에 있는 고랑을 중심으로 좌우 대뇌반구가 대칭을 이루는 모습을 볼 수 있다. 좌우 대뇌반구를 부드럽게 떼놓으면 그제야 아래

쪽에 서로 연결된 섬유 조직이 드러나는데, 이것을 뇌량 혹은 뇌들보라고 한다. 이는 동물 세계에서 찾아볼 수 있는 가장 큰 신경섬유 다발이다.

위건에게 뇌들보는 연결된 게 아니라 분리된 것이었다. 그는 뇌수종에 걸린 남자 환자를 예로 들었다. 그 환자의 뇌들보는 물의 압력으로 인해 길게 쪼개져 있었다. 해부를 하자 2개의 대뇌반구는 완벽하게 독립적으로 위치했으며, 각각 두개골의 측면에 납작하게 눌린 상태였다. 하지만 이는 그의 지적인 능력에 아무런 영향도 주지 않았다. 따라서 뇌들보는 "어떤 중요성도 없는 기관"[10]인 게 분명했다. 위건이 30년 전부터 일반적으로 알려져 있던 학설에, 그러니까 뇌는 서로 연결된 2개의 반구로 이뤄져 있다는 학설에 의심을 품게 된 첫 번째 사건은 열두 살 먹은 소년 때문이었다. 소년은 까마귀 둥지에서 뭔가를 훔치려다 균형을 잃고 떨어져 철로의 날카로운 부분에 머리를 찧었다. 이 사고로 소년은 뇌의 일부를 잃었는데, 위건은 이 상처를 잘 치료해주었다. 그런데 놀랍게도 소년은 다음 날 아침 정신이 온전했으며 고통도 전혀 느끼지 않았다. 몇 주가 지나자 지적인 능력에 그 어떤 손상도 입지 않고 완전히 회복했다.[11] 그후 위건은 다른 환자들도 만났다. 그들은 대뇌반구 전체가 줄어들었음에도 불구하고 지적인 능력에 아무런 문제가 없었다. 따라서 다음과 같은 결론을 내릴 수밖에 없었다―각각의 대뇌반구는 독립적인 의식을 보유하고 있다.

만약 2개의 대뇌반구가 각각 의식하는 삶을 독자적으로 지탱한다면, 이런 질문을 해볼 수 있다. 어떻게 우리는 두 가지 의식을 경험하지 못할까? 왜 우리는 **하나의** 사고 과정을 거치고, **하나의** 연상 고리를 가지고 있으며, 감각을 **하나로** 모을 수 있는 것일까? 위건의 대답은 2개의 대뇌반구 중 대부분 왼쪽 대뇌반구가 지배적이며, 오른쪽 대뇌반구는 하위에 속한다고 주장한다. 지배적 위치에 있는 대뇌반구가 우리의 정신생활과 행동을 결정한다는 얘기다.

그런데 2개의 대뇌반구 사이에는 작업을 자연스럽게 나누는 일이 자주 발생한다. 이중성을 통한 단순화가 바로 위건이 관찰과 많은 연구를 통해 내린 핵심적인 주장이다. 영국의 조지 4세(1762~1830)는 미친 듯한 속도로 서류에 서명하면서 관심 있는 주제에 관해 대화를 나눌 수 있었다. 런던의 모든 은행에는 긴 단위의 수를 합산하면서도 계속 말을 하는 직원이 어디에나 있었다. 위건에게는 근심에 싸여 긴장할 때 자신의 발걸음을 세는 버릇이 있었는데, 누군가와 함께 대화를 나누면서도 발걸음을 계산했다고 한다. 그러다 심신이 안정되면 이런 특이한 능력은 다시 사라졌다. 이런 모든 현상이 대뇌반구가 2개라는 이론을 인정해주었다. 하나의 대뇌반구는 하나의 일을 하고 다른 대뇌반구는 또 다른 일을 하다가 그중에서 좀더 이성적인 대뇌반구가 근심에 싸이면 하위에 속하는 오른쪽 대뇌반구가 우리의 행동에 특이한 능력과 자극을 줄 기회를 갖는다는 것이다. 그가 괜히 동시에 **두 가지** 행동이라고 말한 것은 아니다. 조지 4세조차도 서명하고 대화를 나누는 행동 외에 또 다른 일을 할 수는 없었다.

하지만 이중적인 뇌는 다른 현상도 설명해주었다. 수학자들은 왜 정신질환에 걸릴 위험이 거의 없을까? 이 학문이 요구하는 특별한 집중력은 2개의 대뇌반구를 동시에 이용해야 얻을 수 있다. 그러기 위해 2개의 기관은 최적의 컨디션이어야 한다. 2개의 기관 중 한 곳에라도 약간의 손상을 갖고 태어나면 수학에는 적합하지 않다는 얘기다. 또 수학은 지도적 위치에 있는 왼쪽 대뇌반구를 서의 절대군주에 상응할 정도로 강력한 위치에 올려놓는다고 한다. 아울러 어느 정도 시간이 지나면 하위에 속하는 대뇌반구는 수학자의 의식에 단 하나의 자극도 주지 못한다. 그런데 예술가의 경우에는 정반대다. 예술가들은 갑자기 떠오르는 착상과 환상을 배양한다. 그들은 상상력으로부터 이득을 보고자 하는 희망을 품고 이성적 사고의 고삐를 너무 바짝 당겨놓고 있기 때문에 이성을 다시 받아들이려 할 때는 이미 타이밍을 놓쳐버린다. 뭔가에 집중하기에는 적합하지 않다는 얘기다. 아울러 자신의 기분에 내맡기는 이런 성향은 광기에 빠지기 쉽다.

이처럼 사람의 정신에는 2개의 독립적인 대뇌반구가 존재함으로써 지극히 자연스럽게 설명할 수 있는 것이 많다고 한다. 흔히 잠들기 전에 혼란스러운 그림이 휙휙 지나가는 것을 경험하는가? 하나의 대뇌반구는 졸면서 꿈을 꾸기 시작하는데, 다른 대뇌반구는 꿈에 등장하는 그림을 볼 수 있을 정도로 깨어 있다. 믿음에 대한 의심으로 괴로워하는 신부가 벌이는 내적인 싸움은 또 어떨까? 대뇌반구 하나는 믿음을 갖고 있지만, 다른 하나는 믿음이 없다. 서로 다른 시간대에 동일한 사람의 행동 사이에 차이가 있다면 어떨까? 하나의 뇌는 용기 있고, 다른 하나는 비겁하다면 어떨까?

서명: 예수 그리스도

하나의 머리에 있는 2개의 뇌는 둘 중 하나가 질병, 피로 혹은 과도한 긴장에 의해 공격을 받을 때 자주 눈에 띈다고 한다. 건강한 기관이 매우 막강해서 일시적으로 다른 기관의 열악한 상태를 세상이 알아차리지 못하게끔 할 수는 있다. 위건은 파리의 심리학자 피넬P. Pinel에게 일어난 일에 관해 보고했다. 피넬은 동료 몇 명과 함께 퇴원해도 좋을 만큼 회복했는지 알아보기 위해 환자에게 질문을 던졌다. 남자 환자는 모든 질문에 완벽할 정도로 이성적으로 대답을 했다. 피넬은 마지막으로 퇴원 서류를 꺼내 서명을 하라고 내밀었다. 그런데 피넬이 받은 서류에는 이런 서명이 적혀 있었다. "예수 그리스도."[12] 위건은 에든버러에서도 비슷한 사례를 발견했다. 한 남자가 법정의 판결을 통해 정신병원에서 벗어나려 했다. 판사들은 남자에게 지루한 심문을 했고, 환자는 한 명의 증인이 나타날 때까지 어떤 광기의 징후도 보이지 않았다. 그 증인은 사고를 당해 병원에 있었다. 마지막 순간 서둘러 법정에 들어온 증인이 질문을 던졌다. "토성에 관한 소식은 아직 없나요?" 손상을 입은 뇌는 그와 같은 직접적인 질문에 더 이상 조용할 수 없었고, 건강한 뇌는 이런 상황을 구제할 수 없었다. "남자는 그 자리에서 다시금 혼란에 빠져버리고 말았다."[13]

위건은 정신병자들이 흔히 얘기하는 장황하고도 복잡한 이야기는 처음 들을 때만 혼란스러울 뿐이라고 여겼다. 그런 이야기 중 하나를 골라 한 마디 한마디 모두 기록한 그는 문장에 1부터 10까지 번호를 매겼다. 그리고는 처음에는 홀수 문장을 그다음에는 짝수 문장을 읽어보라고 독자들에게 권했다. 환자는 홀수 문장에서 자신이 병원에 오게 된 사연과 병원에서 당한 굴욕을 분개하면서도 일관성 있게 말했다. 요컨대 10대를 이어온 엄청난 가문 출신인 그를 마차에 태워 호텔로 간다고 말하고서는 병원으로 이송했다는 얘기였다. 그것도 20년 동안 자신을 모셔온 마부가 직접 마차를 몰았다고 했다. 그리고 병원에 오자마자 팔과 발을 침대에 꽁꽁 묶었으며, 병원에서 그나마 자신을 존중해주는 사람은 뚱뚱한 가정부밖에 없다고 했다. 짝수 문장에서는 환자의 광기에 관한 얘기가 나열되어 있었다. 요컨대 그는 태양의 아들이며, 자신이 땅에 내려온 것은 땅 위의 모든 것을 불태우고, 모든 샘물을 마르게 하고, 모든 꿩이 죽도록 숲에 불을 지르기 위해서라는 것이었다. 다시 말해, 이 불행한 남자 환자의 혼란

스러운 독백은 건강한 뇌와 병든 뇌 사이에서 질서정연한 대화로 표현된 것이라는 얘기다.[14]

빅토리아 여왕의 주치의를 지낸 헨리 홀랜드Henry Holland 경을 포함해 명망 있는 의사들도 인간의 정신에서 좀더 고차원적인 기능과 저차원적인 기능 사이의 투쟁을 보는 실수를 저질렀다. 홀랜드는 1828년의 마지막 달에 윌리엄 하이드 울러스턴William Hyde Wollaston이 죽어가는 과정을 지켜보며 그렇게 생각했다. 의학 교육을 받았지만 화학자와 물리학자로 유명한 울러스턴은 로듐과 팔라듐이라는 원소를 발명한 사람이기도 하다. 순수한 백금을 추출하는 기술을 개발하기 위해 자기 재산을 바치기도 했다. 하루는 사냥을 하던 중 손가락 끝이 무감각해지는 것을 느꼈다. 홀랜드가 기록한 바에 따르면, 울러스턴은 질병이 진행되는 것을 관찰하기 위해 매일 자신에게 실험을 했다. 그리고 마침내 대뇌반구 하나가 나쁜 과정을 통해 손상을 입었다는 결론에 이르렀다. 하지만 좀더 고차원적인 기능은 오랫동안 온전했다고 홀랜드는 확고하게 말했다. 그런데 위건이 사망 보고서에서 읽은 것은 그렇지 않았다. "이기심이란 물론 인간의 좀더 높은 차원의 정신은 아니지만, 어떤 다른 감정보다 더 오래 살아남았다. 마지막 순간에 가서야 비로소 울러스턴 박사는 이득을 가져다준 백금에 대한 비밀을 포기할 준비가 되었다. 비록 이를 통해 그동안 엄청난 부를 쌓았지만 말이다. 나는 위대한 남자들의 이기적이고 사소한 행동을 다른 사람을 위한 경고로 관찰하는 것을 내 의무라고 여기며, 그 때문에 이런 사실도 기록하는 것이다."[15] 울러스턴이 죽기 바로 전, 뭔가 특이한 일이 일어났다. 그 자리에 있던 모든 의사가 울러스턴 박사는 죽을 때가 가까워 의식을 잃고 더 이상 말도 할 수 없을 것이라 생각할 때, 그는 문득 몇 개의 수를 칠판에 적더니 정확하게 덧셈을 했다. 이는 울러스턴 박사가 자신의 상태에 대해 완벽하게 의식하고 있으며 의사들의 노고에 감사한다는 표시이기도 했다.[16] 위건의 설명에 따르면, 울러스턴의 경우는 단지 **하나의** 뇌만 죽은 상태였다고 한다. 물론 이것이 결국 2개의 뇌를 모두 죽게 한 원인이었지만 말이다. 그의 경우 손상을 입지 않은 뇌는 좀더 높은 기능을 하는 뇌가 아니라 좀더 건강한 뇌였다. 덧셈도 바로 병들지 않은 뇌가 수행한 것이며, 돈을 많이 벌게 해준 비밀을 마지막 순간까지 두려움에 떨며 지켰던 것도 병들지 않은 뇌였다는 것이다.

건강한 뇌가 병든 뇌의 공격을 당함으로써 점차 모든 행동에서 예절이 사라지기 시작할 때, 위건은 이렇듯 목숨을 앗아갈 수도 있는 사악함에 완전히 매료되었다. 또한 위건은 동정심에 가득 차서 한 남자에 관해 기술했다. 그 남자는 모범적으로 살았으며 많은 직원을 감독하는 관리자의 자리에까지 올랐다. 홀아비인 그는 자식들도 일찌감치 죽고 없었다. 직원들은 그를 좋아했고, 그는 아버지처럼 직원들을 보살폈다. 많은 월급을 받았지만 절대 사치스럽게 살지 않았다. 그런데 예순 살이 되었을 즈음 점점 말이 많아졌다. 예전에는 품위 있고 자제하는 편이었으나 이제는 그렇지 않았다. 질책을 받기도 했으나 일시적으로만 효과가 있었다. 음란하기 이를 데 없는 말 때문에 고용주는 그를 해고할 수밖에 없었다. 옷을 몇 벌 챙긴 그는 집을 나왔다. 푼돈만 갖고 목적지 없이 떠돌기 시작했다. 그리고 언제부터인가 사람들 눈에서 사라졌다. 그로부터 석 달 후 그는 죽은 채로 발견되었다. 추워서 따뜻한 곳을 찾아다니다가 퇴비 더미 곁에서 사망한 것이다. 죽음에 이른 직접적 원인은 굶주림 때문이었다. 하지만 뇌를 열었을 때 왼쪽 대뇌반구는 싱싱히 부드립고, 오른쪽 대뇌반구는 병에 걸려 있었다.

그를 죽음으로 몰고 간 원인이 무엇인지 위건은 쉽게 판정할 수 없었다. 어쩌면 오른쪽 대뇌반구가 난동을 부렸거나 왼쪽 대뇌반구의 힘이 쇠퇴했을 수 있고, 두 가지가 모두 나타났을 수도 있었다. 근사한 삶을 살았던 남자는 이미 젊은 시절부터 자제력을 발휘해 오랫동안 참혹한 손상을 은폐해왔던 것이다. "마침내 투쟁을 포기하고 자신의 저급한 충동에 몸을 맡기기 전까지 그가 셀 수 없이 많은 싸움에서 승리했음을 우리는 추측할 수 있다."[17]

환영
•••••
위건이 자신의 책에 소개하지 못할 정도로 기괴한 사례와 증상은 없었다. 그는 환자의 말에 귀를 기울이고 그들의 보고를 믿은 다음 판단을 내리려 했다. 이런 태도 덕분에《마음의 이중성》에서 묘사한 장애는 한참 후에야 공식적인 학문으로 진지하게 받아들여졌다. 위건은 베를린에서 서점을 운영하던 니콜라이라는 남자의 사례를 기술했다. 니콜라이는 어느 날 아침 놀랍게도 열 걸음쯤 떨어진 곳에서 죽은 사람의 형상을 보았다. 무서워서 아내를 불렀다. 하지만 아내 눈에는 아무것도 보이지 않았다. 그는 즉시 의사를 불렀다. 약 7분 후 그 형상은 사라졌다. 오후에 그 형상이 다시 나타났다. 하지만 니콜라이는 이미 그 형상은 자신의 정신이 만들어낸 것이라는 걸 알고 있었다. 그 후 몇 달 동안 그와 같은 형상이 자주 나타났다. 살아 있는 사람이기도 했고 죽은 사람이기도 했다. 늘 문득 나타났지만 두려움을 안겨주지는 않았다. 그는 진실과 환상에 대해 명확한 의식을 갖고 있었다. "나는 정확히 알고 있었다. 언제 문이 열리고 환영이 방 안으로 들어오는지, 언제 진짜 문이 열리고 진짜 사람이 들어오는지."[18]

다른 사람, 곧 보스토크 박사라는 남자는 고열과 지친 상태에서 비슷한 형상을 보았다. 이 형상은 그의 눈이 움직이는 대로 따라왔다. 자신의 환영이라는 것을 분명하게 의식했음에도 불구하고 그랬다. 마침내 그는 이 형상을 즐기기에 이르렀다. "마치 몇 가지 대상이, 주로 인간의 얼굴과 형상이 축소된 채 내 앞에 나타났다가 점차 사라지는 것 같았는데, 도드라지게 새긴 일련의 양각 같았다."[19]

이처럼 아무런 해도 주지 않는 듯한 시각적 환영에서, 스위스 과학자 샤를 보네Charles Bonnet가 1760년 기술한 이미지를 볼 수 있다. 보네의 관찰은 세간의 관심에서 사라졌다가 1936년에야 비로소 드 모르시에G. de Morsier에 의해 다시 발견되었다. 제네바의 신경학과 의사인 드 모르시에는 여기에 보네 증후군이라는 이름을 붙여주었다.[20] 이와 같은 증상은 뇌의 과소 자극에 의한 것으로, 이렇게 되면 뇌는 스스로 '외부로부터' 경험하는 시각적 자극을 만들어내기 시작한다. 이는 물론 위건이 제기한 설명이 아니다. 이 경우 2개의 뇌가 동시에 작동했다고 볼 수 있다. 병든 뇌의 지각 능력은 과도한 손상을 입은 나머지 존재하지도 않는 자극을 작업하기 시작한다는 것이다. 물론 건강한 뇌는 신속하게 실제로는 아무것도 보이지 않는다는 걸 알아차림으로써 처음에는 놀라지만 곧이어 진정을 시켜준다. 건강한 뇌는 언제라도 끝낼 준비를 할 수 있지만 그렇게 하지 않는다. 이는 건강한 뇌도 이웃한 뇌가 만들어내는 애매한 이미지를 즐기기 때문이라고 한다.

보네의 서술은 위건의 서술보다 앞서 있다. 하지만 망각의 선별적 형태를 제시하는 부분에서 위건은 최초라고 할 수 있다. 어느 날 중년의 남자가 위건의 진료실에 나타났다. 이 남자는 독특한 고통을 겪고 있었다. 아무리 노력해도 얼굴을 기억할 수 없었다. 사람들의 얼굴을 순간적으로 까먹었다. 누군가와 한 시간 동안 얘기를 나누어도 그다음 날이 되면 그 사람의 얼굴을 알아보지 못했다. 남자는 직업상 많은 사람을 만나야 했지만 이런 일로 인해 "사람들에게 모욕을 주고 결국 사과하느라"[21] 많은 시간을 들여야 했다. 지인을 만날 경우에도 상대가 입을 열어야만 비로소 그를 알아보았다. 남자는 자신의 눈이 뭔가 잘못 되었다고 생각했다. 심지어 영원히 눈이 멀까봐 두려웠다. 이 지점에서 위건은 남자를 진정시킬 수 있었지만 도와줄 수는 없었다. 원인은 뇌에 있는 게 분명했기 때문이다. 남자는 자신의 단점을 가능한 한 잘 숨기기로 단단히 결심했다. 이는 위건의 충고와 어긋나는 일이었다. 위건은 그동안 멀어진 친구들과 다시 접촉하기 위해 가장 좋은 방법은 자신의 장애를 고백하는 것이라고 했기 때문이다. '얼굴을 까먹는 남자' 장에서 설명했듯 이와 같은 장애—오늘날의 '얼굴인식불능증'—는 1947년 처음으로 신경학적 문헌에 등장했다.[22]

위건은 얼굴을 망각하는 증상을 2개의 뇌에 관한 자신의 이론과 연관시키지 않았다. 이것을 어떻게 연결해야 하는지도 분명하지 않다. 이를테면 만약 2개의 대뇌반구 가운데 하나에 장애가 생긴다면, 다른 대뇌반구가 과제를 떠맡을 수도 있다. 아마도 위건은 이 남자의 경우 2개의 대뇌반구 모두에 장애가 있을 거라고 생각했을 것이다. 지난 20년 동안의 연구에서 비롯된 결과는 그런 증세를 가진 환자 중 절반은 이중의 뇌 손상 때문인 것으로 나타났다. 하나의 뇌에만 손상을 입었을 경우에는 대부분 오른쪽 대뇌반구였다. 얼굴을 잊어버리는 것은 단순히 **하나의** 특수한 기능만 상실한다는 걸 의미하지 않는다. 위건의 환자에서처럼 광범위하게 불쾌한 결과를 낳는다. 즉 사람에 대한 기억을 떠올리게 해주는 것은 얼굴이지 그 사람의 옷이나 걸음걸이가 아니다.

분열

위건은《마음의 이중성》을 헨리 홀랜드에게 헌정했는데, 그는 위건이 칭찬하며 인용한 유일한 저자였다. 홀랜드는 1839년 저서《의학적 기록과 회상》에서 한 장을 할애해 "2개의 기관으로서 뇌에 관해"[23]라는 제목을 붙였다. 여기서 그는 정신이상자들은 2개의 대뇌반구 사이의 부조화로 인해 병에 걸렸을 가능성이 있다고 추측했다. 이는 위건이 생각했던 것—위건에게는 2개의 대뇌반구가 아니라 독자적인 2개의 뇌였다—과 완전히 일치하지는 않지만 어쨌든 옳은 방향으로 한 걸음 나아가고 있기는 했다. 일을 그만둔 이 의사는 꽤 당혹스러울 정도로 위건의 칭찬을 받았다. 요컨대 홀랜드는 "'진리와 평행한 선상에서' 매우 예리하고 정확하게 논쟁을 펼쳤으며, 이와 같은 이유로 닿을 수 없는 수준의 진리를 증명해 보였다"[24](강조는 위건). 홀랜드는 이중 뇌 학설을 인정하는 듯한 사례를 제시하기도 했다. 한 젊은 여성이 발작으로 인해 고통을 겪고 있었다. 발작은 한 번 일어나면 몇 시간 혹은 며칠 동안 지속되었다. 이런 상태에 처하면 그녀는 보통 때와 전혀 다른 책을 읽는 등 마치 다른 사람처럼 행동했다. 그리고 발작이 지나가면 자신이 읽은 것을 하나도 기억못했다. 이 여성은 다른 상황에서는 정상적인 생활을 할 때와 다른 기억을 모으는 것처럼 보였다. 이처럼 이중적이지만 서로 관통할 수 없는 기억과 관련한 현상을 위건도 경험한 적이 있었다. 그에게 치료를 받은 환자들의 경우 매우 완만하게 진행하는 정신병은 흔히 뚜렷한 기억을 남겨놓았다. 하지만 일단 완전한 정신병에 걸리면 경험은 다른 기억에 저장되었다. 그리고 병에서 나으면, 환자들은 그동안 체험했던 것을 하나도 기억 못했다. 이런 일은 의식이 분명한 사람들에게서도 짧은 기간 동안 일어날 수 있다. 위건은 한 동료로부터 남자 환자를 인계받았는데, 이 남자는 수표에 기입을 하려 했지만 마치 필기도구가 저절로 움직이기라도 하듯 몇 자 적고 나자 글을 쓸 수 없었다. 발작은 반시간 정도 지속되었다. 얼마 후 제정신이 들었을 때, 남자는 "수표에 반년에 상응하는 금액 50달러 대신 브라에게서 받은 치료비 50달러"[25]라고 써놓은 것을 보았다. 그는 자기가 무슨 생각으로 이렇게 썼는지 전혀 이해할 수 없었다.

기록도 잘 되어 있고 대부분의 의사 또한 잘 아는 특이한 현상도 있는데, 알 수 없는 원인으로 갑자기 몽유병 비슷한 상태에 빠지는 사람들의 경우가 그렇다. 이 상태는 몇 시간 동안 지속될 수 있다. 이 시간 동안 환자들은 말을 하고, 글을 쓰고, 노래를 하고, 완벽한 이성을 가진 것처럼 악기를 연주한다. 하지만 깨어나자마자 몽유병 같은 상태에서 자신들이 겪은 체험을 하나도 기억 못한다. 그런데 이런 몽유병 같은 상태가 다시 나타나면, 이들은 즉각 그 전에 했던 것을 기억하고 대신 깨어 있는 상태에서의 삶에 대해서는 까마득하게 잊어버린다. 위건은 이런 상태를 대부분 "이중 의식"이라 부른다고 썼지만, 그는 아마 '교체되는 의식'이라고 말하려 했을 것이다. 요컨대 이런 상태에서 사람들은 어느 정도 두 가지 인격체를 갖게 된다고 말이다.[26]

2개의 신장은 하나의 신장에 비해 2배나 일을 많이 한다. 하지만 이와 같은 단순한 덧셈을 위건이 말하는 2개의 기억에는 적용할 수 없다. 여기서는 차라리 절반이라고 하는 편이 더 어울린다. 즉 하나의 뇌는 다른 뇌가 무엇을 기억하는지 알지 못한다. 이와 같이 '교체되는 의식'을 오늘날에는 '분열'이라고 진단할 수도 있는데, 공식적으로는 '해리성정체장애Dissociative Identity Disorder'라고 일컫는다. 이 증상은 과거 '다중인격장애 Multiple Personality Disorder'라고 했으며, 1980년대에 자주 내렸던 진단이다. 이 병에 걸렸다고 공식적으로 진단할 수 있는 기준은 사람들이 중요한 개인 정보를 더 이상 기억 못하고, 이와 같은 기억 손상을 정상적인 망각으로 설명할 수 없어야 한다. 대부분의 경우 이런 진단은 드물지만, 그래도 가끔씩 분열된 개성이나 타자가 자신의 기억을 가로막는다. 위건의 '교체되는 의식'과 차이점이 있다면, '다중인격장애'나 '해리성정체장애'의 경우에는 정해져 있지 않은 수의 타자로 분열될 수 있다. 이와 같은 관점에서 보면 2개의 뇌라는 학설은 분열되는 수가 한정적이라는 뜻을 내포한다.

남의 눈에 띄지 않게

위건은 자신의 저서를 스스로 매우 칭찬하는 은유를 사용했다. 머리말에 만일 사람이 동물을 묶어둔 밧줄을 절반쯤 더 길게 하면, 그 동물은 2배나 더 넓은 공간을 움직일 수 있다고 썼다. 자신은 실제로 뇌와 정신의 연구에서 몇 개의 부수적인 가지를 더 붙였을 뿐이라면서 말이다. 그런데 머리말 후반부에서 위건은 자신의 학설을 최초의 철로와 비교한다. 이 철로를 시작으로 점점 철도망이 복잡하게 생겨난다. 당시 영국에서는 철도망이 신속하게 팽창하고 있던 시점이라 이는 세련된 비유였다. 하지만 동시대인들은 그의 저서를 다르게 보았다. '공식적인' 학계는 위건을 언급할 말한 가치가 있다고 여기지 않았다. 위건은 대륙에서 100명 이상의 탁월한 인물을 만났다고 했지만, 이 탁월한 인물들은 자신의 저서에서 위건에 관해 아무런 언급도 하지 않았다. 《마음의 이중성》을 헨리 홀랜드 경에게 바친다며 과도하게 칭찬을 했지만, 정작 홀랜드 경은 존경받았다는 느낌을 어디에서도 드러내지 않았다. 퇴직한 가정전문의와 왕실 주치의 사이에 존재하는 사회적 신분 차이는 엄청났다. 오늘날 잘 사용하는 표현을 빌리자면, 위건에게는 인맥을 구축하는 능력이 부족했던 것 같다. 그의 이론은 적극적으로 거부당한 게 아니라 오히려 무시당했다는 표현이 적절하다. 오로지 충실했던 포브스 윈슬로만이 1849년 죽은 친구의 유작에 관한 논설을 썼다. 비록 "말년의 앨프리드 위건의 미출간 원고"[27]라는 제목으로 소개되었지만 말이다. 그는 위건을 아서라고 불렀다.

'분할 뇌split-brains'에 관한 연구—의학적인 이유로 뇌량을 절단한 경우—는 잠시 그의 저서에 대한 관심을 불러일으켰으나 그를 인정해준 것은 아니다. 위건이 2개의 뇌 사이에 있는 일종의 울타리라고 간주했던 뇌들보는 사실 왼쪽 대뇌반구와 오른쪽 대뇌반구 사이의 대화를 가능케 해주는 신경 다발이다. 이 2개의 대뇌반구는 우리의 감각과 사고 그리고 행동을 조정하는 과정에서 동시적으로 강렬하게 관여할 수 있다. 뇌들보가 길게 쪼개져 있던, 요컨대 뇌수종에 걸렸던 남자의 경우는 자연스럽게 해볼 수 있는 실험에 속했고 위건은 이렇게 분리된 경우 사고와 행동에 눈에 띄는 결과를 가져오지 않는다고 확신했다. 이는 틀리지 않았다. 가장 최근의 추정에 따르면 완전히 분리된 뇌들보는 대략 2억 개의 신경 다발이 차단되었다는 뜻이다. 하지만 실험실에서 인위적인 조건 아래 뇌를 분할하자 각각의 대뇌반구는 어느 정도 전문화되어 있음이 드러났다.[28] 2개의 대뇌반구는 상당한 부분 동일한 과제를 수행하고 있으며 전문화라고 말할 수 있는 영역, 이를테면 언어 능력 같은 부분은 서로 성실하게 협력하는 과정에 속해 있다. 해부학적으로 대칭을 이루고 있는 대뇌반구는 기능상으로도 대칭을 이루고 있다는 표현이 적절하다. 따라서 대뇌반구는 번갈아가면서 커지고 꺼질 수 있다거나 각각 자체적인 기억과 상상을 할 수 있다는 위건의 생각은 틀렸다.

위건 스스로도 불행한 사람들을 통해 결론을 얻어낸 자신의 이론을 수용할 때, 이들을 좀더 자애롭게 이해해주길 바랐다. 이들은 평생 2개의 뇌 가운데 하나에만 주의를 기울였다. 그럼에도 불구하고 이 하나의 뇌를 통제하지 못할 때가 많았으며, 이로 말미암아 자신들의 성격에 맞지 않는 어리석은 짓을 했다.[29] 그들의 노력은 가히 영웅적이었지만 눈에 띄지 않았다. 투쟁에서 졌을 때야 비로소 그동안 그들이 얼마나 저항했는지 분명해졌기 때문이다. 따라서 이런 사람들은 동정과 격려를 받아야지 벌이나 수치를 당해서는 안 된다는 것이다. 무엇보다 젊은 사람들이 더 상처받기 쉽다. 그들은 건강한 자신의 뇌를 덕과 의지로써 교육시킬 수 없었다. 위건은 청소년 시절 멍청한 짓과 악행을 저질렀으나 부유한 부모들이 수습해준 남자들을 알고 있다고 썼다. 이들은 훗날 명예롭고 훌륭한 명성을 누리는 남자들이 되었다. 마치 부담스러운 과거가 없었던 것처럼. 만약 가난한 사람들이 동일한 행동을 했다면 아마 평생 모욕을 당했을 것이다.

2개의 뇌 사이의 관계에 대해 위건이 기술한 언어는 위계질서와 훈육으로 가득 차 있다. 지도적인 뇌가 명령을 내리고, 통제하고, 지켜보며 다른 뇌는 이에 따른다는 것이다. 책 전반에 걸쳐 언급하고 있는 것은 바로 고삐였다. 고삐를 조이고, 늦추고, 내려놓는 것이다. 하지만 지도적인 뇌가 스스로 알아서 이렇게 하는 게 아니라 그렇게 하도록 교육을 받아야만 한다. 교육의 목표는 지도적 역할을 하는 뇌에 지도력이 무엇인지 가르쳐주는 것이다. 이렇게 보면 2개의 뇌 사이는 명령, 지배, 의지력처럼 빅토리아 시대의 교육이 재현되고 있는 셈이다. 이로부터 한 세대가 지난 뒤 런던의 신경학자 휴링스 잭슨Hughlings Jackson은 뇌 손상을 입은 후의 언어 손상을 근거로 왼쪽 대뇌반구를 "쌍둥이 중에서 더 오래된"이라고 표기했다. 요컨대 더 이성적이고, 주도권을 잡기에 더 적합하다는 얘기다.[30] 실어증 환자들의 경우 만약 오른쪽 대뇌반구가 할 수 있는 일이 있다면, 그것은 저주나 욕설이었다. 뇌의 왼쪽 부분이 생각의 고삐를 쥐는 편이 양쪽에 가장 좋다는 것이다.

훈육과 자제에 매혹당하고 그와 정반대인 쾌락과 광기에 매료되었던 아서 위건은 정신 역사에서 익명으로 사라지고 말았다. 그리고 1886년이 되어서야 비로소 그의 생각은 다시 표면 위로 떠올랐다. 특이하게도《마음의 이중성》을 출간한 출판사에서 나온 로버트 루이스 스티븐슨Robert Louis Stevenson의《지킬 박사와 하이드 씨의 기이한 사례》라는 책 덕분이었다. 스티븐슨은 의사도 아니고 정신병학자도 아니었지만 이 책은 정신 질환에 대한 생각들과 관련해 영향력이 있었다고 전해진다.

정신의 극장

연극 무대가 있는 극장을 한 번 상상해보라. 관객들은 긴장해 있고, 자신들이 무엇을 보게 될지 모른다. 물론 그들은 자신이 어떤 것을 보게 될지 알기 위해 노력한다. 끈 달린 신발이 커튼 밑에서 빠끔히 보이자 한 관객은 발레로 시작하는 연극을 예상하고, 또 다른 관객은 모자의 윤곽을 보고 비극을 예상하기도 한다. 이때 경험 많은 관객에게는 단연코 장점이 있다. 위건도 바로 그런 관객이었다. "나는 주의 깊고 집중을 잘하는 관찰자였으며 정신이라는 대형 극장에 규칙적으로 방문하는 관객이었다. 요컨대 많은 경우, 어떤 종류의 연극이 펼쳐질지 잘 추측했다. 커튼은 두뇌이며, 그 두뇌는 무슨 연극을 선보일지 암시한다. 즉 당신 자신의 극장이자 작은 소우주에 주의를 기울이게끔 해주며, 당신 자신의 상상을 미리 내다보고 다른 사람들의 상상도 예리하게 추측하게끔 해준다."[31]

극장이라는 은유는 위건의 '친밀한 친구'라는 표현으로 이어진다. 하지만 이 '친구'와 관련한 체험은 브라이턴에서 경제적 어려움에 처해 있던 위건을 떠올리게 함으로써 자서전적 요소와 연관 지어 생각할 수밖에 없다. 이 '친구'가 혁명적인 이중 뇌에 대해 확신하면 할수록 더욱 그러하다. 그는 위건의 염원을 문서로 옮겨놓았다.[32]

올바르고 진리를 사랑하는 이 남자는 일련의 재난과 운명의 공격을 받아 어려움에 빠졌다. 이것이 그를 굴욕감을 느끼는 상황으로까지 몰고 갔다. 그는 사람들이 자신을 명예를 잃어버린 남자로 여길 거라 생각하며 고통스러워했다. 비록 고요한 순간이 되면 그런 생각은 망상에 불과하며, 친구들은 여전히 자신을 존중한다는 것을 의식함에도 불구하고 뭔가 끔찍한 범죄를 저질렀다는 생각을 떨쳐버릴 수 없었다. 이런 상태에서 그는 자기 앞에 무엇이 있는지 분명하게 보았다. 방청객으로 가득 차 있는 법정, 배심 재판, 사형. 그는 여왕과 상하원에 사면 요청서를 작성하는 모습을 상상했다. 자신이 결코 범죄를 저지르지 않았다는 사실을 알고 있었지만 절벽에 매달려 있는 심정이었다. 비록 고삐 하나만을 손에서 놓쳤을 뿐이지만 그가 광기에 빠져들 거라는 점은 확실했다.

그가 이해할 수 없었던 것은 사람들과 편안하게 어울리면서 포도주 몇 잔을 마시자 정말 즐거웠으며, 기분이 들뜨기까지 했다는 사실이다. 그는 사람들에게 굴곡 많았던 자신의 삶에 대해 기꺼이 얘기했다. 그의 말을 듣기 위해 사람들이 모여들었다. 그때 갑자기 오래된 광기가 그를 덮쳤다. 마치 즐거운 장면의 막이 내리는 것 같았다. "나는 더 이상 아무런 얘기도 할 수 없었다. 세상의 모든 눈이 나를 지켜보는 것 같았다. 내가 지극히 불행하고 가련하다는 느낌이 들었다. 내가 살면서 겪은 모든 불쾌한 사건이 갑자기 나를 엄습해왔고, 그것과 성격이 다른 일이나 사건을 기억하는 것조차 불가능했다."[33] 이와 같은 경험으로 인해 그는 자신의 정신에는 분명 서로 교환되지 않는 기억을 가진 2개의 정체성이 있을 거라는 생각을 하기에 이르렀다.

　어느 날 저녁 남자는 너무 힘들어서 바닷가로 달려갔다. 달빛을 받으며 자갈 깔린 해안을 산책했다. 파도 소리에 어느 정도 안정을 찾으며 깊은 생각에 잠겨 있는 바람에 자신이 밀물에 휩쓸려가고 있다는 사실을 뒤늦게 알아차렸다. 황급히 해변으로 돌아온 그는 추위에 덜덜 떨며 자기 생각을 통제할 수 없다는 사실을 깨닫고 끔찍하리만큼 놀랐다. 그는 반짝이는 달빛을 쳐다보았다. 달빛은 물 위로 수평선까지 뻗어 있었다. 그는 자신에게 말했다. "이렇게 빛나는 게 바로 행복으로 가는 길이지. 저걸 따라가자." 그러곤 육지에 있는 보트로 다가가 달빛에 빛나는 물에 보트를 띄우려 했다. 그때 갑자기 이런 계획이 참으로 황당하다는 생각이 들었다. 그는 그곳을 벗어나 뛰어갔다. 그런데 이와 동시에 보트로 다시 돌아가고 싶다는 욕구를 강렬하게 느꼈다. 자신이 좀 전에 중얼거린 말을 반복하는 목소리까지 분명하게 들렸다. "이렇게 빛나는 게 바로 행복으로 가는 길이지. 저걸 따라가자." 그는 자신의 의지와는 반대로 보트 곁으로 점점 다가갔다. 거의 힘도 들이지 않고 보트를 바다로 밀어 넣을 수 있었다. 그사이 물이 상당히 불어나 있었기 때문이다. 하지만 마지막 순간, 그는 의심을 떨치지 못하고 뭍으로 나왔다. 그제야 자신의 충동으로부터 해방되었다는 느낌이 들었다. 그리고 해변의 자갈 위에서 한 시간을 보내고서야 비로소 안정을 찾고 집으로 돌아갈 수 있었다. 만약 바다로 나갔더라면 분명 익사했을 거라고 확신하면서.

　위건도 파산으로 인한 수치심과 자신의 삶을 끝내버리겠다는 충동에 맞서 싸우며 밤에 해변을 헤매지 않았을까? 이런 의문에 대한 답은 없다. '친구'는 다만 온 힘으로 정상 궤도에서 벗어난 뇌를 통제하려 애쓰는 그에게 동정심을 가져주길 바랄 뿐이었다. 위건이 자신의 책에서 바란 점도 바로 그것이었다.

이처럼 위건의 뇌 2개 중 하나는 건강하고 의지도 강한 반면, 다른 하나는 고분고분하고 혼란에 빠져 있었다. 하나는 결점을 바로잡고 안심시켜주고 이성적인 데 반해 다른 하나는 충동적이고 음란했다. 위건 자신은 대체 어떤 악마를 추방해야 했을까? 그의 저서 마지막에서 위건은 18세기 스코틀랜드 시인 로버트 번스Robert Burns의 시 두 행을 인용했다.[34]

우리가 부분적으로 추정하더라도
이에 반하는 게 무엇인지 알지 못하리라.

위선과 너무나 빨리 타인을 판단하고자 하는 성향을 비난하는 내용을 담고 있는 시 가운데 마지막을 장식하는 두 행이다. 위건은 감정을 들여다보던 중 시험과 유혹을 관찰하게 되었으며 투쟁의 결과에 대한 판단을 내릴 때 이런 것들을 포함시켰다. 이와 같은 판단은 늘 온화하고 화해적인 분위기에서 이뤄졌다. 싸움에서 질 때조차 그랬다. 《마음의 이중성》을 읽은 독자로서 말하건대 위건의 진료실에 앉아 우리 자신의 이야기를 들어줄 이해심 많은 사람을 발견했다는 느낌이 들 때가 많았다. 비록 수치스러운 이야기를 할지라도 말이다. 위건은 이를 적절하게 표현한다. "모든 사람은 자신이 속삭이는 나쁜 말들을 알고 있고, 이를 억누를 수 있다. 하지만 경건한 것처럼 보이는 이웃 사람 중 누가 그와 같은 어려움과 투쟁하고 있는지 아는 사람은 아무도 없다. 나아가 자신밖에 모르는 사악한 성향에 굴복해야만 하는 사람이 누구인지 아는 이도 드물다."[35]

"억누르다"라는 표현에서 하나의 축을 읽을 수 있는데, 50년이 지난 후 《마음의 이중성》에서 언급한 많은 현상이 이 축을 따라 나뉜다. 요컨대 의식과 무의식의 축이 바로 그것이다. 이 축은 더 이상 신경학적으로 이등분되어 있지 않다. 비록 오랫동안 그것을 찾아 헤맸음에도 불구하고 말이다. 프로이트 역시 찾아 헤맸으나 실패했다. 의식과 무의식은 일종의 정신적 이등분이었다. 위건에 따르면 이 축은 4분의 1씩만 회전해야 한다. 수평축에서 봤을 때—위건은 왼쪽 뇌와 오른쪽 뇌 사이를 다루는 방법을 이해하려 애썼다—의식과 무의식 사이의 축의 방향은 "높은 곳"과 "낮은 곳"이었다. 무의식 깊은 곳에서 혹은 잠재의식 깊은 곳에서 나온 것은 낮은 충동이며, 이런 충동은 억눌러야만 한다. 정말 강력하게 밀쳐버려야만 한다.

위건의 책을 보면 이렇게 밀쳐버린 게 정말 사라지지는 않았다는 걸 알 수 있다. 달빛에 반짝이는 길을 가고자 했던 '친구'에 관한 긴 이야기에는 부수적으로 기억에서 나온 소견도 있다. 혼란에 빠져 해변을 달릴 때, 그는 자신의 절망을 큰 소리로 표현하고 싶었다. 그렇게 하면 마음이 가벼워지고 자신을 다시 통제할 수 있을 것 같은 기이한 느낌이 들었다. 하지만 해변을 순찰하는 사람이 혹시라도 자신에게 주의를 기울일지 모른다는 두려움 때문에 그렇게 하지 않았다. 한밤중의 바닷가에서 파도가 사납게 치는 가운데서도 그는 자중해야만 했다. 그는 어디에서도 자신이 받은 충격을 떨쳐버릴 수 없었다.

억압에 관하여

전문가들보다 일반 관중이 많은 곳에서 강연을 해본 적 있는 기억심리학자라면, 휴식 시간이 지난 후 다음과 같은 세 가지 질문을 받으리라는 것을 잘 안다. 가장 먼저 나오는 질문은 이렇다. 자신의 기억력을 훈련시킬 수 있는가? 그다음 질문. 여자들의 기억은 남자들의 기억과 다르게 작동하는가? 마지막 질문. 억압이라는 게 있는가?

앞의 두 가지 질문은 전혀 문제가 없다. 우리의 기억력을 훈련할 수 있는지 여부에 대해서는 수없이 많은 연구가 이루어졌다. 그 결과 어떤 기억 유형인지에 따라 연습을 통해 기억력을 향상시킬 수 있는지 혹은 어느정도 향상시킬 수 있는지 설명할 수 있다. 남녀 차이에 관해서도 충분한 연구가 이뤄졌다. 남녀의 차이는 개인별 차이와 비교할 때 무시해도 좋은 수준이라는 결과가 나와 있다. 요컨대 여성의 기억도 남성의 기억처럼 작동한다. 흔히 여성은 아주 다른 것들을 기억하곤 하지만 말이다.

그런데 세 번째 질문은 그렇지 않다. 이 부분에 대해서도 연구가 부족한 것은 아니다. 족히 100년 전부터 정신병학 및 심리학 전문 잡지에 억압의 연구에 관한 보고가 실렸다. 그리고 이와 같은 연구를 통해 모순된 결과가 나온 것도 그렇게 큰 문제는 아니다. 심리학의 다른 주제에서도 이런 경우는 얼마든지 있기 때문이다. 그리고 모순된 결과라 해도 약간의 분류와 선별을 함으로써 가장 훌륭한 논점을 가진 입장을 취할 수 있다. 그런데 억압이라는 주제와 관련해서는 그렇지 않다. 우선 매우 많은 정의 및 정의를 내리고자 하는 시도가 이뤄져 정의가 **전혀 없다**고 주장할 수 있을 정도다. 억압과 관련한 연상에 오늘날까지 큰 영향을 미치고 있는 프로이트를 끌어들여도 도움이 되지 않는다. 그가 내린 정의도 책마다 달랐다. 심지어 특별히 억압에 대해 할애한 장에서 그는 독자들이 억압을 이해할 수 있도록 분명하게 묘사하며 설명했다. 하지만 이런 설명도 프로이트 자신이 억압을 어떻게 이해하고 있는지에 대해 혼란만 초래할 뿐이다.

두 번째로 어려운 문제는 어떻게 정의를 내리든 억압은 근거 있는 망각, 정신 작용에 의한 건망증, 분열 혹은 선별적 망각이라는 개념과 겹친다는 데 있다. 이러한 개념은 모두 각기 비슷한 은유와 연결된다. 가령 기억에서 일어나는 현상을 차단, 분열, 추방, 절단, 억압, 매장, 은닉이라는 표현으로 설명할 때 그렇다. 비록 경계가 명확하지 않다는 문제가 없다손 치더라도 해결할 수 없을 것 같은 의문은 남아 있다. 억압에 관한 거의 모든 정의에는 트라우마와 무의식이라는 개념이 따라온다. 이런 개념을 정의하고자 하는 시도는 결국 원을 돌고 도는 묘사에 그친다. 가령 '무의식이란 정신의 일부로서 트라우마적 기억에서 억압하게 되는 것'이라든가 혹은 '억압이란 트라우마적 기억을 차단하는 것이다'라는 정의처럼 말이다. 따라서 억압이란 불분명한 명칭이며, 적어도 두 가지 불분명한 생각 사이에서 긴장 관계에 있는 개념이다.

정신병학과 심리학의 특정 개념은 자연과학에서와 마찬가지로 과거부터 항상 동일한 뜻을 지니고 있지 않았다. 1초는 1967년까지 평균 태양일의 8만 6400분의 1이었지만 오늘날에는 이를 좀더 세련화해 세슘 133의 진동과 연결했다. 하지만 적어도 하나의 정의는 있었으며, 사람들은 논문과 책을 출간할 때 이런 정의를 지켜나갔다. 심리학과 정신병학은 핵심적 권위가 없는 학과이다. 비록 크고 작은 수장들—혹은 수장들의 모임—이 권위를 얻기 위해 노력은 하지만 말이다. 《정신 장애 진단 및 통계 편람 Diagnostic and Statistical Manual of Mental Disorders, DSM》은 미국 정신의학협회가 개념과 진단을 꾸준히 확정지으려는 노력의 일환으로 1952년부터 새롭게 간행하는 책이다. 하지만 역사가에게도 이와 같은 매뉴얼은 무엇보다 고마운 단서다. 이런 매뉴얼 안에는 항상 폭넓은 합의를 도출할 수 없는 이론적 방향과 사회적 조건이 번갈아가며 나타나기 때문이다. 바로 이런 점을 우리는 용서하고 받아들여야 한다. 물리학자들은 시간 단위인 초에 관해 심의할 때, 물리학계 밖의 사람들이 초에 관해 갖고 있는 의견을 고려할 필요가 없다. 하지만 대학 병원에서 일하는 정신과 의사와 심리학자는 그렇지 않다. 고객과 환자가 트라우마, 무의식과 억압 사이의 관계에 대해 갖는 상상이 모든 치료에서 중요한 요소다.

이미 존재하거나 혹은 스스로 내린 정의를 통해 억압이 있는지 없는지 설명하는 것은 잘못된 길로 빠지기 쉽다. 개념에 대한 정의는 편파적이다. 요컨대 개념을 규정할 때 존재했던 이론의 냄새가 나고, 그런 정의를 내리던 시대의 냄새도 난다. 정의는 이를테면 문제의 한 부분이다. 이보다 훨씬 더 생산적인 방법은 어떤 학문적 실행에서 그리고 치료 과정에서 억압을 사용했는지 조사하는 것이나. 이렇게 하면 문제를 파악하기가 한결 쉬워진다. 억압은 어떤 이론적 맥락 혹은 실험적 맥락에서 나타나는가? 억압이 손상을 주거나 치료를 할 수 있다면 되돌릴 수도 있는가? 이와 같은 질문은 실제 자신의 생활 공간에서 작동하는 억압을 볼 수 있는 기회를 제공한다.

억압에 관한 오랜 논쟁 가운데 여기에서는 세 가지 에피소드를 선별했다. 프로이트는 1905년 '도라'에 관한 연구를 책으로 출간했는데, 이 소녀는 히스테리성 질환을 치료하기 위해 그를 찾아왔다. 도라는 자신도 모르게 모든 가능성을 억압했고, 프로이트는 기억을 되살리도록 도와줌으로써 고통을 없앨 수 있다고 분석했다. 100년 후 '도라'는 프로이트가 억압을 어떻게 이해했는지 보여주는 사례가 되었다.

두 번째 에피소드는 '재발견된 기억recovered memory'에 관한 논쟁으로 1990년경 미국에서 시작되었다. 출발점인 질문은 바로 이러했다. 어린 시절 강간을 당했으나 그 기억을 억압함으로써 10년, 20년 혹은 30년 동안 완벽하게 잊고 지내던 중 치료를 통해 그 기억이 되살아날 수 있을까? 되돌아온 기억을 증거 자료로 제출할 수 있다는 법률 사건으로 인해 독일에서도 이 질문에 대한 답을 마련해야 했다.

세 번째 에피소드도 같은 시기 미국에서 시작되었다. 정신 요법 여의사인 프랜신 샤피로Francine Shapiro가 트라우마에 속하는 기억을 다루는 새로운 기술을 소개한 것이다. 그 과정─안구 운동 민감 소실 및 재처리 요법Eye Movement Desensitization and Reprocessing, EMDR─은 처음엔 그야말로 기괴해 보였다. 고객은 의사의 손이나 손가락이 이리저리 움직일 때마다 그 움직임을 눈으로 따라가면서 동시에 가능한 한 생생하게 트라우마에 속하는 기억을 상상해야 한다. 그러면 기억이 부담스러웠던 감정으로부터 자유로워져 어느 정도 중립적인 이미지로 다시 떠오른다는 것이다. 다양한 실험을 통해 EMDR가 효과적이라는 게 밝혀졌다. EMDR뿐 아니라 인지적 행동 치료도 트라우마와 관련한 질환을 치료하는 데 적합하며, 학문적으로도 그 효과를 확인한 치료법으로 여겨진다.

시기적으로도 그렇고 배경도 너무 동떨어진 세 가지 에피소드를 나란히 소개하는 것은 이 세 가지 에피소드가 서로 조화를 잘 이룬다는 인상을 주려 함이 아니다. 오히려 억압이라는 명칭이 붙어 있는 특수한 형태의 망각은 한층 복잡한 뿌리를 갖고 있다는 사실을 보여주고자 함이다. 다시 말해, 망각의 특수한 형태인 억압은 트라우마, 무의식적 과정 그리고 이러한 억압이 생겨나기 전 상태로 환원시킬 필요성과 유용성에 대한 이해가 서로 섞여 있는 곳에 깊이 뿌리내리고 있다는 사실을 보여주고자 함이다.

도라
• • • • •
11주 동안 매주 6일씩 열여덟 살의 이다 바우어Ida Bauer는 정신분석을 받기 위해 베르크가세 19번지로 가야만 했다. 면담은 계획대로 진행되었다. 이다는 치료실로 안내를 받았고, 거기 있는 소파에 누워 자신에게 무엇이 떠오르는지 이야기했다. 프로이트는 소녀 머리맡에 있는 팔걸이의자에 앉아 소녀가 하는 말을 들으며 이따금 무언가를 기록했다.

1900년의 마지막 날, 이다는 이제 충분히 했다고 생각했다. 이다는 정신분석을 그만 받겠노라고 통고했다. 그것도 즉각 말이다. 프로이트는 그 말에 기분이 언짢았다. 그는 언제 그런 결정을 내린 건지 물었다. 그러자 14일 전이라는 대답이 나왔다. 하녀 한 명을 해고한 때라고 프로이트는 마음속으로 생각했다. 그의 판단에 따르면 아직 치료도 제대로 못한 상태였다.

해가 바뀐 첫 주에 프로이트는 자신이 기록한 내용을 정열적으로 작업하기 시작했다. 하지만 이다에 관한 연구를 출간한 것은 1905년 가을이었다.[1] 연구 제목은 《히스테리─분석의 단편》이었다. 여기서 '단편'이라고 한 것은 이 정신분석이 갑자기 중단되었기 때문만은 아니었다. 프로이트는 자신을 "오랫동안 매장되어 있던 소중한 고대 유물 가운데 손상된 나머지를 발굴해서 너무나 행복한 연구자"[2]로 여겼다. 모든 분석은 무의식에서 불완전하게 나타나는 것을 재구성한 것이었다. 프로이트는 이다에게 이 사례 연구로 유명해진 '도라Dora'라는 이름을 붙여주었다.

도라의 아버지 필립 바우어는 딸을 프로이트에게 보냈다. 빈에서 섬유 공장을 운영하던 부유한 아버지는 자신도 결혼 전 매독에 걸려 프로이트에게 치료를 받은 적이 있었다. 도라는 격렬한 신경성 기침 때문에 가끔 목소리조차 나오지 않을 정도였다. 딸의 방에서 자살을 암시하는 종이를 발견했을 때, 아버지는 즉각 조처를 취했다. 그는 딸을 프로이트에게 데려가 이렇게 부탁했다. "좀더 나은 길로 이 아이를 이끌 수 있는지 찾아봐주십시오."[3]

"지적이고 호감 가는 얼굴의 활짝 핀 소녀로"[4] 성장한 도라가 자신의 이야기를 하기 시작했을 때, 성적인 관계를 갖고 있는 선정적인 장면이 등장했다. 부모님의 결혼은 행복하지 않았다. 바우어는 아내에게 매독을 옮겼다. 도라의 부모는 K. 부부와 친밀한 우정을 나누는 사이였다. 도라는 K. 부인과 자주 어울렸으며, 자신의 비밀까지도 얘기하곤 했다. 그런데 K. 부인과 아버지가 연애를 시작했고, 관계된 사람들은 얼마 후 이 사실을 감내해야만 했다. 도라는 어머니가 강박성 청결 때문에 힘들어했다는 것 외에 어머니에 관해 많은 얘기는 하지 않았다. 어머니와의 관계도 그다지 돈독하지 않았다.

K. 씨─나중에 대리점을 운영하는 한스 첼렌카로 드러났다─가 도라에게 성적인 호감을 표시하기 시작하면서 문제가 생겼다. 그는 도라에게

편지를 쓰고 선물과 꽃을 주기도 했다. 도라가 열세 살일 때는 자기 사업장의 맨 위층에서 퍼레이드를 구경하라며 도라를 초대했다. 하지만 도라가 사업장에 도착했을 때는 모든 직원이 퇴근한 뒤였다. 단둘이 있게 된 K.는 사업장의 셔터를 내리고는 갑자기 도라의 입술에 키스를 했다. 도라는 재빨리 그곳을 빠져나와 도망쳤다.

2년 후 두 가족은 함께 알프스에서 휴가를 보냈다. 호수를 산책하던 중 K.가 또다시 도라에게 접근을 시도했다. 자신은 아내에게 아무런 감정도 느끼지 못한다면서. K.의 의도가 분명해지자 도라는 그의 따귀를 때렸다. 그리고 집으로 돌아와 모든 얘기를 부모에게 털어놓았다.

K.한테 자초지종을 물었을 때, 이 사건은 도라에게 불행으로 돌변하고 말았다. K.가 모든 걸 부인한 것이다. 그는 도라가 섹스에 사로잡힌 소녀라고 얘기했다. 아내한테 들은 바에 따르면 도라가 자신의 성생활에 관해 온갖 질문을 다했으며 파올로 만테가차Paolo Mantegazza(이탈리아 출신의 신경학자, 생리학자, 의사, 인류학자—옮긴이)의 《사랑의 생리학Physiologie der Liebe》을 단숨에 읽었다는 얘기도 해주었다. 놀랍게도 K. 부인은 남편의 편을 들었다. 또한 도라의 부모도 K.를 믿었다. 딸의 얘기를 단순히 소녀가 상상한 일종의 환상일 뿐이라고 여긴 것이다. 그러자 도라는 아버지가 자신을 K.에게 떠넘긴 것 같은 느낌이 들었다. K.가 아내를 짓밟았듯 말이다. 이때부터 도라의 고통은 더욱 심각해졌다. 1900년 10월, 프로이트는 도라를 치료하기 시작했다.

도라는 정신분석으로부터 많은 기대를 하지 않았다. 예전에도 목 때문에 의사한테 갔으나 전혀 호전되지 않았다. 도라는 겉으로 드러내지는 않았지만 갈수록 모든 의사를 경멸했다. 정신분석이 진행되는 동안 도라는 무엇보다 K.와의 사건이 진짜 일어났다는 걸 프로이트가 확신할 수 있도록 노력했다. 이것은 성공했다. 이로써 프로이트는 도라를 믿어준 첫 번째 사람이 되었다. 프로이트는 자신이 '히스테리성 고통'이라고 부르는 질병으로부터 도라를 낫게 해줄 수 있을 거라고 생각했다. 요컨대 신경성 기침과 목의 문제 말이다. 상담을 시작하고 2주 후 프로이트는 모든 자물쇠를 열 수 있는 '열쇠'만 있으면 된다면서 이 환자를 치료하는 건 그다지 어렵지 않다고 썼다.[5] 그 열쇠는 바로 성생활이었다. 열쇠를 버리는 사람은 결코 문을 열지 못할 터였다.

도라가 치료받기 전해에 프로이트는 《꿈의 해석》이라는 책을 출간했다. 도라에 대한 분석은 '꿈의 해석'이 가진 치료적 가치를 입증해야만 했다. 그는 이렇게 설명했다. 꿈이란 "여러 길 가운데 하나를 묘사해준다. 그러니까 어떻게 정신적 재료가 의식에 닿을 수 있는지, 저항을 통해 어떤 것을 의식으로부터 차단하고 억압하고 이로써 병적으로 될 수 있는지 말이다. 간략하게 말해, 꿈은 '억압에 접근하는 우회로' 가운데 하나다"[6](강조는 프로이트). 그가 도라의 꿈을 해석하면서 그녀가 무엇을 억압했는지 통찰하고, 그 통찰을 그녀와 함께 나눌 수만 있다면 고통도 사라질 터였다. 도라가 꾼 꿈 가운데 하나는 사흘 밤을 연이어 똑같은 형태로 반복되었다.

어떤 집에서 불이 났는데, 아버지가 내 침대 앞에 서서 나를 깨웠다. 나는 서둘러 옷을 입었다. 엄마가 보석함도 가져가려 하자 아빠가 말했다. 당신이 보석함을 구하려는 바람에 나와 내 아이들이 불에 타는 걸 원치 않아. 우리는 서둘러 계단을 내려갔고, 밖으로 나오는 순간 꿈에서 깨어났다.[7]

도라의 긴 얘기를 듣고 프로이트는 어떤 상황에서 도라가 이런 꿈을 꾸었는지 해석해주었다. '보석함'은 여성의 성기를 표시한다는 걸 도라가 알까? 도라는 말했다. "나는 '당신이' 그렇게 말할 줄 알았어요." 프로이트는 이렇게 썼다. "이 말은 그녀가 그 사실을 알고 있었다는 뜻이다."[8] 불은 성관계를 상징하며, 밤에 일어난 화재로부터 '보석함'을 지키는 건 당연하다. 실제로 도라는 얼마 전 K.로부터 비싼 보석함을 선물로 받았다. 프로이트는 도라가 그에게 어떤 감정을 느낀 게 분명하다고 생각했다. 그건 다른 게 아니라 자신의 '보석함'을 그에게 주고 싶은 욕구가 틀림없었다. "이게 바로 도라가 그토록 힘들게 억눌렀던 생각이다." 그는 계속해서 이렇게 썼다. "그녀는 K.만 두려워했던 게 아니라 그의 유혹에 굴복할지도 모르는 자신이 더욱더 두려웠다."[9]

마침내 자물쇠가 열렸다. 도라는 성적인 갈망을 강렬하게 지니고 있었는데, 이로 인해 죄책감이 일어나 그걸 억압해야만 했다. 꿈에서 도라는 아버지에게 애원했다. 자신을 유혹에서 지켜달라고, 자신을 K.에게 주는 걸 막아달라고.

도라는 이와 같은 해석을 비난했다. 그리고 다른 해석도 그녀를 그다지 행복하게 해주지는 못했다. 어떤 때는 면담하는 동안 아무 생각 없이 허리춤에 있는 천으로 된 지갑을 만지작거렸다. 며칠 전 프로이트는 자위에 대해 얘기를 했다. 그는 과거에, 그러니까 아이였을 때 분명히 도라가 자위를 했을 거라고 말했다. 자위를 하고 싶은 욕구 또한 의심할 바 없이 억압된 욕구로 존재한다면서. 도라는 격렬하게 반응했다. 그러면서 자신은 자위를 해본 기억이 단 한 번도 없다고 했다. 프로이트는 도라가 소파에 앉아 돈지갑으로 장난을 치고 있는 모습을 지켜보았다. 그녀는 지갑을 열고 그 안에 손가락을 넣어 만져보더니 다시 손가락을 빼고 지갑을 닫는 동작을 반복했다. 이것을 지켜보던 프로이트는 도라가 지갑을 통해 무의식적 소망을 무언중에 보여주는 것이라고 지적했다. 그런 다음 자부심에 차서 부연하길 자신은 가장 은밀한 상징조차도 주의 깊게 관찰할 수 있다고 말했다. "입을 다물고 있는 자는 손가락으로 수다를 떨지."[10] 도라는 침묵했고, 그다음부터는 지갑을 집에 놔두고 왔다.

비슷한 해석을 통해 도라의 신경성 기침이 사라졌다. 프로이트에 따르면, 도라는 아버지와 K. 부인의 관계를 상상으로 만들어냈고 이때 오럴섹스를 상상했다. 이와 같은 망상도 억압해야 하지만, 정신은 닫혀 있는 체계이므로 상징적이고 심신 상관적인 길을 거쳐 방출해야만 한다. 기침과 거친 목이 바로 그것이다. 지갑 때와 마찬가지로 도라는 이런 해석을 듣자 침묵을 지켰고, 이내 신경성 기침도 사라졌다.

주의 깊게 살펴보면 많은 것이 억압을 당하고 있었다. 사업장에서 K.가 갑자기 자신을 포옹했다는 얘기를 할 때, 도라는 아직도 자신의 상체를 포옹하는 압박감을 느낀다고 말했다. 프로이트에 따르면 도라는 원래 전혀 다른 걸 느꼈을 것이다. "내가 생각하기에, 그녀는 격정적인 포옹에서 단순히 키스만을 느낀 게 아니라 자신의 몸을 뚫고 들어오는 발기된 성기도 느꼈을 것이다. 이렇듯 음란한 감각은 기억하지 말아야 하고 억압해야 하므로 상체를 포옹했을 때의 압박감이라는 전혀 해롭지 않은 사건을 통해 대체되었다. 물론 이런 사건 뒤에는 그녀의 과도한 감정이 숨어 있었지만 말이다."[11]

프로이트에 따르면 포옹에 대한 도라의 격렬한 반응은 그녀가 이미 열세 살의 나이에도 "지극히 히스테리를 잘 일으키는 성격"이라는 증거라고 한다. 프로이트 역시 K.를 알고 있었는데, 괜찮은 외모의 젊은 남자가 "건강한 소녀"를 포옹하면 충분히 "성기에 자극"을 불러일으킬 수 있다.[12] 하지만 방어하는 감정이 생겨났다면 이는 분명 호감이 불쾌감으로 바뀐 것이다. 이처럼 거꾸로 전도된 외양은 히스테리가 가면을 쓴 모습이다.

도라에 대한 연구는 "내가 지금까지 쓴 것 가운데 가장 미묘한 사례였다"[13]라고 프로이트는 빌헬름 플리스에게 보낸 편지에서 밝혔다. 이런 판단을 인정해주는 사람은 소수다. 도라는 이 모든 해석으로 인해, 그러니까 성적인 해석으로 인해 갑작스러운 공격을 당했다는 느낌을 가졌다. 아버지 및 K.와 비슷한 나이의 남자에게 말이다.[14] 프로이트는 무엇보다 K. 부인에 대한 도라의 감정은 동성애적 사랑, K.에 대해서는 무의식적 사랑, 아버지에 대해서는 오이디푸스적 사랑이라고 간주했다. 분석은 통찰을 통해 억압된 감정을 파악함으로써 히스테리를 일으키는 증상을 사라지게 하는 데 초점을 두었기 때문에 프로이트는 이 모든 걸 도라와 함께 나누었다. 도라가 갑자기 분석을 중단하겠다고 선언했을 때 프로이트는 상처를 받았지만 그 이유도 설명할 수 있었다. 즉 도라는 자신을 K. 및 아버지와 동일시했음에 틀림없다는 것이다. 분석을 중단함으로써 두 남자가 자신에게 했던 일에 대해 복수를 한 셈이다. 이를 프로이트는 정확하게 알 수 있었다.

도라는 돌연 사라졌다가 15개월 후 다시 프로이트를 찾아왔다. 1901년 5월 K. 부부의 아이들 가운데 한 명이 사망했다. 문상을 간 도라는 K. 및 그의 부인과 솔직한 대화를 나누었다. 도라는 K. 부인에게 이렇게 말했다. "나는 당신이 아버지와 연애를 했다는 걸 알아요." K. 부인은 부인하지 않았다.[15] K. 역시 예전에 호숫가에서 도라한테 접근하려 했다는 사실을 인정했다. 모든 걸 인정해주자 도라는 마음이 가벼워지는 것을 느꼈다. 이런 얘기를 들은 뒤 프로이트는 도라를 한 번도 보지 못했다.

그로부터 약 20년 후인 1922년 가을, 인턴이었던 펠릭스 도이치Felix Deutsch는 끔찍한 두통을 호소하는 여자 환자를 진찰했다. 여자는 도이치에게 자신을 불행하게 만든 결혼 생활에 대해 장황하게 불평을 늘어놓았다. 남편이 자신을 속였고, 아들은 자신을 위험에 빠뜨렸으며, 모든 남자는 이기주의자라는 것이었다. 그리고 어린 시절의 이야기도 했다. 아버지가 어머니를 기만했으며, 그녀 자신도 아버지 애인의 남편으로부터 괴롭힘을 당했다는 얘기였다.

당시 도이치는 프로이트의 주치의였다. 당연히 정신분석에 대해서도 잘 알고 그 분야의 고전들도 다 섭렵한 터였다. 그래서 암시를 주었더니 그녀는 자신이 정말 이다 바우어, 곧 프로이트의 '도라'라는 사실을 밝혔다.[16] 그녀 역시 프로이트의 책에 대해 알고 있는 것 같았다.

그녀의 건강 문제는 결코 사라지지 않았다. 발작적인 기침, 편두통, 가슴을 조이는 듯한 불안에 시달렸다. 1920년대에 그녀는 브리지Bridge 카드 게임을 가르치는 선생으로 일했으며—파트너인 K. 부인과 함께—거장이 되는 클래스까지 갔다. 일을 그만두고 남편까지 잃은 그녀는 외국으로 가려 했다. 하지만 돈과 재산을 놔둔 상태에서 1939년에야 비로소 외국에 나갈 수 있었다. 그리고 돈도 없고 건강도 금세 나빠진 채 뉴욕에서 몇 년을 살았다. 이다 바우어는 1945년 대장암으로 사망했다.

프로이트의 사례 연구는 정신분석의 사용법을 보여줄 뿐만 아니라 정신과 의사 외에 폭넓은 대중에게 성생활, 기억, 억압을 프로이트 자신이 어떻게 파악하고 있는지 알 수 있는 기회를 제공했다. 이처럼 프로이트는 문외한인 대중도 고려했다. 즉 그의 사례 연구는 딱딱한 질병 이야기 같지 않고, 심리 소설처럼 읽혔다. 하지만 프로이트는 모든 사례 연구에서 자기 자신을 드러냈다. 그가 힘들게 일하는 동안, 독자는 원래 환자에게 요구하는 것을 볼 수 있다. 프로이트는 환자에게 질문하고, 증상을 얘기하고, 진단을 암시한다. 생각하고, 해석하고, 설명한다. 무엇보다 그의 저서 어디에서나 그 **역시** 관찰된다. 질병에 관한 이야기는 마치 거울에 비친 그림처럼 보인다. 물론 프로이트가 만들어낸 그림이다. 감춰진 연관성, 맹점, 말하지 않은 출발점. 이 모든 것을 사례 연구에서 보여준다. 이런 관점에서 볼 때 도라에 관한 연구는 숨기는 게 가장 적다.

도라에 대해서는 수많은 논평이 나왔다.[17] 프랑스 분석학자 자크 라캉 Jacques Lacan은 프로이트가 남성미 있던 K.와 자신을 동일시했고, 그 때문에 도라의 얘기에 산책을 하다가 따귀를 맞은 K.처럼 당황했다고 생각했다. 여성 운동가의 견해에서도 프로이트는 분석 대상이 되었다. 프로이트는 남자들의 환상에 젖어 있었다. 이를테면 나이 든 남자가 소녀에게 성적 관심을 보이면 그 소녀가 쾌감을 느낄 거라는 환상 말이다. 또 다른 비평가들은 프로이트의 주장에 숨어 있는 이성애적 선입견을 지적했다. 만약 한 남자가 소녀에게 성적 호감을 표시하면 '건강한 소녀'는 누구나 흥분할 거라는 주장이 그것이다. 프랑스 여류 작가 엘렌 식수Hélène Cixous는 이보다 한 걸음 더 나아가 도라를 희생자로 보는 걸 거부했다. 그래서 그녀의 희곡《도라의 초상Portrait de Dora》에서 도라는 여자 영웅으로 등장한다.[18] 히스테리를 통해 도라는 모두가 빼앗아간 자리를 되찾는다. 즉 관심의 중심이 된다. 아버지와 K.의 바람에 적합한 존재라는 질서를 무너뜨린다. 아버지가 프로이트를 통해 딸을 다시 이성적으로 만들려 시도하자 도라는 이에 대항한다. 즉 프로이트의 해석을 비난하고, 꿈에서 처녀성을 지키듯 자신의 비밀을 지킨다. 알프스의 호수에서 K.를 거부했듯 11주 후에 프로이트를 내버려두고 떠난다.

사실 도라의 이와 같은 반응은 자신을 소파에 눕게 한 오래된 가부장제를 경고하는 비평인 셈이다. 프로이트의 마음속 깊은 곳에 있던 동요는 스스로 세운 원칙에 의해 쉽게 풀려버렸다. 바로 동일시, 억압, 투사가 그 것이다. 프로이트로부터 경청을 잘하라고 배운 정신분석가들은 소파 곁에 앉아 있다. 즉 단어 선택, 말 더듬, 일관성 없음, 실언, 꿈 등 모든 게 뭔가를 지시할 수 있다는 얘기다. 그 어떤 정신병학 이론도 정신분석처럼 이데올로기적 비판을 많이 불러일으킨 적은 없다. 또 비판을 위해 그렇게 많은 생산적인 도구를 제공한 정신병학적 이론도 없다.

정신분석은 결국 기억으로 작업한다. 하지만 프로이트는 기억에서 특히 무엇이 빠져 있는지 보았다. 그것은 병력에서부터 시작된다. 환자가 얘기한 모든 것 가운데 그 어떤 것도 완전히 믿을 수는 없다. 프로이트는 도라에 관한 이야기를 시작하기 전에도 환자란 수치심과 수줍음으로 인해 특정 기억에 관해서는 입을 다문다고 설명했다. 또 다른 기억들은 분석 도중 의식에 전혀 떠오르지 않을 수도 있다. 그리고 정말 잊어버린 것을 흔히 고안해낸 기억으로 대체하는 경우도 많다. 따라서 분석가는 계속해서 '의식적인 부정직', '무의식적인 부정직' 그리고 '기억의 기만'을 각오해야 한다.[19] 하지만 이 모든 반쪽짜리 기만과 완벽한 기만 사이에 단하나의 단서가 있다. 즉 환자가 망각한 것—어떤 의미에서든—은 분명 환자가 기억하고 있는 것만큼 의미가 있다는 것이다. 망각한 부분은 기억을 성공적으로 재구성할 수 있도록 암시를 제공할 수 있다. 이와 관련해 프로이트는 고고학적 조각이라는 표현을 사용했다.

프로이트는 삼각형의 한 각에 억압을 놓고, 나머지 2개에는 히스테리와 트라우마를 두었다. 도라에게 K.의 접근으로 인한 모욕은 억압된 트라우마에 해당한다. 이와 동시에 그를 그리워하는 마음도 도라는 억눌러야만 한다. 하지만 억압한다고 해서 그것이 반드시 사라지는 건 아니다. 즉 트라우마나 금지된 그리움은 무의식에서 빠져나와 언뜻 설명할 수 없는 심신 상관성 징후를 띠며 불행을 초래할 수 있다. 히스테리 증상은 "비밀스럽게 억압하고 있던 소망의 표현"[20]이라고 프로이트는 썼다. 거꾸로 정신분석학적 해석은 무엇이 억압되었는지 밝혀내고, 그럼으로써 기억 가운데 잃어버린 부분을 보충할 수 있다. 증상의 완화와 의식적인 생각을 통해 이를 보완하는 것은 기억 장애를 완화할 때와 동일한 효과가 있다. 이와 같은 과정에서 환자로부터 어떤 갈채도 기대해서는 안 된다. 환자가 보여주는 반감과 저항은 분석가가 제대로 하고 있다는 증거일 수 있다. 도라의 경우에도 그렇게 볼 수 있다. 지갑으로 장난치는 행동, 신경성 기침과 K.의 포옹을 기억할 때 상체에 느끼는 압박감에 대한 해석을 도라는 침묵 상태에서 혹은 저항하며 받아들였다. 하지만 그녀의 부정은 프로이트를 불안하게 만들지 못했다. "환자가 의식 있는 상태에서 억압된 생각을 드러낸 다음 부정적인 '아니다'라는 말을 하더라도, 이런 부정은 심리적 억압이자 확고함이며 동시에 환자들의 힘이기도 하다."[21] 훌륭한 분석가는 어느 정도 동요하지 않는 능력을 갖고 있어야 한다.

고전적인 정신분석에 의하면 환자는 자신의 정신에 명령을 내릴 수 있는 힘을 잃는다. 이와 같은 힘을 다시 갖게 해주는 일이 분석가들의 과제이며, 분석가는 무의식에 대한 지식 덕분에 그리고 억압한 재료를 표현하게 하는 방법 덕분에 환자가 자신에 대해 아는 것보다 환자를 더 잘 알 수 있다. 분석가는 상징성을 띤 언어를 잘 다루고, 꿈도 잘 해석하며, 실언의 원천도 잘 이해한다. 심지어 환자가 뭔가를 잊어버렸을 때도 분석가는 구멍 난 기억의 윤곽으로부터 전체적 기억이 대략 어떠한지 짐작할 수 있다. 이 모든 해석은 물론―프로이트의 견해에 따르더라도―매우 가설적이다. 이런 가설은 테스트를 거쳐야만 한다. 하지만 어떻게? 환자의 판단을 통해서는 할 수 없다. 해석에 반대하는 이의를 증명할 수 없다면, 요컨대 해석하는 사람이 틀렸다는 것을 증명할 수 없다면 해석을 찬성하더라도 역시 그 유효성에 대한 주장으로 받아들이기는 어렵다. '아니다'라는 도라의 답을 '그렇다'로 해석할 수 있다는 말은 어쩌면 '그렇다'라는 대답도 전혀 중요하지 않다는 뜻이다.

프로이트는 모든 시험을 회피할 의도는 없었다. 다만 이런 시험이 우리가 오늘날 사실인지 아닌지 체크하는 형태는 아니었다. 환자에게 해석을 해준 다음 히스테리성 질환이 사라졌다는 것은 프로이트에게 해석이 맞았다는 증거였다. 어떤 환상을 억압해서 그 고통이 발생했는지 설명한 뒤 도라가 기침을 멈추자 분명 프로이트는 만족해서 의자 뒤로 몸을 기댔을 것이다. 하지만 그와 같은 점검도 항상 옳은 것은 아니다. 분석가가 성공했다고 생각하는 해석으로 인해 사라진 고통은 이와 같은 해석을 **통해** 사라진 게 아닐 수도 있다. 도라와 다른 환자들의 경우에도 말이다. 거꾸로 고통이 사라지지 않고 지속되는 것 또한 그 고통의 원인을 잘못 해석해서 그런 게 아닐 수도 있다.

정신분석학적 해석이 옳았는지 틀렸는지 과연 점검할 수 있는지에 대한 의심만 있는 게 아니라 억압이 정확하게 어떤 경과를 거치는지에 대한 불확실성도 있다. 프로이트는 억압을 발명한 사람이 아니며, 그런 생각은 물론 개념도 발명하지 않았다. 프로이트의 전기를 쓴 어니스트 존스Ernest Jones는 철학자 요한 프리드리히 헤르바르트Johann Friedrich Herbart(독일 출신의 철학자, 심리학자이자 교육학자—옮긴이)가 1824년에 쓴 책의 한 구절을 인용해 이를 증명했다. 거기에는 '억압'이란 이미 존재하는 상상과 모순되는 상상이 의식에 대해 취하는 방어라고 쓰여 있다.[22] 하지만 프로이트는 이 개념에 특별한 의미를 부여했다. 물론 이와 같은 특수성이 그의 오랜 연구 경력 동안 항상 동일하지는 않았지만 말이다. 1915년의 한 논문에서는 '억압'을 너무 복잡하게 묘사하지 않기 위해 상당한 노력을 기울였다. 프로이트는 강조할 부분의 글씨체를 바꾸어가면서 억압의 본질은 **"오로지 의식의 거부이자 의식을 멀리하는 데"**[23] 있다고 썼다. 억압된 재료들은 어디론가 가야 하기 때문에 무의식과 억압은 상반된 개념으로 정의할 수 있다. 즉 무의식이 없으면 트라우마나 금지된 갈망은 의식을 떠날 수 없다. 이를 분명하게 하려고 프로이트는 억압과 관련해 일련의 은유를 도입했다. 같은 논문에서 그는 억압은 초대하지 않은 손님을 거실에서 쫓아내는 것으로 상상할 수 있다고 썼다. 또한 사람들은 이 손님이 들어오지 못하게 할 수도 있고, 더 확실하게 문 앞에 경비원을 세워둘 수도 있다. 또 다른 곳에서 프로이트는 억압을 '추방', '의도적 망각', '분리', '분열', '억누름', '차단', '제지', '그것을 생각하는 것을 꺼림', '주의력 회수' 혹은 '배제'라고 바꿔 썼다. '경비원'은 다른 은유로 '검열관'이다.[24] 프로이트가 은유를 사용했다고 그를 비난할 수는 없다. 하지만 이와 같은 은유는 너무나 다양해서 쉽게 변하는 연상으로 촉진될 수 있다는 문제가 생긴다. '분열'과 '분리'의 경우에는 무의식으로 접근하는 입구가 사라진 것처럼 보이며, 따라서 억압된 재료가 돌아갈 길이 없어진다. '경비원'이라는 은유도 의식은 초대하지 않은 손님이 계속해서 거실로 들어오기 위해 시도하는 걸 막아야 한다는 암시를 준다. '검열관'은 또한 미혹에 빠지지 않도록 주의해야 한다.

억압을 가장 적절하게 묘사하는 방법에 대한 논쟁은 아직 끝나지 않았다. 비록 이 논쟁이 점차 분석가들 사이의 의견 차이라는 시각에서 프로이트의 개념 설명에 대한 역사학자들 사이의 논쟁으로 전환되고 있는 분위기이지만 말이다. 이 논쟁의 출발점은 이미 존재하거나 존재하지 않는 성생활과의 맥락에 대한 질문이었으며, 억압된 재료를 검열관 몰래 지나

가게 해주는 상징 언어와의 맥락에 대한 질문이었다. 혹은 분열과 억압 사이의 한층 미세한 차이가 논쟁의 출발점이었다. 억압과 관련해 가장 극단적인 질문은 훨씬 나중에야 나왔다. 억압이라는 게 도대체 **존재**하기는 할까?

재발견된 기억
●●●●●●●●●●●● 법심리학자 크롬바흐H. F. M. Crombag와 판 코펀P. J. van Koppen은 1994년의 역사적인 순간을 어느 정도 감지하며 "이날은 '억압'이라는 개념이 100세를 맞이해 경축하는 날이다"[25]라고 썼다. 이 문장은 그들이 억압에 관한 논쟁을 진행 중이던 시점에 하나의 질문을 제시한 논문의 서두이다. 이 논문은 이미 오래전부터 있어온, 억압이라는 게 '정말 존재하는지'에 관한 의문을 다뤘다. 고통스럽거나 혹은 트라우마 성격이 있는 사건을 의식에서 몰아낼 수 있다는 게 맞는 말일까? 그런 사건은 잠재의식으로부터 나와 우리의 행동과 체험에 영향을 주는 것 아닐까? 기억은 억압을 통해 의식의 '쪼개진' 부분에 도달할 수 있을까? 정신과 의사는 최면이나 꿈 분석 같은 특수한 기술을 갖고 '잊어버린 기억'을 불러올 수 있을까? 이 각각의 질문에 대해 기억 연구가들은 매우 다양한 답을 주었다. 논쟁은 이미 20년 전부터 일종의 참호전 양상을 띠었다.

크롬바흐와 판 코펀은 언뜻 보면 화제의 방향을 바꾸는 것 같은 질문을 던졌다. 둘은 사람들이 억압이라는 게 **존재한다고 믿는지 어떤지** 알고 싶어 했다. 아울러 이런 질문에 대한 답을 얻으려는 그들의 시도는 어느 정도 순진해 보였다. 요컨대 그들은 설문 조사를 실시했다. 그들의 출발점은 사람들이 '토머스의 정리'라고 명명한 것에서 영향을 받았다. "만일 사람들이 하나의 상황을 실제로 있다고 정의 내리면, 그 결과도 실재한다."[26]

크롬바흐와 판 코편의 논쟁에 따르면, 억압이 실제로 존재하지 않는다 하더라도 억압이 존재한다는 **확신**은 이 억압이 모종의 역할을 하는 상황과 맞닥뜨리면 영향을 미칠 수도 있다. 그들은 곧 본론으로 들어갔다.

어떤 여성이 치료를 받는 동안 어린 시절 성추행을 당했다는 사실을 깨닫고 고발을 했다고 치자. 그녀는 이 같은 성추행을 오랫동안 잊고 있었다. 말하자면 이 기억을 억압하고 있었으나 이제 잊어버렸던 기억을 '재발견'해 범인이 그에 따른 처벌을 받길 원한 것이다. 만약 검사가 범행을 추적하기로 결정한다면, 복잡한 상황이 발생한다. 혐의자는 부인한다. 그렇다고 목격자도 없다. 판사는 재발견된 기억을 과연 증거로 인정할 수 있을까라는 질문에 답해야만 할 것이다. 아마도 판사는 이와 관련해 전문가를 초빙할 것이다. 그러면 상황은 더욱더 복잡해진다. 판사가 기억을 연구하는 메르켈바흐H. Merckelbach나 베셀I. Wessel을 초빙하면, 그들은 지금까지 실험실에서 '억압' 같은 상황을 보여주는 데 성공한 사람은 아무도 없다고 설명할 것이다.[27] 하지만 판사는 그들과 같은 림부르크 대학에 재직 중인 엔싱크B. Ensink의 편을 들 수도 있다. 그녀는 연구 결과 어린 시절 성적으로 심하게 괴롭힘을 당한 3명의 여성 중 한 명은 이 사건을 한동안 망각했으며, 따라서 '재발견'은 기억이 사실이 아님을 의미하는 건 아니라고 설명할 것이다.[28] 사람들은 누구의 말을 믿어야 할까? 이 주제에 관해 잘 알고 있지만 의견이 분분한 사람들을 만나면, 판사는 어차피 자신이 생각했던 대로 결정을 내릴 것이다. 그래서 판사—변호사와 검사 그리고 법정에서 일하는 다른 공무원들도—는 억압이 존재한다는 걸 어느 정도 믿고 있는지 아는 게 중요하다.

크롬바흐와 판 코편은 설문 조사에서 사람들에게 '예'와 '아니요'로 답하는 질문을 제시했다.

당신은 트라우마에 속하는 사건을 오랫동안 망각하는 '억압'이 나타난다고 믿습니까?

당신은 당신 스스로 트라우마에 속하는 사건을 억압할 수도 있다고 생각합니까?[29]

설문에 답한 한 그룹은 법학과에 소속된 134명의 대학생과 교수로 이뤄져 있었다. 또 다른 그룹은 심리학자, 교육학자, 소아과 의사 그리고 청소년의 성추행에 관한 회의에 참석하는 사회 복지 담당자들로 이뤄졌다. 법학 전공자 가운데 87퍼센트는 억압이 나타난다는 걸 믿는다고 대답했다. 심리학자들의 경우는 이보다 높아 95퍼센트에 달했다. 메르켈바흐와 베설이 파악한 바에 따르면, 전문가들 사이에서는 믿지 않는 비율이 가장 적게 나왔다. 하지만 정말 놀랄 일은 두 번째 질문에 대한 답에 숨어 있었다. 법학도 가운데 56퍼센트와 심리학자 가운데 47퍼센트만이 **스스로** 뭔가를 억누를 수 있을 거라고 대답했다. 이는 매우 특이한 결과다. 설문 대상자 가운데 대략 절반이 억압이란 다른 사람에게 일어나며 자신에게는 쉽게 일어나지 않을 거라고 생각했다. 이런 결과는 억압이 존재하느냐는 질문에 대한 견고한 긍정을 매우 상대적인 것으로 만들어버린다. 하지만 무엇보다 설문 대상자 절반이 기억의 일반적 특성으로서 억압을 믿기는 했다. 메르켈바흐와 베설이 정신과 의사를 대상으로 나중에 실시한 연구에서는 84퍼센트가 억압이 존재한다고 답했으며, 84퍼센트는 그것이 심리적 문제를 불러일으킨다고 확신했다.[30]

구체적인 법적 문제가 발생했을 때는 억압이 실제로 존재하는 게 아니라 억압에 대한 믿음이 실제로 존재한다는 걸 제시해야 한다. 1995년 기억심리학자 바헤나르W. A. Wagenaar는 민사 재판 사건에 전문가로 개입하게 되었다. 한 여성이 31년 전 일어난 성폭행 때문에 오빠에게 5만 휠던의 위자료를 요구한 사건이었다.[31] 당시 그 여성은 네 살이고, 오빠는 열두 살이었다. 바헤나르는 이 경우 양측은 '재발견된 기억'의 진위성 여부를 두고 상반된 논쟁을 할 수 있다는 걸 분명히 밝혔다. 한쪽에서는 기억에 수십 년 동안 접근할 수 없었지만 정신과 의사의 개입을 통해 다시 불러올 수 있다는 걸 증거로 삼았다. 다른 한쪽은 그와 같은 '기억'은 꾸며낸 것이라고 보았다. 양측은 자신의 의견을 학문적 증거로 보완하기 위해 전문가를 동원했다. 크롬바흐와 판 코펜이 묘사한 것처럼 판사는 상반된 설명으로부터 '옳은' 설명을 선택해야만 한다. 판결 후 양측 가운데 한쪽은 사건을 자기 이론을 지지해주는 사례로 사용할 수 있다. 이와 같은 방식으로 돌고 도는 원이 생긴다고 바헤나르는 결론짓는다. 즉 판결은 이론을 지원해주고, 이론은 판결할 때 동원된다. 토머스의 정리는 이렇다. 즉 확신은 실제로 결과를 낳는다.

크롬바흐와 판 코펜은 억압에 대해 "트라우마를 자서전적 기억에서 꺼내 강제로 그리고 급작스럽게 추방해버리는 것이며, 이를 통해 기억은 오랫동안 더 이상 의식할 수 없게 된다"[32]고 썼다. 이는 오늘날 '억압'과 관련 있는 연상을 포함하려는 정의다. 또한 이는 프로이트가 최초로 억압에 대해 서술한 지 100년이 지난 후 그 정의가 변했다는 것을 강조한다. 크롬바흐와 판 코펜의 정의는 억압의 원인을 트라우마에 한정하고, 프로이트이 경우에는 금지된 갈망이나 쇠책감이 억압을 당한다. 프로이트에게 원인이자 효과인 히스테리와의 상관성은 완전히 사라졌다. 크롬바흐와 판 코펜이 미래의 법학자가 억압의 존재에 관해 어떻게 생각할지 알아내는 게 왜 중요한지 설명하기 위해 들었던 사례는 그들의 논문이 출간된 시대를 잘 보여준다. 즉 '재발견된 기억'에 대한 논쟁은 1990년 중반 최고점에 이르렀다. 전문 잡지와 법정에서는 트라우마 사건—대부분 강간 사건—은 잊어버린 것처럼 보이는데, 정말 그렇게 오랫동안 기억에서 희미해질 수 있는지에 관해 논쟁이 벌어졌다. 이런 논쟁은 그사이 끝났다. 강간죄를 덮어쓴 부모들이 1994년 결성한 '허구적 기억'이라는 그룹도 새로 신고를 하지 않아 해체되었다. 하지만 '거짓 기억Falsche Erinnerungen'이라는 사이트의 초기 화면에 수백 개의 링크가 걸려 있는 걸 보면 10년 동안 기억과 트라우마 그리고 망각 사이의 관계를 놓고 벌인 투쟁이 얼마나 격렬하고 강렬했는지 알 수 있다.[33] 아마 이 사이트에서 주고받는 논쟁은 억압이 '실제로 존재'하는지에 대한 의문에 답을 제시하는 데 기여할지도 모른다.

트라우마와 망각의 투우장
●●●●●●●●●●●●●●●●●●●●●●●● 30대 초반 때 로라 패슬리는 도움의 손길이 필요했다. 그녀는 이미 열 살 때부터 식사 장애 중 하나인 폭식증을 앓았다. 그래서 너무 뚱뚱했고, 학교도 그만두었다. 불안하고 자신이 못생겼다고 느꼈다. 목사의 충고에 따라 로라는 스티브라는 심리치료사에게 상담을 신청했다. 첫 상담 때 그는 로라에게 예전에 성폭행을 당한 적이 있는지 물었다. 로라는 그렇다고 대답했다. 아홉 살 때 수영장에 있던 소년이 갑자기 손가락을 그녀의 몸속에 넣었다는 것이다. 너무나 수치스러운 나머지 로라는 그 이야기를 아무한테도 털어놓을 수 없었다. 스티브는 그건 아니라고 말했다. 요컨대 수영장에서 일어난 일은 아마 로라가 기억에서 파내야만 하는, 좀더 깊숙한 곳에 숨어 있는 사건의 방어막

일 뿐이라는 말이었다. 그러면서 식사 장애란 항상 훨씬 더 심각한 성폭행을 암시한다고 말했다. 따라서 둘이 함께 숨겨둔 트라우마를 찾아 나서야만 한다고 했다.

다음 번 상담 시간에 로라는 눈을 감고 스티브의 말을 경청했다. 스티브는 많이 이해 못해도 상관없다고 말하며 직접 그녀의 잠재의식에 대고 얘기했다. 상담 횟수가 늘어났다. 보험 회사는 치료가 더 길어지면 보험금을 지불하지 않겠다고 통보했다. 로라는 치료비 때문에 자동차를 팔고 빚을 냈다. 그러던 어느 날 집에서 청소기로 청소를 하고 있는데 갑자기 세 살쯤 된 아이의 모습이 나타났다. 그 애는 갓난아기를 베개로 덮어 숨통을 막으려 했다. 다음 번 상담 때 이 이야기를 들은 스티브는 로라의 오빠가 당시 그녀를 질식사시키려 했다는 사실을 설득하려고 애썼다. 그리고 로라를 최면 상태에 들게 했다. 아직 아기인 로라는 욕조에 앉아 있고 어머니가 손톱으로 그녀의 성기를 건드리는 모습이 떠올랐다. 그리고 얼마 후 회상 장면이 나타났다. 어머니가 옷걸이로 그녀를 성적으로 학대하는 장면이었다. 치료를 받는 도중이었음에도 로라는 점점 상태가 나빠졌다. 한 번은 약을 과도하게 복용해 병원에 실려 가기도 했다.

그런 뒤 그룹 치료를 시작했다. 스티브는 약 10명의 다른 여성과 함께 몇 시간 동안 가설, 회상, 역할 놀이로 치료를 진행했다. 로라 차례가 되자 그는 몇 시간 동안 그녀를 다그쳤다. 하지만 로라는 그 끔찍한 일을 결코 말하지 않았다. 여성 중 한 사람이 악마 같은 의식을 회상하더니 고문과 강간에 관한 새로운 이야기를 풀어놓았다. 그때 로라는 그룹 강간과 수간하는 것면이 떠올랐다. 로라는 또다시 약물 과다 복용으로 병원에 실려 갔고, 불면증으로 고생했다. 폭식증으로 인해 거의 15킬로그램이 늘어났다. 4년간 치료를 받았지만 상황은 오히려 더 심각해졌다. 스티브가 로라에게 충분히 노력하지 않는다고 말했을 때, 그녀는 마침내 폭발해서 더이상 치료를 받지 않기로 결정했다.

실제적인 전환점은 이로부터 2년 후 일어났다. 로라 패슬리는 우연히 '거짓 기억 증후군'에 관한 글을 접했다. 거기엔 나이 든 부부와 인터뷰한 내용이 들어 있었다. 부부는 딸로부터 자신들이 성폭행을 했다는 죄를 뒤집어썼는데, 그 딸은 알고 보니 로라와 함께 그룹 치료를 받은 여자였다. 로라는 그 부부를 찾아갔다. 로라가 그룹 치료 때 두 사람에 관해 들었던 끔찍한 이야기는 사실이 아니었다. 노부부의 인상은 지극히 친절하기만 했다. 로라는 점차 자신이 책임을 전가한 일과 자신이 떠올리는 기억에 대한 믿음을 잃었다. 로라는 훗날 마치 머리에서 빛이 지나가는 것 같았다고 회상했다. 사람들이 자신에게 어떤 짓을 했는지 분명해지자 로라는 정신과 의사를 법정에 세우기로 결정했다. 스티브는 이 일을 법정 밖에서 해결하길 바라며 화해를 신청했다. 로라는 이를 받아들였다. 그리고 자신의 삶이 다시 자기 손에 들어왔다는 느낌을 가졌다. 아울러 폭식증 또한 사라졌다.

로라 패슬리의 이야기는 자신도 근친상간 죄를 덮어썼던 마크 펜더그래스트Mark Pendergrast의 《기억의 희생자Victims of Memory》에 나오는 많은 소소한 사례 중 하나다.[34] 정신과 의사로 인해 잘못된 길로 빠졌다가 그의사를 고소한 사람들 가운데 패슬리는 초기 사람에 속했다.[35] 이런 사람도 수백 명 있지만 치료를 받던 중 오래전 당한 성폭행을 기억하고는 아버지, 오빠, 삼촌 또는 제삼자가 피의자임을 깨달은 수만 명의 여성에 비하면 무시할 만한 수치다. 이들은 흔히 그들을 고소하기도 했다.

패슬리의 경우는 모든 관점에서 대표적인 사례는 아니다. 이런 문제를 갖고 있는 여성을 치료하는 전문가들은 대부분 여성이었다. 죄를 지은 사람들은 거의 남자에 대부분 가족 범위에 속했다. 그 밖의 점에서 패슬리 이야기는 비슷한 수천 가지 사례에서 중요한 핵심만 뽑아낸 경우에 해당한다. 즉 한 여성이 정신적 문제가 있어 치료를 의뢰하고, 치료사는 성적 학대가 있었음을 암시한다. 그리고 최면, 꿈 해석 혹은 퇴행 치료가 '잊어버린 기억'을 되찾게끔 한다. 여성은 이제 성폭행당한 것을 확신하고, 범인이 살아 있다면 죄를 묻기로 결심한다. 그 결과 가족 관계는 분열하고 더 이상 원상으로 복귀하기 힘든 상태가 된다.

패슬리의 사례는 그와 같은 경우를 중립적이고 선입견 없는 언어로 묘사하는 게 거의 불가능하다는 것을 잘 보여준다. 아울러 이것은 '재발견된 기억'에 관한 논쟁의 대립적 성격을 잘 보여주는 증거다. 여기서 '재발견'이라는 개념은 건강의 회복뿐 아니라 구조救助라는 의미도 되며 선입관을 포함한다. 즉 오랫동안 '잊고 있던' 기억을 재발견하는 것은 정말 가능하다는 생각이다. 이를 의심하는 저자들은 '가짜 기억' 혹은 '틀린 기억'이라는 표현을 사용한다. 1992년 죄를 뒤집어쓴 부모들이 만든 단체의 이름도 '거짓 기억 증후군 재단False Memory Syndrome Foundation'이었다. 이런 문제를 정말 중립적으로 묘사하는 제삼의 개념이 없다는 것은 불행이다. 연구 논문들은 어느 한쪽을 선호하지 않고 양쪽 이름을 모두 제목으로 사용한다.[36] 네덜란드와 독일에서는 '재발견된 기억'이라는 개념을 통용하고 있는데, 이 역시 그다지 중립적인 표현은 아니다.

재발견된 기억의 경우에는 다양하고 많은 학문, 상급 기관과 분야를 고려한다. 중요한 학문으로는 정신병학, 임상심리학, 기억심리학을 들 수 있고 그 밖에 보험 회사, 고용주, 병원, 정신 보건, 사법 기관, 아동 보호, 법률적 후견 감독인, 희생자 지원 단체 등등을 포함한다. 사건이 얼마나 개인적이고 성적이든 각각의 경우는 모든 연관된 사회 기관을 떨게 만든다.

'재발견된 기억' 운동의 기원에 대해서는 모두가 의견이 같다. 바로 엘런 배스Ellen Bass와 로라 데이비스Laura Davis가 1988년 출간한《나을 수 있는 용기The Courage to Heal》가 그것이다. 이들은 과거 성폭행을 당한 경험을 가진 여성들이 결성한 '풀뿌리grassroots' 운동에 적극적으로 가담한 치료사였다.[37] 두 사람은 여성들에게 다음과 같은 질문 목록을 소개하면서 유년 시절 성폭행을 당했는지 스스로 체크해보라고 권했다.

당신은 자주 무력하지 않나요, 희생자처럼?

당신은 다른 사람들과 다르다고 느끼나요?

당신은 감정을 표현하는 게 어려운가요?

당신은 성공하기 두려운가요?

당신은 자주 혼란스러운가요?

그들은 여성 독자를 향해 직접 말했다. "이 질문 가운데 하나 혹은 여러 개에 '예'라는 대답이 나오면, 유년 시절에 트라우마를 겪었다는 증거다. 비록 당신이 현재 기억하지 못하더라도 말이다. 당신이 강간을 당했다는 기억은 희미한 추측으로서가 아니라 내면에서 나오는 목소리로 알 수 있다. 그러니 그 목소리를 들어라."

그들은 나중에 가서 성폭행을 당하지 않았다고 확정 지은 여성은 단 한 사람도 만나지 못했다고 했다. 요컨대 확인 없이 추측만 한 경우는 결코 없었다는 얘기다. 잊어버린 기억을 되찾기 위해 최면은 아주 유용하며 퇴행 치료법, 꿈 해석 혹은 신체와 관련한 요법처럼 창의적인 방법을 통해 잃어버린 관계를 회복할 수 있다. 많은 경우 치료의 핵심은 '대질'이다. 즉 범인을 찾고, 그들이 저지른 행위를 분명히 하는 것이다.

약 2년 전 미국은 그야말로 기억 전쟁의 무대였다. 그것도 한 번으로 끝나는 전쟁이 아니었다. 인터넷 역시 그중 하나였다. 치료 그룹, 자가 치료 그룹, 앞서 한 말을 취소한 사람, 인적 손실과 관련한 전문가, 워크숍 등이 수천 개의 웹사이트를 통해 그야말로 실전을 방불케 했다. 법정에서는 전문가들이 논쟁을 펼쳤다. 학계에서는 기억, 트라우마, 억압에 관한 책과 논문 수가 기하급수적으로 늘어났다. 이런 폭발적인 현상을 어떻게 설명할 수 있을까? 엘런 배스와 로라 데이비스의《나을 수 있는 용기》가 도화선이었다면, 화약통은 무엇이었을까?

'재발견된 기억' 운동의 대답은 간단했다. 즉 성폭행은 대부분 여성들이 당하며, 전문가는 치료를 통해 이와 같은 경험을 다시 파헤칠 가능성을 제공했으므로 성적 학대가 엄청난 수준으로 밝혀졌다는 것이다. 게다가 이런 점이 다른 여성들을 자극해 점점 증가했을 거라는 얘기였다. 하지만 성적 학대가 어느 곳에서든 일어난다면, 왜 '재발견된 기억' 운동이 주로 미국에만 한정되어 널리 퍼져 있는 것일까? 유럽, 가령 네덜란드에서는 성적 학대가 일어나지 않는다는 것일까? 독일과 프랑스에서는 이와 유사한 어떤 운동도 일어나지 않았다. 어떤 사회적 요소가 이와 같은 특수한 패턴을 촉진한 것일까?

프린스턴 대학에서 영문학을 가르치는 일레인 쇼월터Elaine Showalter 교수는 재발견된 기억을 위해 노력하는 투쟁을 역사적 거리를 두고 관찰하려 했다.[38] 그 전에 일레인은《여성의 병The Female Malady》이라는 책을 썼는데, 바로 정신병 진단으로서 히스테리의 역사에 관한 연구였다.[39] 그녀는 이 책에서 '재발견된 기억' 운동이 빠른 시일 동안 널리 퍼신 현상을 정리했다. 아울러 재발견된 기억을 위한 치료법은 사회적 및 심리적 문제를 정당하다고 인정한 사례로 여겼다. 100년 전만 해도 여성의 경우 히스테리, 남성의 경우 신경쇠약증이라고 불렀던 질병의 생생한 증상이라는 것이다. 그녀의 논쟁에서 중요한 핵심은 히스테리의 현대적 형태가 지니고 있는 특징이다. 재발견된 기억에 대한 이야기—예를 들면 걸프 전쟁으로 인한 후유증이나 다중 인격—는 인터넷, 신문 그리고 다른 언론 매체를 통해서 빠르게 번져나갈 수 있다. 마치 전염병이 돌아 바이러스에 감염되듯 말이다. 책, 영화 혹은 문서는 재발견된 기억에 관한 전형적 이야기를 제공한다. 재발견된 기억에 관해 한 번도 들어보지 못한 사람은 그로 인해 발생할 수 있는 정신적 고통을 신뢰하는 마음을 키울 수 있고, 자신이 앓고 있는 고통 또한 어쩌면 은폐해둔 기억의 결과가 아닌지 의심해볼 수 있다. 정신과 의사로 이루어진 그룹은 초기 연구 단계에서 미국을 여행하는 동안 재발견된 기억에 관한 치료법을 우연히 접했다. 이어 그룹에 속해 있던 사람들의 국가에서도 비슷한 운동이 일어났다. 사람들이 말하는 이야기와 치료사들이 찾는 이야기의 실마리는 서로 아주 잘 들어맞았다. 그 이후 까다로운 형태의 순환이 생겨났다. 즉 이 같은 모든 이야기에 유사성이 나타나고, 그리하여 재발견된 기억은 진짜라는 상상을 불러일으킨 것이다.

재발견된 기억의 문제는 치료 공동체에서 불화를 초래했다. 배스와 데이비스가 작성한 체크 목록의 신뢰성에 대해서는 처음부터 논란이 많았다. 오래전부터 모든 치료사가 트라우마에 속한 기억을 '파묻을 수 있다'고 확신하지는 않았다. 이는 '재발견'의 치료적 가치에 대해서도 마찬가지였다. 여성 운동도 역시 결정적이지 못했다. 성폭행을 당한 여성에게 베푼 도움은 여성 해방 운동에 깊이 뿌리박고 있었으며, 오랫동안 성폭행의 강도와 범위를 인정해주지 않으려는 불만과 대면해야 했다. 글로리아 스타이넘Gloria Steinem(미국의 페미니스트이자 언론인—옮긴이)이 '재발견된 기억'

운동을 적극 지지했지만, 가짜 기억을 바탕으로 고발한 여성이 진짜로 성폭행을 당한 여성들에게 피해를 줄 수도 있다고 생각한 여성 해방 운동가도 있었다.

기억이라는 학문도 투쟁을 벌이는 투우장이 되었다. 미국 심리학자 홈스D. S. Holmes는 1990년 이미 1974년에 "억압의 존재에 관해 믿을 만한 증거는 단 하나도 없는 것으로 확정되었다"고 썼다. 이때부터 자신의 생각을 바꾸도록 하는 그 어떤 간행물도 나오지 않았다는 것이다.[40] 1930년대에 사람들은 불쾌한 기억보다 유쾌한 기억을 더 잘 기억한다는 걸 보여주는 실험이 있었다. 하지만 그 이후의 실험에서는 또 다른 잠재의식 요소가 중요하다는 사실이 드러났다. 즉 사건과 관련한 감정의 강렬함이 그 기억을 얼마나 잘 보유하고 있는지를 결정했다. 그리고 이 경우 사람들은 유쾌한 느낌을 훨씬 더 강렬하게 체험했다.[41] 홈스는 그보다 더 최근에 실시한 연구도 언급했다. 중립적인 낱말보다 스트레스를 불러일으키는 낱말을 인지하는 데 더 많은 시간이 걸린다는 연구 결과였다. 마치 감각 기관은 이런 낱말을 즉시 억압함으로써 우리를 보호하려 하는 듯싶다. 나중에는 '스트레스 낱말'이 중립적인 낱말보다 덜 일반적이며 이것이 차이를 설명해준다는 사실이 입증되었다.[42] 실험실에서 억압에 대한 증거를 찾기 위한 다른 시도는 사고를 연출한 슬라이드를 사용했다.[43] 하지만 여기서도 억압을 확정지을 수는 없었다.

그러나 무엇보다도 이와 같은 실험들은 트라우마와 억압에 관한 조사는 실험실에서 수행하기에 적합하지 않다는 걸 보여준다. "규칙적으로 텔레비전을 시청하는 사람에게 사고를 연출한 슬라이드가 어떻게 트라우마를 일으킬 수 있겠는가?"[44] 엔싱크는 이렇게 정곡을 찔렀다. 판 더르 하르트van der Hart는 재발견된 기억에 관한 메르켈바흐와 베설의 논문을 논박하면서, 실험실에서 복제할 수 있다면 그런 현상은 존재하는 게 아니라고 역정을 냈다.[45] 실험할 때 피실험자들에게 줄 수 있는 자극에는 윤리적 한계가 있다. 심지어 가장 관대한 윤리위원회에서조차도 '혐오스러운' 혹은 '역겨운' 자극은 금한다. 요컨대 진짜 트라우마 상황은 실험실에서 연출해낼 수 없다는 얘기다.

많은 의사와 심리치료사는 억압을 실험실에서 찾을 필요는 없다고 생각한다. 매일 병원에서 그런 사례를 만나기 때문이다. 진찰실에는 트라우마 이후에 도움을 필요로 하는 사람들이 앉아서 기다리고 있으며, 그들의 기억에 접근하기 위해서는 흔히 상당한 노력을 기울여야 한다. 사람들이 얘기하는 사건은 정작 해결해야 할 사건이 아니고, 그것보다 훨씬 포괄적인 기억상실이 나타날 경우도 많다. 예를 들면 오랫동안 지속된 성적 학대, 고문 혹은 정치범 수용소에 갇힌 경험 등이 있다. 판 더르 하르트는 이렇게 썼다. "이 모든 것을 수렴하는 연구는 트라우마적 체험에는 전반적인 기억상실이 존재한다는 것을 인정한다."[46] 아울러 그는 실험적-심리학적 견해에서 볼 때 내버려야 할 임상 연구들도 있다고 덧붙였다. 이는 실제로 억압을 둘러싼 논쟁에서 문제의 일부를 차지한다. 의학자와 실험심리학자—일반화해서 표기하자면—들은 다양한 방법론적 양식을 이용한다. 의학자들은 증거를 흔히 사례 연구의 형태로 보고하는데, 이런 유형의 연구는 실험심리학자들 사이에서는 그다지 인정을 받지 못한다. 환자 한 명을 치료한 결과를 얼마나 일반화할 수 있을지도 의문이고, 심리치료 연구자가 아닌 다른 사람을 통해 이것을 점검하는 데도 한계가 있다. 이런 종류의 연구는 '진정한 학문'이 결코 아니라는 주장도 자주 제기된다. 그래서 실험심리학자들은 통제된 조건 아래서 피실험자의 수를 늘려 실험할 것을 기대하지만, 그렇다 해도 '진정한 트라우마'가 아닌 사례를 조사한다는 비난을 면할 수는 없다. 재발견된 기억을 둘러싼 논쟁에서 이와 같은 방식으로 연구자들로부터 신뢰를 얻는 변화가 일어나고 있다. 요컨대 **사실**에 관한 의견 차이가 **무엇을 사실로서 간주하는가**에 대한 의견 차이로 변하고 있다. 논쟁이 기준과 정의 그리고 방법론 차원으로 옮겨가고 있는 것이다.

진정한 학문과 진정한 트라우마가 만나는 유일한 장소는 개인적 또는 집단적 재난이 일어나는 곳이다. 지진, 비행기 추락, 심각한 교통사고, 납치, 화재, 폭력적 습격, 강간 등등. 이런 것은 쉽게 '자연 실험experiment of nature'으로 간주할 수 있으며 연구자들은 가능한 한 기억의 반응을 잘 관찰할 수 있는 상황을 갖는다. 사람들은 트라우마에 속하는 사건으로부터 억압이나 망각에 관해 무엇을 배울 수 있을까?

충격적인 사건은 정신적으로 '분열'을 일으키게 하며, 이때 트라우마 기억이 분리되어 나중에 접근하기 매우 어렵다는 이론을 뒷받침하는 자료를 사람들은 발견할 수 없었다. 그래서 격렬한 총격전을 벌였던 115명의 경찰관을 대상으로 정말 그들의 기억이 이와 같은 방식으로 억압되는지 조사했다.[47] 하지만 그렇지 않았다. 그들은 오히려 재생과 회고로 인해 고통스러워했는데, 이런 현상은 베트남 전쟁에 참전했던 병사와 걸프 전쟁에서 돌아온 군인에게서 흔히 나타났다. 또 아우슈비츠에서 살아남은 사람들도 '(인격) 분열' 같은 건 나타나지 않았으며, 기억이 억압되었다기보다 예기치 못한 순간 엄청난 결과를 가져왔다고 증언했다.[48] 이는 통제할 수 있었던 기억이 정확한 복사물로서 의식에 되돌아왔다는 걸 의미하시 않는다. 또 트라우마 기억의 경우도 변형이 일어나고 시기적으로 지체될 수도 있다. 하지만 그런 기억은 억압되거나 잊히지 않는다.

아이들을 대상으로 한―재발견된 기억에 관한 논쟁에서 매우 중요한—연구에서 사람들은 트라우마에 대한 반응과 거의 동일한 반응을 관찰했다. 부모가 살해되는 광경을 목격한 5~10세 아동 16명은 항상 재생되는 생생한 기억을 갖고 있었다.[49] 어머니가 강간당할 때 옆에 있었던 5~17세 아이 10명은 강간 장면이 규칙적으로 떠오른다고 고백했다.[50]

재발견된 기억을 연구할 때 사람들은 흔히 남아 있는 재료로 재구성할 수 있는 것에서 시작하고, 그렇게 함으로써 실제로 무슨 일이 일어났는지 알아내려 했다. 위에 언급한 분석은 이른바 '다른 측면'에서 시작한다. 즉 부담되거나 트라우마에 속하는 사건에 대한 기록을 갖고 있는 상태에서 그런 사건을 기억하는지 혹은 잊었는지 조사한다.[51] 그러면 다음과 같은 결과가 나온다. 요컨대 상세한 것이 기억에서 사라지거나 점차 기억에 모순이 생기기 때문에 '망각'이 나타나며, 이는 억압이나 분열과 무관할 수 있다. 트라우마가 기억으로 처리하는 것은 억압이라기보다 기억의 복귀다.

트라우마와 안구 운동

여성 소방대원으로 일하는 스물아홉 살의 마리타는 5년 전 팀원들과 함께 오래된 교회에서 일어난 화재 현장에 출동했다. 그때 담 하나가 무너졌다. 그녀보다 10미터쯤 앞에 있던 동료 한 명이 좁은 골목길로 달려갔는데, 빨리 도망쳐 나오지 못하는 바람에 그 자리에서 사망했다. 마리타는 사건을 눈앞에서 목격했다. 그 뒤로 그녀는 죄책감에 시달렸다. 가족 있는 동료는 죽고 아이도 없는 자신은 살아남았기 때문이다. 이때부터 그녀는 현장에 적극적으로 출동하는 걸 두려워하다 결국 사무실에서 일을 하게 되었다. 5년이 지난 후에도 여전히 악몽에 시달렸고, 동료가 죽던 사건이 상세하게 떠올라 심리 치료를 받기 시작했다.

마리타는 2009년 출간한 《EMDR 사례집》의 25가지 사례 중 가장 먼저 소개되었다.[52] 아울러 이 보고는 EMDR의 치료 과정에 대해 좋은 인상을 준다. 첫 상담 때 치료사는 그녀에게 당시의 사고와 관련해 어떤 게 가장 끔찍한 기억이냐고 물었다. 마리타는 세 가지를 얘기했고, 치료사는 첫 번째 기억을 EMDR로 치료해보자고 제안했다. 그 기억은 담이 무너지는 장면이었고, 이와 연결된 감정은 근심과 무기력이었다. 치료사의 지시에 따라 이 광경을 가능한 한 생생하게 떠올리자 마리타는 몹시 힘들어 했다. 치료사는 얼마나 힘든지 1~10까지의 숫자로 말해보라고 했다. 마리타는 9라고 대답했다. (EMDR의 전문 용어로 말하면 SUD 9. 여기서 SUD는 '주관적 고통지수Subjective Units of Distress'의 약자이다.) 마리타는 헤드폰을 끼고 있었는데 치료사가 번갈아가며 왼쪽 귀와 오른쪽 귀를 클릭하면 어떤 감정이 떠오르는지, 신체적으로는 무슨 느낌이 드는지 얘기했다. 가끔 치료사가 클릭하는 것을 멈추고 질문을 한 다음, 기억나는 장면에 다시 집중해달라고 요구했다. SUD는 점차 7까지("전혀 다르게 숨을 쉬는 것 같아요.") 내려갔다. 이어서 5까지("어떤 사람의 사진을 전혀 다르게 관찰하는 느낌이에요."), 4까지("아무것도 느끼지 않아요. 그냥 중립적으로 느껴요.") 그리고 마침내 0까지("그 광경을 봐도 감당할 수 있어요.") 내려갔다.[53] 일주일 후, 그녀는 무너지는 담을 떠올리려고 애썼지만 그 기억은 "점차 희미해졌고" 약간의 감정만 일어났을 뿐이다. 마리타는 이어진 총 4회의 상담을 통해 그 밖의 다른 고통스러운 기억을 치료받았다.

EMDR는 이론을 찾고자 하는 하나의 기술이다. 임상에서 매일 이 기술을 사용하는 치료사들도 왜 이와 같은 기술이 효과적인지 선혀 모른다. 앞에서도 말했듯 EMDR는 'Eye Movement Desensitization and Reprocessing'의 약자이다. 그런데 안구 운동은 마리타의 사례에서 치료사가 사용했던 클릭으로 충분히 대체할 수 있다는 믿을 만한 결과도 있다. 'Desensitization and Reprocessing'이라는 이름을 보더라도 이것이 치료적 효과가 있는지 확실하지 않으며, 있다 하더라도 무엇인지 확실하지 않다.

EMDR는 1989년 캘리포니아의 여성 정신과 의사 프랜신 샤피로가 도입했다.[54] 샤피로는 공원을 산책하던 중 불쾌한 사건 몇 가지를 생각하고 있었는데, 그때 자신의 눈이 빠르게 이리저리 움직인다는 사실을 알아차렸다. 그런데 그 이후 마치 기억이 불쾌한 짐을 벗어던진 것 같은 느낌이 들었다. 그래서 샤피로는 이와 같은 기법을 트라우마로 고생하는 사람들을 치료할 때 도입해보기로 했다. 1989년 발표한 그녀의 논문은 외상 후 스트레스 장애post traumatic stress disorder, PTSD를 앓고 있던 22명의 환자를 EMDR로 치료한 결과를 기록한 박사 논문이었다. 이들 환자는 모두 치료를 통해 나았다.

1980년 《정신 장애 진단 및 통계 편람》제3판은 외상 후 스트레스 장애를 수용했고, 몇 번의 수정을 거쳐 이 책 4권에 포함시켰다. 오늘날의 진단 기준은 해당 질환을 앓는 사람은 재체험, 악몽 혹은 회상으로 괴로워하고 트라우마와 관련한 자극을 가능한 한 회피하려 애쓴다고 상세하게 기술하고 있다. 이런 사람은 과도하게 깨어 있고 자극을 잘 받으며(각성 과민), 이로 인해 수면 문제와 집중의 어려움을 호소할 수도 있다. 외상 후 스트레스 장애를 가진 사람의 수가 가파르게 증가하기에 앞서 EMDR가 신속하게 늘어났다.

어떤 기술을 최초로 작성하는 것과 이를 실제로 응용하는 것 사이에는 커다란 차이가 있다. EMDR에서 R는 나중에야 나타났다. 샤피로는 처음에 안구 운동이 감각의 '둔감화/민감 소실Desensitization'의 속도를 높이는

데 도움을 준다고 확신했다. 둔감화는 전통 치료법에서 트라우마와 공포증을 치료하는 기법으로 잘 알려져 있었다. 즉 두려움을 초래하는 자극에 여러 차례 내맡김으로써─실제로 혹은 상상으로─두려움을 점차 희미해지게 할 수 있다는 것이다. 훗날 샤피로는 트라우마 사건에 대한 기억은 기능 장애 정보처럼 신경망에 저장된다는 입장을 취했다. 이런 저장물은 자연스러운 적응 과정에 들어가지만, 이런 적응 과정이 꼼짝 못하고 멈춰 있거나 서서히 진행되는 경우도 많다. 그러면 신속한 안구 운동이 '재처리reprocessing' 속도를 높일 수도 있다는 것이다.

두 번째 차이는 EMDR가 연구소에 기반을 두고 있다는 점이다. 최초로 이 기술을 소개할 때, 샤피로는 1989년 발표한 자신의 논문을 읽고 거기서 설명한 지시 사항만 잘 따르면 누구나 다 이 기술을 사용할 수 있다고 했다. 안구 운동을 통해 치료하는 이 기술은 너무나 간단해서 어떤 특별한 능력도 필요하지 않다면서 말이다. 이런 말은 1년 후에 그녀에게 타격을 주었던 게 분명하다. 샤피로는 1990년 EMDR 연구소를 차렸고, 이 연구소에서 이틀 동안 교육을 마쳐야 EMDR 치료사 면허증을 주었기 때문이다. 그런데 이로부터 1년이 지난 뒤 이 기술은 너무나 복잡하게 변해서 EMDR를 제대로 실시하려면 '레벨 II' 면허증이 필요했다. 그리고 이 과정에 참여하는 사람은 자신이 배운 내용을 제삼자에게 전하지 않겠다는 각서에 서명해야만 했다. 안내서를 직접 출간한 뒤 샤피로는 그와 같은 제한을 취소하긴 했다.[55] 그러는 동안 미국 밖에서도 EMDR 연구소를 설립했다. 그리고 이 단체가 인정하는 교육을 받은 후에야 비로소 회원들은 EMDR 치료사가 될 수 있었다. 이울러 회원들은 지속적인 교육을 받아야 할 의무가 있고, 그래야 면허증이 유효했다.

치료법 또한 일부 변했는데, 이는 어느 정도 치료 효과를 설명하려고 시도한 결과였다. 원래 샤피로의 이론 자체는 진지하게 받아들여지지 않았다. 이와 같은 '기능 장애적 연결망'이 어디에서 일어나는지 그리고 어떻게 안구 운동이 기능 장애가 발생한 연결망을 '재처리'할 수 있는지 불분명했다. 많은 사람이 안구 운동은 꿈을 꿀 때의 '빠른 안구 운동'을 모방한 것이며, 렘수면 상태에서는 그날의 기억이 견고해지거나 반대로 제거된다고 주장한다(여기에 관해서는 2장 참조). 수면 연구가 스틱골드R. Stickgold는 트라우마가 렘수면을 부족하게 만들고, 이로 인해 기억을 작업하는 일이 정체된다고 넌지시 시사했다. 어쩌면 EMDR가 렘수면 같은 상황을 불러일으키고, 이런 상황에서는 기억을 나중에 가서야 이해할 가능성이 있다.[56] 하지만 실험을 해보니 안구를 위아래로 움직이는 운동도 역시 똑같은 효과가 있고, 앞을 응시한다거나 심지어 눈을 감은 상태를 계속 유지하더라도 동일한 효과가 있음이 드러났다. 그 밖에도 렘수면을 하는 동안 안구는 EMDR 치료를 할 때 눈으로 따라갈 수 있는 자동차 와이퍼 속도보다 훨씬 빠르게 움직인다. 안구 운동은 헤드폰을 클릭한다거나 손을 가볍게 톡 치는 것으로 대체할 수 있다. 이때 이 두 가지, 곧 클릭과 톡 치는 방법을 번갈아가면서 투입하거나 동시에 사용해도 좋다.

《EMDR 사례집》에 따르면 "고객들이 자주 사용하는 이유"는 2개의 대뇌반구가 커뮤니케이션을 좀더 잘하게 하는 효과 때문이라고 한다. 편집자는 이렇게 표현한다. "뇌의 좀더 넓은 영역이 활성화하고 왼쪽(이성) 대뇌반구와 오른쪽(감정) 대뇌반구 사이의 커뮤니케이션이 향상하기 때문에 트라우마 사건을 훨씬 빨리 이해할 수 있는 것이다."[57] 이어서 이와 같은 이론은 "지속적으로 유지되지 않는데" 그 이유는 수직 안구 운동은 효과가 있지만 왼쪽과 오른쪽 대뇌반구 사이의 대화를 향상시키지는 않기 때문이라고 썼다.[58]

또 다른 설명에 따르면, 작업하는 기억의 한정된 능력이 치료 효과에 영향을 준다. 만약 불쾌한 기억을 작업 기억으로 '불러와' 이 기억을 클릭하든가, 찰싹 때리든가 혹은 손가락을 흔들어 신호를 보내며 작업하도록 하면 상세하고 생생하게 기억을 불러올 수 없고, 따라서 상담 시간이 끝난 후에도 역시 이를 생생하게 장기 기억으로 저장할 수 없다. 이 방향으로 계속 조사한 결과, 찰싹 때리거나 클릭하는 대신 암산을 통해 주의를 돌릴 수도 있다는 게 밝혀졌다.[59]

《EMDR 사례집》은 효과는 있지만 "앞서 기술한 이론은 대부분의 경우 서로 모순되지 않는다"[60]고 전체적인 설명을 요약했다. 이는 참으로 당황스러운 결론이 아닐 수 없다. 왜냐하면 전체적으로 볼 때 EMDR의 효과는 지극히 다양한 심리 치료법과 일치하는 게 분명해 보이기 때문이다. 처음에는 '재처리'를 위해, 나중에는 2개의 반구 사이에 향상된 커뮤니케이션을 위해 중요했던 수평적 안구 운동은 수직적 안구 운동으로 대체할 수 있고 수직적 안구 운동 역시 전혀 다른 것으로 대체 가능했다. 왼쪽과 오른쪽을 클릭하는 동안 산수 문제를 풀 수 있었고, 이 산수 문제는 왼쪽(이성)과 오른쪽(감정)에 특별한 효과를 전혀 주지 않았다. 따라서 '고객들'에게 말해줘야 할 것은 왜 EMDR가 효과적인지 설명할 수 있는 좋은 방법을 아무도 모른다는 사실이다.

그런데 정말 효과가 있기는 할까? 이에 대해서는 다양한 대답이 가능하다. EMDR가 많은 사람에게 도움이 되었다는 건 확실하다. 요컨대 일련의 치료법을 모두 시행한 뒤에도 좀처럼 차도가 없을 때 이 치료법을 사용하며 자주 그러했다. 성공적인 치료 사례는 《EMDR 사례집》에서 발견할 수 있으며, EMDR의 네덜란드 웹사이트 www.emdr.nl과 EMDR에 관한 안내서에서도 찾아볼 수 있다. 개별 환자들은 자신에게 도움을 주는 치료법이라면 굳이 이것에 대해 연구할 필요는 없다고 본다. 하지만 효과에 대한 연구는 고통스럽게 다양한 치료를 받은(또는 이런 치료를 받기 위해 기다리는) 환자 그룹을 비교하고, 증세가 어느 정도 좋아졌는지 측정하려고 시도했다. 드벨C. DeBell과 존스R. D. Jones는 EMDR의 효과와 관련해 일곱 가지 연구를 비교했는데, 그중 네 가지 연구에서 EMDR를 이용한 치료법이 안구 운동을 하지 않은 치료 혹은 자신의 트라우마에 대해 환자에게 이야기하도록 한 치료에 비해 훨씬 좋은 결과가 나왔다.[61] 나머지 세 가지 연구에서는 EMDR가 긴장 해소 치료법이나 '이미징imaging' 치료법과 비슷하게 효과적이라는 결과가 나왔다. 이보다 훨씬 광범위한 분석을 한 경우도 있다. 외상 후 스트레스 장애를 앓고 있는 환자를 치료할 때의 효과를 알아보기 위해 61개의 연구를 대대적으로 분석해보았다. 그랬더니 심리 치료가 약물 치료보다 효과가 더 좋으며, 심리 치료 가운데는 행동 치료와 EMDR가 가장 효과적이라는 사실이 드러났다.[62] 최근 주류 전문 잡지인 〈영국 심리학 저널British Journal of Psychiatry〉은 이 두 가지가 가장 권장할 만한 치료법이라는 결론을 내렸다.[63]

EMDR를 도입한 지 20년이 지난 오늘날에는 굳이 외상 후 스트레스 장애에만 한정해서 이 치료법을 적용하지는 않는다. 《EMDR 사례집》에 따르면 이 치료를 성공적으로 받은 사람 가운데는 "잠을 자려고 하지 않던 네 살짜리 소녀", "심각한 외상 후 스트레스 장애를 앓고 있으며 안전상 감금되어 있는 환자", "17년 전부터 만성적인 환각지phantom limb, 幻覺肢(이미 절단 또는 잃어버린 사지를 아직 있는 것처럼 느끼는 현상—옮긴이) 통증에 시달려온 여성", "할머니가 돌아가신 다음부터 음식물 삼키는 걸 두려워한 소년", "금연에 실패해 괴로워하던 사람", "과체중과 남자 문제로 고민하던 여성"도 있었다. 다른 문헌을 읽어보면 EMDR가 대중 앞에서 말하는 것을 두려워하는 증상, 강박 장애, 공황 발작, 비행 공포증, 우울증, 정체된 비애와 다중 인격에도 효과가 있다는 것을 알 수 있다. 《EMDR 사례집》에 따르면 이러한 증상의 공통점은 다음과 같다. 요컨대 특정한 고통이나 장애를 앓고 있는 환자는 자신에게 부담을 주는 특수하고도 구체적인 어떤 상상을 하는데, EMDR를 통해 이런 상상을 격리시킨다는 것이다. 심리적 부담을 주는 이런 상상을 떼어내면 고통이 사라진다는 얘기다.

EMDR에 관한 책은 '망각의 기술'에 대한 내용을 서술하고 있는 게 아니라고 강조한다. 기억은 지워지거나 줄어드는 게 아니라 다만 새롭게 저장되며, 이때 부정적 감정이 사라진 채로 저장된다고 한다. 기억으로 되돌아오는 것은 더 이상 재체험이나 악몽의 형태를 띤 기억이 아니라는 뜻이다. 트라우마 사건 자체는 망각하지 않는다고 한다.

하지만 망각하지 않는 것도 **아니다**.

《EMDR 사례집》에서 소개한 환자들이 치료를 받은 뒤 자신의 기억을 서술할 때 사용한 은유는 기억이라기보다 망각에 더 적합하다. "항상 내 망막에 있던 상들이 사라져버린 것 같다", "고통스러운 기억이 제거되었다", "불쾌한 사진으로부터 한 뼘쯤 멀어진 건 분명하다" 등등. 어떤 심리 치료사는 자신에게 치료를 받은 사람의 기억은 "서서히 색이 바랬다. 그는 점점 이와 같은 상황을 기억 못했고 더 이상 재체험을 하는 고통도 느끼지 않았다"[64]고 보고했다. 사라짐, 제거 그리고 색이 바랜다는 표현은 망각의 언어에 속한다. 환자들은 적어도 부분적으로는 기억을 망각한다. 이런 추측은 맞다. 자서전의 경우 기억은 그야말로 순수한 정보가 아니다. 이런 기억 속에는 자서전을 쓰는 사람의 감정적 의미, 기억을 불러일으킨 연상 그리고 기억의 색깔이나 느낌이라고 명명할 수 있는 모든 게 녹아 있다. 만일 EMDR 치료법이 이 모든 것을 제거한다면, 기억은 '망각되지 않는다'고 말할 수 없다. 어쨌든 **기억의 원래 형태**는 사라지거나 더 이상 접근하지 못하고, 따라서 이런 의미에서 망각된다고 말할 수 있다. EMDR가 결코 망각의 기술이어서는 안 된다고 하는 것은 기억이 갖고 있는 요소인 망각을 부인하는 셈이다. 사실 임상심리학자들은 오래전부터 기억의 이와 같은 요소에 대해 충분히 이해하고 있었다.

정신과 의사들은 함축성 있게 EMDR에 기억을 지우는 효과가 있다는 점을 여기저기서 인정하고 있다. 예를 들면 자폐증을 앓던 열다섯 살 소녀가 있었다.[65] 게아라는 이름의 이 소녀는 여자 친구 2명이 부추기는 바람에 귀걸이 몇 쌍을 훔쳤다. 여직원이 붙잡자 게아는 놀랍게도 그 여직원을 가위로 찔렀다. 여직원은 심한 부상을 당했다. 게아는 소년교도소에 수감되었고 나중에 심리 치료 부서로 옮겼다. 게아는 피를 흘리는 여자에 관한 악몽을 반복적으로 꾸었다. 외상 후 고통 때문에 게아는 EMDR 치료를 받겠다고 신청했다.

그러자 치료심사위원회에서는 흥미로운 논쟁이 펼쳐졌다. 이런 트라우마를 정말 치료해야만 할까? 게아의 고통은 "앞으로 그런 범죄를 저지르지 않도록 막아주고 지속적으로 자신의 잘못을 기억하도록 함으로써 본인도 조심하게 될 것이다. 그게 무슨 잘못인가?"[66] 게아는 자신의 행동에 대해 충분히 잘 알고 매우 고통스러워했기 때문에 위원회는 트라우마를 치료하기로 결정했다. 이 치료는 게아의 행동에 매우 유익한 효과를 가져다주었다. 이런 특수한 경우 치료는 정말 잘한 결정일 수 있다. 하지만 자신이 성폭행한 사람의 두려움을 떠올리고 괴로워하는 범인은 어떨까? 자신이 권총으로 머리를 겨누었던 사람의 표정을 매일 밤 꿈에서 보는 강도는? 트라우마는 그 자체로 기능 장애를 일으키지 않지만, 치료를 받음으로써 트라우마가 보내는 신호 기능을 없앨 수는 있다. 이와 같은 윤리적 문제를 여기에서 해결할 필요는 없다. 하지만 여기서 윤리적 딜레마가 등장한다는 사실은 사람들이 EMDR는 '기억 자체'를 온전하게 내버려둔다는 말을 거침없이 해도 좋다는 건 아니라는 것을 보여준다.

사람들이 믿는 것

100년 후의 사람들은 프로이트의 '도라'를 머리를 절레절레 흔들며 읽을 수밖에 없다. 이 보고는 그야말로 여성 멸시적이며(도라는 "숙녀를 위한 강연을 듣는 데" 열중한다), 열세 살 소녀에게 성인 남자가 끄집어내는 자유를 미화한다.[67] 프로이트는 반복적인 성적 호감을 경시했다. 그는 소녀가 성적으로 수줍음을 경험할 수밖에 없다고 해석함으로써 도라를 압박했다. 이 환자에 관한 이야기는—'환자'라는 말 자체도 약간 기묘하게 들린다—여권 신장에 힘쓰는 페미니스트들로부터 대부분 비판을 받고 있다.

성폭행을 당한 여성들에게 도움을 제공한 여성 해방 운동이 사실상 정신분석을 비판했으나 바로 이런 정신분석에서 나온 치료를 지지했다는 것은 아이러니가 아닐 수 없다. 그리하여 여성 해방 운동은 정신분석에서 사용하는 은유를 공유했다. 여성이 아이였을 때 견뎌내야만 했던 성폭행은 숨겨진 트라우마처럼 매장되어 있고, 따라서 프로이트가 오랫동안 지속되는 "생매장"이라고 불렀던 상태로부터 벗어나야만 한다. 이는 매우 까다로운 과정으로, 이를 위해 최초의 정신분석학 기술을 투입했다. 요컨대 꿈 해석, 최면, 청소년 시절로 다시 돌아가는 방법 등이 그것이다. 치료 초기에 떠오르는 것은 더 이상 '조각난 찌꺼기'가 아니며, 기억나는 조각과 파편을 억압하기 전의 온전한 기억으로 재구성하는 작업을 하려면 사람들은 참으로 많은 일을 해야 하고 발명하는 재주까지 갖추어야 한다. 정신분석을 할 때처럼 환자에게는 그 어떤 권위도 주어지지 않는다. 로라 패슬리가 청소년 시절 성폭행을 당했다는 사실을 떠올리지 못하자 심리치료사는 그 기억을 억압한 증거로 파악했다. 수천 명의 여자들이 바로 그런 상태였다. 즉 기억의 부재는 부정을 가리키며, 부정이 격렬하면 할수록 파헤쳤을 때 뭔가를 발견할 가능성은 더 높아질 수 있다. 이는 여성은 치료사의 추측을 자기 판단력으로 테스트해볼 수 없다는 것을 의미한다. 권위는 여성의 손에서 빠져나갔다. 이들 여성 환자는 심리치료사 앞에서 도라와 동일한 위치에 있었다. 이를테면 도라가 과거 자위를 한 기억이 나지 않는다고 말할 때처럼 말이다. 도라가 대답한 '아니요'는 '예'이며, 사람들은 오로지 그녀의 손가락만 지켜보았다. 억압된 기억을 위한 치료는 기억은 억압되어 있기 때문에 불행을 가져온다는 상상을 정신분석과 공유한다. 억압된 기억은 무의식 속에 숨어 있어 일시적으로 볼 수 없으므로 너무나 잘 보이는 문제를 불러일으킨다. 요컨대 로라의 폭식증 같은 식사 장애, 도라의 경우처럼 목의 통증으로 나타난다. 이런 표현은 심신 상관적이고 상징적이며, 이는 치료사를 통해 의미를 밝혀야 한다. 환자가 무의식의 언어를 지배할 거라고 기대할 수는 없기 때문이다.

하지만 치료 가운데 효과적인 부분이라고 간주하는 것에 대해서는 두 가지 운동이 모두 의견의 일치를 보인다. 프로이트의 경우 정신분석의 치료적 효과는 기억의 재생을 기초로 하고 있다. 바로 '기억 장애의 해소'가 그것이다. 프로이트는 억압된 재료와 관련 있는 부담스러운 감정을 완화하거나 약화시킴으로써 기억을 의식으로 불러들이려 했다. 의식 속에 들어온 기억은 이어서 광택을 내야만 한다. 프로이트의 생각에 따르면, 시간에 의해 자연스럽게 닳아버리는 기억 작용은 의식의 표면으로 다시 드러날 수 있는 기억만을 공격한다. 따라서 무의식 속에 있는 기억은 온전하게 남아 있고, 이로 인해 위험에 처한다. 이는 성폭행당한 기억을 억압하고 있는 여성들에게도 동일하게 적용된다. 이들이 나을 수 있는 유일한 방법은 트라우마를 직시하고 심리치료사와 함께 의심스러운 기억의 빈틈을 다시 채울 때에만 가능하다. 치유의 길은 무의식에서 의식으로, 숨김에서 공개로, 파편적인 것에서 온전한 것으로 인도한다.

바로 이 지점에서 EMDR에 대한 대조적인 시각이 뚜렷해진다. 외상 후 스트레스 때문에 치료를 신청한 환자들은 문제된 기억을 억압하지 않아야 하고, 하물며 망각해서는 더더욱 안 된다는 것이다. 흔히 몇 년이 지난 후 그 기억을 재생하고 회상하는 것은 고통스러운 측면이 있다. 그래서 많은 환자들은 억압 같은 게 있다면 굳이 치료를 받을 필요가 없다는 느낌을 가질 수도 있다. 이제 EMDR는 기억의 날카로운 모서리를 갈아서 환자가 괴로워할 필요 없는 기억으로 되돌려줘야 한다. 외상 후 스트레스를 앓고 있는 환자의 회상이나 재체험은 만일 이런 것이 마치 가면을 쓰듯 몰래 의식으로 되돌아온다면 상징적인 특징을 갖지 않는다. 원래 억압된 기억은 상징적인 특징을 갖고 있지만 말이다. 외상 후 장애를 반복하는 체험은 거칠고 현실적이며 어떤 해석도 필요하지 않다.

프로이트는 11주에 걸쳐 매주 6일 동안 한 시간씩 정신분석을 했고, 도라는 갑자기 치료를 그만두었다. 그런데 정작 프로이트는 분석을 아직 시작조차 하지 않았다는 느낌을 가졌다. 자물쇠를 열기는 했으나 이제 억압된 재료를 세심하게 다시 의식으로 불러와야만 했다. 정신분석가와 분석 대상자 사이의 교류는 보통 몇 년이나 되었고 이는 지금도 그러하다. 그런데 EMDR로 하는 치료법은 고작 몇 시간이며, 몇 번의 상담으로도 치료가 가능하다고 한다. 프로이트는 이런 치료법에 고개를 절레절레 흔들었을 게 분명하다. 어떻게 그토록 짧은 시간에 손가락 2개를 흔들어 트라우마 기억에서 부정적 감정을 제거한 기억으로 변형시킬 수 있단 말인가? 프로이트의 이론에서는 바로 그와 같은 부정적 감정이 억압할 수밖에 없는 원인이며, 무의식에서 기억을 끄집어내는 것은 시간이 많이 걸리는 과정이었다. 최근 네덜란드에서는 보수를 지급하는 치료에서 정신분석을 없앰으로써 수년 동안 지속해온 이중창, 요컨대 트라우마를 치료할 때 내부 진단과 해석이라는 두 가지 치료법은 신속한 한 가지 해결책으로 대체되었다.

이렇듯 트라우마와 억압 그리고 망각은 지난 세기 동안 지극히 다양한 관계에 놓여 있었다. 하나의 트라우마는 억압의 원인이 될 수 있지만, 억압이 불가능한 원인이 될 수도 있었다. 부담을 주는 기억은 무의식에 안착할 수 있으나, 의식에서 사라지는 걸 강력하게 거부할 수도 있었다. 트라우마 기억은 책임자를 추적하기 위한 증거 자료로 사용하거나 혹은 정반대로 '창백하고' '희미하게' 다시 저장하려면 많은 수고를 들여 원래의 형태로 불러와야만 했다. 만약 트라우마 기억이 다시 의식으로 떠오르면, 상징적인 특징을 갖거나 혹은 고통스러울 만큼 현실적이었다. 가끔 심리학이나 정신병학 자료에는 저자들이 놀라움을 금치 못하며 "증거 조사에도 불구하고 사람들은 기억에 관해서 무엇을 믿는가?"[68]라는 제목을 붙인 논문이 나온다. 여기서 언급하는 '사람들'에 대해 우리는 불쾌하게 생각할 필요가 없다. 아울러 '증거'는 환자 층마다 다르고, '증거'로 간주하는 기준에 따라서도 다르다.

트라우마, 억압 그리고 망각이 모든 학계와 임상에서 서로 어떻게 배치되었든 치료사는 시대를 막론하고 포기할 수 없는 존재였다. 정신분석의 경우 환자는 분석가에게 맡겨졌는데, 억압된 재료가 가면을 쓴 채 검열관을 피해 살금살금 도망치려 했기 때문이다. 이와 같은 시도는 오로지 무의식의 비밀 언어에 대해 잘 아는 사람이 해석해야만 한다. 정신분석가가 없으면 트라우마를 인식하지도 못하고, 치유를 바랄 수도 없다. 이렇듯 치료사와 환자 사이의 관계는 재발견된 기억에서도 온전히 살아남았다. 환자 자신은 성폭행을 잊어버렸지만 치료사는 점차 치유할 수 있도록 도와준다. 도라의 경우처럼 이는 힘들게 재구성하는 과정이 필요한데, 파묻어둔 재료는 조각이나 파편의 형태로 나타나기 때문이다. 외상 후 스트레스 증상의 경우 심리치료사는 무의식의 상징 언어 깊숙이 들어갈 필요가 없고 고고학자 같은 능력도 필요하지 않다. 그 어떤 해석도 할 필요가 없고 혹은 보충할 것도 없다. 기억은 지극히 첨예하면서도 완전하게 밀어닥치기 때문이다. 하지만 심리치료사를 포기할 수는 없다. 왜냐하면 이들은 기억을 비교적 손상되지 않은 형태로 다시금 기억 속에 들어갈 수 있도록 하는 기술을 갖고 있기 때문이다. 심리학과 정신병학 같은 학문의 특징이라고 할 수 있는 꼬불꼬불한 미로에서 가끔 아름다운 직선을 보는 것은 상쾌한 일이다.

절대적 기억의 신화

빙하는 산에서 조난당한 사람들의 몸을 매우 오랫동안 보관할 수 있다. 하루 거리를 올라간 등반가는 내려오는 데 70~80년이 걸릴 수도 있다. 가령 어떤 사람이 1927년 어느 늦여름 4000~5000미터를 올라가서는 주변의 경관을 즐기거나, 뭔가를 먹거나 혹은 쉬기 위해 잠시 바위에 앉았다고 치자. 그런데 일이 잘못 꼬인다. 잠깐 졸다가 그만 잠에 빠져 꽁꽁 얼어버린 것이다. 저녁이 되자 눈이 내리기 시작한다. 눈은 남자의 허리까지, 어깨까지, 머리까지 쌓인다. 그리고 마침내 남자는 눈에 덮여 사라진다. 눈이 녹아 그의 모습이 드러나려면 여름이 되어야 한다. 그런데 얼마 후 겨울이 오자 남자는 2미터, 7미터 그리고 10미터나 되는 눈으로 덮인다. 그 이후 오랜 시간에 걸쳐 눈이 서서히 녹기 시작한다.

빙하는 원래 강처럼 흐른다. 빙하를 저속 촬영하면, 그것을 볼 수 있을지도 모른다. 빙하가 어떻게 쏘불쏘불 불어서 만을 깎아내리고, 갈라진 틈을 압박하고, 측면을 거쳐 흘러가는지 말이다. 빙하 속에 갇힌 남자의 몸뚱이도 서서히 움직여 10년 후에야 겨우 산자락에 모습을 드러낸다. 이 모든 일은 그야말로 엄청나게 더딘 속도로 이루어진다.

그런데 이 남자의 몸뚱이는 어떻게 산자락에 도착했을까? 빙하 기슭에서는 어떤 모습이었을까?

이는 그동안 어떤 일이 일어났는지에 달려 있다. 앉은 채로 있던 남자는 머리 위에 얼음 층의 압박을 받으며 오랫동안 여행하느라 난쟁이처럼 압축되었을 수도 있다. 빙하 바닥에 있는 틈을 통해 이동한 남자는 바위에 납작하게 눌린 거인이 되었을 수도 있다. 또 아무런 일도 일어나지 않을 수 있다. 다시 말해, 사라졌을 때처럼 밑에서 그대로 떠오를 수도 있다. 예전의 장비를 그대로 갖고 있을 수도 있다. 가령 1920년대에 나온 최첨단 장비 말이다. 살아 있는 가족이나 친지는 손자일 경우가 많다. 손자는 신원 확인을 거친 다음 서른 살에 죽은 할아버지를 묻는다.

많은 경우 사람들은 직감적으로 의식하곤 한다. 이는 뭔가에 대한 은유임에 틀림없다고. 하지만 무엇에 대한 은유일까?

작가 뤼디 카우스브루크Rudy Kousbroek는 빙하 속의 시체에서 시간이 명예롭게 만들어주는 뭔가에 대한 은유를 보았다. 한때 명성을 떨쳤으나 반백 년이 지난 후에는 남아 있는 게 별로 없을 수도 있다. 그런가 하면 당시에는 거의 알려지지 않았지만 명성이 커져 존경을 받을 수도 있다. 이렇듯 시간은 망치로 두드리고 납작하게 만들어 형체를 내놓는다. 전혀 알아볼 수 없을 정도로 변한 형체일 때도 많다.

시간은 우리의 기억도 그렇게 만들까? 우리의 기억력도 어떤 기억은 납작하게 만들고 또 어떤 기억은 난쟁이로 만드는 빙하처럼 행동할까?

대체로 그렇지 않다. 만일 기억력이 우리를 정말 체계적으로 속일 수 있다면, 우리는 기억할 게 전혀 없을지도 모른다. 전반적으로 현실과 믿을 만한 관계를 맺지 못했다면, 진화의 역사에서 우리는 발전하지도 못했을 것이다. 진화는 허튼짓을 참고 견디는 인내심이 없다.

문제는 '대체로'라는 표현에 숨어 있다. 이는 예외가 가능하다는 뜻이다. 예외 자체가 문제가 아니라 해당하는 경우가 예외인지 아닌지 알 수 없다는 사실이 문제다. 기억이 가끔 사람을 잘 속인다는 사실은 사람들이 확신하는 기억조차 건드린다. 나이가 들면서 체념하는 그런 기억 말이다. 자신의 기억을 민감하게 관찰하는 사람이라면 누구나 훗날 차곡차곡 쌓이는 기억들이 내리누르는 압박으로 인해 변해버린 기억을 의식할 수 있다.

하지만 사람들은 또한 시간이 기억에 미치는 영향과 정반대의 영감을 가질 수도 있다. 흘러가는 수년의 세월은 기억과 관련해 뭔가를 보호하는 효과가 있다. 기억을 은폐하고, 잘못 기록하지 않도록 보호하는 효과가 그것이다. 이런 영향을 표현하는 은유들은 심연, 매장, 상부층을 지시한다. 1902년 동생 알렉산더와 함께 폼페이로 간 프로이트는 그곳에서 자신의 은유로 산책을 했다.[1] 저서 여러 곳에서 프로이트는 트라우마 기억을 폼페이 발굴과 비교한다. 79년에 5미터나 되는 먼지층 아래 묻혀버린 이 도시는 18세기 후반이 되어서야 조심스럽게 모습을 드러냈다. 표면이 드러나자 자연스러운 풍화 작용이 일어났다. 프로이트는 실제로 폼페이의 파괴는 이와 같이 보호하고 있던 층이 사라졌을 때 비로소 진행되었다고 썼다. 그에 따르면 환자가 정신분석 치료를 받는 동안 마음속 깊은 곳에서 밖으로 끄집어내는 것은 바로 온전한 기억이다. 아울러 이 기억은 표면 기억에 의해 보호를 받고 있어 변하지 않는 진짜 기억이다. 무의식에 들어가 있던 기억은 매장되어있기 때문에 살아남을 수 있다.

《꿈의 해석》에서 프로이트는 이보다 더 극단적인 이론으로 악의 없이 장난을 쳤다. 꿈에서는 낮의 잔여물이 나타나는 경우가 많은데, 우리가 전혀 주의를 기울이지 않더라도 붙잡고 있는 삶의 통속적인 사건에 대한 기억이다. 이는 우리가 일찍이 행동했거나 체험했던 모든 것 가운데 그 어떤 것도 잊어버리지 않는다는 증거일까? 혹시 절대적 기억을 암시하는 것은 아닐까? 프로이트는 꿈에 대한 기억을 두고 독일인 동료 숄츠F. Scholz의 말을 인용해 "우리가 일단 정신적으로 소유했던 것은 완전히 상실될 수 없다"[2]고 했다. 이런 견해를 가졌던 사람이 프로이트만은 아니었다. 기억력에 관한 학문에 종사했던 많은 동시대인, 의사, 심리학자, 신경학자, 정신과 의사도 모든 지각, 모든 감각적 경험, 모든 생각, 공상 혹은 꿈은 지워지지 않게끔 뇌에 흔적을 남겨놓는다고 생각했다. 미국의 생리학자이자 선구적 사진작가인 드래퍼J. W. Draper는 일찍이 1856년에 다른 세포로부터 오는 자극을 묶어놓는 세포인 신경절에 우리의 경험을 완벽하고도 지속적으로 남겨두는 흔적이 저장되어 있다고 기록했다.[3] 이와 같은 흔적은 잠복하고 있으며 노출은 되었으나 아직 현상하지 않은 사진 감광판과 비슷하다. 드래퍼에게 기억은 '조용한 미술관'이었으며, 그 미술관 벽에서는 우리가 이미 했던 모든 것의 그림자를 볼 수 있다. 낮 동안 이와 같은 내면의 그림은 깨어 있는 의식의 강력한 감각에 의해 은폐되어 있다. 하지만 꿈을 꾼다거나 열이 나서 혼몽한 상태에 처하거나 죽는 순간이 되면 정신은 내면으로 돌아가 모든 사진을 보게 된다.[4] 다른 은유를 이용해 세르게이 코르사코프는 똑같은 주장을 했다. 코르사코프 증후군이라는 심각한 기억 장애도 원래의 흔적을 지울 수 없다는 것이다. 즉 환자의 기억 속에는 "한때 울려 퍼졌던 모든 현들의 떨림이 계속되며, 한때 생각했던 모든 것이 지속적으로 나지막하게 여운을 남긴다".[5] 프로이트는《꿈의 해석》에서 벨기에의 심리학자이자 철학자인 델뵈프를 인용하며 이를 지지했다. 델뵈프는 1885년 모든 인상은 비록 하찮은 것이라 할지라도 계속해서 다시 떠오르게 되는 불멸의 흔적을 남긴다고 썼다.[6] 당시의 문헌을 찾아보면 비슷한 인용문을 많이 모을 수 있다. 따라서 **절대적 기억력**이라는 생각은 매우 오래되었다.

좀더 생생한 정보도 있다. 기억에 관한 심리학을 연구한 로프터스Loftus 부부는 1980년 피실험자들에게 기억에 관한 두 가지 주장을 제시했다.

우리가 경험한 모든 것은 지속적으로 기억에 저장된다. 비록 몇 가지 개별적인 것은 떠오르지 않을 때도 많지만 말이다. 최면이나 또 다른 전문적인 기술을 이용하면 접근하지 못했던 세부적인 일도 다시 불러올 수 있다.

우리가 체험한 것 가운데 개별적인 것은 기억에서 사라지는 경우가 많다. 그런 세부적인 사항은 최면이나 다른 전문적인 기술을 동원하더라도 결코 다시 불러올 수 없다. 왜냐하면 그와 같은 개별적인 것은 그냥 사라졌기 때문이다.[7]

질문을 받은 대부분의 사람은 우리가 체험한 모든 것은 지속적으로 저장된다고 대답했다. 우리가 '망각'이라고 일컫는 것은 현실에서는 그와 같은 흔적에 닿을 수 있는 능력이 없다는 의미다. 모든 게 존재한다는 것이다. 특이한 점은 대학에서 심리학을 공부했거나 강의를 들은 사람 가운데 84퍼센트가 첫 번째 주장에 동의한 반면, 심리학을 공부하지 않은 사람은 69퍼센트가 첫 번째 주장에 동의했다. 이렇게 대답한 이유로 심리학자들은 흔히 최면, 가끔은 정신분석, 무엇보다 캐나다 신경학자 와일더 펜필드의 실험을 지적한다. 펜필드는 그 누구보다 절대적 기억 이론, 다시 말해 우리의 뇌는 우리가 체험한 모든 것을 완전하게 기록해둔다는 이론을 정립하는 데 많은 기여를 한 사람이다. 드래퍼, 프로이트, 코르사코프와 19세기의 다른 모든 학자들이 당시 다른 도구가 없어 추측만 했던 게 펜필드 덕분에 실험을 통해 인정을 받기에 이르렀다.

새까맣게 타버린 토스트

캐나다 태생의 유명인들에 관한 1분 짜리 짧은 시리즈 〈시시각각의 역사History by the Minute〉에서 펜필드를 소개한 적이 있다.[8] 이 이야기는 집 안 장면을 배경으로 시작한다. 몬트리올, 1934년의 어느 날 저녁. 한 남자가 식탁에 앉아 신문을 읽고 있다. 그의 아내는 접시 하나를 손에 쥐고 곁에 서 있다. 아내는 토스트 타는 냄새가 난다고 말한다. 하지만 남편은 아무 냄새도 나지 않는다고 말한다. 그러다 남편이 깜짝 놀라 일어나는 바람에 아내가 들고 있던 접시가 깨진다. 그는 아내가 넘어지기 직전 아슬아슬하게 붙잡는다. 아내는 심한 간질병을 앓고 있다. 다음 장면에서 아내는 수술실에 누워 있다. 카메라는 외과 의사에게 초점을 맞춘다. 의사는 어느 정도 열려 있는 뇌를 앞에 두고 손에는 전극을 들고 있다. 의사는 이 전극을 조심스럽게 뇌 표면에 찌르는 작업을 하고 있다. 의사가 수술팀에게 말한다. "발작할 때마다 이 환자는 뭔가 타는 냄새를 맡는다고 해. 만일 우리가 뇌 표면을 자극해서 지금 그 냄새를 불러올 수만 있다면, 발작의 근원지를 찾을 수 있을 텐데 말이지."

그러다 끔찍한 장면이 이어진다. 카메라가 약간 밑으로 내려간다. 그리고 갑자기 아내의 얼굴을 정면으로 잡는다. **그녀가 의식을 회복한 것이다.** 얼굴과 그녀의 열려 있는 뇌 사이에는 수건이 놓여 있다.

"골드 부인, 뭔가 느껴지나요?" 외과 의사가 묻는다.

"너무나 아름다운 전등이 보여요!"

의사는 전극을 약간 밀었다.

"제 손에 찬물을 쏟았나요, 펜필드 박사님?"

의사는 아무 대답도 하지 않는다. "지금은 어떤가요?"

부인이 두려운 표정을 짓는다.

"왜 그러세요, 골드 부인?"

"새까맣게 타는 토스트! 펜필드 박사님, 토스트 타는 냄새가 나요!"

펜필드는 동료들과 시선을 주고받는다. 발견했어! 잠시 후 화면 밖에서 여자의 목소리가 들린다. "와일더 펜필드 박사님이 내 발작을 치료해주셨어요. 나 말고 수백 명의 다른 환자들도요. 사람들은 박사님이 인간의 뇌에 관한 지도를 그렸다고들 말하죠. 우리는 박사님을 이렇게 불렀어요. 살아 있는 최고로 위대한 캐나다인!"

펜필드가 아내와 함께 캐나다 시민권을 얻은 것은 1934년이었다. 와일더 펜필드는 1891년 워싱턴 주 스포캔에서 의사의 아들이자 손자로 태어났다.[9]

처음에는 철학을 공부하다가 곧 의학으로 바꾸었다. 이후 셰링턴C. Sherrington 밑에서 신경학에 집중하기 위해 옥스퍼드로 갔다. 1928년에는 몬트리올의 맥길 대학 의학과와 로열 빅토리아 병원에서 일해달라는 제안을 받았다. 당시 펜필드가 열정을 갖고 있던 분야는 아직 많은 개발이 필요한 것으로 알려져 있었다. 그는 간질을 수술을 통해 치료하고자 하는 열정을 갖고 있었다. 부임한 이후 그는 눈앞에 산적한 과제를 실현하기 위해 애썼다. 다시 말해 최고로 유능한 신경생리학자, 신경외과 의사와 신경병리학자들을 하나로 엮어 인상가 연구를 서로 연결할 수 있는 독립적인 연구소를 만들기 위해 노력했다. 그리고 마침내 록펠러 재단으로부터 국가 지원금을 받아 1934년 몬트리올 신경학연구소를 열었다.[10]

67세의 와일더 펜필드(1891~1976)

8층 건물 아래층에는 50개의 침대를 구비했고, 위층에는 실험실이 있었다. 하지만 연구소의 핵심은 6층, 곧 환자를 돌보는 층과 연구하는 층 사이에 있었다. 바로 '극장'이자 수술실이었다. 수술실은 정말 연극 무대와 닮은 점이 있었다. 수술 탁자 주변은 유리로 되어 있고, 사람들은 펜필드 어깨 너머로 수술을 관찰할 수 있었다. 수술 침대 머리맡에는 허버트 재스퍼Herbert Jasper의 뇌파측정기가 놓여 있었다. 수술을 진행하는 동안 뇌파측정기는 열려 있는 뇌의 표면을 직접 측정했다. 관람 유리벽 중 하나에는 사진기를 설치해 뇌를 찍을 수도 있었다. 그리고 속기사가 외과의의 설명을 기록했다. 만일 펜필드가 뭔가 특별한 것이 있어 반드시 관찰해야 한다고 판단하면, 그때마다 신호를 울려 동료들을 호출할 수도 있었다. 몬트리올 신경학연구소는 몇 년 만에 말 그대로 '탁월한 센터center of excellence'로 발전했다. 전 세계 전문가들이 연구를 위해 몬트리올로 찾아왔다.

펜필드는 몬트리올로 가기 전 반년 동안 독일의 신경외과의 오트프리트 푀르스터Otfried Foerster에게서 수학했다. 유럽 신경학계의 황제로 여겨지던 그와 대화를 나누기 위해 특별히 독일어까지 배웠다. (서로 알게 된 다음 푀르스터는 펜필드에게 자신의 영어 솜씨를 시험해봤다고 한다.) 브레슬라우에서 푀르스터는 전쟁터에 나갔다가 뇌 손상을 입은 뒤 간질병을 앓게 된 환자들을 수술했다. 펜필드는 푀르스터가 하는 수술을 보고 배우는 한편 수술법을 더욱 정교하게 다듬었다. 이 기술은 훗날 '몬트리올 방식'으로 역사에 남았다. 우선 머리카락을 모두 민 다음, 간질을 일으킬 것 같은 지점에 뇌파측정기를 설치했다. 이어 부분 마취를 하고 뇌의 일부를 절개했는데, 이는 뇌의 표면이 드러나도록 하기 위함이었다. 마취된 뇌는 느낌이 없는 상태였다. 하지만 환자는 의식이 깨어 있는 상태에서 외과 의사가 전극으로 구불구불한 뇌를 건드리는 동안 어떤 느낌이 드는지 대답해야 했다. 전극에는 1000분의 5초 동안 2볼트의 전기가 공급되었다. 이는 이례적으로 부담스러운 수술이라 환자가 의사를 완전히 신뢰해야만 가능했다. 펜필드는 항상 '몬트리올 방식'은 임상용으로만 한정해서 투입해야 한다고 강조했다. 약물로는 더 이상 다스릴 수 없는 간질처럼 말이다.

뇌의 어떤 부위를 건드리느냐에 따라 환자들의 느낌은 다양했다. 운동피질에 자극을 주자 환자는 손가락이나 발가락이 따끔하다며 실룩거렸다. 감각피질에 자극을 주자 번개, 줄무늬, 작은 별 같은 것이 보인다고 했다. 또는 윙윙거리는 소리, 클릭하는 소리, 파이프 소리를 듣거나 특이한 냄새를 맡거나 자기 손에 찬물을 떨어뜨리는 것 같은 느낌을 갖기도 했다. 펜필드는 속기사에게 환자의 반응을 기록하라고 지시했다. 그리고 작은 숫자로 자극을 준 뇌막 부위를 표기한 다음 사진을 찍었다. 만약 자극을 주었을 때 간질 증상을 일으키거나 간질 발작 이전에 항상 나타나는 느낌을 초래하면 수술을 시작할 수 있다. 그럴 경우 대부분은 그 부위에 있는 뇌 조직의 일부를 절개했다. 펜필드는 '망가진 뇌보다 뇌가 없는 편이 낫다'는 신조를 추종하는 사람이었다.

1950년대 초반에 펜필드는 이미 100건의 수술을 주도했다. 꼼꼼하게 문서화한 그의 수술 과정은 다양한 간질 유형을 가진 인간 뇌를 해부하는 표준이 되었다.[11] 뇌 시노에 기여한 그의 공로는 아무리 상소해도 시나지지 않다. '펜필드 호문쿨루스Penfield-Homunculus'는 아주 유명하다. 신체 부위와 뇌의 비율에 따라 거대한 입술, 커다란 혀, 짧은 다리, 거대한 손이 달린 가느다란 팔 등을 표현한 인간의 형상이다. 신체 부위의 대표적 기능에 대한 많은 지식은 펜필드가 뇌피질에서 끈기 있게 흔적을 찾는 연구를 실행한 덕분이다(물론 환자들도 잊어서는 안 되지만).

일찍이 1940년대에 펜필드는 간질 수술 분야에서 확고한 명성을 누렸다. 하지만 신경외과 **외부에서** 얻은 그의 명성은 임상 수술 덕분이 아니었다. 간질과 뇌 지도에 관한 논문과 집중 연구서 외에도 엄청 많은 책을 출간했는데, 펜필드는 이런 책에 신경학자보다 대중에게 인기 있는 의학적 소견을 담았다.

녹음기
●●●●●●●
감각피질과 운동피질을 자극하면 신경의 대표적 기능에 대한 자극을 고려할 때 기대할 수 있는 반작용을 불러일으킨다. 하지만 측두엽을 자극하면 많은 환자들에게서 특이한 반작용이 나온다. 그들은 이 상황을 이미 경험해본 것 같다거나, 반대로 모든 게 낯설고 꿈처럼 현실 같지 않은 느낌이라고 보고했다. 많은 환자들은 갑자기 환각처럼 청소년 시절의 장면을 보거나 목소리를 듣기도 했다. 그런가 하면 같은 환자들에게 다른 부위에 자극을 주자 노래를 듣기도 했다. 너무나 또렷해서 따라 부를 수 있을 정도였다. 펜필드가 측두엽에 관해 발표한 수백 가지 보고 중 여기서는 M. M.을 예로 들어보자. M. M.은 간질을 앓는 스물여섯 살 여성으로 약품에는 더 이상 반응하지 않았다.[12] 그녀의 발작은 데자뷔 경험으로 시작했으며, 자주 회상을 하다가 발작을 일으켰다. 이때는 플랫폼에 앉아 기차를 기다리듯 삶의 일부를 새롭게 체험하는 것처럼 보였다. 그녀는 몬트리올에서 수술을 받았고, 의사는 자극한 부위를 사진으로 찍었다.

11번을 자극하자 청각적 기억이 작동했다. "네. 어머니가 아들을 부르는 소리를 들은 것 같아요. 몇 년 전에 말이죠. 제가 살았던 동네의 누군가였어요."[13] 잠시 후 같은 부위를 자극하자, 잘 아는 소리가 들렸다. 동일한 여성의 소리였으나 이번에는 같은 동네에 사는 여성이 아니라 나무를 파는 목재상에 있던 사람이었다. 그녀는 약간 놀라며 자신은 "목재상에 거의 가지 않았다"고 덧붙였다. 13번을 자극하자 이렇게 말했다. "네. 목소리가 들려요. 한밤중인데, 사육제가 열리고 있어요. 돌아다니는 서커스단도 있고요." 전극을 빼내자 이렇게 말했다. "서커스단이 동물들을 옮기기 위해 동원한 커다란 차가 여러 대 보여요."[14] 이번에는 15번을 자극했다. 그러자 이 수술을 언젠가 한 번 해본 듯한 느낌이 든다며, 다음에 어떤 일이 일어날지 잘 알고 있다고 말했다. 17번을 자극했을 때는 사무실에 있는 책상과 한 남자를 보았다. 그 남자는 연필을 손에 쥐고 책상에 몸을 기대고 있었다. 펜필드가 말로만 어떤 부위에 자극을 주었다고 했을 때는 아무런 대답도 하지 않았다. 하지만 알리지 않고 자극을 주자 반응이 나왔다. 환자가 보고 들은 모든 것은 그녀에게 왠지 모르게 친숙한 것이었다.

측두엽에서 발생하는 간질이 데자뷔와 몽환적 체험을 불러일으킬 수 있다는 사실은 일찍이 19세기에 영국의 신경학자 휼링스 잭슨이 분명하게 밝혔다. 그는 이와 관련해 '꿈같은 상태dreamy state'라는 개념을 도입했다. 하지만 전극으로 기억의 흔적을 활성화하는 것은 세간의 이목을 끄는 발견이었다. 이럴 때의 기억은 환자들에게 정상적인 기억보다 훨씬 더 분명하고 섬세한 것처럼 여겨졌다. 소음과 관련해서는 마치 환자가 그때까지 전혀 알지 못했으나 언젠가 들었다고 확신할 수 있는 내면의 녹음기를 듣는 것 같았다. 마치 '망각한 기억' 같은 느낌이라고 할까. 단편적인

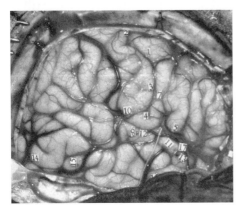

대화, 바깥에서 놀고 있는 아이들의 소리, 멀리서 들려오는 기차 소리, 금세 다시 잊어버리는 소음들. 이런 기억이 갑자기 환자에게 또렷이 나타났다. 마치 오늘 체험하듯 내면의 눈에 떠오르는 것이다. 그런데 나중에 환자와 대화를 나누어보면, 과거의

환자 M. M.의 열려 있는 오른쪽 대뇌반구. 펜필드는 전극으로 자극한 뇌 부위를 번호로 표시했다.

단편에서 그런 일이 있었음을 아는 경우가 많았다.

　이런 현상을 해석할 때 펜필드는 환자의 체험을 추적했다. 측두엽은 아무리 짧은 순간에 지나가더라도 우리의 주의를 불러일으켰던 모든 것, 요컨대 한때 보았거나 들었거나 생각했거나 꿈꾸었거나 몽상했던 모든 것, 헤아릴 수 없을 만큼 많은 인상과 체험 모두를 보관하고 있는 게 분명했다. 펜필드는 윌리엄 제임스로부터 개념을 빌려와 〈사이언스〉에 의식의 흐름은 신경의 흔적을 남겨두고 이는 나중에 전기로 재활성화할 수 있다고 설명했다.[15] 엄격하게 말해서 그의 이론은 이보다 과격했다. 그는 뇌의 특정 부위에서 하나의 기억을 활성화했다가 나중에 이 부위를 절개한 경우도 있었다. 그런데 수술한 뒤에도 이 기억은 사라지지 않았다. 이는 맞은편 측두엽에서 모든 것을 저장하고 있기 때문이라고 그는 설명했다. 우리의 뇌는 이중으로 기록을 한다는 것이다. 다시 말하면 절대적 기억력을 하나가 아니라 2개 가지고 있다는 얘기다. 펜필드는 당시의 은유를 이용해 우리의 뇌는 경험을 "와이어 녹음기나 테이프 녹음기처럼"[16] 저장한다고 설명했다.

　하지만 펜필드는 전기로 활성화한 기억의 흔적은 자의적이든 비자의적

이든 의식으로 떠오르는 정상적이고 자연적인 기억과 일치한다고 주장하지 않았다. 측두엽에 있는 기억의 흔적은 한때 이런 형태로 경험했던 것을 대표하며, 이 흔적을 새롭게 활성화한 기억은 '실시간'으로 진행되는 것이라고 했다.

한 번 들었던 노래는 원래의 박자대로 기억된다고 했다. 정상적인 기억은 훨씬 보편적인 특징을 가지며 시간이 갈수록 축소되고, 중간에 공백도 있다. 아울러 동일한 종류의 기억을 결합하고, 순수하게 복사한 것과 달리 상세한 특징이 빠져 있다고 했다. 따라서 기능에 이상이 없는 기억력은 녹음기 같은 식으로 작동하지 않는다. 절대적 기억력을 가진 왼쪽과 오른쪽 대뇌반구는 정상적인 기억을 위해 조각과 파편을 제공하는데, 그야말로 실용적으로 배치되어 있는 셈이다.

펜필드는 뇌에서 기억의 흔적을 남겨두는 정확한 위치를 확정하지는 못했다. 그는 기억의 흔적이 측두엽 표면에 있는지 그리고 이 흔적이 전극에 의해 작동하듯 자극을 주면 활성화하는지 확실하게 알지 못했다. 혹은 자극이 뇌 표면에 있는 구조를 중단시켜 일반적으로 접근하지 못하는 깊은 곳에서 활성화하는지도 확실하게 알지 못했다. 전극을 통해 측두엽 안에 있는 어딘가에서 테이프가 돌아간다는 사실은 분명했으나 전기와 정확하게 무엇이 연결되는지에 대해서는 자세히 기술할 수 없었다.

하지만 이와 같은 뉘앙스는 그것보다 더 큰 주목을 받은 행동, 즉 뇌를 녹음기로 설명한 것 때문에 사람들 눈에 띄지 않았다. 펜필드는 40세 때부터 동일한 구조를 가진 수많은 논문을 발표했다. 우선 '몬트리올 방식'은 짧게 설명한 뒤, 환자 M. M.의 경우에서처럼 회상 유형과 기억 유형에 대해 몇 가지 실례를 들었다. 이런 실례는 녹음기 가설과 그동안 수집한 실험적 증거를 소개한 후에 나왔다. 펜필드가 무대에 서기만 하면─대규모 회의의 개막 연설, 셰링턴 강연, 리스터 강연, 모슬리 강연, 골드 메달 강연─절대적 기억의 발견이 관심의 초점이 되었다. 1963년 72세의 펜필드는 자신의 연구를 종결지으려는 노력을 잠시 하는 듯했다. 영국 잡지 〈뇌Brain〉에 동료 페롯P. Perot과 함께 뇌 표면을 자극한 1288명의 환자를 분석한 자료를 발표한 것이다.[17] 이 논문은 100쪽 정도에 "최종 요약과 토론"이라는 부제도 있었다. 하지만 그 이후에도 펜필드는 계속 글을 써 70대 중반까지 논문과 책을 출간했다. 제목도 "인간 뇌의 잠재기억",[18] "전극, 뇌와 정신"[19] 그리고 《정신의 미스터리》[20] 등 화려했다.

프로이트가 1900년경 온전한 기억 흔적을 고고학적 유물과 비교했다면, 펜필드는 자신이 살았던 시대에 나온 온갖 인공적 기억에 관심을 돌렸다. 그로 인해 이런 은유들이 논문에 등장했고 언론에도 소개되었다. 1957년 〈몬트리올 스타Montreal Star〉[21]는 다음과 같은 제목의 기사를 실었다. "뇌 안에 들어 있는 영화: 펜필드, 놀라운 발견을 하다." 같은 해 〈타임스〉는 펜필드의 저서에 관해 보도하면서 펜필드 박사가 최근에 국립과학원에 뇌의 부분들은 마치 비디오 녹음기처럼 작동하며, 누군가가 듣거나 본 모든 것을 보관하고 있다는 증거를 제출했다는 내용의 소식도 전했다.[22] 기사 중간에는 이런 표현도 있다. "Built-in-Hi-Fi." 미국 가정에서 녹음기와 카메라를 많이 구비한 시기여서 이 같은 비유는 신경학에 대해 전혀 알지 못하는 대중에게도 현대 과학이 뇌를 통해 무엇을 밝히려 하는지 분명하게 보여주었다. 1970년대부터 컴퓨터가 비로소 인간 두뇌와 관련해 지배적 은유가 되었음에도 불구하고 절대적 기억이라는 이론은 항상 '녹음기'와 연관되었다.

잃어버린?

1951년 펜필드는 미국 신경학협회가 개최한 심포지엄에서 뇌와 기억에 관한 자신의 이론을 소개했다. 소개 과정은 늘 하던 방식으로 진행되었다.[23] 즉 측두엽 자극, S. B. ·D. F. ·L. G.의 반응과 그 밖에 수많은 다른 환자의 사례, '잃어버린 기억', 전기로 활성화한 기억과 정상적인 기억의 차이, 결론, 2개의 대뇌반구에는 모든 경험이 이중으로 기록된다는 점 등등. 강연이 끝나고 토론을 진행할 때 처음으로 입을 연 사람은 뉴욕의 탁월한 정신분석가로 알려진 로렌스 S. 큐비Lawrence S. Kubie 였다. 그는 몇 년 전부터 펜필드 박사의 연구만큼 자신을 흥분시킨 것은 없다고 말해온 터였다. 마침내 정신분석과 신경외과의 만남이 이루어졌다. 큐비의 견해에 따르면, 우리는 펜필드의 저서에서 다음과 같은 점을 알 수 있다. "측두엽에 전기적 자극을 주면 최면을 통해 과거로 돌아갔을 때와 동일한 현상을 불러일으킬 수 있다. 마치 과거가 현재 막 일어나고 있는 것처럼 말이다. 수술실에서는 물론이고 심리학 실험실에서도 이런 일이 일어날 수 있다는 사실은 주목할 만한 가치가 있다. 과거는 현재만큼 생생할 수 있다는 증거가 여기에 있다. 혹은 프로이트처럼 표현한다면, 무의식은 시간도 공간도 알지 못한다. 이는 휙 날아간 순간들이 분리된 단위로 계속 저장된다는 증거다."[24] 펜필드의 기술을 가지고 기억을 직접 조작할 수도 있다. "그것은 프루스트M. Proust를 수술대에 올려놓고 전기로 잃어버린 시간을 찾게 하는 것이다. 하지만 이 무의식은 과연 잃어버린 것이었을까? 펜필드와 그의 동료들에게 되돌려놓은 경험이 얼마나 자주 망각한(어인한) 기억인지 확정짓는 것은 그야말로 중요하다."[25] 진기 자극을 통하지 않은 정상적인 기억은 프로이트의 은폐 기억(영어로는 screen memory, 독일어로는 Deckerinnerung)과 닮았다. 정신분석학자는 몇 주, 몇 달 혹은 몇 년을 최면, 꿈의 해석 그리고 자유로운 연상을 통해 겹겹이 쌓여 있는 은폐 기억의 층을 뚫고 들어가기 위해서 힘들게 일해야만 한다. 그런데 신경외과의는 단 몇 분 안에 성공할 수 있다. 큐비는 실험적인 방법을 전적으로 찬성했다. 수술 전 환자의 꿈과 자유로운 연상을 수집해두지 않았다면, 따라서 이를 비교할 수 없다면, 수술대에서는 무엇이 나올까? 수술 전과 후의 신경성 증상과 꿈을 서로 비교하는 것은 흥미롭지 않을까? 어쩌면 이와 같은 방식으로, 전기적 자극을 통해 과거를 되살리는 것이 '감정의 중심지'에 영향을 미칠 수 있다는 걸 알 수 있지 않을까?[26] 큐비는 '무의식과 억압의 신경생리학'에 주목할 만한 기여를 한 펜필드를 칭찬하면서 자신의 긴긴 독백을 마무리한다.[27]

펜필드가 이런 칭찬을 좋아했는지 어땠는지는 모른다. 큐비의 말이 끝나자 동료 신경학자들이 발언을 했고, 펜필드는 오로지 그들의 비평에만 반응했다. 큐비의 열광에 펜필드는 응답하지 않았다. 하지만 몬트리올에서 어쩌면 무의식 배후에 있는 신경학적 역학을 발견한 것은 아닐까? 이는 큐비가 떨쳐버리기엔 너무나 매혹적인 생각이었다. 이것이야말로 역사적 순간이 될 수 있지 않을까? 요컨대 매장된 기억이라는 고고학적 은유가 측두엽의 특정 부위에 신경학적 과정을 통해 나타나는 실재와 교체되는 역사적 순간 말이다. 큐비는 펜필드에게 몇몇 수술에 자신도 참관할 수 있는지 물었다. 펜필드는 그래도 좋다고 대답했다. 정신분석학자는 철저하게 소독을 하고 수술복과 기록 장비를 챙긴 다음 펜필드의 연극 무대에 나타났다. 그로부터 2년 후 큐비는 그 결과에 대해 아주 긴 논문을 발표해 정신분석학이 현대의 뇌 연구로부터 무엇을 배울 수 있는지 언급했다.[28]

펜필드는 자신의 저서에서는 정신분석과 거리를 두었지만 사적으로는 그렇지 않았다. 트라우마 기억을 덮어두지 않고 표면으로 끌어올리면, 그런 기억이 점점 약해진다는 생각을 추종하는 사람이었다. 그는 별장을 소유하고 있었는데, 이곳에서 종종 여름을 보내고 동료와 친구들에게도 빌려주곤 했다. 1942년에는 젊은 영국 남자 한 사람을 받아들였다. 어뢰 공격을 받아 배가 가라앉은 뒤 겨우 구출된 사람이었다. 펜필드에 관한 전기에 따르면, 이 젊은이는 지극히 신경이 예민한 상태에 있었고 '그런 경험을 놓아버릴 수 있도록' 모두가 노력했다.

신경과민이 더 이상 좋아지지 않자 사람들은 펜필드 박사에게 도움을 청했다. 펜필드 박사는 젊은이가 비극의 세세한 부분을 기억하고 이 모든 걸 기록하기 위해 노력하는 게 더 좋을 것이라고 확신했다. 즉 어뢰의 명중과 그로 인해 벌어진 사건 전부를 말이다. 전기가 끊어진 뒤의 혼란, 소중한 물건을 챙기기 위해 선실로 들어갔다가 그 안에 갇혔을 때의 두려움, 구출되기 전까지 고무보트에서 오랜 시간 동안 앓았던 뱃멀미 등. 이와 같은 보고서의 사본이 그의 부모와 록펠러 재단에 전달되었다. 그리고 얼마 후 청년은 갑자기 신경과민에서 회복해 다시금 여느 사람들처럼 살 수 있었다.[29]

이렇듯 수백 명의 환자에 관한 펜필드의 보고를 읽어본 사람이라면, 억압할 만한 가치가 있는 사건을 만나는 경우는 매우 드물다. 모두가 파편으로 이루어진 삶이다. 벽에 맞아 튀는 공 소리, 진입하는 자동차, 아들을 부르는 이웃 남자 등등. 이웃 여자를 비밀스럽게 관찰한 기억도 없고, 근친상간에 속하는 욕구도 없고, 사위를 하는 환상도 없으며 "붕이 2개인 동물의" 흔적도 없고, 과거에 "묻어두었다"는 인상을 주는 기억도 전혀 없다. 펜필드와 큐비 사이의 협력—혹은 신경외과와 정신분석의 결합―은 결코 일어나지 않았다.

레드 제플린
• • • • • • • • • • • •　　　펜필드는 1933년 간질 환자의 뇌에서 최초의 회상을
유도해냈다. 이후 반백년 동안 사람들은 펜필드에게 이의를 제기하기 힘
들었다. 문제는 펜필드가 유일하게 그와 같은 실험을 실시했다는 데 있
지 않았다. 몬트리올 수술 방식은 간질의 발원지를 발견하기 위해 전 세
계에서 이용되었고, 몬트리올 신경학연구소가 아닌 다른 수술대 위에서
도 환자들은 기억날 때 느끼는 소리의 파편과 그림에 대해 보고했다. 오
늘날 뇌 연구에 종사하는 사람들은 펜필드가 신경의 녹음기를 발견했다
고 더 이상 믿지 않는데, 이는 새로운 사실 때문이라기보다 새로운 해석
의 결과다.

　　펜필드의 원래 저서는 매우 읽기 어렵다는 비판도 자주 나온다. 측두
엽 간질을 앓고 있는 남자를 몬트리올 방식으로 수술한 신경외과의 오제
만G. Ojemann은 특정 부위에 자극을 주자 특수한 음악 회상을 불러일으킨
다는 사실을 확인했다. 레드 제플린Led Zeppelin의 음악이었다. 전극을 떼
어내자 음악은 사라졌고, 다시 전극을 갖다 대자 음악이 나왔다. "나는 록
음악 팬이 절대 아니고, 이건 간질에 걸린 뇌야. 그러니 떼어낼 거야!"라
고 하면서 오제만은 이 부위의 조직을 절단했다.[30] 그런데 몇 년 후 그 남
자를 다시 만났을 때, 레드 제플린에 대한 기억은 온전하게 남아 있었다.
그는 이 사례를 녹음기 이론에 대한 결정적 반박 자료로 소개했다.[31] 하
지만 펜필드 역시 이런 종류의 사건을 직접 접했으며, 이를 모든 경험은
이중 저장된다는 증거로 파악했다.

　　펜필드 환자들의 경험 빈도를 좀더 자세히 살펴보는 게 한층 설득력 있

을 것이다. 학술 잡지 〈뇌〉에 실린 논문은 총 1288번의 수술을 분석한 결과였다. 기억과 연관된 반응은 오로지 측두엽과 관계가 있었다. 하지만 수술 전 측두엽에 자극을 주었을 때 520명의 환자 가운데 40명만 반응을 보였다. 나머지 92퍼센트는 아무것도 느끼지 않았다. 이들의 뇌에서 녹음기를 발견했다손 치더라도 플레이 버튼을 누르는 데 실패한 것이다. 펜필드는 그 차이를 설명하지 않았다. 그뿐 아니라 그런 설명이 필요하다는 걸 어디에서도 언급하지 않았다. 이런 현상을 보고한 40명의 환자 가운데 24명의 경우에는 대체로 발작이 일어났을 때 경험하는 종류의 환각이었다. 환각과 회상이 기묘하게 섞여 있는 경우가 많았는데, 가령 열두 살짜리 소년은 어머니가 이모랑 통화하는 소리를 듣거나, 아니면 이모의 목소리를 들었다. 신경학자 스콰이어L. R. Squire는 펜필드의 보고를 분석하면서, 동일한 부위에 자극을 주었는데 전혀 다른 두 가지 체험을 불러일으켰고 서로 멀리 떨어져 있는 두 부위를 자극했으나 흔히 동일한 체험을 불러일으켰다는 점을 지적했다.[32]

또한 주관적 경험의 종류와 관련해서도 의문이 일어났다. 앞서 언급한 환자 M. M.의 경우를 예로 들면, 그녀는 밤에 돌아다니는 서커스를 '보았고' 이웃에 사는 여자가 아들을 부르는 소리를 '들었다'. 펜필드는 그녀에 관한 보고를 자신이 출간한 일련의 저작물에서 거의 비슷하게 기술했다. 완전히 동일하지는 않고 거의 동일하게 반복적으로 다루었지만 여기에서도 약간의 모순이 있어 '도대체 이 여성은 무엇을 기억했을까?'라는 의문이 든다. 1958년의 보고에 따르면 자극을 반복하자 M. M.은 동일한 여자가 부르는 소리를 들었으나 이번에는 목재상에서 들려왔다. "이는 청소년 시절의 일로서 전극의 도움이 없었다면 기억하지 못했을지도 모른다. 원래 그녀는 그것을 기억할 수 없었다. 하지만 한때 경험했을 게 분명하다고 우리가 암시하지 않았는데도 순간적으로 알았다."[33] 하지만 1963년 〈뇌〉에 발표한 '최종 요약'에 따르면, 이 여자는 다음과 같이 말했다. "나는 목재상에 한 번도 가본 적이 없어요."[34] 전극이 망각한 기억을 되돌려놓았다는 해설이 이번에는 빠져 있다. 심지어 《마음의 신비The Mystery of the Mind》에서 M.M.에 대해 보고할 때는 목재상이라는 단어가 완전히 사라졌다.[35] 목재상에서 누군가를 부르는 소리를 지각한 것을 '망각한 기억'으로 분류하려면, 당연히 목재상에 있어야만 한다. 이 사건이 진짜라 하더라도 이런 의문은 남는다. 요컨대 두 가지 기억—부르는 소리와 목재상에 있을 때의 기억—이 서로 뒤섞여서, 녹음기가 약간 돌아갔다기보다 오히려 기억의 파편들일지 모른다는 의문이 든다. 즉 재생이 아니라 재구성이라고 불러야 하지 않을까 싶다. 펜필드가 일깨운 경험이 정확하게 어떤 위상—기억, 환각, 환상—을 갖는지에 관한 의심은 기이한 시간 이동으로 더욱 강력해진다. 이미 수많은 환자들이 수술대 위에서 오래전 한 번 경험했다는 희미한 느낌, 이를테면 데자뷔를 체험했다. 그러니 소리나 그림에 대한 지각을 기억으로 체험했다고 할 수 있을까? 심지어 '드물게 혹은 결코' 목재상에 가본 적이 없다는 M. M. 부인의 표현은 그녀가 '이런 걸 한 번 경험한 게 분명하다'는 체험이라기보다 주의를 다른 방향으로 돌리려는 일종의 노력처럼 보인다. 또 다른 시간 이동은 '기억'이 너무나 또렷하고 분명해서 환자가 마치 현재 체험하고 있는 듯한 느낌을 갖는다는 부분이다. 펜필드에 따르면 과거의 날짜는 흔히 추후 대화를 통해 보충된다. 하지만 이렇게 되면 또다시 몹시 까다로운 문제가 등장한다. 요컨대 환자는 지각을 기억해야 할 뿐만 아니라 이런 지각이 그 당시에도 회상이었는지를 기억해야 한다. 많은 환자들이 '마치 꿈을 꾸고' 있는 것처럼 느꼈다고 말한다. 따라서 우리는 머리를 스쳐 지나가는 모든 것의 출처에 대해 환자들이 내리는 판단을 믿기 어렵다.

1982년 피에르 글로어Pierre Gloor와 4명의 동료 신경학자는 간질에 걸린 뇌를 대상으로 일련의 실험을 수행했다.[36] 이 실험 역시 몬트리올 신경학연구소에서 이뤄졌으나 약간 다른 기술을 사용했다. 측두엽 간질을 앓고 있는 환자 29명의 뇌 깊숙한 곳에 전극을 장착했다. 시술을 하기 일주일 전에 간질 약품의 복용을 중단시켰고, 연구자들은 전극으로 발작을 일으키는 부위를 찾을 수 있길 바랐다. 전극은 몇 주 동안 뇌 안에 있었으며, 원격 장치를 통해 반응을 살필 수 있었다. 거꾸로 전극으로 전기 충격도 줄 수 있었다. 뇌의 표면에만 자극을 주었던 펜필드와 달리 많은 전극이 측두엽보다 깊은 곳에 있는 해마나 편도까지 튀어나와 있었다. 해마와 편도는 변연계의 일부로, 진화의 역사로 보면 뇌에서 오래된 영역에 속하며 주의력, 호르몬 조절, 후각과 감정 분야에서 일정한 역할을 담당한다. 환자 가운데 62퍼센트에서 펜필드가 보고한 현상이 나타났다. 데자뷔 체험, 꿈을 꾸고 있는 듯한 느낌, 회상과 시각적 환각 등. 하지만 가장 흔히 보고된 지각은 두려움이었다. 불행이 다가올 거라는 가벼운 불안에서부터 경악에 빠져 도망을 쳐야만 할 것 같은 심각한 수준까지 다양했다. 눈에 띈 점은 환자를 두렵게 만든 원인이 매우 다양했다는 것이다. 그 원인은 환자마다 달랐고 동일한 환자도 다양한 순간에 그런 체험을 했다. 물에 빠지는 청소년 시절의 기억도 있었으며, 2주 전에 제출한 과제를 아직 끝내지 못했다는 두려움도 있었다. 가벼운 두려움은 분수대에 앉아 있다가 실수로 물에 빠졌다는 생각으로 인해 나타났고, 심각한 두려움은 바다가 내려다보이는 높은 절벽에 서 있는 느낌이었다. 상황은 강렬함에 띠라 달라지는 것 같았다. 어떤 경우에도 지각은 하나의 장면, 하나의 느슨한 그림 이상으로 나타나지 않았다. 연구자들은 이를 시간의 연속성이 없는

'스냅 사진'으로 분류했다.[37] 이런 종류는 분명 인상을 전달해주지는 않으며, 다 돌아간 녹음기의 일부였다. 모든 지각은 변연계에 있는 구조물을 자극함으로써 일어났으며, 측두엽의 표면을 자극하는 것은 아무런 효과도 없었다.

이와 같은 소견으로 말미암아 연구소를 설립했던 사람들이 수집해둔 보도 자료는 새롭게 해석되었다. 원래 지각을 담당하는 부위는 확률적으로 보면 확실히 변연계에 있었다. 유인을 하든 즉흥적이든 이 부위에 방전을 하면 데자뷔 체험, 꿈같은 상태와 회상이 일어났다. 그런데 펜필드는 표면에 전극을 접촉함으로써 소규모 발작을 불러일으켰고, 이것이 뇌 깊숙한 곳에 있던 구조를 무질서하게 만들었을 가능성이 있다. 편도핵과 해마의 활성화는 특이한 시간 이동을 초래했고, 그리하여 익숙하다는 느낌을 주었다. 이로 인해 모든 경험 그리고 환각과 환상이 기억이라는 특징을 갖게 되었다. 심지어 어떤 사람이 발작을 일으키는 동안 예전에 한 번도 가본 적 없는 장소에 있는 것 같다는 생각으로도 마치 그런 기억을 하는 듯한 느낌을 가졌다. 뇌에서 일어나는 발작의 경우에는 대부분 백일몽에서 일어나는 사건과 비슷하다. 즉 번개처럼 빨리 그때그때의 감정에 적합한 장면이 조립된다. 그리고 이런 장면에서 나타나는 것은 그 순간에 환상과 기억의 조각들로부터 어떤 것을 붙드느냐에 달려 있다.

〈토탈 리콜〉
● ● ● ● ● ● ● ● ● ● 글로어는 이런 결과를 1981년, 그러니까 펜필드가 사망하고 5년 뒤 열린 제1회 펜필드 추모 강연에서 처음으로 소개했다. 하지만 세간의 주목을 불러일으킬 만한 신문 사설이나 기사는 나오지 않았다. 가령 '최근의 연구: 우리의 뇌에는 녹음기가 없다' 같은 기사 말이다.

그러나 이런 기사가 신문에 실렸다 한들 우리의 뇌는 일단 한 번 통과한 내용을 모두 간직하고 있다고 확신하는 수많은 사람의 생각을 바꿨을지도 의문이다. 펜필드가 발견했다고 믿은 지울 수 없는 흔적은 집단적 기억에 재생산되어 있는 것 같다. 집단적 기억 속에는 그 밖에 뇌와 관련해 인기 있는 신화, 곧 "우리는 뇌의 10퍼센트밖에 사용하지 않는다" 혹은 "여자들은 2개의 대뇌반구 사이를 더욱 잘 연결하기 때문에 두 가지일을 동시에 더 잘한다"라는 신화가 자리하고 있다. 이는 증거가 있어서 믿는 게 아니라 사람들이 믿고 싶어서 믿기 때문에 신화라고 불러야 마땅하다.

큐비는 1952년 펜필드의 저서를 요약하며 "기억은 근본적으로 전체다 Recall is essentially total"고 썼다.[38] 이런 표현은 파울 페르후번Paul Verhoeven(할리우드와 손잡고 〈토탈 리콜〉, 〈로보캅〉, 〈원초적 본능〉 등의 영화를 만든 네덜란드 감독—옮긴이)이 기억 조작에 관한 자신의 SF 영화에 붙인 제목과 닮았다.[39] 〈토탈 리콜〉에서 아널드 슈워제네거가 맡았던 퀘이드는 건축 현장의 인부로 일했는데, 화성으로 여행 가는 기억을 심기 위해 리콜 회사를 찾아간다. 그리고 호화로운 호텔과 피크닉에 대한 기억은 포함되어 있지만 잃어버린 여행 가방, 비 오는 날, 사기꾼 같은 택시 운전사, 2084년 화성에서도 도저히 참지 못할 다른 불행한 일들에 대한 기억은 없는 2주 여행을 선택한다. 기억은 완벽한 데이터 형태로 그의 뇌에 심어진다. 나중에 깨달은 것이지만 만일의 경우 다시 삭제할 수도 있다. 여기서 포괄적인 은유는 컴퓨터다. 하지만 기억은 정말 분리된 단위이고 이미 존재하는 기억으로부터 자유롭게 첨가되거나 삭제될 수 있다는 생각은 펜필드의 녹음기를 디지털 버전으로 바꾼 것이다. 사람들이 신뢰할 만한 경험의 복사라고 생각하는 기억의 흔적만을 의도적인 기억력으로 옮겨놓을 수 있다. 하나의 사건에 대한 기억은 항상 예전 경험에 의해 특징지어진다는 사실―이런 의미에서 2명의 사람은 결코 '동일하게' 체험할 수 없다―은 녹음기 같은 기계의 기록과 일치할 수 없다.

절대적 기억을 상상할 때 나오는 은유들―펜필드의 녹음기, 오늘날에는 컴퓨터 하드 디스크―은 증거를 대고자 할 때 등장한다. 즉 만일 기계 장치가 자극을 기록해 무한정 오랫동안 잡아둘 수 있다면, 이 장치보다 훨씬 정교한 인간의 뇌는 왜 그런 일을 못하겠는가? 기억은 뇌세포 사이를 연결하는 부분에 저장되어 있으며, 뇌세포는 대략 1000억 개 정도라고 한다. 이렇듯 뇌세포가 천문학적으로 많으니 단 하나의 뇌에도 여러 명의 경험이 저장될 공간은 충분한 셈이다. 따라서 기억하는 공간은 결코 가득 찰 수 없다. 하지만 절대적 기억이라는 이론을 무력하게 만드는 것 역시 뇌 조직의 이 저장 공간이다. 사람들은 매일 평균 10만 개의 세포를 잃어버리는데, 1년이면 약 3000만 개에 달한다. 뇌 조직 또한 쇠퇴와 쇠락에서 자유롭지 않다. 뇌는 기계가 아닌 신체 기관이다. 우리의 뇌는 끊임없이 바뀌는 조직과 순환으로 이루어져 있으며 화학 과정에 의해 조절된다. 낮과 밤의 리듬을 알고 있으며, 깨어 있는 상태와 휴식, 호르몬 수치의 변화, 성장과 죽음의 사이클을 알고 있다. 요약하면 뇌는 컴퓨터의 하드 디스크보다 안개가 짙고 물방울이 뚝뚝 떨어지는 열대 지방의 숲과 더 비슷하다. 기억의 흔적은 그 자체의 무균 상태로 계속 보존되는 게 아니라, 우리 스스로 고안해낸 인위적 기억에서의 정보처럼 지속적으로 저장되며 신경학적 부패도 겪고 또한 무성해지기도 한다.

절대적 기억에 대한 믿음은 녹음기나 비디오카메라의 발명 후에야 비로소 나타난 게 아니다. 프로이트와 코르사코프는 영화를 발명하기 전부터 이미 그에 관해 암시했고, 전혀 다른 은유를 사용했을 뿐이다. 절대적 기억의 역사를 추적하는 사람은 깨어 있을 때는 닿지 못해 망각한 것처럼 보이는 기억의 입구를 최면 상태에서는 기억할 수 있다고 주장하는 최면술사와 심령론자들을 금세 만날 수 있다.[40] 이로써 아무것도 망각하지 않는다는 것을 증명할 수도 있다. 그리고 이보다 더 과거인 낭만주의 시대로 거슬러 올라가 추적하면, 당시 작가와 철학자들은 인간 정신이란 측정할 수 없는 흔적들의 저수지라고 표현했다.

로프트스 부부가 1980년 심리학을 공부하고 설문에 답한 사람 중 84퍼센트가 우리 뇌는 모든 것을 지속적으로 저장한다고 생각한다고 했을 때, 글로어와 그 동료들의 연구는 아직 세상에 나오지 않았다. 하지만 새로운 설문을 하자 그것이 인기 있는 이론이었다는 게 분명해졌다. 10명 가운데 거의 4명이 절대적 기억을 믿는다고 한 것이다.[41] 그리고 심리치료사를 상대로 설문한 결과, 그중 절반이 최면을 통해 이런 흔적에 접근할 수 있고 위급할 경우에는 탄생 시점까지 되돌릴 수 있다고 했다.[42] 무엇 때문에 이렇듯 완강할까? 우리 뇌는 의식에 들어온 모든 것을 저장한다는 생각을 그토록 매력적으로 만드는 것은 무엇일까?

우리가 '망각한 기억'에 대한 경험을 스스로 하기 때문이라는 게 대답의 일부일 수 있다. 사람들은 꿈을 꾸지 않았다는 확신을 가지고 깨어날 수 있는데, 나중에 낮이 되어 갑자기 '망각한' 꿈을 다시 불러오는 것을 보거나 들을 수 있다. 가령 다섯 살 때 옆집에 살았던 이웃 사람의 이름을 더 이상 모른다고 확신하는 사람도 일주일 후 누군가가 화물차 뒤에 있는 것을 보는 순간 그 이름을 '망각'했다는 걸 알 수도 있다. 그런가 하면 나이 든 사람들은 '50년 동안 생각하지 않았던 어떤 것'을 갑자기 기억할 수 있다는 걸 입증해줄 수도 있다. 프로이트가 낮의 잔여물이 꿈에 나타난다고 기록한 것은 실제로 매우 신뢰할 수 있는 경험이다. 요컨대 꿈속의 일들은 지극히 진부할 경우가 많다. 절대적 확신을 갖고 주장한다면, 자신의 기억에는 뭔가가 들어 있지 **않다**. 그리고 이 뭔가는 사람들이 지금은 사용하지 않는 연상을 통해서만 항상 의식으로 되돌아올 수 있다.

무엇인가가 확실하게 사라졌다는 것을 증명할 수 없다고 해서 모든 게 그대로 거기에 있다는 것이 증명되지는 않는다. 이렇게 말하면 뇌는 모든 것을 붙잡고 있다는 이론을 추종하는 사람들과 논쟁을 펼치게 되는데, 이는 흔히 매우 힘든 논쟁일 경우가 많다. 왜냐하면 그들은 반박할 수 없는 이론은 의심의 여지가 없다고 받아들이기 때문이다. 이런 사고방식은 논리적 수준에서 치명적으로 한 걸음 벗어난 상태라고 할 수 있다. 사전에 반박을 허용하지 않는 이론은 더 이상 테스트할 수 없으니 말이다.

펜필드는 프로이트의 논쟁을 이용하지 않았고, 프로이트는 자신이 낭만주의를 계승했다고 여기지 않았다. 둘 다 자신들이 살았던 시기에 '학문'이라는 권위로 이야기를 했지만, 절대적 기억이라는 이론과 관련해서는 각자 자신만의 기법과 은유와 연구를 동원했다. 학문 안팎에서 그토록 많은 사람이 기억은 모든 것을 붙잡고 있다는 점을 믿었고 지금도 믿고 있다는 사실은 우리가 체험한 것 대부분은 흔적도 남기지 않고 사라진다는 생각을 받아들이는 게 얼마나 힘든지 보여준다. 만일 기억이 뭔가를 걸러주는 체라고 한다면, 그래서 가루와 먼지가 다 빠져나가고 정말 소중한 것들만 체에 걸러진다고 확신할 수 있다면 사람들은 마음의 평화를 찾을지도 모른다. 하지만 유감스럽게도 우리의 뇌는 그렇지 않다. 1982년 4월 12일 집으로 가던 길에 본 반대 차선의 교통 상황은 더 이상 우리 기억에 남아 있지 않다. 한때 아버지와 나눴던 대화, 어머니가 만들어주었던 맛있는 쇠꼬리 수프, 세 살 난 딸아이와 했던 산책도 마찬가지다. 절대적 기억이라는 신화는 당장은 불러낼 수 없으나 그 어떤 것도 정말 사라지지 않는다는 사실에 위안을 얻어야 한다. 고대 그리스 시대의 관념인 '텅 빈 것에 대한 두려움horror vacui'과 관련해 17세기 물리학은 의인화를 첨가했으나, 심리학에서는 여전히 뇌에 대한 믿음으로 남아 있다. 즉 텅 빈 것에 대한 두려움으로 인해 오늘날의 심리학에서는 뇌가 모든 것을 기록하고 아무것도 망각하지 않는다는 믿음이 여전히 남아 있다.

에스테르하지의 기억

소설을 역사적 자료로 제시하는 경우는 흔치 않다. 1983년 여름에 일어난 암스테르담 불법 주택 점거 소동에 관한 연구를 하는 사람이 판 데르 헤이던van der Heijden의 《수탉들의 변호인Advocaat van de hanen》에서 자료를 찾는다거나 1900년경 북쪽 지방 조선업의 몰락에 관한 기사를 쓰기 위해 토마스 로센봄Thomas Rosenboom의 《후계자De nieuwe man》를 참조할 가능성은 지극히 희박하다. 소설이란 허구적인 장르에 속하며 사람들이 아무리 관대하게 두 장르의 경계를 지어왔더라도 역사 서술은 결코 허구가 아니다. 불법 주택 점거 소동에 관한 기사를 쓰려면 역사학자는 오히려 기록물, 신문, 라디오 탐방 기사, 뉴스 그리고 실제로 사건의 전개 과정을 다루었거나 적어도 그럴 의도를 가진 자료를 참고한다. 그래서 역사학자는 신문 보관실, 공동체 문서실, 테이프나 사진 보관실 그리고 사회가 기억할 수 있는 데 도움을 주는 장수를 찾는다.

그럼에도 불구하고 이와 같은 이분법에 대해 그 누구도 완전히 만족할 수는 없다. 빅토리아 시대 영국의 계급 관계에 관해 연구하는 사람은 자신에게 지극히 흥미로운 자료, 즉 주변에서 매일 볼 수 있는 함축적인 코드, 말할 수 없는 행동 규칙, 어디에도 기록되어 있지 않지만 무엇은 괜찮고 무엇은 어울리지 않는다는 식의 모든 규범을 문서실에서 발견할 수 없다. 그러기 위해서는 다른 곳에서 자료를 찾아야 한다. 가령 소설에서 말이다. 역사학자는 이와 같은 코드와 행동 규칙을《오만과 편견》이나《이성과 감성》에서 찾아볼 수 있을 것이고, 여전히 함축적이고 드러내놓지는 않지만 이 소설들은 빅토리아 시대의 계급 관계를 좀더 잘 이해할 수 있도록 역사학자를 도울 수 있다.《오만과 편견》이라는 소설은《수탉들의 변호인》처럼 상상의 산물이지만, 그것이 이 소설로부터 어떤 역사적 인식을 끌어낼 수 없다는 의미는 결코 아니다. 흔히 소설 한 권은 역사적 재료를 위한 기록보관실과 같을 때도 많다.

기록보관실과 비교할 때 약간 이중적 의미가 있는 소설은 인간의 기억과 공통적인 측면을 갖고 있다. 기록보관실은 그 자체로 기억과 자주 비교되며, 거꾸로 기억도 흔히 기록보관실로 표시되곤 한다. 하지만 기억은 순서에 따라 분류되지도 않고, 시대적인 질서도 알지 못하고, 어떤 제목에 속하지도 않는다. 기억은 문서가 지니고 있는 성격, 이를 테면 거기에 있거나 없는 성격을 갖고 있지 않다. 기억은 한 번은 존재할 수 있으나 다음번에는 존재하지 않을 수도 있다. 기억은 갉아 먹히기도 하고, 어긋나기도 하며, 층층이 쌓이기도 한다. 그리고 가장 중요한 차이점은 유한하다는 것이다. 기록보관실은 그것을 구축한 사람이 죽는다 하더라도 한순간에 무無로 와해되지는 않는다.

이렇듯 기억과 기록보관실의 관계는 얼핏 서로 반대된다. 즉 기억은 유동적이며, 교정해야 할 때도 많고, 시기가 정해져 있다. 하지만 기록보관실의 문서는 어느 정도 영속적이고, 그 상태 그대로 내버려둬도 되고, 세대를 넘어서 살아남고, 시간이 가도 변하지 않는다. 기억에서 나오는 것은 주관적이며, 기록보관실에서 나오는 것은 객관적이라고 말할 수도 있다. 하지만 이 같은 기억과 기록보관실의 대립 관계는 또한 편리하기도 하다.

《천상의 화음》
●●●●●●●●●●●●
"나는 전쟁에 참여하지 않았다"며 네덜란드 작가 하리 뮐리스는 "나는 제2차 세계대전이다"[1]라고 썼다. 소비보르Sobibor(폴란드 남동쪽에 있는 마을—옮긴이)의 가스실에서 죽은 유대인 할머니, 모습을 감추고 사라진 유대인 어머니, 유대인의 재산을 갈취해 관리한 리프만 로젠탈 은행에서 일한 아버지 때문에 뮐리스는 이렇게 말할 수 있었다. 자신에게는 제2차 세계대전이라는 아주 중요한 주제가 집중되어 있다고 말이다.

1950년에 태어난 헝가리 출신 그의 동료 페테르 에스테르하지는 당연히 이렇게 주장할 수도 있다. "나는 헝가리다." 에스테르하지와 그의 가족에게는 500년에 걸친 헝가리 역사가 담겨 있다. 대학에서 수학을 공부한 에스테르하지는 잠시 시스템 분석가로 일했으나 곧 소설가와 수필가로 이름을 날렸다. 2000년에는 10년 동안 집필한 소설《천상의 화음Harmonia Caelestis》을 발표했다.[2] 총 2권으로 이뤄진《천상의 화음》은 많은 것을 포함하고 있다. 1권은 에스테르하지 가문의 휘황찬란한 연대기를 다루는데 제령백帝領伯(왕이나 황제의 지방 주재 대리인—옮긴이), 선제후, 왕자와 남작, 주교와 재상 등이 등장한다. 에스테르하지 가문은 거의 헤아릴 수 없을 만큼 넓은 땅을 소유하고 있었다. 페테르는 "헝가리 땅의 4분의 1"[3]이라는 언급을 자주 했다. 그뿐만 아니라 그의 조상은 "기러기가 하룻밤 동안에

페테르 에스테르하지

도 통과하지 못할 정도로"[4] 넓은 땅을 소유하고 있었다. 이와 같은 부는 특히 16세기와 17세기에 형성되었다.

로마가톨릭을 믿었던 에스테르하지 가문은 반反종교개혁 시기에 사람들이 신교도들로부터 빼앗은 많은 땅을 획득했다. 합스부르크 왕가 편에서 터키와의 전쟁에 참여했을 때는 작위와 토지로 보상을 받았다. 합스부르크 왕가에 대한 에스테르하지 가문의 충성심은 그야말로 수백 년 동안 이어졌다. 1683년에 팔 에스테르하지 백작(1635~1713)은 빈이 터키군에 포위당하자 도와주러 달려갔다. 1809년에는 니콜라우스 2세 왕자(1765~1833)가 프랑스 군대로부터 빈을 해방시키기 위해 의용병을 진두지휘했다. 그는 헝가리의 왕좌에 오르라는 나폴레옹의 제안을 거절했다. 에스테르하지 가문은 대를 이어 성, 요새, 수렵용 별장, 여름용 주거지, 저택과 도시의 궁전을 지을 때 늘 탁월한 예술가, 건축가 그리고 수공업자들을 고용했다.[5]

'아버지' 미클로시 에스테르하지(1583~1645)는 결혼을 두 번이나 했으며, 1625년에는 제령백으로 선출되었다. 제령백은 당시 헝가리에서 정치적으로 가장 높은 지위였다. 하지만 가장 유명한 '아버지'들은 팔 언털 후작(1711~1762)과 미클로시 에스테르하지(1714~1790)였다. 팔 언털은 1761년 스물아홉 살이던 요제프 하이든을 부악장으로 임명해 궁정 오케스트라, 음악 교육 및 도서관에 관한 책임을 맡겼다. 하지만 하이든이 맡은 가장 중요한 임무는 아무래도 작곡이었다. 팔 언털 자신도 칭찬을 받을 만큼 다양한 현악기를 잘 연주했다. 팔 언털이 죽자 동생 미클로시가 문예 진흥 사업을 이어받았다. 하이든은 그를 위해 1771년 가을에 유명한 〈이별 교향곡〉을 작곡했다. 그런가 하면 이런 일도 있었다. 궁정 오케스트라 회원은 여름이면 가족들과 떨어져 아이젠슈타트에 있는 에스테르하지 성에 머물곤 했다. 그런데 몇 주를 기다려도 미클로시가 여름 시즌이 끝났다는 발표를 하지 않는 것이었다. 그래서 음악가들은 하이든에게 부탁했다. 꾸물거리는 후작한테 빨리 가족이 있는 집으로 돌아가고 싶다는 얘기를 해달라고 말이다. 그러자 하이든은 심포니를 작곡했다. 심포니가 끝날 즈음 단원이 한 명씩 차례로 일어나 촛불을 끄고 조용히 무대를 떠난다는 내용이었다. 미클로시 후작을 위한 공연이 있던 날, 단원이 모두 자리를 비우고 마침내 제1바이올린 연주자 토마시니A. L. Tomasini와 하이든 두 사람만 남았다. 미클로시는 이 심포니가 전하려는 메시지를 이해했고, 단원들에게 곧 휴가를 보내주겠다고 약속했다. 에스테르하지 가문에서 팔 언털 후작과 미클로시가 음악적 재능을 가진 최초의 사람은 아니었다. 팔 에스테르하지 왕자(1635~1713)도 17세기 헝가리의 탁월한 작곡가 중 한 사람으로 여겨진다. 그는 1711년에 종교적 노래 모음집인《천상의 화음》을 내놓았다.

페테르 에스테르하지의 이들 모든 '아버지'는 조국의 역사에 포함되어 있었다. 그들은 종교개혁과 반종교개혁에 관여했고, 전략적 혼인이라는 아주 세련된 놀이도 함께했다. 전쟁이 나면 장군, 외교가 필요할 때는 외교 사절로 활약했다. 모반에 동참하거나 그들의 희생자가 되기도 했고, 계약서를 작성하거나 청원서를 받기도 했다. 터키와의 전쟁에서 아들을 잃고, 빈의 궁정에서는 춤을 추었다. 황제의 전령이 되어 바티칸으로 여행을 떠났고, 외교 사절을 맞이하는 행사도 열었다. 그들은 자신의 활동을 문서화할 수 있는 위치에 있었다. 에스테르하지 가문은 일찍이 1626년에 적극적으로 기록을 보관하기 시작했다. 최초의 공적인 기록보관실은 1747년에 세워졌다. 에스테르하지 성의 기록보관실 덕분에 하이든의 전기를 정확하게 재구성할 수 있었다. 아울러 에스테르하지 후작이 30년에 걸쳐 후원하는 동안 어떤 권리와 의무를 정해두었는지도 알 수 있다. 이 가문은 종이로 된 기억을 풍부하게 남겼다. 계약서, 임대차 목록, 물품 목록, 카탈로그, 결혼 계약서, 청원서, 유언 그리고 헝가리의 문화와 정치에서 이 가문의 역할을 역사적으로 다룰 때 참고할 수 있는 수많은 통지서. 그리하여 사람들은 팔 언털과 미클로시가 가문의 운명과 사업을 어떻게 이끌어나갔는지 매우 상세하게 재구성할 수 있다. 하인들에 대한 대우, 살림살이 준비, 소작인과의 관계, 건축가들에게 주는 과제, 접견실의 일상, 여행과 환대 등등.[6] 이처럼 풍부한 문서와 이를 역사적으로 작업해 발간한 것은 부분적으로 페테르 에스테르하지가 자기 조상들에 대해 그야말로 생생하게 서술한 덕분이다.

다시 한 번 강조하지만 부분적으로 페테르 에스테르하지 덕분이다. 왜냐하면 《천상의 화음》에서 춤추듯 경쾌한 페테르 에스테르하지가 덧없는 순간, 발을 내딛은 장소는 바로 그 문서들이었기 때문이다. 음악에 조예가 깊었던 그의 조상인 '아버지들'의 《천상의 화음》은 1711년에 출간되었다. 그야말로 종교적 노래를 모아둔 작품이다. 하지만 조상 에스테르하지가 후손 에스테르하지에게 그 이상으로 체험하게끔 해준 것은 대부분 허구다. 가령 미클로시 후작과 하이든 사이의 대화 같은 것이나 과거 조상들이 전쟁터에서 펼쳤던 기동 연습, 조상의 아버지들이 어머니들을 만난 사연 등등. 역사적 이름, 장소, 사건에 속은 사람은 여기저기서 경쾌하게 등장하는 시대착오적인 해석―17세기에 스톱워치가 등장하거나 18세기에 사진기가 등장한다―에 정신을 번쩍 차리게 된다.

《천상의 화음》 1권을 쓸 때, 페테르 에스테르하지는 자신의 상상 외에 두 가지 종류의 기억으로부터 재료를 끌어냈다. 즉 기록보관실과 자기 가족의 기억을 통해 전해진 이야기가 그것이다. 2권에서는 세 번째 기억이 덧붙여진다. 요컨대 페테르 에스테르하지 자신의 기억이다. 묘사의 중심이 서서히 그가 알고 있는 에스테르하지 가문의 운명으로 이동하는 것이다. 조부모, 삼촌, 고모, 이모, 부모, 형제, 누나, 여동생에게로 말이다. 이처럼 서술의 중심이 가족에게로, 곧 대가족에서 소가족으로 이동해 이야기를 좀더 개인적인 것으로 만들어준다. 비록 이야기가 역사적 사건을 바탕으로 삼고 있다손 치더라도 말이다. 에스테르하지 가문에게 20세기는 몇 가지 드라마틱한 전환점이었다. 제1차 세계대전 이후 합스부르크 왕가가 대표하던 오스트리아와 헝가리 이중二重 제국은 무너졌다. 헝가리에서는 민족공화국이 세워져 1919년 벨라 쿤Béla Kun(헝가리 태생의 공산주의 정치가―옮긴이)의 주도 아래 소비에트공화국으로 넘어갔다. 이어 재산 몰수를 단행했지만 나중에 다시 돌려주었다. 공화국 치하에서도 에스테르하지 가문의 재산은 대부분 훼손되지 않았다. 그런데 제2차 세계대전으로 인해 상황이 바뀌었다. 헝가리는 1944년 독일군에 점령당했다. 그리고 1945년 소비에트군이 부다페스트를 점령한 뒤에는 러시아의 영향 아래 들어갔다. 1948년 재차 재산 몰수를 단행했는데, 이번에는 그야말로 결정적이었다. 페테르의 할아버지 모리츠 에스테르하지 백작이 당시 총리로 있었는데, 반독일적인 정책 때문에 전쟁 동안 몇 모르겐(1900년까지 독일에서 사용하던 면적 단위 1모르겐은 2500~3500제곱미터 옮긴이)에 해당하는 땅 외에 성, 궁궐, 토지, 예술품, 도서관 등의 사유재산을 모두 몰수당했다. 작위도 폐지되었다. 페테르의 아버지 마차시 에스테르하지는 1919년 헝가리에서 가장 부유한 남자들 가운데 한 사람의 상속인으로 태어났다. 아울러 전쟁이 끝난 후에는 백작으로서 재산 없는 '노동자 계급의 적'이 되었다. 《천상의 화음》 2권에서 페테르는 자신의 가문이 이와 같은 운명의 변화를 어떻게 받아들이는지 묘사한다.

《천상의 화음》은 여기서 비극적 방향 전환을 하지만, 놀이를 하는 듯한 필체는 그대로 유지된다. 1917년 당시 총리이던 페테르의 할아버지와 독일 황제 빌헬름 2세와의 역사적 만남에 관해서도 재기 발랄하게 묘사한다. "황제는 헝가리와 오스트리아에서 발생하는 많은 국내 문제에 대해 비판했다. 그는 어떤 사건과도 관계가 없지만 나는 마지막 사건과 상관이 없었다. 내가 그렇게 말하자 황제가 나를 너무 예리한 눈으로 쳐다보는 바람에 웃음이 터져 나올 뻔했다."[7] 신경을 건드리는 대화는 몇 쪽에 걸쳐 더 나오다 마침내 페테르가 빈정거리듯 영국 출신 기자 애시메드 바틀릿Ashmed Bartlett이 그의 책 《유럽의 비극The Tragedy of Europe》에서 이와 같은 알현은 완전히 틀렸다고 서술한다는 점을 꼬집어 언급하며 끝난다.[8] 재산 몰수와 압류에 관한 에스테르하지의 이야기도 비극적 희극이다. 자신이 상상해낸 대화에서 그는 공산당 인민위원을 단순하고 광적인 인물로 묘사한다. 공산당은 전통과 역사에 관해 그야말로 아무런 생각이 없으며, 어떤 관점에서 봐도 에스테르하지가 동참할 수 있는 정당이 아니었다. 아울러 할아버지 모리츠는 새로운 정권을 상대해야만 했고, 페테르는 자기 할아버지가 그런 혁명에 어떻게 대응했는지 자랑스럽게 서술한다. 그의 할아버지야말로 귀족의 모범이며, 내면에서부터 귀족다웠다. "밑에서 그를 내려다보기란 아무래도 어려웠을 것이다."[9]

《천상의 화음》 2권은 무엇보다 마차시 에스테르하지에 대한 기념비인데, 그는 모든 아버지들 가운데 유일한 아버지였다. 전쟁이 끝난 뒤 마차시는 릴리 마뇨키와 결혼해 살았던 부다페스트에 거주해도 좋다는 허락을 받았다. 1951년 호르트로 추방된 그는 이곳에서 할아버지와 함께 농부의 집으로 들어가야만 했다. 마차시는 멜론 수확 노동자로, 나중에는 도로 공사 인부로 일했다.

그가 밤에 일을 하고 있을 때면 우리는 동생과 함께 그가 오길 기다렸다. (이는 금지된 일이었다.) 우리는 거의 절반은 벌거벗은 채 아스팔트를 까는 아버지의 모습을 보면서 자부심을 느꼈다. 그의 몸에는 시커멓고 더러운 줄이 구불구불 기어갔다. 가끔 누군가가 그 옆에서 고함을 질러댔다. 백작, 이런 빌어먹을! 또 망쳐놓으면 어떡해! 그의 등과 허리는 땀으로 번들거렸고, 이마도 마찬가지였다. 그는 팔뚝으로 이마에 흐른 땀을 닦아내고, 안경을 바로 썼다. 절반은 발가벗은 교수님 같은 그는 매우 똑똑해 보였다.[10]

페테르가 마차시에 대해 묘사하는 바탕에는 자부심이 묻어 있다. 마차시는 천한 일을 하면서도 자신의 위엄을 잃지 않았던 것이다. 페테르의 눈에 아버지는 정신적 귀족이란 어떤 사람인지 보여주는 것 같았다. 아이들은 아버지가 과거 자신의 가문이 얼마나 부자였는지에 관해 말하는 것을 결코 듣지 못했다. 헝가리에서 성장한 페테르가 이런 과거를 벗어던지는 건 불가능했지만 말이다. 초등학교 때 페테르는 잘 훈련받은 당 간부들로부터 교육을 받았다. 그들은 자본주의, 착취, 대지주, 봉건 제도의 주인을 모욕했다. 그야말로 욕하지 않는 게 없었다. 수학여행을 갔을 때는 여자 선생님이 과거 에스테르하지 가문 소유의 성을 가리키며 이렇게 조롱했다. "여러분은 봉건주의에 관한 끔찍한 사례를 보고 있답니다!" 수렵용 별장에 도착하자 소년들이 말했다. "이것도 너희 거였지? 맞지? 그러면 나는 대답했다. 당연하지. 아니면 누구 거겠어?"[11] 그는 동생과 함께 소년들에게 다시 한 번 가운뎃손가락을 들어 보였다. (동생 마르톤은 헝가리 축구 국가대표로 스물아홉 번이나 경기를 뛰었다. 에스테르하지는 여전히 에스테르하지다!)

1970년대가 되자 가족의 형편은 나아졌다. 마차시는 번역 일을 맡게 되었는데, 시골에서 하는 일보다 그에게 더 잘 맞았다. 주로 헝가리에 있는 베네딕트 교단의 역사, 헝가리 민족의 믿음과 미신 그리고 도자기에 대한 것을 영어와 독일어로 번역하는 일이었다. 페테르는 아버지가 타자기 앞에 앉아 하루 종일 외롭게 일하는 모습을 기억했다. 그러는 동안 공산 정권은 그의 가족을 여전히 감시했다. 오스트리아 빈으로 간 할아버지 모리츠가 1960년 사망했을 때는 '국익'을 내세우며 장례를 치르기 위해 마차시가 외국으로 가는 것조차 거부했다. 페테르는 아버지의 어두운 측면, 이를테면 알코올 중독과 집 밖을 나돌아 다니던 습관에 대해 쓰기는 했지만, 책을 읽어보면 무엇보다 아버지를 운명에 굴하지 않고 꼿꼿하게 살았던 사람으로 존경하고 있음을 알 수 있다. 아버지는 잠시 연구하는 듯한 시선으로 방을 둘러보고는 이렇게 말했다. "'음 …… 우리는 현재 부자는 아니란다.' 부자의 반대말은 가난한 게 아니고, 부자가 아닌 사람이라 할지라도 가난하지는 않다. 가난은 그것보다 훨씬 심각하고, 아무것도 없는 게 가난한 거다. 가난한 사람은 가난보다 더 가난하다. '아냐, 내 아들아. 우리는 가난하지 않고, 다만 가난하게 살고 있을 뿐이란다.'"[12]

《수정본》

1989년 장벽이 무너진 데 이어 1990년 헝가리에 주둔해 있던 소비에트 군대가 퇴각했다. 헝가리 사람들은 그들의 퇴각을 진심으로 환영했다. 그리고 헝가리 국가보안국이 보관하던 기록 일부가 부다페스트에 있는 역사연구소로 보내졌다. 1999년 가을 페테르 에스테르하지는 지인에게 기록물 중 자신에 관한 자료가 있는지 살펴볼 수 있도록 해달 라고 부탁했다. 감시 또는 도청을 당했거나 다음과 같은 이유 때문이라도 말이다. "하지만 나는 확실하게 알고 싶습니다. 아울러 이것이 한 사람의 국민으로서 민주주의적 의무라고 생각합니다. 비록 과거를 해명할 수는 없다 할지라도, 현존하는 문서에서 드러날 과거에 주의를 기울여야 합니 다."[13] 당시 《천상의 화음》 원고를 다듬고 있던 그는 2000년 1월 28일에 야 비로소 연구소를 방문할 수 있었다. 페테르 에스테르하지는 그야말로 악의 없는 마음으로 이 연구소를 찾았다. 그런 그에게 무슨 일이 일어났 을까? 에스테르하지는 커피를 대접받았다. 식탁 위에는 세 묶음의 갈색 서류 다발이 있었다. 사람들이 그에 관해 기록한 게 분명했다. 기록보관 실 담당자는 마음이 편해 보이지 않았다.

담당자는 서류 묶음을 이리저리 건드렸다. 무슨 말인가를 하려는 듯했다. 나는 놀라지 않으려고 경멸하듯 입을 비틀었다. 그는 나에게 이 문서를 보여주는 게 의무라고 생각했다. 그리고 …… 이미 언급했듯 내가 이 문서를 읽어도 그다지 즐겁지는 않을 것이라고 했다. 자신도 뭐가 옳은지 모르겠다며. 그러면서도 가 장 간단한 것은 내가 이 문서를 읽어보는 거라고 했다. 그러면 내용이 무엇인 지 알 수 있을 것이라며. 그가 문서를 내 쪽으로 밀었다. 이 지극히 짧은 순간 보여준 그의 행동에 뭔가 위협적인 일이 일어날 것만 같은 기분이 들었다. 문 서는 업무에 관한 것이었다. 스파이가 기록한 문서라며 담당자는 이례적으로 한숨을 깊게 내쉬었다. 마치 스파이가 개인적으로 자신에게 걱정을 안겨주기 라도 한 듯했다.[14]

문서의 맨 앞장을 넘겨본 페테르 에스테르하지는 아버지의 필체를 알아보았다.

마차시 에스테르하지는 1956년 헝가리 인민 봉기가 일어나고 얼마 후 '차나디Csanádi'라는 이름으로 징집되었다. 최초의 문서는 1957년 3월 5일자였다. 마차시는 정보원이었다.

마침내 페테르는 늘 감탄해마지 않던 아버지의 필체를 눈으로 직접 대했다. 하지만 자신의 아버지가 이중적 삶을 살았다는 증거가 드러나자 손이 너무나 떨려 문서를 책상 위에 다시 내려놓아야만 했다. 얼마 후 페테르는 끔찍한 심정("그 누구도 지금 내 얼굴을 봐서는 안 되었다.")으로 연구소를 떠났다.[15] 며칠 뒤 다시 연구소를 찾은 그는 고통스러운 마음으로 문서를 한 장씩 읽었다. 그런 다음 1년 반 동안 책을 다시 썼는데, 그것이 바로 《수정본》이다. 위에서 인용한 내용은 바로 《수정본》 첫 쪽에 나온다. 하지만 《수정본》에도 많은 내용이 포함되었다. 아버지 마차시가 썼던 보고서의 내용, 친척에 관한 중요한 기록, 페테르가 스파이 문서를 접한 뒤 쓰기 시작한 일기, 이 일기에 대한 사적인 견해, 아버지가 공산 정권의 정보원으로 일했던 시기의 겉치레식 판결 과정과 강제 집행, 《천상의 화음》에 관한 고찰 등. 요컨대 아버지 마차시에 대해 새롭게 얻은 인식을 통해 비춰본 것들이었다.

페테르가 《수정본》에서 서술하고 있는 감정을 제대로 이해하기란 불가능하다. 수치심, 분노, 근심, 증오, 병적인 자부심과 함께 아버지와 자신에 대한 동정이 뒤섞여 있다. 그는 아버지의 삶 대부분이 완전히 자신의 시야 바깥에서 일어났기에 환상이 깨지고 당황스러웠다. 게다가 이미 아버지가 돌아가신 다음이라 왜 그런 일을 했는지 물어볼 수도 없었다. 페테르가 기록보관실에서 얻은 문서를 살펴본 몇 달 동안 울지 않으려 애를 쓴 흔적은 책에 'T(tear를 줄여서)'로 나와 있다. 그리고 문서에서 발췌한 문장은 너무도 수치스러워 빨간색으로 인쇄했다.

처음에 페테르 에스테르하지는 아버지가 비밀경찰이 어차피 알고 있는 일에 대해서만 기록했을 거라는 인상을 받았다. 하지만 다음과 같이 진짜 밀고하는 정보도 기록되어 있었다. "내가 알고 있는 바에 따르면 초방카 주민 가운데 L. R., T. 그리고 Sz.가 10월 부다페스트에서 무장 행동에 참여했다."[16] "초방카에서 10월 사건이 일어나는 동안 영웅 기념비에서 빨간 별이 제거되었다. 내가 들은 바로는 자갈을 팔던 B. S.의 사위가 범인이다."[17] 아버지가 몰래 비밀 첩보 행위를 미궁에 빠뜨렸으면 하는 희망은 정말 배반을 했다는 사실에 자리를 양보하고 말았다. 1980년 3월까지 기록한 문서에서 마차시 에스테르하지는 자신이 접촉한 사람 가운데 누가 외국 특파원과 대화를 나누었으며, 과거 친구였던 귀족들로부터 무슨 이야기를 들었고, 누가 자신에게 가족의 부고장을 보냈으며, 외국에 사는 가족은 어떤 활동을 하고 있는지 보고했다. 심지어 페테르가 18세 때 집에서 한 이야기도 등장했다. 그는 도저히 문서를 읽을 수 없었다. 페테르에게는 단지 삼촌·이모·고모였던 사람들과 부모님의 친구들이 집으로 초대받은 이유는 간단했다. 아버지가 그들을 관찰하기 위해서였다. 아버지가 희생자를 찾아내는 방식은 페테르가 어렸을 때 감탄해마지 않았지만 지금은 경멸하는 바로 그 매력이었다.

《수정본》은 절망에 빠져 있는 책이다. 헝가리 시민 봉기 당시 지도자였던 지식인, 정치가, 예술가와 귀족들이 체포되거나 형을 선고받을 때 자신의 아버지가 밀고자로 일했다는 생각은 수치심을 안겨주었다. 이는 과거뿐 아니라 현재의 페테르에게도 타격을 주었다. 왜냐하면 그사이에 《천상의 화음》을 출간했기 때문이다. 괴르기 콘라드György Konrád(헝가리의 작가—옮긴이)는 생일을 맞은 그에게 보낸 편지에서, 페테르가 자신의 아버지에 관해 너무나 아름답게 서술했다고 썼다. 이울러 독자들에게 사인을 해주는 동안 사람들이 눈물을 흘리며 아버지에 대한 그의 애정 어린 묘사가 얼마나 감동적이었는지 이야기했다고 썼다.

하지만 그 무엇보다도 스파이 문서는 그의 기억에 타격을 주었다. 네 번째 문서에는 이렇게 씌어 있었다. "페테르 에스테르하지(1950년 4월 14일 부다페스트 출생)가 부다페스트에 있는 피아리스트파piarist(학교 교육에 종사하는 가톨릭 분파—옮긴이) 고등학교를 졸업했다. 페테르는 이때까지 탁월한 학생임을 증명했다. 부다페스트의 로란드 외트뵈시 대학 수학과에 지원했다. 페테르가 입학시험 때 필요한 성적을 받으면 즉시 합격시켜달라고 내무부 조직에 요청하는 바이다. 차나디."[18] 이에 따라 내무부는 그를 합격시켜주라고 통보했다. 페테르는 늘 자신의 성적이 좋아서 대학에 들어간 거라고 믿고 있었다. 아버지와 함께 구경해 아름다운 기억으로 남아 있던 축구 경기도 이제 와서 생각해보면 첩보 기관이 마련해준 입장권 덕분이었다. 페테르가 빈으로 여행 갈 수 있도록 여권을 마련해준 것도 첩보 기관이었다. 문서를 읽는 동안 유년 시절의 모든 사건이 완전히 새로워졌다. 모든 사건이 다른 의미를 지녔고, 아버지는 자신이 기억하는 아버지가 아니었다. 아울러 그 자신도 지금까지 알던 그런 아들이 아니었다. 그는 자신이 새롭게 관찰한 기억을 《수정본》에 장황하고도 우울하게 묘사했다. 책의 제목에서도 알 수 있듯 내용을 보완하고 수정했다. 그는 아버지의 활동에 대한 자신의 기억을 통해 무엇을 시작해야 할까? 모든 것을 앗아가고 동시에 모든 것을 지니고 있던 누군가에 대한 자부심으로 무엇을 해야 할까?

이와 같은 자부심이 없었다면 그는 1980년대와 1990년대에 책과 자유로운 수필을 감히 쓰지 못했을 것이다. 이제 그는 이런 자부심이 공격을 받은 상태에서 글을 쓴다. 어쩌면 가장 비극적인《수정본》일지도 모른다.

내 아버지는 이제야, 이제야말로 무無의 백작이 되었다. 이것은 지금 중대한 의미를 지닌다. 아름답고 딱 어울리는 표현이다. 진정한 표현이고 어쩌면 승리에 찬 표현이다. 즉 이런 무無, 이런 무명씨는 분명 무명씨가 아니고 무도 아니며 분명 지극히 풍부하다. (그들은 100년 전, 200년 전, 300년 전, 400년 전보다 훨씬 적은 판매세를 지불한다.) 그것들은 가장 중요한 것, 즉 자신을 갖고 있으므로 부유하다.[19]

승리는 사라졌다. 아버지의 배반은 부수적인 기억이 결코 아니고, 과거의 모든 것을 바꾸는 하나의 기억이다. 가장 멋진 기억 가운데 많은 것을 되돌릴 수 없게끔 공격한 기억이다. 펼쳐본 새로운 문서로 인해 페테르 에스테르하지는 자신의 기억 중 일부를 도난당했다고 생각했다.

기록보관실과 기억
이와 같은 불행이 나타난 역사연구소를 대하는 에스테르하지를 보면, 인간의 기억과 기록보관실은 전통적인 역할에 상응하는 것 같다. 즉 페테르의 기억은 교정이 가능했다. 페테르의 기억은 색깔, 감정, 취향, 의미가 변했고 이제는 기록보관실에 스파이 문서가 온전히 보관되어 있을 때와는 다른 과거를 지시했다. 이와 반대로 이 문서들은 예전 그대로이며, 에스테르하지가 처음 방문했을 때 탁자 위에 놓여 있었듯 다시금 기록보관실로 돌아갔다. 기록과 기억 사이의 차이는 너무나 커서 문서실 전문 관리인들은 왜 문서와 기억을 비교하는 게 인기 있는지 의문을 가질 수도 있다.

페테르 에스테르하지는 문서에 대해 기록은 바뀌지 않고 더 이상 재고할 필요가 없는 사실이라고 강조했다. 예전 작품에서 그는 문장을 다른 문장으로 점검하곤 했다. 요컨대 현실을 기준으로 점검하지 않았다. 하지만 《수정본》에서 그는 이렇게 시작한다. "거짓말쟁이는 절룩거리는 개보다 빨리 따라 잡힌다. 지금까지 나는 내가 원했던 사실, 문서와 책을 갖고 일했다. 텍스트가 원하는 대로. 이제 더 이상은 그렇게 하지 못한다. 나는 모든 것을 삼켜야만 한다. 지금까지 나는 독자의 목구멍에 내가 원하는 것을 눌러 넣었다. '내가 주인이고, 현실은 다만 벙어리 하인이었다.'"[20] 이와 같은 새로운 관계는 《천상의 화음》을 하나의 소설로 만들었고 《수정본》을 실용 서적으로 만들었다.

하지만 우리는 페테르 에스테르하지를 따라갈 필요는 없다. 사실, 기억과 자료 사이의 경계가 얼마나 불분명한지는 방금 보여주었다시피 《수정본》을 다르게 읽기만 해도 된다. 우선 스파이 문서에서 읽을 수 있는 것은 부분적으로만 텍스트로 확정되어 있다. 마차시가 맡았던 많은 사람들은 그의 보고에 따르면 정치적으로 더 이상 활동하지 않았다는 게 눈에 띈다. 그들은 "은둔해 살고 있다", "멀찌감치 떨어져서 행동한다", "정치에 대해 전혀 관심이 없다". 한 사람은 시골로 이사를 가서 임업 일을 찾았고, 또 한 사람은 "집에서 꿀을 키우는 데 여념이 없다". 페테르의 삼촌 한 사람에 관해서는 이렇게 보고했다. "현재 그는 자신이 살고 있는 베케해변 부근의 로마이Római 강가에서 보트를 관리하고 있으며, 정치적으로 그야말로 소극적이다."[21] 이와 같은 보고는 독자의 해석이라는 배경 앞에서만 의미가 있다. 마차시 에스테르하지는 이들을 보호하려 했을까? 아니면 자신의 임무를 암암리에 게을리 했던 것일까? 그가 접촉한 사람들은 정말 정치 일선에서 물러나 있었을까? 페테르 에스테르하지도 이 모든 걸 정확하게 알 수는 없지만 적어도 다양한 해석을 고려해볼 수는 있다. 요컨대 여러 장면에 다른 해석을 할 수 있다. 이를테면 1958년의 기록이 여기에 해당한다. '차나디'는 "일상적 대화를 나누는 동안 등장하는 정치적 의견"을 기록하라는 임무를 받았다. 그의 기록은 "무엇보다 노동자 계급과 다른 의견을 반영해야만" 했다. '차나디'는 이 임무에 그다지 성공하지 못했다고 보고했다. "대화를 할 때 나는 항상 선거가 끝난 후의 상황에 관한 질문을 했다. 그러면 대체적으로 이런 데는 큰 관심을 보이지 않았고, 차크바르Csákvár에 사는 사람들은 오히려 축제에 신경을 쓸 뿐 정치는 어느 정도 관심 밖으로 밀려나 있었다."[22] 페테르는 이 축제에 갔던 일을 기억했다. 아버지와 당시 여덟 살이던 페테르는 과거 자신의 집에서 일하던 사람들 사이에 자리를 잡았다.

우리는 그들을 지적으로 속였다. 아무에게도 해를 입히지 않았고, 심지어 이름조차 언급하지 않았다. 그들은 축제 때 함께 진탕 마시려는 것 같았다. 그들은 존중을 받았으며 자신들도 스스로를 존중했다. 공공연하게 '지주(그의 아들)'와 함께 있는 모습을 보여주더라도 전혀 개의치 않았다. 왜냐하면 그들은 아버지를 좋아했고, 아버지는 사랑스러운 분이었기 때문이다. 당신의 행복을 위해, 마차시를 위해, 당신들, 그러니까 도도Dodó, T〔T〕를 위해! 〈눈물도 나오지 않았다.〉 그런 다음 스파이는 집으로 갔고, 아이들은 마치 나무에 열매가 매달리듯 아버지에게 매달렸다. 그의 아내는 축제에 가서 무엇을 가져왔는지 의심스럽게 남편 주변에서 낯선 냄새를 맡았다. 스파이가 자신의 책상 앞에 앉더니 말했다. 조용히 해라. 아버지는 일할 거야! 이렇게 말한 뒤 그는 쓰기 시작했다. "대화를 할 때 나는 항상……"[23]

다시 한 번 얘기하지만, 아버지의 보고서를 해석하는 것은 바로 페테르의 기억이다. '차나디'가 열심히 보고했는지, 반대로 억눌린 심정으로 보고했는지 서류 묶음에서는 찾아볼 수 없다. 선거에 대해 진지하게 생각했는지, 비꼬는 마음이었는지도 알 수 없다. 요컨대 페테르에 의해 유동적으로 변할 수 있다. 따라서 서류 묶음에 들어 있는 모든 보고는 주석, 기억, 해석, 인정, 부인, 해명이라는 틀에 갇혀 있다. 다른 말로 하면, 아버지의 보고는 아들의 기억에 의존한다. 즉 보고서를 실제로 읽었을 때 의미를 부여하는 것은 바로 아들이라는 얘기다.

페테르 에스테르하지의 독서 방식도 결정적이지는 않다. 그는 아버지의 서류 묶음을 해석할 수 있는 특권을 갖고 있기는 하지만 그렇다고 배타적인 특권은 아니다. 《수정본》을 출간한 후 당대의 다양한 자유사상가들이 반역에 관해 논쟁을 펼쳤다. 작가이자 당시 대통령이던 아르파드 괸츠Árpád Göncz는 자진해서 밀고자가 된 사람은 하나도 없으며 모두가 강요를 당하고, 협박을 받고, 가족을 보호하기 위해 그렇게 할 수밖에 없었다고 말했다. 페렌츠 쾨체크Férenc Köszeg 역시 같은 의견이었다. "마차시 에스테르하지는 체포되어 반복적으로 고문을 당했다. 그 누구도 그를 단죄할 권리는 없다."[24] '차나디' 문서를 읽는 그들의 방식은 또 다른 해석을 낳을 수도 있을 것이다.

문서와 기억에는 본질적으로 공통점이 있다. '차나디' 서류에서 일어난 일은 페테르 에스테르하지의 기억에서도 동일하게 일어날 수 있다. 즉 너무 심하게 교정되어 다른 사실, 다른 과거, 다른 현실을 지시할 수도 있다. 문서는 그것이 의미하는 바를 이해하기 위해 사람들의 기억만 필요로 하는 게 아니다. 문서는 이와 같은 기억으로 바뀌기도 한다. 보관실 관리자들이 기록보관실을 '기억'이라고 표현하는 것은 옳을 수도 있다. 이 두 가지가 서로 일치한다는 판단에는 단순한 확정이 아니라 한층 더 심오한 이유가 있다. 기억과 기록보관실의 서류는 둘 다 과거를 보관하고 있다. 기록보관실 관리자가 관리하는 것은 사람의 기억이 용해되는 것과 공통점이 있다. 요컨대 기록보관실의 문서도 유실될 수 있다.

누군가에게 기억을 은행에 보관하고 있는 재산이나 귀중품에 대해 생각하듯 해서는 안 된다고 말하면 가혹한 일일지도 모른다. 동독 국가보안국 기록보관소가 개방된 이후 독일에서도 많은 책이 출간되었다. 이런 책에는 사람들이—알지도 못한 채—가까운 친구, 가족, 심지어는 자기 파트너에게 감시를 당했다는 내용이 포함되었다. 수산네 셰틀리히Susanne Schädlich가 좋아했던 삼촌은 밀고자로 드러났고, 그녀는 이 사실이 삼촌을 기억하는 자신에게 얼마나 파괴적인 영향을 끼쳤는지 썼다.[25] 기억은 마치 어떤 형식으로든 유효성을 상실해버린 듯했다. 그녀는 기억을 새롭게 떠올려봐야 했으며, 삼촌이 행동하거나 말한 모든 것은 예전과 같은 의미를 지닐 수 없었다. 그녀가 기억하던 유년 시절과 다른 유년 시절이 있었던 것이다. 기억을 공격하는 것은 항상 중요한 정치적 상황뿐만이 아니다. 이미 오랫동안 친구, 애인 혹은 동료로부터 속아왔다는 사실을 발견한 사람은 그 이후 기만하기 전과 다른 미래뿐만 아니라 다른 과거를 갖게 된다. 가령 함께 식사했던 기억을 통해 기만이 그 시기에도 진행 중이었다는 의식이 개입한다. 기억은 추후에 바뀌는 능력이 있다. 망가진 기억도 여전히 기억이지만 더 이상 원래 기억했던 내용이 아니며, 따라서 이것도 망각이다. 기억이자 동시에 망각인 셈이다.

11

아무것도 잊어버리지 않는 거울

에드거 앨런 포의 기묘한 이야기 가운데 〈타원형의 초상화〉라는 게 있다. 한 남자가 이탈리아 아펜닌 산에 호젓하게 자리 잡고 있는 성에 도착했다. 밤을 보내기 위해 그는 으슥한 탑 방을 구했다. 사방 벽에는 그림들이 걸려 있었다. 방에 작은 책이 있었는데, 바로 그림을 설명해주는 책이었다. 그는 몇 시간 동안 이 책을 읽으면서 그림을 바라보았다. 나뭇가지 모양의 장식이 달린 촛대를 밀자 벽의 오목한 벽감에 빛이 비치면서 갑자기 타원형 사진틀에 담겨 있는 젊은 여성의 초상화가 보였다. 꼼짝도 않은 채 쳐다보는 얼굴에 남자는 마음이 흔들렸다. 남자는 안정을 찾기 위해 눈을 감아야만 했다. 잠시 후 그림이 자신에게 왜 그런 영향을 미치는지 알아내기 위해 반시간가량 그림을 바라보던 그는 마침내 결론에 이르렀다. 첫눈에 그를 당황스럽게 하고, 압도하고, 놀라게 했던 그림의 매력은 "그림에 표현된 모습이 **실제 사람과 질내직으로도 닮아 있는** 것"[1]에 있었다. 남자는 촛대를 다시 있던 자리로 밀어두고 책에서 그림에 대한 설명을 찾아보았다. 그림은 화가 부인의 초상인 것 같았다. 화가는 아내에게 모델이 되어달라는 부탁을 했고, 젊은 아내는 환한 표정을 지은 채 몇 시간 동안 어두침침한 탑 안에 있어야 했다. 남편의 화실이 바로 탑에 있었기 때문이다. 화가는 초상화를 그리는 일에 너무나 몰두한 나머지 긴긴 날을 어두침침한 방에 앉아 있느라 아내의 건강이 나빠지기 시작했다는 사실도 알아차리지 못했다. 아내는 서서히 쇠약해졌다. 몇 주 뒤 그림은 거의 완성 단계에 도달했다. 그때까지 화가는 오로지 초상화만 신경을 썼다. 이제 입가와 눈가에 마지막 선만 그으면 완성될 참이었다. 그리고 마침내 그림을 완성했다. 화가는 자신의 손에서 나온 작품을 바라보며 환희에 들떴다. 그러다 어느 순간, 몸을 떨기 시작했다. 그는 시체처럼 창백한 얼굴로 소리쳤다. "이건 바로 **삶** 자체야! 그리고 아내를 쳐다보았다. **아내는 죽어 있었다!**"[2]

이야기는 이렇게 끝난다. 포는 여기서 무슨 말을 하고자 했던 것일까? 〈타원형의 초상화〉는 1842년 출간되었다. 당시에는 사진술 초창기라 은판 사진법으로 찍은 사진이 미국에서 돌풍을 일으켰고, 사람들은 그렇게 많지 않은 돈을 들이고도 모든 도시에서 혹은 여행하는 곳에서 사진사들로부터 '초상화'를 찍을 수 있었다. 포는 바로 이런 모습을 암시했던 것일까? 그의 이야기는 사진사와 달리 진정으로 삶과 표정을 그림에 담을 수 있는 화가의 우월함에 대한 은유일까? 혹은 '삶'을 그린 초상화는 많은 경우 이 삶을 모사할 뿐만 아니라 손으로 그린 초상화든 사진 '초상화'든 기억을 다루는 과제를 맡고 있다는 것을 표현하고자 했던 것일까?

포는 이미 1840년 1월, 그러니까 은판 사진술이라는 새로운 기술이 대양을 넘어 유럽에 전해진 지 몇 개월 후 이 새로운 기술에 관해 글을 썼다.[3] 이 기술에 완전히 매료된 그는 '선페인팅sunpainting'의 경우 우선 번쩍이는 구리판을 어떻게 반짝거리는 은으로 덮어씌우는지 그리고 이 표면을 어떻게 빛에 민감하게 만드는지 매우 상세히 서술했다. 빛에 민감하게 하려면 이 판을 요오드 증기에 노출해야 한다. 그런 다음 이 판을 초창기 사진기의 암상자camera obscura에 있는 뒷벽 앞에 세우고, "이 도구의 렌즈를 대상을 향하게 한다. 나머지는 빛이 알아서 한다".⁴ 처음에는 판에서 아무것도 알아보지 못하지만, 간단하게 작업을 하고 나면 이 판이 언어로는 표현할 수 없는 "놀라운 아름다움"을 보여준다. 거의 완벽한 거울에 반사된 모습이다. "왜냐하면 아주 솔직하게 말해서 사진기의 이 판은 **무한하게**(우리는 이런 표현을 쉽게 사용하지 않는다), 인간의 손에 의해 완성된 그 어떤 그림보다 무한하게 정확하기 때문이다."⁵ 초창기의 은판 사진기는 진리의 도구이며 지극히 완벽했다.

에드거 앨런 포가 최초로 사진기를 보고 느꼈을 놀라움은 〈타원형의 초상화〉라는 글의 의미를 더욱 수수께끼처럼 만들어버린다. 이 이야기를 통해 포는 시대를 잘 포착하려는 게 아니라 오히려 사진기가 발명되기 전을 배경으로 했을 수도 있다. 하지만 포는 주인공의 입을 통해 초상화의 "모습이 실제 사람과 절대적으로 **닮아 있다**"고 표현하고 경악하며 "이건 바로 **삶** 자체야!"라고 외친다. 다시 말해 스스로 문장을 강조하면서까지 이렇게 반응한 것은 포가 세상에 사진기가 소개된 후 몇 년 동안 일기, 신문 기사, 편지에서 수백 번 표현했던 것이다. 마치 새로운 기술의 마법과 전통적인 장르를 서로 연결해주려는 것처럼 말이다. 포는 사진기에 관해 기사를 쓴 지 2년 후 어쩌면 삶과 꼭 닮은 초상화, 그러니까 그동안 어디서든 볼 수 있게 된 은판 사진기에 대해 실망했던 것일까? 무한할 정도로 정교하게 표현할 수 있는 사진기는 얼굴에 생명을 불어넣는 초상화와 뭔가 다르다는 결론을 내린 것일까? 시간을 멈추게 하고 얼굴을 고정시켜두는 데서 죽음을 연상한 것일까? 이런 의문들에 대해 대답할 수는 없다.

포는 〈타원형의 초상화〉에 대해 해석한 적이 결코 없다. 7년 후인 1849년 포는 스스로 타원형의 초상화 모델이 되어 사진을 찍었다. 얼마 후 자신의 이야기에 삽화를 그려 넣고 비밀스럽게 죽길 원했던 것처럼.

포가 자신의 이야기와 신문 기사로 불러일으켰던 의문은 150년 이후에도 여전히 중요하다. 어쩌면 이후 세대들은 사진을 일상으로 여기며 자란 세대여서 여전히 중요할 수도 있다. 우리가 살고 있는 이 시대와 세계에서는 일단 아이가 태어나면서부터 사진으로 된 기록이 엄청 불어나기 시작한다. 하지만 포의 시대에 사람들이 초상화로부터 바랐던 것은 오늘날에도 여전히 유효하다. 예를 들어 사랑하는 식구가 죽었을 때 사진 말고 스케치나 초상화를 갖고 싶은 바람이 있다. 이런 초상화를 생전에 완성해 놓지 않았다면, 사진을 가지고 화가를 찾아가 망자의 초상화를 그려달라고 부탁하기도 한다. 1839년부터 기술적으로 많이 변해서 원형을 더 이상 알아보기 힘들게 된 사진술은 포가 이야기의 주인공을 사진사가 아니라 화가로 설정할 수밖에 없었던 것처럼 그림이 해내는 것을 할 수 없는 게 분명하다.

일식 또는 월식
●●●●●●●●●●●●●●●●   심지어 얼굴을 잘 기억하는 사람들도 일반적으로 나이가 들어 얼굴이 변하면 잘 기억하지 못한다. 이웃 사람이나 동료가 5년 혹은 10년 전 어떻게 생겼었는지 돌이켜보려면 힘들게 기억을 떠올려야만 한다. 물론 이 시기의 사진을 보면 문제없이 알아볼 수 있겠지만 말이다. 자신의 부모님, 아이들 혹은 남편이나 부인이라 하더라도 그 시기의 얼굴보다는 사진을 더 잘 기억할 가능성이 많다. 과거의 겉모습을 기억하려 할 때 이들의 현재 모습은 오히려 기억하는 작업을 어렵게 만들

수도 있다.

사랑하는 가족이 사망했을지라도 이들의 얼굴에 대한 기억은 확실하지 않다. 내 친구 한 명은 아버지가 돌아가신 다음 화가에게 초상화를 부탁하기 위해 사진을 가지고 갔다고 얘기해주었다. 초상화는 상당히 완성도가 높아서 세부 사항에 이르기까지 생전의 아버지와 상당히 닮아 있었다. 그런데 사진 속 아버지가 아니라 친구가 기억하기에 사망하기 몇 년 전의 아버지 모습과 닮았다. 그 친구가 초상화를 집에 보관한 지는 대략 5년이 되었다고 한다. 얼마 전 다시 한 번 초상화를 자세히 보았는데, 초상화를 완성할 당시에만 하더라도 불만족스러웠던 몇 가지 부분을 **기억했**지만, 더 이상은 그 부분을 **볼 수** 없었다. 차이가 사라져버린 것이다. 왜냐하면 기억의 내용과 달랐던 초상화 부분이 더 이상 기억에 남아 있지 않았기 때문이다.

이 몇 년 동안 무슨 일이 일어났는지 알아내기란 어렵다. 초상화가 기억 앞으로 밀고 들어간 것일까? 마치 사라져야 할 시점에 사라지기를 거부하는 게으른 일식이나 월식처럼? 아니면 그림이 없었더라도 기억이 점점 희미해져서 마침내 사라졌을까? 어떻게 되었든 효과는 동일하다. 즉 내 친구에게 초상화는—처음에는 실제 모습과 다른 점이 있었지만—아버지의 얼굴이 되었다.

잊지 않으려고 그린 초상화에 기억과 관련해 뭔가 위협적인 요소가 있다고 의식하기 시작한 것은 사진술을 발명하면서 비로소 나타난 게 아니다. 이는 또한 초상화에만 한정되어 있지 않다. 스탕달은 자서전 《앙리 브륄라르의 생애》에서 열일곱 살에 첩난친 길을 횡단했던 일을 기록했다. 이로부터 36년이 지난 뒤 그는 산을 올라가는 동안 느꼈던 두려움을 고스란히 기억하고 있었지만, 더 이상 내면의 눈으로 그때의 장면을 가져올 수는 없었다. 이와 반대로 산을 내려올 때는 기억을 잘할 수 있었다. "5년 혹은 6년 후 동판화를 보았는데, 그때의 장면과 매우 유사했다. 나는 이 사실을 비밀에 부치고 싶지는 않다. 내 기억은 그렇듯 동판화일 뿐이다."⁶ 이어 그는 기념품의 위험에 대해 지적했다.

사람들이 여행을 갔다가 아름다운 그림의 동판화를 사게 되면 그런 어려움이 생긴다. 곧 이 동판화가 유일한 기억이 되고 실제 여행지는 파괴된다. 드레스덴 미술관에 있는 식스틴 성당의 마돈나가 그러했다. 뮐러가 그린 아름다운 판화가 라파엘로의 진품을 모두 파괴해버렸다. 이와 반대로 드레스덴 미술관에서 나는 어디에서도 동판화를 볼 수 없는 라파엘 멩스Raphael Mengs(독일의 화가―옮긴이)의 비참한 파스텔 그림을 완벽하게 눈으로 볼 수 있었다⁷

스탕달은 이 글을 1835년과 1836년 사이에 썼다. 이때는 사진기가 발명되기 몇 년 전이었다. 하지만 불안하게나마 적응하는 기간임을 묘사한다. 잊어버리지 않으려면 한편으론 보조 수단이 필요하지만, 이와 동시에 기념품을 통해 보충하거나 원래 기념품을 통해서가 아니라 기념품에 대한 기억을 통해 보충되는 기억에 대해 걱정한다. 이와 같은 긴장은 처음으로 사진을 본 세대에 와서는 결코 심각하지 않았다.

기억을 가진 거울
●●●●●●●●●●●●●
미국 출신의 발명가이자 화가 새뮤얼 모스Samuel Morse는 초창기 사진기가 공개되기 전인 1839년 8월 19일 이미 촬영 과정에 대해 알았다. 자신이 발명한 전신기에 대한 특허를 얻기 위해 마침 파리에 머물던 중 사진기로 그림을 저장할 수 있는 놀라운 신기술에 관한 소문을 들은 것이다. 모스는 사진기를 발명한 루이 자크 망데 다게르 Louis-Jacques-Mandé Daguerre에게 은판 사진기에 대해 알려주면 전신기의 작동 방법을 보여주겠다고 제안했다. 그렇게 해서 보게 된 사진기는 그에게 커다란 충격을 주었다. 모스는 1839년 3월 뉴욕의 어느 신문에 촬영이 너무나 예리해서 눈으로는 도저히 읽지 못할 알파벳을 강력한 확대경으로 읽는 것 같았다고 썼다. 다게르에게서 발견한 유일한 문제는 반시간 동안이나 지속되는 노출 시간이었다. 대상이 움직이면 사진판이 불투명하게 나오거나 아무것도 나타나지 않은 것이다. 다게르는 자신의 기술이 언제 초상화 기술을 획득할지 의심스럽다고 했다. 은판 사진술의 명성이 정물화, 도시 풍경, 풍경화처럼 전통적 예술 장르 안에 있게 될 거라고 생각했던 것이다.

모스도 한층 상세한 사진술은 작동법이 공개적으로 소개된 이후에야 알았다. 뉴욕에 돌아오자마자 모스는 즉시 실험을 하기 시작했다. 그리고 몇 달 후 딸을 촬영하는 데 성공했다. 유럽과 미국 양쪽에서 노출 시간을 줄이고자 하는 작업이 펼쳐졌고, 미국이 약간 앞서 은판 사진법으로 찍은 최초의 초상화를 완성했다.[8] 대략 10년 후에는 은판 사진술이 주로 초상화 사진술로 자리 잡았다. 이는 구대륙은 물론 신대륙에서 활동하던 초상화가들에게 엄청난 결과를 안겨주었다. 마르세유에서 미세화를 그리던 화가 10명 가운데 1850년 일을 해서 먹고살 수 있는 사람은 고작 2명밖에 남지 않았다.[9] 그들은 1년에 대략 초상화를 50장 그렸다. 그런데 같은 도시에서 약 50명의 사진사가 활발하게 활동했고, 그들은 1인당 1년에 평균 1200장의 사진 초상화를 완성했다. 게다가 화가에게 주는 돈의 10분의 1로도 충분했다. 다른 도시와 지방도 이와 비슷했을 것이다. 이렇듯 사진기의 폭발적 성장은 상대적으로 부유한 중산층의 증가와도 관련이 있었다. 그때까지 귀족의 전유물이던 초상화는 부르주아들이 좋아하는 신분의 상징이었지만 가격이 계속 내려가자 급속히 대중화했다.

은판 사진술이 대중으로부터 인기 몰이를 하는 데 상당한 기여를 한 신문 기사에는 회화에서 나온 은유가 수두룩했다. 모스는 다게르 촬영법을 "렘브란트가 완성한"이라고 서술하는가 하면 아름다운 "명암 대조법 Chiaroscuro"이라고 칭찬했다. 포는 '선페인팅'의 경우에는 렌즈를 "그려야 하는 대상"에 맞춰야 한다고 설명했다. 은판 사진술 전문가들은 화가의 조직과 은어도 사용했다. 요컨대 그들은 '아틀리에'에서 작업을 했고, '살롱'에서 전시회를 가졌으며, 고객은 항상 '모델처럼 서 있어야' 했다. 심지어 은판 사진술 기사들은 자신의 기법이 가장 잘 그린 그림보다 뛰어나다고 강조했다.

초기에 은판 사진술은 거짓말을 할 수 없다고 알려졌다. '그림을 그리는' 것은 바로 빛이었기 때문이다. 따라서 사람이 손을 대는 것은 순전히 기술적인 분야라고 생각했다. 요즘 시대에는 '사진은 거짓말을 하지 않는다'는 말이 너무 순진하게 들릴 수 있지만, 초창기 사진술이 나온 뒤 20여 년 동안 사진기는 그야말로 진실을 직접적으로 전해준다고 여겼다. 여기서 그치지 않고 화가들이 그동안 얼마나 거짓되게 행동했는지 가차 없이 보여준 것도 바로 사진기였다. 1846년 익명으로 실린 한 신문 기사는 화가들의 아부는 평판이 좋지 않다고 썼다. "돈을 지불하는 사람은 누구나 잘생기고 지적이거나 적어도 흥미롭게 보여야 한다. 화폭에서는 말이다. 하지만 이와 같이 붓을 함부로 오용하던 행위는 다행스럽게도 사진술로 인해 바뀌었다. 빛은 부정 이득을 취하는 모리배가 아니다."[10] 1841년 랠프 왈도 에머슨은 자신의 일기장에서 은판 사진술의 순수성을 찬양했다. "태양으로 하여금 그리도록 하면, 사람들은 자신의 그림자를 두고 혹은 자신의 세밀화를 두고 화를 낼 필요가 없다."[11] 많은 사진사들은 세밀화가 몰락하자 의심스러웠던 영역을 개선할 수 있다고 앞장서 반겼다. 그들의 도덕적 우위는 은판 사진술이 갖고 있던 자율성으로 정당화되었고, 그들의 카메라는 진실을 사랑하는 도구가 되었다.

일찍이 1859년에 의사이자 수필가이던 웬델 홈스Wendell Holmes는 독자들에게 사진기가 너무 일상화해서 이 발명품이 원래 얼마나 놀라운 것인지 사람들이 다 잊어버렸다고 경고했다. 그에 따르면 예전의 상황은 이랬다. "한 남자가 거울 앞에 서서 자신을 본다. 그리고 길을 가면, 거울과 거울에 비쳤던 상은 즉시 그 남자가 어떤 사람이었는지 잊어버린다."[12] 그런데 사진은 "**기억을 지닌 거울**의 발명"이라고 홈스는 썼다(강조는 홈스).[13] 이는 모두가 발견할 수 있는 은유여야 했다. 사진사는 새로운 매체가 얼마나 진실을 그대로 전하는지 강조했고, 초상화가는 실재를 거울처럼 비추는 것은 예술이 맡아야 할 임무가 아니라고 여겼기 때문이다.

초창기에 사진기를 다루던 사진사들은 초상화를 찍을 때 거울에 나타나는 상을 '실제와 같은' 혹은 '삶 그 자체'라고 번역했다. 1849년 미국의 한 사진사는 얼마 전 할머니 한 분이 자신의 스튜디오에 찾아와서는 전시해둔 초상화들을 쭉 훑어보고 보인 반응을 이렇게 보고했다.

갑자기 할머니가 비명을 지르더니 거의 기절하듯 안락의자에 쓰러졌다. 그래서 빨리 물 한 잔을 갖다 드렸더니 잠시 후 의식을 되찾았다. 할머니는 며칠 전 하나밖에 없는, 서부에 살고 있던 딸이 사망했다는 소식을 들었다고 얘기해주었다. 그런데 그 딸이 떠나기 전 사진을 찍어두었다는 것이 생각났고, 그래서 사진관에 딸의 사진이 걸려 있으면 좋겠다는 희미한 희망을 품고 왔다는 것이었다. 그런데 너무나 놀랍게도 딸자식과 거의 똑같은 얼굴의 딸 사진을 마주했던 것이다![14]

위의 내용은 어느 사진사의 비망록에 있는 글을 그대로 옮겨놓은 것이다. 1889년에는 보가더스A. Bogardus라는 사진사가 한 여성이 죽은 남편의 때 묻은 초상 사진을 그에게 가져왔다고 썼다. 그는 사진을 깨끗하게 만들어주려고 잠시 안쪽으로 들어갔다. 그리고 돌아와서 사진을 다시 건네주는 순간, 여자가 몸을 휘청거리며 쓰러지는 걸 간신히 붙잡았다. 여자는 충격을 받아서 기절했던 것이다. "마치 남편이 죽었다가 다시 살아온 것 같았어요."[15] 이는 굳이 사진사들만이 즐겨 하는 얘기가 아니었다. 일기장과 편지에도 사람들이 얼마나 사진에 열광했는지 잘 나타나 있다. 비록 사랑하는 가족이 아직 살아 있더라도 그들의 초상 사진을 갖고 싶어했다. 1843년 영국의 엘리자베스 배럿이라는 여성은 실제 모습과 닮고 또한 가까이 있다는 느낌 때문에 사랑하는 사람의 사진을 정말 갖고 싶다고 썼다. "나는 지금까지 완성된 예술품 가운데 가장 고상한 예술 작품보다 내가 진심으로 사랑하는 사람을 생각할 수 있는 그런 물건을 더 갖고 싶다."[16] 그림으로 그린 초상화를 갖고 있는 가족들은 흔히 죽은 뒤에 사진사를 불러 복사본을 몇 개 만들어달라고 한 다음 이것을 나눠 갖는 경우도 많았다.[17] 거꾸로 오늘날 자주 볼 수 있듯 사진을 보고 초상화를 그리거나 스케치하는 것은 배럿과 그녀의 동시대인들에게는 엉뚱한 일로 보였을 게 틀림없다.

은판 사진을 관찰하는 것은 매우 은밀한 행위였고, 이 사진술에는 '진리를 사랑하는' 특징이 있었기 때문이다. 거의 모든 다게레오 타입(다게르가 발명한 사진기의 이름—옮긴이) 사진기는 6분의 1판이었으므로 대략 7~8센티미터였다. 사진이 촬영되는 은판은 대단히 민감했고, 그래서 유리판으로 덮어두었다. 이 전체를 보호하기 위해 작은 상자나 케이스로 운반했는데, 흔히 값비싼 재료인 가죽, 비단 혹은 래커를 칠한 나무로 만든 것이었다. 초상은 벽에 걸려 있지 않았고, 늘 볼 수 있는 것도 아니었다. 초상을본다는 것은 빛이 잘 들어오는 장소가 필요하다는 뜻이었다. 이런 곳에서상자를 열고 비단을 옆으로 밀어낸 다음 그림이 잘 반사되게끔 잡고 있어야 했다. 엘리자베스 배럿이 썼듯 이걸 들여다보면 정말 곁에 있는 느낌이 들었을 것이다. 은판 사진을 보는 사람과 사진 속 인물 둘만 말이다.

이 시선이 어떻게 저기로 향했지?

초상 사진을 찍을 수 있었던 중산층은 사실 다게르의 발명품이 세상에 나오기 전부터 성장해 있었다. 따라서 가능한 한 초상화를 기계적으로 만들고자 하는 욕구는 이미그 전부터 존재했다. 프랑스 사람 크레티앙G. L. Chretien은 1786년 '얼굴의윤곽을 추적하는 기구physionotrace'를 개발했다. 그는 길고 가느다란 각목, 바퀴, 경첩과 롤러를 만들어 여기서 얻은 프로필을 직접 구리에 새길 수있었다.[18] 1807년 영국 물리학자 하이드 울러스턴은 카메라 루시다camera lucida(프리즘, 거울, 현미경을 이용해 실물을 사생하는 장치―옮긴이)를 개발했다. 이장치를 이용하면 프리즘을 보면서 종이에 대상의 형태를 그릴 수 있었다. 이 장치는 아마추어들의 근심을 덜어주었다. 즉 "원근법, 비율 그리고 형태라는 세 가지 고난"[19]으로부터 그들을 해방시켜주었다. 그 밖에 '팬터그래프(도형을 확대하고 축소하는 데 쓰는 제도기―옮긴이)'와 '인물연구학(지리적·시대적·사회적·정치적 기준을 종합해서 특정 얼굴 형태를 체계적으로 나누어 가는 학문―옮긴이)'도 있었다. 이와 같은 장치는 사진술의 등장으로 대부분 사라졌으나1810년까지도 대대적으로 사용되었다.

당시의 문학에서는 이처럼 초상화를 베끼고 기계화하는 데 대한 반감이 드러나 있다. 실제로 1839년 이후 그림으로 그린 초상화와 사진으로 찍은 초상화 사이에 벌어진 싸움이 두드러진다. 1837년 너대니얼 호손 Nathaniel Hawthorne은 〈예언적 그림〉이라는 단편을 썼는데, 여기에서 그는 오늘날에도 초상화와 관련해 대부분 고민하는 주제를 엮어놓았다. 요컨대 삶, 시간, 기억에 대한 관계가 그것이다.[20]

월터는 함께 초상화 모델이 되자며 약혼녀 엘리너를 초대한다. 그는 얼마 전 보스턴에 온 화가에게 초상화를 부탁하려 한다. "사람들 말로는 이 화가가 한 사람의 모습만 그리는 게 아니라, 그 사람의 정신과 마음까지 그린다고 한다. 비밀스러운 감정과 열정을 보며 이것을 햇빛처럼 캔버스에 담는 것이다. 아니, 어쩌면 남자들의 초상화에는 음험한 영혼을 담을지도 모른다. 마치 지옥의 불에서 나오는 희미한 빛처럼."[21] 화가가 그린 초상은 존경심을 불어넣기는 했으나 애매모호한 두려움도 있었다. 즉 많은 사람들이 "살아 있는 사람들 사이에 죽은 자의 그림을 세워놓을 줄 아는 예술에 깜짝 놀라서, 화가를 마법사로 보는 경향이 있었다".[22] 또 다른 소문이 이 화가를 둘러싸고 퍼져 있었다. 그의 시선은 관통하는 듯하고, 초상화 모델의 미래를 알고 있는 게 분명하다는 것이었다. 예언을 초상화로 그린다는 소문이 돌 정도였다.

호손은 깊은 사색으로 이야기를 마무리한다. 우리는 왜 우리의 초상화를 그리게 하는 것일까? 거울에서도 우리의 모습을 볼 수 있는데? 그 이유는 우리가 가버리면 거울 속 그림도 사라지기 때문이다. 그리고 얼마 후 우리의 기억에서도 사라진다. "초상화는 오랫동안 지속되고―지상에서 불멸하는―따라서 우리는 우리 자신의 초상화에 그토록 비밀스러운 관심을 갖는 것이다."[23] 월터도 자신과 약혼녀를 위해 지상에서 영원히 죽지 않는 방법을 찾았고, 이런 초상화에서 그들은 더 이상 늙지 않을 터였다. 하지만 초상화를 본 그들은 끔찍하게 놀랄 수밖에 없었다. 엘리너의 초상화를 오랫동안 쳐다보면 볼수록 치켜뜬 그녀의 눈에서 슬픔과 두려움이 강하게 전해졌기 때문이다.

"이 시선이……." 그녀는 소름이 끼치도록 속삭였다. "어떻게 저기로 향했지?" 화가는 비탄에 잠겨 그녀의 손을 잡고 말했다. "존경하는 아가씨, 저는 본 대로 두 분의 초상을 그렸습니다. 예술가—진정한 예술가—는 겉모습보다 더 깊이 있게 봐야 합니다. 영혼의 깊숙한 곳을 들여다보고, 이것을 자신도 이해하지 못하는 힘으로 캔버스에 빛나게 하거나 어두운 빛을 띠게 하는 것이 바로 화가의 재능—자랑스럽긴 하지만 흔히 어두운 재능—입니다. 시선에 몇 년 동안의 생각과 감정을 표현하는 것이죠. 이번에 내가 오류를 범했다고 확신할 수 있다면!"[24]

물론 화가는 오류를 범하지 않았다. 결혼 생활을 하는 동안 엘리너는 점점 초상화를 닮아갔다. 이것이 그녀를 너무나 우울하게 만들어 마침내 먼지가 쌓이는 걸 막을 겸 초상화에 비단 커튼을 달았다. 하지만 아무 소용이 없었다. 몇 년 후 그녀를 방문한 화가는 초상화를 그린 자신에게 자부심을 느꼈다. 그는 초상화를 통해 과거를 "우리가 지금이라고 부르는 가느다란 햇빛으로" 옮겨놓았을 뿐 아니라 미래를 현재로 옮겨놓았으니 그야말로 진정한 예언자였다.[25]

호손 역시 아무것도 잊지 않는 거울에 매료되었다. 그가 1851년 발표한 《일곱 박공의 집The house of seven gables》은 다게레오 타입의 사진술을 다루는 젊은 사진사 홀그레이브가 완성한 초상화를 두고 벌어지는 음모에 관한 이야기다. 그는 "나는 햇빛으로 사진을 만들지"라고 소박하게 얘기하지만, 햇빛은 외양을 모사하는 데 그치지 않는다고 부언한다. 실제로 초상 사진은 한 사람의 숨어 있는 성격을 보여준다. 화가가 그런 성격을 발견한다 해도 감히 그리려 시도할 수 없을 만큼 정확하게 보여준다.[26] 홀그레이브가 완성한 초상은 이례적으로 예리해서 모델을 섰던 남자에 관해 뭔가를 폭로해주었다. 눈으로 보면 보이지 않고 우리의 예감을 동원해야만 볼 수 있는 특징이었다. 소설의 주인공 사진사는 모델의 현재뿐 아니라 과거와 심지어 그의 가족 이야기를 붙들어놓는 데 성공했다.

이는 참으로 기묘한 역전이다. 포는 1840년에 다게레오 타입 사진술의 매력과 완벽함은 모든 그림보다 훨씬 더 고상하다고 적었지만, 이로부터 2년 후에는 다게레오 타입 사진술이 아니라 한 사람의 화가로 하여금 삶과 죽음을 지배하게끔 만든다. 그런데 호손은 1837년 화가로부터 현재, 과거와 미래라는 정상적인 법칙에 묶여 있지 않는 어떤 사람을 만들었으나 이런 신비를 1851년에는 장황한 설명 없이 다게레오 타입 사진사에게 옮겨놓았다. 초상화가와 사진사는 직업상의 통용어뿐 아니라 은유도 나눠 가졌고 동일한 마법으로부터 자신들의 특권을 도출해낸 것처럼 보인다. 즉 얼굴을 시간과 삶의 정상적인 과정으로부터 벗어나게 했다.

1860년경에는 얼굴을 그리는 것과 사진을 찍는 것 사이의 유사점과 차이점을 두고 매우 중요한 논쟁이 벌어졌다. 여기저기서 세밀화 화가가 자기 의견을 용기 있게 주장했다. 흔히 사람들이 비난했던 점을 지적하면서. 빅토리아 여왕이 스위스의 유명한 세밀화 화가 샬론A. Chalon에게 사진술 때문에 위협을 느끼지 않는지 걱정스럽게 묻자 몇 나라 언어에 능통했던 그는 이렇게 대답했다. "아닙니다, 마마. 사진은 아첨을 하지 못합니다."[27] 그러나 이런 것도 그에게 도움이 되지 않았던 게 분명하다. 1850년대 중반에는 사진을 수정하는 법이 발명되었다. 그리고 두 번째로 끊임없이 일었던 논쟁, 즉 다게레오 타입 사진기의 강렬한 흑백은 색깔과 명암 사이의 중간 채색을 상실할 수 있다는 논쟁이 점차 의미를 잃어갔다. 우선은 염색법 그리고 나중에는 컬러 사진술이 발명되었기 때문이다.

사진기로 찍는 초상화와 직접 손으로 그리는 초상화 사이의 긴장은 결코 사라지지 않았다. 다만 이 둘의 비율이 변하기만 했을 뿐이다. 두 장르를 전문적으로, 기술적으로 그리고 예술적으로 서로 엮어 맞추는 방법이 등장했다. 사진사들이 밥벌이를 잃은 미세화 화가들을 사진에 채색을 하고 수정하기 위해 고용했다. 이로써 화가들은 새롭게 자신의 재주를 사용할 가능성을 얻게 되었다. 초상화를 그리던 화가들이 직접 사진사가 되는 경우도 허다했다. 화가의 눈은 구성이나 조명에 대한 감각이 뛰어났기 때문이다. 이렇듯 기술이 서로 섞였다. 1863년 사람들은 사진을 캔버스에 박아내는 과정을 개발했고, 그리하여 화가는 사진과 똑같은 배경에 밑칠을 할 수 있었다.[28] 이는 새로운 장르를 낳았으니, 바로 '사진 회화'다. 사진 전문 잡지에 따르면 이는 "사진의 정교함을 화가의 재능과 결부시킨 덕분"[29]이었다. 1860년대 이후 미국에서는 '철판 사진tintype'(혹은 페로타입 ferrotype)이라는 게 유행했다. 즉 어두운 배경 앞에서 포지티브임을 일깨울 수 있는 검정색 철판 위에 콜로디온 네거티브를 밀착시키는 방법이다.[30] 이와 같은 철판 사진에 화가들이 색칠을 했다. 사진틀을 만들어 벽에 걸어두면, 결과물은 사진과 그림의 중간쯤 되었다. 두 가지 기법 가운데 어느 쪽에 무게를 두느냐에 따라 채색한 사진을 보느냐, 아니면 밑에 사진이 있는 그림을 보느냐가 결정되었다. 두 가지 경우 모두 모델로 선 남자나 여자는 잡종으로 묘사되었다. 사람들은 자신이 기대하는 바에 따라 읽어낼 수 있었다. 요컨대 두 가지 기법의 장점을 하나로 합친 것이다. 사진술에서는 리얼리즘과 세부적인 기록을, 회화에서는 해석과 인상을 읽을 수 있었다. 유감스럽게도 철판 사진의 결과는 거의 정반대였다. 그야말로 바탕에 깔려 있는 리얼리즘을 통해 초현실적인 인상을 풍겼는데, 이와 반대로 두꺼운 채색은 개인적인 부분을 많이 지워버려 기계 같은 분위기를 풍겼다.

거꾸로 초상화를 그리는 화가들은 점점 더 자주 모델을 사용하기 전의 습작이나 혹은 모델의 대용물로서 사진을 사용했다. 고객들은 이미 사진기에 익숙해 오랫동안 자세를 취하는 경우가 드물었다. 많은 사람이 등장하는 역사적 그림의 경우는 흔히 가장 중요한 인물들만 그림의 중앙에 모델로 섰고, 배경에 서는 사람들은 화가에게 사진만 주면 되었다. 사진에 대해 반감을 품고 있었음에도 불구하고 영국의 초상화가 프리스W. P. Frith 는 1863년 열린 황태자의 결혼식 그림을 위해 거리낌 없이 사진을 이용했다. 사진 중에는 디즈레일리B. Disraeli가 찍은 것도 있었는데, 큰 단점은 발견되지 않았다. "왜냐하면 황태자의 얼굴은 캔버스에서 1실링짜리 동전만 했기 때문이다."[31]

두 가지 기법 가운데 어느 것이 낫다는 논쟁이 펼쳐졌으나 사람들은 의견 일치를 볼 수 없었다. 런던에서 다게르의 특허권을 갖고 있던 앙투안 클로데Antoine Claudet는 1865년 초상화는 어느 정도 비슷하지만, 사진은 완벽하게 닮아 있어 사람들의 마음에도 들고 기억하기에도 좋다고 썼다.[32] 레이디 엘리자베스 이스트레이크Lady Elisabeth Eastlake는 실물과 정확하게 일치함으로써 선택할 게 없도록 만든다고 생각했다. 그녀는 1857년 수필에서 사진술은 윗도리의 단추도 얼굴처럼 정확하게 묘사함으로써 기술적인 방식의 비밀을 알려준다고 썼다. 그녀에게 사진 초상화는 열 번 가운데 아홉 번은 "얼굴에 관한 도시 계획" 그 이상이 아니었다. 다시 말해 도시 계획 지도는 "정확한 도로 표시판이 있을 뿐이며, 우리는 이런 지도를 애정 어린 눈과 아름다운 기억으로 덮어줘야 하고 표현을 담아줄 필요가 있다".[33]

두 사람은 기억을 두고 논쟁을 벌였지만 무엇보다 차이는 분명하다. 클로데에게 사진은 기억과 관련해 만족감을 주는 듯한데, 마치 우리가 옆에 있는 듯 혹은 거울 앞에 서 있는 듯 보는 얼굴을 그대로 보여주기 때문이다. 반면 레이디 이스트레이크에게 사진은 기억에 봉사하는 게 아니라, 반대로 기억이 사진에 봉사해야 한다. "애정 어린 눈과 아름다운 기억"이 없으면 사진은 다만 정확할 뿐 생명감 없는 거울에 비친 모습이고, 관찰자가 있을 때에야 비로소 사진 안에서 사랑하는 사람의 얼굴을 만들어낼 수 있다는 것이다.

마틸다의 초상화
●●●●●●●●●●●●●●
네덜란드에서 다게레오 타입 사진을 가장 많이 수집해둔 곳은 하를럼에 있는 엔스허데Enschedé 가문의 기록보관실이다.[34] 인쇄소를 운영하고 신문을 발행하기도 했던 이 가문은 기술 혁신에 상당히 관심이 많았다. 다게레오 타입으로 찍은 초상화가 알려지자 그로부터 몇 주 후 요하네스 엔스허데(요하네스 3세)의 달력에는 다게레오 타입으로 찍은 사진을 구입한 것에 대한 기록이 보이고 그로부터 얼마 지나지 않아서는 사진기 한 대를 구입한 내용이 등장한다. 기록보관실에는 약 80장의 다게레오 타입 사진이 있으며, 대부분은 초상화로서 왕가의 기록보관실보다 많다. 엔스허데가 주고받은 편지에서 이 신기술에 대한 흥분이 엿보이기는 하지만 사람의 손으로 그린 초상화로 생각과 망각을 표현할 수 있다는 얘기도 읽을 수 있다. 레이디 이스트레이크가 언급한 "애정 어린 눈과 아름다운 기억" 같은 것을 표현할 수 있다는 뜻이다.

요하네스 3세의 아들 요하네스 4세는 파리 여성이었던 마틸다 람베르에게 마음을 빼앗겼다. 마틸다는 이따금 친구들과 함께 하를렘을 방문하곤 했다. 그들은 1849년 11월 29일에 결혼할 예정이었다. 마틸다는 10월 26일 파리에서 보낸 편지에 미래의 시아버지가 찍을 초상화를 기대하니 너무나 기쁘다고 썼다. 며칠 후 그녀의 약혼자는 초상화가 완성되었다며 이렇게 썼다. "내 아버지가 다게레오 타입의 초상화를 완성했소. 당신이 우리에게, 특히 내 아버지에게 어떤 영향력을 행사했는지 보시오! 정작 자식인 우리가 초상화를 하나 찍어달라고 그렇게 부탁할 때는 그 말을 무시하더니, 오로지 당신이 좋아한다고 하자 즉시 모델을 선 것입니다. 초상화는 보기 드물 정도로 예리하게 나왔소. 아버지의 인상이 상당히 완고해 보입니다."[35] 편지에서 요하네스 4세는 파리로 그 초상화를 가져가겠다고 약속했다. 요하네스 3세는 즉각 마틸다의 답장을 받았다. "아버님께서 저를 위해 초상화를 완성하셨다니 얼마나 행복한지 모릅니다. 저에게는 너무나 가치 있는 그 초상화를 제 가장 소중한 기억으로 평생 보관할 것입니다."[36] 마틸다는 다른 사람들도 흔히 그랬듯 사진을 기억 및 평생 간직하겠다는 약속과 연관 지으며 미래의 시아버지에 대한 애정을 표현했다. 유감스럽게도 "평생"이라는 표현은 그렇게 오래 지속되지 않았다. 마틸다는 결혼한 지 6년 만에 사망했기 때문이다.

마틸다가 죽고 3년 후 요하네스 4세는 헨리터 미란돌러와 재혼했다. 헨리터가 집안에 들어오자 좋은 생활양식이 생겨났다. 결혼하기 몇 달 전 그녀는 마틸다의 사진을 암스테르담에 있는 화가 쥐르허르A. Zürcher한테 주면서 "다게레오 타입으로 초상화를 그려주세요"[37]라고 부탁했다. 이 초상화를 요하네스 4세와 당시 일곱 살이던 아들 얀(요하네스 5세)이 어떻게 받아들였는지는 요하네스 4세가 죽은 아내 마틸다의 친정어머니에게 보낸 편지에 잘 드러나 있다. 그는 장모와 여전히 내면적으로 연결되어 있었다.

그녀는 이례적으로 잘 완성한 마틸다의 초상화를 보냄으로써 우리 집안을 매우 고상하게 만들었습니다. 안은 즉각 어머니를 알아보았죠. 두 딸은 내가 암스테르담에서 온 상자를 열었을 때, 나처럼 눈물을 흘렸답니다. 마치 이제 더 이상 우리 곁에 없는 마틸다의 얼굴을 보는 것처럼 말입니다. 나티에는 코를 훌쩍거렸습니다. 까다로운 얀 빌헬름도 그처럼 어머니를 완벽하게 닮은 초상화는 처음 본다고 말했습니다. 그래서 내가 그 애들에게 말했지요. 새어머니가 이런 방식으로 새로운 삶을 시작할 줄 안다면, 자신의 의무가 무엇인지 잘 알 거라고 말입니다. 가정의 안주인으로서, 어머니로서 커다란 책임을 의식하고 있겠지요.[38]

이런 행동은 늘 감동적이다. 초상화는 새어머니로 들어온 헨리터가 마틸다를 대신하거나 따라 할 의도가 없으며, 그 대신 남편이 예전에 품었던 사랑을 잘 간직해주고 싶다는 것을 보여주었다. 초상화는 바로 헨리터의 생각에 대한 승언이라고 할 수 있다. 하지만 이런 행동은 당시 관습에서는 살짝 벗어난 것이다. 당시 유복한 가정에서는 화가의 초상화를 사진으로 여러 장 찍어 나누어 가졌다. 그런데 헨리터는 정반대로 행동했다. 어쩌면 1858년에 했던 헨리터의 행동은 우리가 오늘날 사진을 보고 초상화를 그리게 하는 것에 대한 답일 수 있다. 우리는 초상화이 주인공처럼 단 하나밖에 없는 그림을 갖고 싶어 하기 때문이다.

망자의 초상화

새뮤얼 모스는 1839년 말에 이미 딸아이의 초상화를 완성했다. 유감스럽게도 그것을 잃어버렸지만 침울한 느낌이 들었던 게 분명하다. 왜냐하면 노출 시간이 너무 길어 눈을 깜빡거리지 않도록 딸에게 그냥 눈을 감고 서 있으라고 부탁했기 때문이다. 반년쯤 뒤에는 노출 시간이 아주 많이 줄어들어 눈을 뜬 채 자세를 취할 수 있었지만, 정확한 사진을 완성하려면 그 자리에서 꼼짝 않고 있어야 했기에 얼굴이 죽은 것처럼 보였다. '시간을 붙들고 있는' 초상화는 그 어떤 움직임도 허락하지 않았다. 그래서 처음에는 보이지 않지만 머리를 움직이지 않게 받쳐주는 도구를 동원하기도 했다. 나중에는 사진을 찍기에 아주 실용적인 자세, 이를테면 손으로 머리를 받친다거나 손가락 몇 개를 관자놀이에 올리는 식으로 해결했다. 이처럼 초기 초상화에 나타나는 진지함은 다게레오타입 사진기는 사람들이 영원히 간직하고픈 사진을 찍는다는 걸 인식한 결과였을 뿐만 아니라 사람들이 한동안 유지할 수 있는 인상을 지어달라고 요구한 결과였다. 이때 웃는 모습은 요구하지 않았다.

많은 초상화는 '기억하기 위해서'라는 목적에 봉사해야만 했는데 이를테면 약혼식, 생일, 기념일 등이 그것이었다. 하지만 많은 이들이 언젠가는 이와 같은 초상화가 그가 죽고 난 뒤 그 사람을 대신할 것이라는 사실을 의식하기에 이르렀다. 그런 측면에서 모든 초상화는 '메멘토 모리 memento mori(죽음을 기억하라)'였다. 사진술은 이와 같은 의식을 회화에서 빌려왔다. 남자 혹은 여자는 뚜껑을 연 회중시계를 갖고 자세를 취하거나, 식탁 위에 모래시계를 놓거나, 무릎 위에 꺾어온 꽃들을 놓아두었다. 그렇다고 회화에서 빌려온 무상함의 상징 모두가 사진에 적합하지 않았으며—비누 거품은 노출 시간이 줄어들었음에도 불구하고 순식간에 사라졌다—사진사는 모델에게서 의미를 발견하지 않았다. 사람들은 마치 자신의 초상 사진을 찍고자 하는 허영심에 대한 대가로 돈을 지불하는 것 같았다. 이는 사람들이 무상함의 또 다른 의미인 허영심에 얼마나 사로잡혀 있었는지를 보여준다.

하지만 다게레오 타입 사진이 발명된 후, 죽음의 초상화에 그 어떤 상징도 필요하지 않은 초상화 장르가 등장했다.[39] 다게레오 타입 사진 시대에는 이와 같은 마지막 초상화가 흔히 최초의 초상화였고, 특히 아이들의 경우에는 유일한 초상화였다. 이와 같은 사진에는 '기억하기 위해서'와 '죽음을 기억하라'가 겹치며, 아이의 사진은 부모에게 평생 아이의 죽음을 기억하고 삶의 덧없음에 사로잡히게끔 했다.

구글에서 '사후 사진postmortem photography'이라는 단어를 검색해보면 수백 개의 그림을 볼 수 있다.[40] 그 대부분은 사진술이 발달한 초기 50년 동안 찍은 사진이다. 그 이후가 되면 사망 사진이 점차 사라지는데, 적어도 공식적인 장르로서는 그렇다. 부모, 과부, 홀아비 혹은 아이들은 이런 사진으로부터 무엇을 기대하거나 원했던 것일까? 이에 관한 자료는 많지 않지만 어떤 자세를 취하고 있느냐에 대해서는 몇 가지 자료가 전해진다.

많은 초상화들은 죽은 사람을 죽은 상태로 포착한다. 몸은 입관한 상태고, 눈은 감은 채로 있으며, 수의를 입고 손에는 십자가나 묵주를 쥐고 있다. 얼굴은 평화로운 분위기를 표현한다. 죽기 전에는 질병을 앓고 경련을 일으키거나 저항했겠지만, 죽은 자는 이제 저승으로 건너갈 준비를 마쳤다. 살아남은 자들은 바로 이와 같은 것을 마지막 모습으로 기억하려 했다. 이런 자세는 죽음을 잠을 자고 있는 것으로 상상하기에 적합했다. 아울러 '영원한 휴식' 혹은 '마지막 잠'이라는 은유로 묘사하기에 적합했다. 고객들은 이런 모습을 마지막 사진에서 보길 원했고, 사진사

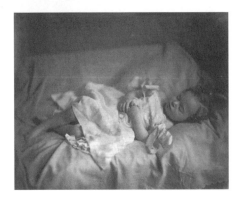

들은 광고할 때 반드시 그런 소망을 채워줄 수 있다고 약속했다. 보스턴에 있던 사우스워스 앤드 호스Southworth & Hawes라는 회사는 1846년 죽은 사람을 그 자리에서 사진 찍어 "조용히 잠든 것처럼" 보이게끔 할 수 있다는 광고를 냈다.[41] 잘 알려져 있지 않은 소녀의 죽음을 다게레오 타입 사진기로 촬영한 사진은 바로 완벽한 기술을 자랑한다. 살아남은 가족에게 이 사진은 또한 가장 사랑하는 아이를 가족은 물론 친구들에게 보여줄 수 있는 초상화였다. 당시의 연락 및 여행 가능성을 고려해볼 때 모두가 장례식에 올 수는 없었다. 따라서 초상화는 그들에게 마지막 순간을 볼 수 있는 기회를 주었다.

하지만 사후 사진을 보면 죽음과 대면하는 게 익숙하지 않은 현대인의 눈에는 이보다 훨씬 충격적인 초상화가 있다. 요컨대 **아직 살아 있는 듯한** 자세를 취하고 있는 사진이다. 이와 같은 착각을 일으키도록 하는 관습과 기술도 있었다. 만약 갓난아이나 어린 아이가 죽었을 경우 사진은 아이가 잠을 자고 있는 것 같은 인상을 불러일으키도록 노력했다. 하지만 예전의 초상화와 달리 자고 있는 아이는 언제라도 다시 깨어날 것만 같았다. 즉 아이는 부모 무릎이나 소파에 있고, 인형 혹은 흔들 목마가 곁에 놓여 있고, 그래서 금방이라도 계속 뛰어놀 것만 같다. 성장한 아이나 성인이 죽으면, 사진사는 몸이 아직 살아 있는 것처럼 보이기 위해 온갖 수단을 동원했다. 눈을 인위적으로 활짝 뜨게 하거나 사진을 수정할 때 뜨도록 만들었다. 그래서 죽은 사람임에도 불구하고 사진기의 렌즈를 똑바로 쳐다보는 사진이 탄생했다. 사진 속 소년이 신고 있는 신발 뒤꿈치에 무거운

철봉—소년을 똑바로 서 있게 지탱해주었다—이 있는 걸 발견하기 전까지 사람들은 이 어린 소년이 죽었다고 믿을 수 없었다. 윗도리 밑의 허리 부분이 두툼한 것은 자루이며 철사를 소매에 넣어 왼쪽 팔을 의자에 걸치도록 했다. 축 늘어져 있는 팔에 붙어 있는 퉁퉁 부은 손만이 모델이 죽은 소년임을 말해준다.

죽었다는 흔적을 전혀 남겨두지 않게끔 사진을 완성하는 것은 사진사들의 자부심에 속했다. 한 사진사는 1858년 〈포토그래픽 파인 아트 저널 Photographic Fine Art Journal〉에 최근 죽은 소녀의 초상화를 다게레오 타입으로 마치 살아 있는 것처럼 완성했다고 썼다. "사람들은 거의 믿을 수 없겠지만, 심지어 소녀의 눈은 인상적일 뿐 아니라 너무나 자연스러워 아무도 죽은 다음의 사진이라고 생각하지 못할 것이다."[42] 눈 주변을 반짝거리게 만들기 위해 많은 사진사들은 사진을 수정할 때 미광을 덧칠했다. 어떤 사진사들은 글리세린을 눈에 떨어뜨리기도 했다. 1847년 사망한 사라 로렌스의 초상화는 후자의 경우에 속한다. 누워 있는 소녀 곁에는 북이

놓여 있고 소녀는 북채를 손에 쥐고 있다. 이 상태에서 사진사는 사다리 위로 올라갔다. 위에서 사진을 찍기 위해. 어쩌면 사진사는 정확하게 초점을 맞추지 못했던 것 같다. 사라의 시선이 카메라 너머의 무언가를 쳐다보는 것처럼 보이니 말이다.

또 다른 사망 사진을 보면 죽은 사람을 의자 위에 올려놓고, 옷과 물건들도 평소 그대로 곁에 두었다. 이 사진은 1868년 찍은 한 남자의 초상화이다. 마치 하루 종일 일한 뒤 집에 돌아와 신문을 보다 문득 잠이 든 듯한 인상을 불러일으킨다.[43] 가족은 아마도 익숙한 이런 모습으로 망자를 기억하고 싶었을 것이다.

죽은 사람이 마치 살아 있는 것 같은 자세를 취하고 있는 대부분의 사후 사진은 미국과 영국에서 나왔다. 물론 유럽 대륙에도 그와 같은 사진이 있는데, 초현실적인 효과를 넣은 경우가 많다. 언론인 라이트마이어 Reitmayer가 1864년 청산가리를 먹고 자살한 뒤, 사람들은 그의 시체를 빈의 사진사 알빈 무테러Albin Mutterer의 사진 작업실로 가져갔다.[44] 사진사

는 사후 초상화를 조립하기 시작했는데 자연스럽게 뜬 눈, 희미한 미소 그리고 손가락에 낀 담배가 마치 사진사에게 죽음에서 누군가를 다시 불러올 수 있는 능력이 있는 것 같은 인상을 주었다. 많은 사후 사진을 보면 죽은 사람은 혼자가 아니다. 갓난아이나 아이를 무릎에 앉히고, 그보다 큰 아이들은 포옹을 하고, 가족은 마치 죽은 이가 중간에 있는 것처럼 곁에 자리를 잡고 있다. 죽은 사람이 앉아서 남자 혹은 여자 동생을 포옹하고 있는 사진도 많다. 우리의 시선은 살아 있는 사람들 사이에 있는 이 죽은 사람에게 향함에도 불구하고, 죽은 사람의 초상화는 시체와 함께 모델을 선 부모와 아이의 감정을 증언해준다. 이와 같은 사진은 다른 사진들 사이에 끼워져 찬장 위, 벽 혹은 앨범 속으로 들어갔다.

사망 후 사진들은 호손이 1837년 초상화를 그리는 비밀스러운 화가에 관해 말했듯 살아 있는 사람들 사이에 죽은 사람을 세워둬야 했다. 부모─대부분의 초상화는 아이들에 관한 사진이었다─는 가능한 한 죽은 자식의 사진이 살아 있는 것처럼 보이길 원했고, 이와 같은 목적을 이루기 위해 아무리 힘들어도 마다하지 않았다. 이 말은 아이의 시체를 사진사의 작업실로 운반해야만 했다는 뜻이다. 성홍열이나 디프테리아 같은 전염병이 돌 때에는 전염의 위험 때문에 시체 운반이 금지되었다. 따라서 시체가 있는 집에서 초상화를 완성하려면 사진사는 적지 않은 도구를 모두 챙겨가야 했다. 이때 사진사들이 받는 비용은 대부분 자동차를 빌려서 갚는 할부금 정도였다.[45] 사체 경직 문제는 피부 염색 방법을 적용함으로써 해결했다. 사후 사진은 시간을 많이 들여야 하고 비용도 많이 드는 지극히 진보한 장르였다. 아울러 그 자체가 이미 강렬한 그리움의 증거이자 가능한 한 죽은 이를 생생하게 기억하기 위한 증거였다.

가족은 자신의 기억과 초상화가 불러일으키는 것 이상을 원했다. 요컨대 자신이 죽은 이를 잊지 않는 사람으로 인식되길 바랐다.[46] 그리하여 초상화 속의 초상화라는 장르가 나왔다. 즉 사람들은 이미 죽은 사랑하는 이의 사진을 들고 사진을 찍었다. 이런 사진 속의 사진은—사진술이 등장한 최초 10년 혹은 20년 동안 유행한 것처럼—사후 초상화든 살아 있을 때의 초상화든 공통점이 있었다. 이를테면 사람들은 초상화 사진을 손에 쥐거나 무릎에 올려놓거나 가슴에 꼭 안고 사진을 찍었다. 이런 사진을 찍는 가장 중요한 목적은 죽은 사람을 추모하는 데 있었다. 사진을 높이 쳐들거나 몸을 관찰자 쪽으로 향하고 있는 자세는 바로 기억을 간직하고 있다는 걸 보여주고자 하는 세심함이다.

　누군가를 추모하기 위해 사진 속 사진을 찍는 관습은 회화에서는 오래되었다. 부모는 살아 있는 자식은 물론 죽은 자식도 초상화에 들어가도록 가족의 초상화 모델이 되었다. 살아남은 가족은 항상 당시에 가능했던 수단을 이용해 잃어버린 가족을 생각하려고 노력했다. 이처럼 예전이나 지금이나 사람들은 죽은 이를 생각하기 위해서 사진을 들고 자세를 취한다. 하지만 오늘날 사진 속의 사진은 살아 있을 때 찍는다. 사망 후 찍는 사진은 공식적인 장르로서는 거의 사라졌다. 살아 있을 때 규칙적으로 사진을 찍을 수 있는 가능성이 점점 많아지면서 이런 초상화는 1870년경에 내리막길을 걸었다. 이로써 처음에는 병적인 것처럼 보였던 장르인 사망 이후의 의무도 사라졌다. 요컨대 이 장르는 죽은 이를 한동안 살아 있는 것처럼 보이게 하고, 초상화를 완성함으로써 남아 있는 가족에게 죽기 전 어떤 일이 일어났는지 기억하는 것을 도와주었다.

전문 사진사들에게 요구하지 않더라도 여전히 죽은 사람의 사진을 찍는다.[47] 마지막으로 사진을 몇 장 찍는 이들은 죽은 자와 가장 가까운 사람들이다. 이런 사진들은 공공연하게 걸어두지 않고, 사진첩에도 끼워두지 않으며, 과거의 다게레오 타입 사진처럼 숨겨놓고 혼자서 볼 수 있다. 죽은 사람의 사진을 하나도 찍지 않는다면, 이는 우리가 죽은 사람을 살아 있는 이로 기억하길 바라기 때문이다. 살아생전의 사진은 이미 많다. 이런 사진은 기억이라는 앨범에서 찾아볼 수 있으며 흔히 장례식 때 파워포인트로 작성해 소개하기도 한다. 이제 가능한 한 살아 있는 것처럼 보여야 하는 것은 시체 그 자체다. 이를 위한 화장 기술과 보조 수단이 있는데, 19세기 사진사들이 죽음의 흔적을 은폐하기 위해 사용한 수단만큼이나 다양하다. 이러한 화장 기술도 여전히 착각을 불러일으키도록 한다. 요컨대 죽은 사람이 마치 잠을 자는 것처럼 보이고, 죽은 아이의 사진에서 볼 수 있듯 매우 평화로운 표정을 짓고 있다.

아직 생생한 기억에 반하여

아내 에마가 자살한 뒤, 슬픔에 잠긴 샤를은 다시 정신을 차리고 살기 위해 노력한다. 그리고 어떻게 하면 아내에게 존경을 표할 수 있을지 모색한다. 그는 아내의 묘비를 세울 루앙을 두 번이나 찾아가 수백 가지 도안과 묘비에 새길 내용을 고민했다. 가장 아름다운 상징, 가장 멋진 문구를 생각하느라 골머리를 썩는다. 하지만 이와 같이 기억하고 생각하는 와중에도 뭔가가 자신을 불안하게 만든다. "이상한 일이었다. 보바리는 끊임없이 에마를 생각했지만, 점점 그녀를 잊어버렸다. 그는 자신이 꼭 붙들고 있는 아내의 모습이 아무리 노력해도 점차 기억에서 사라져간다는 생각이 들어 불안했다."[48]

플로베르는 "이상한 일이었다"고 서술하고 있지만, 이와 같은 경험은 슬플 때 잘 나타나는 현상이다. 사랑하는 이를 잃어버린 사람은 흔히 죽은 지 며칠 후 망자의 얼굴을 떠올리려 해도 안 되는 것을 알고 충격을 받곤 한다. 보바리의 경우처럼 이는 심각한 절망을 불러온다. 만일 지금 그토록 잘 알고 있는 얼굴을 잊어버린다면, 몇 달 후 혹은 몇 년 후에는 무엇이 남아 있을까? 다행스럽게도 사망하고 얼마 후에 얼굴을 망각하는 것은 일시적 현상이다. 이는 대부분 근심과 충격으로 인한 결과다. 특이하게도 이것이 망각의 정반대 현상으로 안내할 수도 있다. 이를테면 갑자기 한순간 망자의 모습이나 목소리가 다시 나타나는 환각이 생긴다.

그러나 장기적 관점에서 보면 얼굴에 대한 기억, 표정, 눈을 뜨고 있는 모습, 얼굴이 움직일 때의 모습은 실제로 희미해진다. 이와 같은 일을 막기 위해 사람들은 기억의 자연스러운 보조 수단으로 자주 사진을 이용한다. 무슨 일이 일어날 수 있는지에 관해서는 플로베르가 이미 1857년에 서술했다. 에마의 애인이었던 로돌프는 편지, 손수건, 머리카락처럼 기억할 수 있는 물건을 보관해둔 작은 상자를 하나 갖고 있다. 또한 상자에는 에마를 그린 세밀화도 한 장 들어 있다. "그가 이 그림을 한동안 바라보고 원래의 모습을 다시 기억하기 위해 애쓸 때, 에마의 윤곽은 점점 그의 기억에서 사라져갔다. 마치 살아 있는 얼굴과 그림으로 그린 얼굴이 서로 문지르고 지우기라도 하는 것처럼."[49] 기억을 도와야 하는 것이 오히려 기억을 위험에 빠뜨리고 있는 것이다. 뤼디 카우스브루크는 이렇게 썼다. "한 장의 사진은 뭔가를 보관하고 있지만, 보관하는 과정에서 무엇이 파괴되는지 여부는 항상 분명하지 않다. 하나의 초상 사진은, 특히 죽은 사람의 사진은 기억을 대신한다. 그리하여 사진은 기억을 밀어내고, 기억을 대신하고, 기억 속에 들어 있는 뭔가를 희미하게 만든다."[50] 사진을 찍는 사람은 결국 자신의 기억이 아니라 사진을 갖게 되며, 이 기억은 처음부터 사진과 섞이고, 얼마 후 사진은 기억 밑으로 혼합된다. 그리하여 심리학자들은 이런 질문을 한다. **왜** 사진엔 이런 효과가 있을까? 사진이 정말 기억을 사라지게 할까? 왜 우리의 기억은 회상이 아니라 사진을 보관할까? 공간이 부족한 것일까?

얼굴에 대한 기억은 시각적 기억의 일부로서 이미 심리학이 생겨난 초기에도 이와 같은 방식의 기억에 상당한 능력이 있다고 과학자들은 확신했다. 1960년대와 1970년대에 시각적 기억의 한계를 탐구하기 위한 고전적인 실험들이 이뤄졌다. 한계는 그렇게 심각하지 않았다. 1967년 실시한 실험의 경우, 피실험자들은 612장의 그림을 한 장당 6초 동안 봤다. 이어 피실험자들에게 두 가지 그림을 제시하고 그중 앞서 보여준 612장의 그림 가운데 나왔던 것을 말해보라고 했다. 그 결과 98퍼센트가 정답을 말했다. 또 다른 실험에서는 2500장의 슬라이드를 각각 5~10초 동안 보여주었다. 그로부터 하루 반이 지난 뒤 피실험자 가운데 90퍼센트가 다른 슬라이드 가운데서 이미 본 슬라이드를 찾아내는 데 성공했다. 이런 결과는 놀라울 정도다. 왜냐하면 슬라이드에는 나무, 비행기, 개 같은 것만 있을 뿐 그야말로 특별한 대상이 전혀 없었기 때문이다. 이어진 실험에서도 피실험자들은 1만 장의 슬라이드를 봤다.[51] 이렇듯 엄청난 슬라이드를 다섯 차례에 걸쳐 매일 2000장씩 보여주었다. 그런데 며칠이 지난 뒤에도 피실험자들은 이 슬라이드를 아주 많이 알아보았다. 시가저 기어력을 확정 짓기란 불가능하다. 사람들은 그 전에 또 다른 한계와 부딪히기 때문이다. 이를테면 지루함을 못 견디는 사람은 인내심의 한계와 마주친다. 따라서 기억할 공간이 부족할지도 모른다는 것은 전혀 문제가 되지 않는다.

하지만 이와 같은 실험이 테스트하는 것은 기억이라기보다 오히려 **재인식**이라는 이의를 제기할 수도 있다. 요컨대 이미 본 슬라이드라고 대답하는 것은 이런 슬라이드를 자기 기억으로부터 불러오는 것과는 다르다. 이는 맞는 지적이며, 우리 기억 속에서 얼굴이 희미해지는 이유를 설명하는 데 방향을 제시한다. 시각적 기억 속에 들어 있는 정보는 어느 정도 열심히 업데이트를 한다. 만일 영화 구경을 하고 밖으로 나왔을 때 사람들이 과거 자동차나 자전거를 세워뒀던 모든 장소를 기억한다면, 그러니까 가장 최근의 기억처럼 과거의 기억도 생생하다면 엄청난 혼란을 겪을지 모른다. 한때 자전거나 자동차를 세워뒀던 모든 장소를 돌아다니느라 오랫동안 헤매야 할 테니 말이다. 하지만 우리의 기억은 앞서 지나간 정보는 버리고, 그 위에 새로운 정보를 덮어씌우거나 혹은 옛날 정보로 접근하지 못하게끔 한다. 그 결과 오로지 가장 최근의 정보들만이 활성화한다. 이런 게 바로 진화론적 장점이라는 걸 인식하기란 쉽다. 하지만 이렇듯 유용한 메커니즘은 옛날의 우리 부모님과 아이들, 남편과 아내 그리고 친구들의 기억을 지워버린다. 그들의 얼굴에 대한 기억은 항상 낡아빠지면서 다시 새로워지고, 이런 가운데 과거의 것은 제거된다. 이렇듯 사진을 보는 것은 가슴 아픈 행동이다. 사진은 우리가 잊어버린 것을 기억나게 하니 말이다.

이것이 사진과 기억과의 관계에서 유일하게 나타나는 애매한 의미는 아니다. 흔히 사진에는 기억이 결코 가질 수 없는 속성인 지속성이 있다고 말한다. 하나의 기억은 한 사람이 살아 있는 동안 함께한다. 하지만 그 이상은 아니다. 다른 사람의 기억 안에 있는 우리는 다른 사람과 함께 사라진다. 그런데 사진은 남아 있다. 그렇지만 정확하게 사진들로부터 도대체 **무엇이** 남는 것일까?

베른레프의《망상》이라는 소설에서는 치매를 앓고 있는 마르턴이 아내 베라와 함께 사진첩을 본다. 그들의 가정의는 마르턴의 기억을 '정상으로 돌려놓기' 위해 그것이 좋은 방법이라고 생각한다. 아주 먼 옛날의 사진들은 많은 기억이 되살아나게 한다. 전쟁, 당시에 먹던 음식, 가구, 피크닉, 휴가, 그들이 아이였을 때의 아이들도. 하지만 나중에 찍은 사진들은 마르턴에게 아무것도 말해주지 않는다. "어쩌면 사진들 때문인지 몰라." 마르턴은 괴로워한다. "사진기는 중요하고 중요하지 않은 것의 차이, 전면과 배경의 차이를 알지 못해. 그렇듯 지금의 나 역시 이런 장치와 비슷해. 나는 찾으려고 애쓰지만 그 어떤 것도, 그 누구도 나에게 가까이 다가오지 않아. 전면으로 나서지 않는다고. 과거의 그 누구도 나를 어떤 태도로, 놀라운 얼굴로 건드리지 않아. 이 건물과 거리와 장소는 내가 결코 가보지 않았고 결코 가지 않을 도시에 존재해. 날짜가 찍혀 있는 사진이 오늘날과 가까워지면 질수록 사진은 그만큼 더 불투명하고 수수께끼 같아져."[52]

베른레프는 여기에서 거울 효과를 만들어낸다. 마르턴의 기억에서 예리함과 의미를 잃고 있는 것은 사진에서도 마찬가지다. 19세기 말 프랑스 출신 의사 테오듈 리보Théodule Ribot의 이름을 따서 만든 '리보 법칙'에 따라 사라진다. 리보는 치매의 경우 기억상실은 최근의 일부터 시작해 과거로 흘러간다는 사실을 밝혀냈다. 하지만 이로써 사진은 그것이 지닌 예언적 의미를 상실한다. 의사가 며칠 뒤 찾아와 사진을 보니 어땠냐고 묻자 마르턴은 이렇게 대답한다. "누구든 사진을 볼 수는 있지만 사진을 관찰한다는 것은, 이로부터 사람들이 뭔가를 읽을 수 있다는 뜻입니다." 그리고 이렇게 덧붙인다, "선생님은 책상 위에 있는 앨범에서 아무것도 읽어낼 수 없을 겁니다. 왜냐하면 그렇게 하기 위해 필요한 배경 정보가 선생님에게는 없기 때문이죠. 선생님은 거기에 없었거든요. 달리 말하면 선생님은 아무것도 상상할 수 없는데, 당시 정말 어떠했는지 기억할 수 없기 때문입니다. 그건 선생님의 과거가 아닙니다."[53]

치매는 정상적이고 건강한 삶에서도 사진과 기억 사이의 관계에 존재하는 애매함을 더욱 강화한다. 온전한 기억력을 갖고 있을 경우에도 개인적 사진을 볼 때처럼 시간이 역전되는 수는 많다. 즉 나이가 들수록 '오래된' 사진을 보면 최근의 사진보다 기억나는 게 더 많아진다. 마르턴이 아주 먼 옛날의 사진에 관해서는 모든 가능한 것을 얘기할 수 있지만, 가령 열 살 때의 사진 안으로 밀고 들어갈 수 없는 것은 모든 늙어가는 기억에서 진행 중인 메커니즘의 기이한 변형 때문이다. 한 장의 사진이 진실로 상상을 끌어낼 수 있으려면 기억이 필요하다.

헌옷을 파는 시장에서 오래된 사진 앨범을 발견하는 경우가 종종 있다. 가령 19세기 말의 사진 앨범일 수도 있다. 이런 앨범에 나오는 모두는 가장 어린 소년이나 무릎에 앉아 있는 소녀도 지금은 죽었다는 사실을 우리는 알 수 있다. 한때 이런 소년 소녀를 기억했던 사람들도 그사이 죽었을 것이다. 어떻게 그런 앨범이 헌옷 시장에 나왔는지는 알 수 없다. 어쩌면 후손들이 한 번도 만나보지 못한 가족들의 사진에 대해 더 이상 가치를 두지 않았는지도 모른다. 사진은 그들의 과거가 아닌 것이다. 기억을 3차원 기술인 입체 안경으로 사진을 관찰하는 것과 비슷하게 생각할 수 있다. 기억은 사람들이 집어넣은 사진에 깊이를 주고, 3차원을 열어주고, 마치 잠시 동안 사진 속에 들어가 사진에서 보고 있는 뭔가에 집중하는 것처럼 내면으로 시선을 이끈다. 기억이 없으면 모든 상상은 관점을 잃어버린다. 우리는 아주 어린 시절의 사진을 보는 마르턴처럼 잃어버린 앨범에서 사진을 관찰한다. 즉 사진을 관찰하지만 아무것도 보지 못한다.

12

망각의 기술

철학자 칸트는 독신으로 살면서 하인을 부렸는데, 이 하인은 거의 40년 동안 주인 곁을 지켰다. 이름이 마르틴 람페Martin Lampe인 하인은 프로이센 군대의 군인이었으며 칸트가 매우 높이 평가하는 성향이 있었다. 요컨대 아주 정확했다. 그런데 유감스럽게도 1802년—칸트는 당시 벌써 일흔여덟 살이었다—두 남자 사이에 심각한 갈등이 일어났다. 세 권의 전기와 동시대인들은 그 원인에 대해 밝히고 있지 않으나 아무래도 람페의 알코올 중독 아니면 절도 때문이었을 것으로 추측한다. 그래서 칸트는 하인을 해고했다. 람페 후임으로 이번에도 군인 출신 남자가 들어왔는데, 목청이 어찌나 컸던지 칸트는 자신이 살아 있던 2년 동안 그 목소리에 익숙해질 수 없었다.

칸트는 반평생을 람페와 함께 보냈다. 람페: 새벽 5시에 침실을 두드린다("일어나 합시오!"). 람페: 점심을 먹으라는 신호("수프를 식탁에 준비해놓았습니다!")[1] 람페: 우산을 건네주고, 은으로 된 신발의 버클을 닦고, 가발을 다듬고, 거위 깃털로 만든 펜을 뾰족하게 해준다.

칸트는 람페를 집에서 내쫓는 데는 성공했지만 기억에서 추방하지는 못했다.

칸트는 있는 힘을 다해 노력했다. 하지만 그가 죽고 얼마 후 작업실에서 다음과 같은 기록이 발견되었다. "람페라는 이름을 완전히 잊어버려야 해."[2]

많은 작가와 시인 그리고 철학자는 기억에 맞선 우리의 무기력에 대해 표현하려고 노력했지만 이런 명령보다 더 이해하기 좋은 표현은 없다. 뭔가를 생각하는 것을 그만둬야 한다고 스스로 결심하는 것은 반드시 잊어야만 하는 것을 **문자로** 기억하고 있다는 표시인 한편 무기력한 행동이기도 하다.

칸트는 기억술에 관한 책에 대해 잘 알고 있었다. 대략 기원전 500년 그리스 시인 시모니데스Simonides가 쓴《고전 기억술ars memoriae》을 읽어보면, 한 웅변가가 맨 먼저 상상 속의 집을 산책하고는 방마다 자신이 기억하고 싶은 상징적인 상상을 남겨놓는다. 연설하는 동안 그는 상상으로 산책을 반복하고, 자신이 표현하고자 하는 내용을 각각의 장소에서 다시 발견한다. 칸트는 이와 같은 방식을 추종하지는 않았다. 오히려 이런 방식을 아주 번거롭다고 생각했다. 왜냐하면 그런 방식을 사용하기 위해서는 적어도 탁월한 기억력을 갖고 있어야만 했기 때문이다. 람페가 떠난 첫 번째 주에 칸트는 **망각의 기술** 같은 것을 그리워했던 게 분명하다. 하지만 실제로 그런 것은 없다. 사람들은 그런 표현을 들으면 무슨 상상을 할까? 기억술의 반대? 잊고 싶어 하는 것에 대한 강조는 잊어버리고 싶은 것을 오히려 더 기억나게 만든다. 이는 칸트의 기억에 자리 잡은 람페처럼 모순된 효과다.

좋은 기억력이 예술과 공적인 삶을 사는 데 본질적 도구로 높은 평가를 받았던 시모니데스의 시대에도 이미 많은 사람들은 망각의 기술이 없는 것을 매우 유감스럽게 여겼다. 웅변술에 관한 다양한 저서에는 시모니데스가 정치가이자 장군이었던 테미스토클레스Themistocles에게 자신의 기억술을 전수해주겠다고 제안한 이야기가 나온다. 그런데 그는 거절했다. 오히려 시모니데스는 테미스토클레스에게 잊고 싶은 것을 잊을 수 있는 방법을 가르쳐줘야만 했다. 테미스토클레스에게는 망각의 기술이 더 필요했다.[3]

시모니데스는 테미스토클레스를 도울 수 없었다. 우리가 사는 시대에도 망각의 기술은 오로지 생각과 관련한 실험으로서만 존재한다. 하지만 만일 사람들이 자의적으로 기억을 사라지게 하는 기술을 갖고 있다면 어떤 결과가 생겨날까? 만일 이런 행동이 이성적이라면 그 기술을 이용하는 편이 좋을까? 1976년 마르턴 톤더르는《망각에 관한 소책자》에서 바로 이런 질문을 제기했다.[4] 이 책에는 망각에 관한 작은 철학이 담겨 있다.

톤더르는 이 책을 60대 중반에 썼다. 기억과 망각에 관한 철학을 얘기할 때 나이는 중요하지 않다.

포쿠스의 '망각의 책'

이야기는 봄멜의 건망증으로 인해 발생하는 문제로 시작한다. 그는 이름, 언약, 약속을 까먹었다. 조스트의 임금을 올려주겠다고 한 약속은 기억에서 완전히 사라지고, 다음 날 아침을 먹을 때면 당황한 표정으로 자기 주머니에 들어 있는 매듭을 물끄러미 응시했다. 뭘 또 잊어버리려면 안 되지? 건망증을 막기 위한 또 다른 수단도 작동이 잘 안 되기는 마찬가지였다. 그는 빨간색 잉크로 세심하게 '도델의 생일을 잊지 말 것'이라고 기록해두었으나 이 쪽지는 그녀의 생일이 지난

다음 날 눈에 띄었다. 이런 식으로 계속 살아갈 수는 없었다. 건망증 때문에 그는 많은 주위 사람에게 깊은 상처를 주었다.

조스트는 먼지를 닦으면서 말한다. "올리비에 씨는 약속한 대로 제 월급을 인상해줬습니다. 하지만 저는 오랫동안 월급을 올려달라고 부탁했어요. 그런데 그 사실을 잊어버렸다는 게 최악입니다. 이렇게 표현해도 된다면, 제 마음속에 있는 뭔가 아름다운 게 깨져버렸어요. 그래서 이런 걸 잊어버릴 수 있길 바랐습니다……"[5] 상처를 받은 도넬 양도 톰 포스에게 이렇게 말한다. "그가 나를 잊어버렸어! 그에 대해서는 아무 얘기도 듣고 싶지 않아! 그가 미워! 난 …… 난 그를 잊고 싶어. 완전히 잊고 싶다고."[6]

마술의 대가 포퀴스 파스는 자칭 '핵심 의사'라고 불렸는데, 사람들이 억누르는 기억을 사라지게 할 수 있는 뭔가를 우연히 발견했다. 그의 치료실에는 '망각의 책'이라는 공책이 있었는데, 사람들은 여기에 자신이 잊고자 하는 것을 적을 수 있었다. 포퀴스가 이 책에 요리사에게서 얻은 부드러운 모래를 뿌리자 기억이 사라졌다. 그를 찾아온 최초의 고객 중 한 사람이 바로 봄멜의 집사 조스트였다. 그는 봄멜이 자신을 잊어버린 사건을 잊을 수 있길 바랐는데, 자세히 들여다보면 그 이상을 원했다. 그는 평범한 토산품 포도주를 오래 묵은 포도주를 담는 병에 옮겨 담은 적이 있었다. 그 모습을 봄멜 씨가 목격했는데, 바로 그 수치스러운 기억을 지우고 싶었다. 도넬 양은 '망각의 책'에 봄멜이 자신을 어떻게 잊어버렸는지 기록했다. 로멜담에 거주하는 많은 주민이 자신들의 기억을 '망각의 책'에 기록하기 위해 찾아왔다. 공무원인 도르크노퍼르―"국가는 잊어버리지 않는다"―만이 뭔가를 '망각의 책'에 기록하는 걸 거부했다. 대신 그는 자신의 노트에 이렇게 적었다. "농담을 해도 좋다면, 나는 여기 이

노트에 기록해놓겠어."[7]

　기술은 단순했다. 기록하고 그 위에 모래 뿌리기. 하지만 그 효과는 대
단했다. 포퀴스를 방문하고 돌아오는 길에 봄멜이 말을 걸었지만, 도델
양은 그를 알아보지 못했다. 이와 동시에 모욕적인 기억은 물론 봄멜과
관련한 모든 기억이 사라졌다. 조스트는 이 치료를 받고 너무나 당황스러
웠다. 자신이 잊고 싶었던 게 무엇인지조차 잊어버렸을 뿐 아니라 포퀴스
에게 갔었다는 사실조차 잊어버렸다. 사태를 지켜보던 톰 포스는 걱정을
했고, 봄멜도 예민하게 발달한 직감을 통해 결과가 좋지 않으리라는 걸
감지했다. 그는 명망 있는 시민들에게 도움을 청했다. "모두가 자신의 기
억에서 한 조각을 잘라버릴 수 있다면, 앞으로 어떻게 되겠습니까?" 하지
만 봄멜은 자신의 견해에 동조하는 사람을 찾을 수 없었다. 시장인 도르
크노퍼르는 그를 비관론자로 간주했다. "그런 건 잊어버리는 게 더 좋다
네. 잊어버려야 할 일들도 있는 거지. 그렇지 않으면 잠을 잘 수 없거든."[8]
마르퀴스 드 칸테클라어르(만화 〈톰 포스〉 등장하는 닭)는 망각은 남자들 사이
에서 반드시 필요할 때가 많다고 덧붙인다.

　봄멜은 사태를 그대로 내버려두지 않는다. 톰 포스와 함께 그는 포퀴스
의 치료실로 간다. 봄멜이 의사의 주의를 다른 곳으로 돌리는 데 성공하
는 동안, 톰 포스는 포퀴스가 '망각의 책'에 뿌렸던 모래를 조심스럽게 보
관해둔 창고를 발견한다. 이 창고에는 장이 하나 있는데, 여기에 잊어버
린 기억들이 각각의 봉투에 들어 있었다. 나중에 알게 된 사실이지만 포
퀴스는 기억이 담겨 있는 이 봉지를 발름찬더르 스튀이프뒤넌이라는 곳
에 버릴 예정이었다. 모든 증오심, 거짓말, 사기와 상처 따위가 영원히 돌
아다니는 곳이었다. 여러 가지 복잡한 일이 일어난 후, 망각의 강물이 둑
을 넘쳐 흐른다. 발름찬더르 스튀이프뒤넌이 홍수로 넘쳐남으로써 봄멜

과 톰 포스는 모든 것을 해피엔딩으로 마무리할 수 있었다. 봄멜은 도델 양에게 무슨 일이 일어났는지 설명했다. 그녀는 비록 모든 것을 이해하지는 못했으나―"어쩌면 내가 기억하지 못하는 부분이 있기 때문일 거야"―파티에 오라는 봄멜의 초대를 기쁘게 받아들였다.⁹ 파티 음식을 준비하면서 조스트는 또다시 싸구려 포도주를 부르군더 병에 옮겨 담고, 이 모습을 지켜보는 이들에게 눈을 한 번 찡긋했다.

《망각에 관한 소책자》에서 풍기는 분위기는 장난스럽고 관대하면서도 비꼬는 측면이 있다. 봄멜의 건망증 때문에 망각의 기술이 필요해졌다. 만화가 마르턴 톤더르는 1976년에 쉰네 살이었다. 사람들은 이름만 까먹는 게 아니라 이와 같은 건망증으로 자신이 알지도 못하는 사이 다른 사람에게 불쾌감을 준다는 점을 그는 알아차렸던 걸까? 누구로부터 완전히 잊힌 경험을 해본 사람―멋진 저녁을 위해 아주 맛있는 요리를 했는데 아무도 오지 않는다―은 이것이 지울 수 없는 경험임을 알고 있다. 한 사람의 망각은 다른 사람의 기억에 각인될 수 있다. 일상생활에서 많은 것을 까먹는다는 것은 관심과 주의력이 부족한 결과다. 봄멜의 경우처럼 이는 한 사람에게 건망증이 늘어나고 있는 것과 연결시킬 수 있다. 봄멜의 망각은 세심함의 부족으로 파악할 수 있고, 거의 성격으로도 볼 수 있다. 《망각에 관한 소책자》는 좀더 화해하는 눈길로 이런 일을 관찰하게끔 우리를 초대한다. 조스트와 도델 양이 봄멜의 건망증을 너무 모욕적으로 받아들여서는 안 된다고 생각하는 것처럼 말이다.

어쩌면 이 이야기의 행간에서 '용서와 망각'에서의 망각은 실제로 망각하는 게 아니며, 스토리에서도 인간의 진짜 기억에서는 잊힌 게 아니라는 걸 읽을 수 있다. 포퀴스는 사람들을 초대해 망각의 책에 기록하라고 한

다음 관대하게 말한다. "모래야, 뿌려져!" 하지만 사람들이 가고 나면 포퀴스는 이 모래를 봉지 속에 넣어 비밀스럽게 보관한다. 이것이야말로 우리의 기억이 누군가를 '용서하고 잊는다'라는 약속을 할 때의 모습 아닐까? 반복해서 사라지게 하면 항상 쉽게 잊어버리지 못하고 거의 정반대 결과가 나온다. 즉 잊어야 할 내용이 기록되고 그리하여 망각의 책이 아니라 벌을 받는 기록과 더 비슷하다. 모든 사람의 뇌에는 마술을 부리는 마술사가 있는데, 그는 용서와 망각에 대해 매우 훌륭하게 기록한다.

하지만 이 스토리는 그렇게 암울하지 않다. 포퀴스의 비열한 계획은 아무것도 실현되지 않으며, 결국에는 망각의 물이 모든 흉물스러운 것들을 쓸어버린다. 망각의 책에 기록해둔 모든 추한 것들을 말이다. 결국 기억력 여기저기에 빈 곳이 생겨나지만, 그렇다고 해서 불행한 일이 발생하지는 않는다. 시장은 기억나지 않는 것은 나이가 들어서 그런 거라고 말해준다. 다른 손님들은 기억의 빈자리를 의식하지도 못한다. 그리고 모두가 파티에서 기억의 바보 같은 짓에 대해 즐기는 것으로 끝난다.

"기억이 위로를 제공하는 경우는 드물지"

"람페라는 이름을 완전히 잊어버려야 해"라고 칸트는 결심했다. 고전학자 바인리히 H. Weinrich는 처음에 이런 메모를 다른 식으로 읽을 수는 없는지 자문해보았다.[10] 칸트는 죽기 전 몇 해 동안 건망증이 상당히 심했다. 증상은 치매 초기임을 암시했다. 마지막에는 가장 가까운 사람들조차 더 이상 알아보지 못했다. 하지만 칸트는 재치 있고 재미있게 대화하는 사람으로서 명성을 잃지 않았다. 친구들에게 끊임없이 했던 이야기를 또 반복해서 지루하게 만들고 싶진 않았다. 칸트가 쓴 것으로 보이는 쪽지에는 그가 무엇에 대해 친구들과 얘기를 나누었는지 적혀 있다. 했던 이야기를 반복하고 그리하여 그 전날 얘기했던 내용을 잊어버렸다는 사실이 드러나는 것은 모든 치매 환자가 두려워하는 일이다.

그래서 바인리히는 람페에 관한 칸트의 메모는 이제 람페를 잊어야 한다고 말할 필요가 없다는 것을 기억하려는 것은 아닌지 자문해보았다.

이런 의문은 메모한 문장을 적잖이 감동적으로 보이게 만들지만, 이런 식으로 문장을 해석할 근거는 없다. 오히려 자포자기식 서약에 가깝다. 더 이상 필요없을 것이라는 서약 말이다. 즉 얼마 후 람페는 다른 모든 사람처럼 잊었다.

자기의 기억으로 인해 위험에 처한 칸트는 두려움에 차서 바라봐야 했을 것이다. 즉 질병이 채 2년도 안 되어 탁월한 계몽주의 철학자를 지워버렸다. 《순수 이성 비판》을 한 글자도 이해하지 못했던 칸트의 누이는 칸트가 끝내지 못한 문장을 완성시켜야만 했다. 참으로 간단한 일상의 일을 기억하고자 하는 노력에 직면하자 기억술 혹은 망각술에 대한 모든 철학은 의미를 잃고 말았다. 칸트의 삶은 정확성과 훈련으로 이뤄져 있었는데, 무엇보다 이런 성격이 건망증으로 인해 묻히고 말았다. 쪽지와 메모는 칸트가 자신의 삶을 장악하기 위해 취한 노력의 일부와 다르지 않았다. 모든 치매 환자는 점점 불안을 감지하고 이후에는 기억하지 못할 것이라는 두려움에 사로잡히는데, 칸트는 이런 불안과 두려움을 홀로 품고 있었다. 그의 친구들은 칸트의 기억력이 점점 사라져 오랫동안 유익했던 삶을 되돌아보지도 못하는 걸 유감으로 생각했을 것이다.

네덜란드의 대표적 만화가 마르턴 톤드르는 고령이 되어서도 마지막 순간까지 정신이 또렷했다. 하지만 이런저런 일을 겪어야만 했다. 약 50년 동안의 결혼 생활 후 아내 피니 딕이 사망했다. 그는 테라 드 마레즈 오이엔스라는 여자를 새로 사랑했으나 그녀 역시 결혼하고 얼마 후 죽었다. 게다가 그는 자식 넷 가운데 셋을 먼저 보내야만 했다. 같은 시대를 살았던 친구들도 한 명씩 죽어갔다. 1996년부터는 라렌에 있는 로사 스피어르 하우스에서 외롭고 고독하게 살았다. 더 일찍 죽고 싶었지만 기다려야 했다. 죽음을 기다리는 게 너무나 힘들었다. 2005년 여름 그는 잠을 자던 중 숨을 거두었다. 향년 아흔세 살이었다.

죽기 4~5년 전 톤더르는 다양한 인터뷰에 응하고 글을 쓰기도 했다. 그는 모든 사람은 평생 동안 변하지 않는 내면의 나이라는 것을 가지고 있다고 했다. 아울러 자신은 비록 아흔두 살임에도 불구하고 항상 스무 살이라고 했다.[11] 하지만 이 스무 살 남자는 세상을 살기에 그다지 적당하지 않은 병든 몸이었다. "뼈대는 더 이상 아무짝에도 쓸모가 없어요. 정말 힘든 운명인 거지. 나는 아무런 의미를 찾을 수 없어요. 쓸모도 없고, 그래서 증오하고 있지요."[12] 하지만 육체의 쇠락으로 인해 괴로운 것보다 그를 더 힘들게 하는 것은 기억인 듯했다. 그는 늘 기억이 자신을 얼마나 위험에 처하게끔 하는지, 위로를 기대했던 많은 기억이 이제는 어떻게 자신을 억누르고 있는지에 대해 언급했다. 흔히 표어처럼 한두 마디씩 내뱉는 형태로 던지는 그의 회고는 망각의 철학을 낳았다. 하지만 이제 죽기 전 마지막 해에 이르러 자기 기억조차 자신을 배반하고 있다는 사실을 씁쓸하게 인식했다. 이와 같은 방식의 관찰은 어떤 도박을 해도 잊어버리게 만들었다. 《망각에 관한 소책자》에서만 하더라도 웃기기만 했던 봄멜의 건망증은 이제 저주로 변해버렸다. "이름을 기억하기가 너무나 힘듭니다. 제일 먼저 나타난 건망증이 바로 그거였어요. 끔찍하죠. 정말 끔찍해. 심지어 손자 이름이 생각나지 않을 때도 많으니까."[13] 다른 기억들은 불편하게 드러나곤 했다. "죽은 자들은 희미한 그림자가 되었다고 생각할 때가 많습니다. 그런데 어느 날 그들이 멀쩡하게 살아서 나타나요. 예기치 않게."[14] 그는 자신의 기억을 더 이상 통제할 수 없었다. 열지도 않은 문들이 갑자기 열렸다. "아무것도 없다가 갑자기 희미한 형태가 코앞에 나타납니다."[15] 나이가 들면 기억력은 점점 도르크노퍼르가 지니고 다니던 작은 노트와 비슷해진다. 그것은 더 이상 60대 중반에 온화하게 철학을 논하던 기억력이 아니었고, 그렇게 하기 위해 객관성을 유지하는 것도 힘들었다. 기억력이 반란을 시작한 것이다.

인터뷰 내용을 보건대 톤더르에게 기억은 개인의 내적 재산 이상임이 분명했다. 그는 아름다운 경험을 사랑하는 사람들과 함께 나눌 수 있을 때 그런 경험을 향유할 수 있는 사람이었다. 혼자서 체험하는 것은 그를 감동시키지 않았고 자신의 기억에서도 사라졌다. 그에게 아름다운 경험으로 여겨지는 것은 가장 가까운 사람들일 때가 많았고, 이런 경험은 마치 그런 사람들을 통해 비로소 기억으로 남는 것 같았다. 빔 카이저Wim Kayzer가 쓴 《아름다움과 위로에 관한 책》에서 톤더르는 가장 아름다운 기억은 피니를 통해 그 의미를 얻었다고 말했다. 그는 어느 여름 오후, 피니와 함께 아일랜드의 만灣에 있었던 날을 기억했다.

밀물 때가 되자 물이 나지막하게 해안으로 밀고 들어왔지. 그러는 사이 태양은 반짝거리며 빛을 냈고.

"다이아몬드." 그녀가 말했다. 이로써 그날의 그림이 내 기억 속에 깊이 안착했다.

기억이 없으면 아름다움은 없다. 왜냐하면 만일 내가 뭔가 굉장한 것을 봤다면, 누군가가 아름답다고 말해주는 사람이 필요하다. 그리고 만일 내가 그런 말을 발견할 수 있으면, 다른 사람에게도 표현할 수 있기를 바란다. 나누고 싶은 감정을 전달함으로써 생겨나는 행복감을 통해 기억이 발생한다. 하지만 다른 사람이 더 이상 없다면 그런 감정도 없다. 그리고 이것이 슬픈 감정을 만들어낸다. 이로써 아름다움에 접근할 수 있는 빗장을 열 수 없기 때문이다.[16]

그는 항상 이렇게 표현했다. 가장 아름다운 기억이란 함께 나누었던 기억이며, 함께 나눌 사람이 더 이상 없기 때문에 그 기억을 마치 짐처럼 느꼈던 것이다. 가장 아름다운 기억은 상실을 암시했다. 자서전에 따르면 피니가 죽고 얼마 되지 않았던, 자기 삶에서 가장 어두웠던 시기를 회고할 때 좋은 여자 친구가 보내준 조문 엽서가 떠올랐다. "너희는 참으로 오랫동안 풍성한 삶을 살았어. 네 기억이라는 목걸이에서 빛나고 있는 금빛 진주들을 헤아려봐. 그러면 너는 혼자가 아닐 거야." 이 문장은 온갖 종류의 조문에서 발견할 수 있는 글이다. 하지만 마르턴 톤더르는 아름다운 기억으로 인해 더욱더 외로움을 느꼈다. "당시에 나는 이런 위로를 받아도 씁쓸하게 무시했는데, 이제는 아름다운 기억을 가장 소화하기 어려웠기 때문이다."[17]

《아름다움과 위로에 관한 책》에서 톤더르는 이렇게 결론 내렸다. "기억이 위로가 되는 경우는 드물다. 왜냐하면 기억은 과거가 결코 과거처럼 되지 않으리라는 생각을 불러오기 때문이다."[18] 한때는 세심하게 애정을 가지고 보살폈던 기억이 이제 고통을 유발한다. 톤더르는 자신의 기억으로 인해 속았다는 느낌을 가졌음에 틀림없다.

기억을 지닌 채 혼자 살아가면 모순에 빠진다. 가장 아름다운 기억을 망각의 책에 기록하면 제일 좋겠다고 느끼는 순간이 있으니 말이다.

두 번째 죽음

1793년 여름부터 1794년 여름 사이 파리는 감옥이 되었다. 1792년 9월 공화국을 공표한 새로운 혁명 정권은 도시 전체에 있는 수도원, 교회, 병영을 몰수했다. 여기로 보낸 죄수들이 반혁명적인 행동을 했다는 혐의 때문이다. 프랑스 역사에서 이 시기는 공포 정치로 잘 알려져 있다.[1] 7000여 명이 혁명에 반대하는 불법을 저질렀다는 이유로 혁명 법정에 서야만 했다. 공포 정치의 절정기이던 1794년 6월과 7월 사이에는 1370명의 남녀가 사형 선고를 받았다. 그들은 혁명 광장에 마련한 단두대에서 죽었다.

사람들은 그들에게 어떤 죄를 뒤집어씌웠을까? 고발된 사람들은 다양했다. 많은 경우 배반, 증거 인멸 혹은 부패 때문이었고 또 다른 경우는 혁명에 반대하는 대화를 나누거나 글을 썼다는 의심을 받았다. 외국에서 온 편지 한 장이 발견되었다는 이유로 체포당한 경우도 있었다. 이런 증거조차 없는 경우도 많았고, 더러는 그냥 '의심스럽다'는 이유로 체포되었다.[2] 특히 경제 사범—단순히 그런 범죄를 저질렀다고 의심되는 경우도 마찬가지로—을 상당히 엄격하게 다루었다. 혁명 정권은 프랑스로부터 돈이나 재산을 빼돌리는 것을 막기 위해 서둘러 온갖 법령을 제정했다. 하룻밤 사이 발효한 '이민법'은 외국으로 도주한 귀족들의 가족이 갖고 있는 재산을 몰수해 국가에 귀속시킨다고 공표했다. 그러자 많은 공작, 백작, 후작은 자신들이 프랑스에 공식적으로 체류하고 있다는 사실을 기록부에 올리기 위해 부리나케 스위스나 네덜란드에서 고국으로 돌아왔다. 이는 오로지 위조한 체류 허가증으로 가능했다. 그러다 체포되어 재산을 몰수당하는 경우도 허다했다. 파리에 마련한 임시 교도소 40곳에는 귀족, 판사, 궁정 소속 장교 혹은 헌법에 의거한 선서를 거부한 성직자로 가득 찼다. 입법은 그야말로 자의적이었고, 그 실행은 잔인하고 억압적이었다.

혁명 법정의 공식적인 기소인은 푸키에 탱빌이라는 검사였다. 연봉 666파운드라는 의심스러운 액수를 받고 고용된 그는 전임자들과 마찬가지로 유죄 판결을 내리는 데 유능했다. 일단 이 검사와 그의 막강한 법정의 손에 들어가면, 대부분의 구금자는 어떤 환상도 가질 수 없었다. 판결은 확고한 사형을 의미했고, 항소는 불가능했다. 법은 유일하게 법 집행을 연기할 수 있는 경우를 인정했다. 구금자가 임신을 했을 경우였다. 하지만 이때도 출산 후 24시간까지 사형 집행을 연기해주었을 뿐이다. 이는 아이를 낳고 나면 즉각 사형에 처한다는 뜻이었다.

사형 선고를 받은 자들은 작별 편지를 쓸 수 있었다. 이 편지 가운데 수백 통이 공개되었다.[3] 심지어 200년이 지난 후에도 사람들은 감동적으로 이 편지를 읽지만, 모종의 수치심도 뿌리칠 수 없다. 사실 편지는 자신들에게 쓴 게 아니다. 사랑하는 사람들, 그러니까 자식, 부모, 남편이나 아내, 자매, 친구 혹은 사형 선고를 받았다는 마지막 소식을 전할 사람에게 쓴 편지였다. 편지를 쓰는 사람과 이 편지를 읽는 사람의 친밀함을 존중해야 한다는 협정은 암암리에 어겨졌다. 하지만 편지를 읽으면서 수치심을 느끼는 데는 다른 이유도 있다. 사람들은 편지를 **살아남은 사람들 대신** 읽었다. 왜냐하면 이 편지들은 목적지에 도착한 적이 없기 때문이다. 혁명 법정에 중요할 수도 있는 정보를 수집하기 위해 그 편지들을 조사한 후 교도소에 있는 기록보관소에 보관했다. 편지를 받아야 할 자식, 부모, 남편이나 아내 혹은 친구 가운데 그 누구도 편지를 읽지 못했다. (우리는 이 편지들이 남아 있다는 사실에 감사해야 한다. 훗날 훨씬 온건한 정권이 들어서 작별 편지를 유족들에게 전달했는데, 이런 편지는 거의 모두 사라졌다.) 이는 아이러니한 반전이다. 즉 수신인에게 쓴 편지가 정작 그들에게는 전달되지 않고, 기록보관실에 보관되어 당시의 공포 정치를 생생하게 기억하고 있으니 말이다.

편지를 쓴 사람은 모두 24시간 안에, 흔히 그보다 더 빨리 죽어야 한다는 사실을 적었다. 그들이 편지에 기록한 내용은 살아 있는 상태에서 마지막으로 남기는 말들이었다. 따라서 편지를 받는 사람들의 기억에서만 계속 살아 있을 것이라는 사실을 잘 알았다. 죽음이 다가오기 때문에 자신들에 대한 기억은 의미를 갖는다. 그들은 가장 힘든 시간에 누군가가 자신을 기억할 가망이 있다는 데서 위로를 얻었다. 오늘날까지 우리는 '두 번째 죽음'에 대해 이야기한다. 즉 뒤에 살아남은 자들의 기억에서 사라지면 그제야 죽는 게 바로 두 번째 죽음이다. 편지를 쓴 사람들은 단두대에서 맞이한 첫 번째 죽음에 순종해야만 했고, 그 죽음을 어떻게도 피할 수 없었다. 그들 중 누구도 두 번째 죽음을 받아들이려 하지 않았다. 편지를 쓴 모든 사람은 제가가의 표현 방식을 사용했으나 핵심은 이러했다. '나를 잊지 마세요.' 소박하지만 이 표현이 편지에 가장 자주 등장하는 내용이다.

대부분 간절한 부탁으로만 머물지 않았다. 거의 모든 편지에는 제대로 기억하게끔 지시하는 내용이 담겨 있다. 흔히 추모하는 방법을 쓰고, 기억하는 방법에 대해 쓴 편지도 많았다. 망각을 멀리하기 위해 사람들은 무엇을 할 수 있었을까? 뒤에 남은 자들은 무엇을 기억하고 또 기억하지 말아야 했을까? 아버지와 어머니에게 일어난 일들을 이해할 수 없을 만큼 어린 아이들의 기억은 어떻게 해야 했을까? 특히 편지를 쓴 사람은 기억 속에서 계속 살아가길 원했을까? 어떤 남편이고 아내였으며, 어떤 아버지나 어머니였고, 어떤 아들과 딸, 어떤 애인이었을까? 그들은 사랑하는 사람들에게 여전히 무엇을 주고 싶었을까? 몇 쪽에 불과한 편지를 쓰면서 자신의 어떤 부분이 기억할 만한 가치가 있다고 생각했을까? 이와 같은 질문이 갑자기 매우 절박해진다.

하지만 우리는 이런 편지들을 읽기 전에 몇 발 뒤로 물러나야 한다. 왜 **이런** 편지들인가? 다른 편지도 많은데. 저항했다는 이유로 체포되어 다음 날 아침 즉결 재판에서 총살을 당해야만 했던 사람들이 쓴 편지도 있다. 또한 적들이 전쟁 포로를 용인하지 않는다는 사실을 알고 있는 병사가 적에게 포위를 당한 후 쓴 편지도 있다. 돌아갈 길이 없다는 사실을 잘 알고 있으면서 북극이나 남극을 여행한 사람들의 편지도 있다. 왜 하필이면 공포 정치 시대에 나온 편지란 말인가?

그 이유 중 하나는 일종의 소심함 때문이다. 수신인이 아님에도 불구하고 편지를 읽음으로써 생기는 수치심이다. 집단수용소로 끌려가는 마지막 순간 부모나 조부모의 동시대인들이 창문에서 던져준 편지를 우리가 읽는다면 그 수치심은 극복할 수 없을 만큼 클 것이다. 하지만 200여 년이라는 시대적 간극이 사적인 편지라는 성격을 많이 줄여주고, 편지 수취인으로부터 족히 7~8세대가 지난 시점이라는 사실을 앎으로써 꼴사납다는 느낌도 지울 수 있다.

두 번째 이유는 이 작별 편지—시대적인 간극을 무시하더라도—가 우리를 정말 놀라게 하기 때문이다. 20~30통의 편지를 읽자 다음과 같은 점이 눈에 띄었다. 편지에는 뭔가 **기도하는 내용**이 별로 없었다. 18세기 말은 신앙심 깊은 종교적 시대였지만, 소수의 사람만이 천국에서 다시 만나자는 암시를 했다. 그 밖에 대다수는 세속적이고 우리에게 근접한 것에서 위로를 찾았다. 즉 그들의 삶에서 남아 있는 것은 바로 사랑하는 사람들이 자신을 기억하는 데 있었다. 편지를 쓴 사람은 오늘날의 부고, 조의문, 조사弔辭에서 흔히 들을 수 있는 말들을 원했다. 다시 말해, 죽은 사람을 잘 기억함으로써 계속 살아 있도록 하겠다는 약속 말이다. 이와 같은 주제 덕분에 편지는 그토록 많은 세대가 지났음에도 가깝게 다가온다. 요컨대 편지는 과거의 것이지만 동시에 현재에도 생생한 효과가 있다.

초상화가 주는 위로
이들 편지 대부분은 시간상 두 가지 방향으로 움직인다. 유죄 판결을 받은 사람들은 삶을 마감하기 바로 전 자신의 삶을 뒤돌아보고, 어떻게 하면 살아남은 자들이 자신의 삶을 가슴에 묻어두고 기억할 수 있을지에 대해 생각한다. 기억에 남아 있고 싶다는 바람이 얼마나 강렬한지는 많은 사람이 사랑하는 이가 자신을 기억하는 데 도움이 되는 뭔가를 남겨주려고 노력한 데서 엿볼 수 있다. 조건이 허락하는 한 그들은 기억할 수 있는 물건, 가령 반지, 초상화, 메달 등을 같이 보냈다. 또 몇몇은 신속하게 초상화를 그리게 해서 이것을 편지에 동봉하기도 했다.

공포 정치가 내전으로 이어질지도 모른다는 걱정에 샤를로트 코르데

Charlotte Corday는 1793년 7월 9일 급행 마차를 타고 캉Caen에서 파리로 갔다. 호텔로 들어간 코르데는 숙소 근처에서 기다란 부엌칼을 구입했다. 그리고 호텔방에서 프랑스 국민에게 보내는 성명서를 작성했다. 자신의 견해에 따르면, 코르데는 언론인이자 선동가였으며 당시 자코뱅당의 당수이던 장 폴 마라는 공포 정치의 핵심 인물이었다. 코르데는 7월 13일 아침 마라의 집 대문을 두드렸다. 이때 그녀는 폭동을 계획하고 있는 지롱드 당원들의 이름이 적힌 목록을 가지고 있다는 말을 전했다. 저녁에 다시 방문했을 때, 사람들은 그녀를 마라에게 보내주었다. 마라는 마침 피부병 때문에 많은 업무를 욕조에서 해결하고 있었다. 마라가 모반자들의 이름을 베끼는 동안, 코르데는 칼로 그를 찔렀다.

코르데는 이 같은 행동으로 목숨을 잃게 되리라는 것을 알았다. 하지만 어떤 공공시설로도 달아나지 않았다. 감방에서 화가를 불러달라고 부탁한 그녀는 삶에 대한 추억을 간직하고 싶으며, 비록 그런 추억이 범죄일지라도 그렇게 하고 싶다고 털어놓았다. "이제 살 수 있는 순간이 얼마 남지 않았기 때문에 여러분, 시민들에게 내 초상화를 그릴 수 있도록 허락해줄 것을 부탁드립니다. 내 친구들에게 초상화를 추억으로 남겨주고 싶습니다. 사람들은 훌륭한 시민의 초상을 걸어두듯 대단한 범죄자들의 초상화에 대해서도 관심이 많습니다. 왜냐하면 이런 초상화는 두려움이 불어넣는 전율을 영원히 간직하기 때문입니다."[4] 초상화를 그리는 동안 코르데는 법정 소속 화가의 그림을 보고 "정말 잘 그렸다"고 말했다. 그리고 초상화를 잘 끝마치도록 화가를 자신의 감방에 초대했다. 신문 기사에 따르면 그녀는 화가 앞에서 "상상할 수 없을 정도로 평화롭고 즐거운 마음으로"[5] 모델을 섰다. 1793년 7월 17일 코르데는 스물다섯 번째 생일을 열흘 앞두고 처형을 당했다. 마라가 죽고 나흘 뒤였다.

정치적 선언을 한 데다 재판 중 범행의 동기도 밝히고 작별 편지까지 써둔 사람이 자기 초상화를 남기려고 그토록 애를 쓴 것은 특이한 일이다. 초상화는 '구체적인 기억'이어야 하며, 그 기억을 '생생하게' 해주는 수단이다. 편지에서 코르데는 아버지와 자매에게 작별을 고했지만 초상화를 통해 자신을 가장 잘 기억해주길 기대했던 게 분명하다.

사랑하는 사람들에게 '구체적인 기억'을 남겨두기 위해 감방에서 초상화 모델을 서고 있는 샤를로트 코르데

적어도 초상화를 남겨놓을 수 있다는 희망은 푸키에 탱빌 검사에게 보내는 편지―서명을 하지는 않았지만―에 자세히 표현되어 있다. "나는 검사이자 시민인 당신에게 부탁드립니다. 내 초상화를 열 살 된 아들에게 전해주기 바랍니다. 아들은 드 베리 가의 하숙집에 있습니다. 빨간색 염소 가죽으로 만든 내 서류 가방에 초상화가 들어 있습니다. 이 가방은 분명 당신 손에 전달될 것입니다. 당신이 어머니를 빼앗은 아이에게 적어도 어머니의 초상화는 있어야 합니다."[6] 죄수 가운데 한 남자―마지막까지 살아남았다―는 훗날 초상화를 남길 수 있다는 게 얼마나 위로가 되는지 증언했다. "이토록 슬픈 상태에서 초상화를 그릴 수 있도록 머리카락을 자르고, 그걸 다시는 보지 못할 우리의 아내, 어머니, 아이들을 비롯해 사랑하는 모두에게 보낼 수 있다는 것은 우리에게 위안을 주었다."[7] 거꾸로 유죄 판결을 받은 사람이 사랑하는 이의 초상화를 원하는 경우도 많았다. 변호사 데물랭은 아내 루실에게 가능한 한 빨리 초상화를 보내달라고 부탁했다. 그래서 아내는 너무나 급한 나머지 하루에 두 번씩 화가의 모

델을 섰다. 그는 아내의 초상화를 받길 고대하며 행복해했다. 하지만 그 사이 아내가 머리카락을 보내왔고, 그는 머리카락을 가슴에 품고 1794년 4월 5일 처형당했다.[8] 남편이 처형당한 그 주에 아내는 거의 미쳐서 거리로 뛰쳐나가 "국왕 만세!"를 외치다 체포되었다. 그리고 4월 13일 남편을 따라 저승으로 갔다.

구금되어 있던 사람들은 가능한 한 오랫동안 초상화를 가지고 있었다. 기록보관소에는 과부 레르베트의 편지가 있다. 레르베트는 사람들이 남편 시체에서 그녀의 초상화를 발견했다는 소리를 들었다. 이에 그녀는 푸키에 탱빌에게 편지를 썼다. "내 얼굴은 나를 아는 사람들에게만 흥미가 있을 테니, 초상화를 다시 가져가도 좋다고 허락해주길 바랍니다."[9] 대신 공화국에 금으로 변상하겠다고 제안했다. 남편이 마지막까지 아내를 생각하며 가지고 있던 초상화가 정작 남편을 죽음으로 몰고 간 사람들 손에 있다고 생각하자 참을 수 없었던 게 분명하다.

유죄 판결을 받은 많은 사람들은 자신의 길을 혼자서만 기억하는 게 아니라 역사에 뭔가를 남겨두려 시도했다. 퇴역한 함장 밀랭 드 라브로스는 화를 벌컥 내는 성격이었다. 그는 선동자 한 사람과 대화를 나누다 그만 화가 나서 해서는 안 될 말을 내뱉고 말았다. 이는 그 시대에 가장 비극적인 사건이 아니라 가장 웃기는 사건이라고 할 만했다. 그는 푸키에 탱빌에게 풍선을 하나 발명했는데, 자기 감방에서 마분지로 그걸 만들어보겠다고 썼다. 11년 전 몽골피에Montgolfier 형제가 풍선에 탑승해 최초로 비행에 성공한 터였다. 밀랭 드 라브로스는 이 기구氣球를 개선할 수 있다고 믿었던 것 같다. 그는 혁명 법정에서 조립 이론을 설명해주겠다고 제안했다. 두 시간이면 충분하니 예정대로 24시간 안에 처형당할 수 있다는 말도 했다. 자신에게는 처형을 미루는 게 중요한 것은 아니라고 썼다. 마지막 문장은 그의 의도가 무엇인지 잘 표현하고 있다. "나는 죽을 준비가 되어 있으며, 내 삶을 불필요하게 연장할 시도는 하지 않습니다. 하지만 사람들이 분노의 날들이 지나가고 난 후 기억할 거리를 남겨두고 싶습니다."[10] 그는 좀더 오래 살기를 원치 않았지만 역사의 기억에 남는 삶을 원했다. 그가 마분지로 만든 모델을 구경하기 위해 감방에 들른 사람이 있는지 여부는 증거가 없어 알 수 없다. 밀랭 드 라브로스라는 이름은 기구의 역사에서도 찾아볼 수 없다. 그런데 그 편지 덕분에 우리는 사람들이 자신을 기억해주길 원했던 남자로 그를 기억할 수 있다.

대부분의 죄수는 가지고 있는 물건을 모두 빼앗겼다. 그들은 귀중품을 돌려줄 것이라는 환상도 갖지 않았다. 도청에서 근무하던 공무원 수르디에 라발레는 처형당하기 전 자신의 결혼반지를 삼켰다. 하지만 죄수들은 편지를 통해 가까운 사람들에게 선별된 물건을 추억으로 남겨둘 수 있었다. 41세에 모반죄로 유죄 판결을 받은 드 구이 다르시 후작은 아내에게 이렇게 썼다. "장남에게 내 필수품이던 열쇠를 보내오. 열쇠는 종이로 돌돌 말아두었고, 종이에는 그 애와 동생들을 위해 중요한 몇 마디를 적어두었소. 모두에게 내 물건 중 하나를 줌으로써 내가 모두를 똑같이 사랑했다는 걸 보여주고 싶소. 아이들에게 이 짧은 편지를 베끼라고 하시오. 그리고 당신, 내가 가장 사랑하는 당신이 이 편지 원본을 가져야 하오. 이 안에 당신에 관한 이야기가 있으니 말이오."[11]

마지막으로, 편지 자체가 추억거리가 될 수 있다는 사실은 쉽게 간과할 수 있지만 그 작별 편지를 어떻게 해야 하는지 지시한 경우도 많다. 에티엔 피에르 고그노는 20세의 젊은날으로 공화국에 대해 의견을 말했다가 익명의 신고로 유죄 판결을 받았다. 그가 아버지와 그 밖의 가족에게 보낸 긴 편지는 이렇게 마무리된다. "나는 온 마음으로 모든 친구 및 내 가족과 작별하고 마지막으로 그들을 포옹합니다. 바라건대 아버지가 이 편지를 후손에게 전해주길 바랍니다. 그렇게 해야 후손들이 나를 기리고, 내가 내 양심(……)의 희생자로 단두대에서 죽음을 당했다는 사실을 기억할 테니까요."[12] 드 샤라스 후작 부인의 경우에도 편지는 그녀가 남긴 유일한 유품이었다. 그녀는 남편과 3명의 아들에게 이렇게 썼다. "내가 살아 있는 한 내 심장은 당신과 아이들에게 있을 겁니다. 나는 이제 얼마 후면 죽을 겁니다. 나를 잊지 말아요. 내 불쌍한 아이들이 마지막으로 쓴 이 편지를 영원히 보관하길. 안녕, 내 마지막 한숨을 보냅니다."[13]

편지는 당시에는 이해하지 못하거나 빨리 잊어버리는 아이들에게 뭔가를 얘기할 때 많이 사용되었다. 판사였던 몰누아르는 아내에게 이렇게 썼다. "나에 대해 자주 얘기해주시오. 특히 나를 거의 기억하지 못하는 아직 어린 자식들에게 말이오. 이 편지를 보관하고 있다가 아이들 앞에서 읽어주고, 내가 바라는 게 있다면 오로지 아이들의 행복이며 재산이 부족하더라도 삶에 도움이 되는 교육은 꼭 받길 원한다고 전해주시오."[14] 이런 문구는 수많은 편지에 나온다. 아이들이 마지막 말을 제대로 이해하기까지 10년 혹은 15년이 걸리기도 했다.

"내 자식들아, 여기 내 머리카락이 있단다"

초상화, 편지, 그 밖에 무엇을 남겨놓을 수 있었을까? 잔 샤를로트 드 루탕의 편지는 그녀가 속해 있던 귀족 가문이 받은 고초에 대해 보고한다. 얼핏 보면 텅 비어 있는 편지 뒷면은 촛불에 갖다 대야만 읽을 수 있었는데, 이민자와 적대적인 군대 그리고 비밀스러운 선언 등이 담겨 있었다. 스물세 살의 이 여인은 체포되어 사형 선고를 받았다. 그녀는 사형당하기 세 시간

전, 남자 혈육에게 작별 편지를 썼다. 그녀가 편지에 동봉할 수 있었던 것은 머리카락이 유일했다. "사형 집행인의 손이 닿지 않은 내 머리카락을 네가 갖길 바라. (……) 내 머리카락을 나눠 갖고, 비록 나에 대한 추억이 고통스러울지라도 나를 잊지 말아줘, 안녕!"[15] 머리카락을 동봉한 것은 여자들뿐만이 아니었다. 서른여섯 살의 필리프 리고는 형편없는 품질의 제복을 납품한 죄로 유죄 선고를 받았는데, 그가 작별 편지에 동봉할 수 있는 것은 머리카락뿐이었다. "사랑하는 당신에게 내가 유일하게 갖고 있는 것을 보내오. 내 머리카락이오. 이 머리카락을 보면서 당신은 당신을 사랑했던 남자를 생각하게 될 것이오."[16] 하지만 자신의 머리카락을 동봉한 모든 죄수 가운데 이런 유품을 지극히 조심스럽게 가족한테 남긴 모나코 왕자비 같은 사람은 아무도 없었다.

프랑수아즈 테레즈 슈아죌 스탱빌은 프랑스 여인으로, 열다섯 살에 그리말디 가문의 왕자 조제프와 결혼했다. 그녀는 모나코 왕자비로서 처음에는 프랑스 문제와 전혀 관련이 없었지만 이 제후국이 1793년 프랑스에 합병되자 사태가 급변했다.

프랑수아즈 테레즈는 하루아침에 다시 프랑스 국민이 되었다. 그녀는 '이민법'에 해당하지 않도록 서둘러 파리로 향했다. 처음에는 자유로운 몸이었다. 하지만 남편이 폭동에 개입한 뒤 갑자기 도입한 '혐의자 법'에 의거해 체포령이 내려졌다. 푸키에 탱빌은 그 어떤 자비도 베풀지 않았다. 프랑수아즈 테레즈도 단두대에서 사형을 당했다. 그녀에게는 열 살 된 큰딸 호노린과 여덟 살인 아테네 루이즈가 있었고 그녀 자신도 겨우 스물일곱 살에 불과했다.

감금당한 프랑수아즈 테레즈는 자식들에게 남겨줄 개인적 물건이 아무것도 없었다. 하지만 그나마 남아 있는 것을 소중하게 다루었다. 형무소

프랑수아즈 테레즈 슈아죌 스탱빌, 모나코
의 왕자비(1767~1794)

에는 자신이 임신한 상태라고 보고했다. 프랑수아즈 테레즈는 자신의 계획을 실행하기 위해 하루가 더 필요했다. 그리고 자신의 머리를 땋아 유리 조각으로 잘랐다. 그런 다음 푸키에 탱빌에게 머리카락 묶음을 딸들에게 전해달라는 편지를 썼다. 임신과 관련해서는 거짓말을 했다고 밝혔다. "죽음이 두려워서 거짓말을 한 게 아니며, 죽음을 피하기 위해서

한 것도 아닙니다. 오로지 사형 집행관의 손에 닿기 전 내 손으로 머리카락을 자르기 위해서였을 뿐입니다. 내가 아이들에게 물려줄 수 있는 유일한 유품이기 때문에 가능한 한 더럽혀져서는 안 됩니다."[17] 그녀는 자신의 거짓말이 자신에 대한 추억을 훼손시킬지도 모른다고 걱정했던 것 같다. 왜냐하면 아이들의 입주 여자 가정교사에게 보낸 편지에 이렇게 썼기 때문이다. "내가 왜 죽음을 미루었는지 말해주세요. 내가 마음이 약해서 그런 게 아니라는 걸 알 수 있게요."[18] 끝으로 딸들에게 편지를 썼는데 거기에 땋은 머리카락을 동봉했다. 편지에는 자신이 남긴 머리카락을 어떻게 해야 하는지 지시하는 내용이 상세하게 적혀 있다.

내 아이들아, 여기 내 머리카락이 있단다. 나는 죽음을 하루 미루었는데, 그건 죽음이 두려워서가 아니라 너희들에게 이 슬픈 추억을 남겨주기 위해서였단다. 나는 이 일을 사형 집행관에게 맡기고 싶지 않았고, 다른 수단으로 머리카락을 자르게 하고 싶지도 않았다. 그러느라 하루 동안 끔찍한 죽음을 기다리며 보내야 했지만 후회하지 않는다.

바라건대 너희들은 내 머리카락을 유리 항아리에 보관하고 촘촘하게 짠 검은

색 직물로 덮어둔 다음 1년에 한 번 바람을 쐬주도록 해라. 그리고 1년에 세 번혹은 네 번 너희 방으로 가져가 불행한 너희 어머니가 남긴 유품을 보아라. 그리고 내가 너희들에 대한 사랑을 저승에까지 가져갔으며, 너희들에게 더 이상유용하지 않기 때문에 죽었다는 것을 깨닫도록 해라.

나는 너희들에게 할아버지를 추천하고 싶단다. 할아버지를 뵙거든 내가 얼마나 그분을 자주 생각했는지 그리고 할아버지가 너희들의 아버지와 어머니를대신해주길 얼마나 바라는지 말씀드리도록 해라. 내 사랑하는 자식들아, 너희는 할아버지가 늙을 때까지 그분을 보살피고 불행할 때 위로해주어라.[19]

프랑수아즈 테레즈는 결혼해서 500년 동안 모나코를 다스리던 그리말디 가문에 들어갔다. 그녀는 과거 세대들이 남긴 유품을 관리하고 보존하는 경험을 했던 게 분명하다. 그래서 유리 항아리와 상중의 베일을 언급한 것 아닐까? 유리는 냄새를 막기 위해 베일은 변색을 막기 위해 언급했을 텐데, 냄새와 변색을 방지하려면 보석함에 보관하는 게 더 나았을지도모른다. 그녀는 또한 많은 형태의 머리카락을 물려줌으로써 생생한 모습의 자신을 온전하게 기억해주길 바랐던 것 아닐까? 프랑수아즈 테레즈는1년에 한 번 베일을 벗겨 바람을 쐬주고, 유리 항아리는 1년에 서너 번이상은 절대 아이들 방에 들여놓지 말아야 한다고 지시했다. 다시 말해,머리카락을 보존하는 데 열중할 게 아니라 자신을 추모하는 도구로 사용해달라는 얘기다. 그녀가 어떤 일이 있더라도 피하고 싶었던 것은 유품이늘 아이들 곁에 있어 언젠가 자신에 대한 추모를 멈출지도 모른다는 것이었다.

왕자비는 마르셀 프루스트가 대략 100년 후 자신이 맛본 마들렌은 왜옛날 기억을 떠오르게 하며, 반대로 빵집에 있는 마들렌은 아무런 기억을 불러일으키지 않는지 물었던 바로 그 도시에서 성장했다. 프루스트는 마들렌을 시각적으로 다시 경험함으로써 연상 작용을 빼앗아가는 것은 아닌지 고민했다. 즉 이 모든 다양한 연상은 점차 사라져버렸다. 그가 썼듯 모든 게 무無로 녹아버렸다.[20] 머리카락을 다루는 방법에 대해 엄격하게 규정해두면 이렇게 사라지는 것을 효과적으로 막을 수 있을 터였다.

1794년 7월 26일 사형 집행이 이뤄지던 날 아침, 한 목격자는 왕자비가 자신의 머리카락과 편지를 지닌 채 손수레에 실려 가는 모습을 보았다. 그녀가 교도관한테 고함을 지르는 소리도 들었다. "똑같은 운명을 기다리고 있는 이 명예로운 사람들이 보는 앞에서 나한테 맹세하시오. 내가 사람들로부터 아직 기대하고 있는 마지막 봉사를 그대가 해주겠다고 말이오!"[21] 교도관이 그녀에게 약속을 했는지는 알려져 있지 않다. 어쨌거나 땋은 머리와 편지는 방황하지 않고 형무소 기록보관실에 남았다.

역사는 모나코 왕자비를 끔찍한 아이러니로 대우했다. 수레에 실린 채 군중을 뚫고 사형 집행장으로 갈 즈음, 로베스피에르를 반대하는 폭동이 일어날 거라는 소문이 파리에 나돌았다. 사형 집행을 연기시키기 위해 많은 사람이 호송 행렬을 멈추려 했다. 하지만 공화국 근위병들은 총을 쏴 사람들을 길에서 내쫓으며 속도를 내라고 명령했다. 그로부터 20분 후 프랑수아즈 테레즈는 처형되었다. 그녀가 죽은 날 로베스피에르는 실각해 그다음 날 단두대에서 처형당했다. 공포 정치의 종말을 알리는 사건이었다. 사형 선고를 받은 많은 사람들의 사형 집행이 미뤄지거나 취소되었다. 왕자비가 임신했다는 거짓말을 24시간이 아니라 며칠만 더 오래 했다면, 아마 살아서 딸들에게 돌아갔을지도 모른다. 그녀의 머리카락은 딱 한 번 추도식에서 전시되었다. 그것도 1934년 파리의 박물관에서. 그런데 사람들이 추도한 대상은 프랑수아즈 테레즈가 아니라 프랑스 혁명이었다.

죄나 빚도 없이

작은 초상화, 머리카락, 땋은 머리 혹은 편지 자체는 기억을 보조해주는 물질적 수단이며 나머지는 편지의 내용에서 나올 수밖에 없다. 바로 여기서 다양한 주제와 방향 전환도 기대할 수 있다. 하지만 사람의 마음을 움직이는 공통점도 있다.

거의 모든 편지에는 재정 상황에 관한 상세한 지시가 들어 있다. 가끔은 빌려준 돈에 대한 얘기도 한다. 그래서 친구나 가족을 채무자에게 보내기도 했다. 한 건달은 데자르메라는 사람이 자신에게 600파운드를 빌려갔다면서 실용적인 충고를 덧붙였다. "그에게 돈을 달라고 요청하시오, 내가 죽었다는 소식을 그가 알기 전에."[22] 그런데 빚을 갚아달라고 부탁한 편지가 훨씬 많았다. 예를 들면 하녀에게 2년간의 임금을 줘야 하고, 정원사에게 70파운드를 줘야 하고, 가발을 만드는 사람에게 8파운드를 줘야 한다는 내용이었다. 비록 빚이 아주 사소할지라도, 가령 내지 않은 식사비라 해도 돈을 지불해야만 했다. 살아남은 사람들은 그 모든 걸 갚는 게 중요했고, 그야말로 마지막 한 푼까지 갚을 때도 많았다. 귀족에게 동정심을 가졌다는 이유로 유죄 판결을 받은 푸와레는 아내에게 보낸 마지막 편지를 자신이 감방에서 배달시킨 음식 값을 지불하라는 말로 끝맺었다. "고기 6파운드를 14솔sol만 주고 먹었으니, 갚아야 할 돈은 4리브르 4솔이오"(1리브르는 20솔—옮긴이). 이렇게 쓴 다음 "안녕, 안녕"[23]이라고 끝을 맺었다. 많은 경우 편지는 마지막으로 하는 포옹과 키스로 끝을 맺지만 추신에 이런저런 하인, 직원 혹은 정원사에게 얼마를 갚아달라는 부탁을 하곤 했다.

갚아야 할 빚 외에 주인에게 돌려줘야 하는 물건에 대해 언급하는 경우도 많았다. 교사였던 바르보는 혁명 이전 시대가 그립다고 쓴 편지가 발각되는 바람에 체포당했는데, 집에 학생의 부모에게서 빌린 물건들이 있었다. 그는 푸키에 탱빌이 이 모든 걸 정리해주리라 순진하게 믿고 물건을 순서대로 기록했다. "난로 받침대, 삽과 집게, 난로 위에 있는 추시계, 빨간색 안락의자 3개와 장롱 위에 있는 동판화. 동판화에는 천사 아마데우스가 트럼펫을 갖고 있는 모습이 새겨져 있습니다. 그 밖에 의자 하나는 레메르시어의 것입니다. 〈르 모니터〉 신문은 묶어둔 것도 있고 묶어두지 않은 것도 있는데, 묶어두지 않은 신문은 난로 옆에 있는 장에 있습니다. 이 물건들도 레메르시어의 것이므로 그분에게 돌려주는 게 맞다고 봅니다."[24]

사형장으로 끌려가기 직전 황망한 가운데 날려 쓴 글씨로 이런 부탁까지 하는 것을 보면—"서랍장에 '소피'라는 이름의 첫 알파벳을 새긴 손수건이 수십 장 있는데, 이것을 그녀에게 돌려주시오"—그 누구도 빚을 남겨놓은 채 죽기를 원치는 않았던 듯싶다.

다른 의미에서의 빚도 마찬가지였다. 편지는 이 다른 종류의 빚에 관해서도 언급한다. 이를테면 죄와 무죄, 용서와 중재 따위다. 가장 먼저 등장하는 것은 편지를 쓰는 사람의 무죄에 대한 내용이다. 그들은 하나같이 사랑하는 사람들에게 유죄 판결을 내린 자신의 죄를 한마디도 믿지 말라고 간청했다. 이런 말을 같은 편지에서 서너 번 반복하기도 했다. 조르주 빈센트는 '중매인이자 번역가'였는데, 브르타뉴의 반란자들과 공모했다는 혐의로 유죄 판결을 받았다. 그는 아내에게 쓴 편지에서 아이들을 자신의 이름으로 포용할 것이며, 아버지는 죄 없이 죽었다는 말을 해달라고 부탁했다. 그리고 몇 줄 더 쓴 다음 "심지어 아버지의 죽음에 자부심을 느껴야 하오. 죄도 없이 혁명의 희생자로 단두대에 머리를 내놓았으니 말이오"라고 덧붙였다. 이어 또다시 몇 줄에 걸쳐 사람들은 실수와 열정을 통해 눈이 멀고 이 때문에 흔히 죄인 대신 죄 없는 사람이 벌을 받기도 한다고 설명했다. 그리고 마침내 애정을 담은 키스와 행복을 빌면서 편지를 끝맺었다. "하늘이 너희들에게 죄 없이 순수한 양심으로 죽어간 불행한 너희 아버지보다 좀더 나은 운명을 주시길."[25] 이런 내용은 거의 모든 편지에서 찾아볼 수 있다. 편지를 쓴 사람은 자신이 기억 속에서 명예와 양심에 따라 행동했던 사람으로 계속 살아가길 바란다. 그러므로 걱정 없이 죽을 것이며 아버지로서 혹은 어머니로서, 아들로서 혹은 딸로서 충분히 본받을 만한 사람이 될 수 있다고 생각하면서 말이다.

편지는 또 다른 빚의 청산에 관해서도 언급한다. 때때로 계산을 끝내야 한다는 내용이 있는데, 편지는 이때 보복 차원에서 이용된다. 카트린 라비올레는 초상화가를 불러 자신의 손이 해골 위에 있도록 그려달라고 부탁했다. 이 그림은 애인과 도망간 남편에게 보내는 것이었다. 그녀는 자신이 체포된 것은 남편 때문이라고 생각했다. 그런가 하면 배반한 자의 이름을 적어둔 편지도 있다. 요컨대 이 배반자 때문에 편지를 쓴 사람이 죽게 되었던 얘기다. 하지만 이런 편지는 헤아릴 수 있을 정도로 소수였다. 대부분의 편지는 죄를 면제하고, 용서하고, 용서를 구했다. 게오 드레베르소는 마지막 편지 중 하나를 자신을 배반한 루앙의 한 남자에게 보냈다. "나는 죽음을 앞두고 당신에게 편지를 씁니다. 나는 당신에 대한 원한을 무덤까지 가져가지 않을 것이며, 나를 이런 상황으로 몰고 온 다른 모든 사람―그렇게 되길 바라지는 않았을 거라고 나는 믿습니다―에게도 마찬가지입니다. ……나는 마음을 다해 내 적이었던 사람들을 용서합니다.[26] 왕속에서 통성심을 보였다는 이유로 기피 판결을 받은 베르게는 자신의 딸 가운데 한 명에게 이렇게 썼다. "네가 기도할 때 나와 내가 천국에 가서 다시 보게 될 모든 친구들을 부탁한다. 몇 시간 후면 나는 그곳에 갈 것이고, 신은 나를 가엽게 여길 것이고, 내 많은 죄를 용서할 것이다. 내가 진심으로 판사들을 용서했듯 말이다. 그들은 내가 하지도 않은 범죄 때문에 나에게 유죄 판결을 내리는 실수를 범했단다. 나를 체포하고 내 죽음에 책임 있는 적들도 나는 모두 용서한단다."[27] 신의 용서를 바라는 이와 같은 방식은 편지에서 놀라울 정도로 드물게 나타난다. 좀더 고차원적인 판결에 대해 언급하는 대신 사람들은 순수한 양심을 가지고 죽었다. 사랑으로 하나가 되었고, 어떤 죄도 남겨두지 않았다. 자신에게 저질렀지만 삶의 마지막 순간 모든 것을 용서한 그런 죄 말이다.

희생

•••••   모든 편지는 아주 많은 것을 동시에 담고 있다. 편지를 쓴 사람들은 자신의 처형 소식을 전해주는 것이 바로 그 편지라는 사실을 받아들여야 했다. 작별 편지는 무엇보다 부고였다. 사랑하는 사람들에게 자신의 죽음에 대해 어떻게 알려야 할까? 많은 사람은 편지를 친구나 친척에게 보내 이들이 나서서 가족한테 알려주도록 했다. 또 어떤 사람들은 자신과 관련한 법률 사건으로 몇 문장을 서툴게 시작하려 했다. 표현을 많이 하는 사람들은 편지에 눈물 자국을 남겨두고, 자신의 운명을 조용하고도 품위 있게 받아들인다고 쓰면서도 필체가 흔들렸다.

편지는 부고일 뿐만 아니라 마지막 의지를 담은 유언장이기도 했다. 날짜와 사인까지 한 편지에는 그 편지를 쓴 사람이 무엇을 해결하고 싶은지 표현되어 있다. 해결해야 할 일들을 적은 목록과 금액을 적은 기록은 작별을 고하는 편지글과 묘한 대조를 이룬다. "이제 끝을 맺어야겠소, 내 눈물이 이 편지를 모두 적실 것 같으니. 당신도 눈물을 그치도록 해요. 나에게 15프랑만 보내주시오."[28]

하지만 편지는 또 다른 기능도 했다. 죽음은 알렸다. 마지막 남은 문제들도 다 정리했다. 그렇다면 이제는? 이제는 그토록 많은 근심을 자아낸 편지가 위안을 줘야 했다. 편지 마지막 부분에 가면 조문하는 내용이 등장한다. 기억과 망각에 관한 내용이다. 이번에는 위안을 얻기 위해서가 아니라, 위안을 주기 위해서다.

앙투안 드 라부아지에Antoine de Lavoisier는 일찍이 20대 중반에 천문학자, 화학자, 수학자로 큰 명성을 누렸다. 그는 20대 후반에 열네 살이나 어린 마리 안 폴즈와 결혼했다. 폴즈는 가장 충실한 그의 동료였다. 조지프 프리스틀리Joseph Priestley(영국의 목사이자 화학자―옮긴이)의 저서를 남편이 볼 수 있도록 번역해주기 위해 영어를 배웠고, 남편의 저서에 삽화를 넣기 위해 그림 수업도 받았다. 라부아지에는 그때까지 불가능하다고 여겨졌던 가스의 무게를 잼으로써 이름을 알렸다. 물을 수소와 산소라는 원소로 쪼개고 무게에 따라 원소를 확정지었다. 개인적으로 자산가였으나 정치적으로는 진보 성향이던 그는 새로운 정권에 세제 개혁을 위한 계획과 새로운 미터법 체계로 봉사했다. 하지만 과거 징세 감독원이었다는 혐의를 받아 행정에 많은 봉사를 했음에도 불구하고 어려움에 처했다. 그리고 대지주로서 갑작스럽게 도입한 '소작료 방지법'에 의거해 체포되었다. 명성도 그를 구해줄 수 없었다. 처형당하기 전날 저녁 그가 아내에게 쓴 편지는 조의문과 같았다. 아내를 위로하기 위해 그는 새로이 무게를 잴 수 없는 것을 재야만 했다. 요컨대 쉰 살의 나이에 죽어야 하는 결과에 대한 찬반을 고려했다. 그는 아내에게 다음과 같이 썼다.

나는 비교적 활동을 많이 했소. 특히 행복하게 봉사했고, 이런 경력이 약간의 명성을 가져다주길 바랄 뿐이오. 내가 더 이상 무엇을 바라겠소? 나를 연루시

킨 사건은 내가 늙으면서 겪게 될 불편함을 겪지 않게 해주는 것이라고 생각하
오. 그러니 나는 평생을 아주 건강하게 살다가 끝을 낼 수 있을 것이고, 이것을
장점으로 계산해야만 할 듯…….[29]

다른 편지들은 끔찍한 고통이 끝난 뒤의 시기를 생각해보라는 내용을
담고 있다. 게오 드 레베르소는 지금 가슴을 아프게 하는 기억들도 장기
적인 관점에서 보면 약이 되는 효과가 있을 것이라는 생각을 하라며 가
족을 위로했다. "처음에는 힘들고 고통스럽지만, 우리가 사랑했던 사람에
대한 추억은 마음을 부드럽게 해줘서 편하게 만들어준다오. 나는 부인과
내 아이들이 곧 이런 느낌을 가질 수 있기를 진심으로 바라오."[30]

편지에는 걱정할 것이라는 인식, 마지막 충고, 삶을 다시 살아야 한다
는 격려, 시간이 지나면 나아질 것이라는 단언 같은 말들이 늘 등장한다.
이는 사실 오늘날의 조의문에서도 볼 수 있다. 이와 같은 조의가 조만간
죽을 사람의 입에서 나왔다. 이런 말을 함으로써 편지를 쓰는 사람은 다
른 조의문에서는 부적절할 수도 있는, 한 걸음 더 내디딜 수 있는 가능성
을 주었다. 그들은 사랑하는 사람에게 자신들을 기억하지 말고 잊으라고
썼다. 위로해주기 위해서 말이다. 이런 내용은 주로 가장 마지막 줄에 썼
다. 노르망디 출신의 외과 의사 뒤프렌은 아내에게 이렇게 썼다. "당신에
게 어떤 충고도 할 게 없구려. 당신이 하고 싶은 대로 하되 내 말을 듣고
싶다면, 당신의 남편을 잊도록 하시오."[31] 공증인이었던 뒤플레르는 문서
위조로 기소된 후 아내에게 이렇게 썼다. "안녕, 당신에게 수십만 번의 키
스를 보내오. 당신의 가여운 친구를 자주 기억하되 가능하면 당신의 기억
에서 그를 지우도록 노력하시오."[32]

뒤플레르는 자신이 무엇을 부탁하는지 정확하게 몰랐던 것 같다. 그렇

지만 달리 어떻게 할 수 있었겠는가? 그가 진심으로 원한 위로는 바로 기억되는 것이었다. 그가 해주려 했던 위로는 바로 자신이 기억되는 것을 희생양으로 요구했다. 사랑하는 사람들의 행복을 위해 그는 자신이 기억되는 것을 포기하고 두 번째 죽음을 맞이할 준비가 되어 있었다.

마지막 편지
‧‧‧‧‧‧‧‧‧‧‧ 작별 편지 중에는 검사였던 푸키에 탱빌에게조차 눈에 띌 서명이 하나 있었다. 사무실부터 형무소에 이르기까지 그는 몇 년에 걸친 공포 정치 시대 동안 열성적인 관리자로서 엄청난 양의 서류 작업을 했다. 밀고자의 보고, 익명의 고발, 목격자 증언, 경찰 서류 그리고―허술하고 비정한 법의 테두리에서 마지막 결과로서―심판. 그는 매일 체포 명령을 내리고, 혐의자를 심문하고, 간절한 탄원을 듣고, 감형을 거절했다. 로베스피에르가 실각한 뒤 그는 형무소에 갇혔다.

푸키에 탱빌은 1년 동안 창문 없는 감방에서 촛불도 없이 보냈다.[33] 판사 앞에 섰을 때, 검사는 푸키에 탱빌 자신이 그랬던 것과 마찬가지로 희미한 증거만 제시했다. 이런 증거로 푸키에 탱빌도 수천 명의 혐의자들에게 사형 선고를 내린 터였다. 바로 '부정'과 '전횡'이라는 혐의였다. 마흔 아홉 살의 푸키에 탱빌은 사형을 선고받았다. 그리고 다른 모든 사람들처럼 죽었다. 소지품은 모두 몰수되었고, 오로지 작별 편지만 쓸 수 있었다.

사형 집행이 있기 전날 저녁 푸키에 탱빌은 아내에게 보낸 편지에서, 자신은 죄가 없으며 깨끗한 손을 가진 순수한 양심으로 죽을 것이라고 썼다. 다른 모든 사형수처럼 그도 사랑하는 사람들을 기억하니 위로를 찾고자 했다. "이 모든 암울한 사건들 가운데 한 자락의 희망, 아니 그보다 위안을 주는 것은 당신이 내 무죄를 확신하고 있다는 것이오. 그러므로 당

푹신한 쿠션에 몸을 기대고 있는 푸키에 탱빌

신이 우리 아이들에게 아버지는 불행했으며, 죄가 없지만 죽었다고 말해주길 바라며, 당신이 나에 대한 신뢰와 존경을 결코 잃어버리지 않을 것이라고 아이들에게 말해주길 바라오. 부디 내 충고를 따라서 근심에 압도당하지 말고 당신과 우리의 불쌍한 아이들을 위해서라도 건강을 지켜나가길 바라오."[34] 그는 아내에게 "우리가 사소하게 싸웠던 일은" 잊어달라는 부탁을 하고 다음과 같이 마무리했다. "눈물을 흘리며 무거운 마음으로 나는 이제 당신과 당신의 고모와 내 불쌍한 아이들에게 마지막으로 작별 인사를 하려 하오. 당신과 아이들을 수천 번 포옹하오. 다시 한 번 당신을 보고 안을 수만 있다면 얼마나 좋을까. 하지만 사랑하는 이여, 이제 끝이니, 우리는 더 이상 생각하지 맙시다."[35]

2년 전 사형 선고를 받은 사람은 작별 편지에서 이렇게 썼다. "조만간 시간이라는 큰 낫이 모든 생명을 죽일 것이고 우리 모두를 평등하게 만들 것이다."[36] 푸키에 탱빌은 이 편지를 직접 읽었을 게 분명하다. 그의 작별 편지에서도 죽음은 참으로 위대한 조정자로 판명되었다. 서명을 한 뒤 그는 이렇게 덧붙였다. "내가 당신에게 내 우정의 증거로 유일하게 남겨줄 수 있는 것은 내 머리카락이오. 이것을 보관해주길 부탁하오."[37] 모나코 왕자비의 땋은 머리처럼 그의 머리카락은 기록보관실을 빠져나가기 힘들었다. 그곳에서 그가 일할 때 그랬던 것처럼.

"아이들은 빨리 잊어버린다"

이런 편지들에서 찾아볼 수 있는 프랑스적인 것은 무엇일까? 18세기에 볼 수 있는 전형적인 것은 무엇일까? 의심할 바 없이 아주 많다. 개인적으로 그리고 호송되어갈 때 죽어야 한다는 생각을 하며 드는 두려움은 당시 귀족과 부르주아의 명예와 상당히 연관이 많았다. 편지를 쓴 많은 사람이 바로 이 계층에 속해 있었기 때문이다. 프랑스 혁명과 공포 정치 시대가 어떠했는지는 다른 시대, 다른 문화에서 나온 작별 편지와 비교해보면 잘 알 수 있을 것이다. 하지만 여기에서는 그렇게 하지 않겠다. 이런 작별 편지를 슬쩍 훑어보기만 해도 다른 세기, 다른 국가에서 완벽하게 다른 조건 아래 작성한 작별 편지도 프랑스의 편지와 비교할 때 차이점보다 일치하는 점이 더 많다는 걸 알 수 있다.

1942/1943년 겨울 독일군이 점령한 스탈린그라드의 한 지역이 포위되었다. 빠져나갈 가망은 없었다. 그래서 이 도시를 떠날 마지막 비행기 편으로 보낼 편지를 쓰라는 명령이 하달되었다. 대부분의 병사는 그 편지가 집으로 보내는 마지막 편지라는 걸 알았다. 편지를 담은 자루 7개는 독일에 도착하자마자 압류되었다. 군 지도부는 이 편지를 가족에게 전달하면 사람들을 혼란스럽게 만들지도 모른다고 판단했다. 그리하여 편지는 기록보관소로 옮겨졌다.[38] 편지에서 병사들은 상부의 명령에 기분이 상하고 환멸을 느낀다는 걸 드러냈다. 하지만 그들이 가족에게 쓴 주제는 프랑스 공포 정치 때의 작별 편지와 일치했다. 즉 사진을 보내면서 건네는 위로, 사진을 동봉하려는 노력, 편지가 부모와 아내 혹은 자식들에 가져나줄 근심에 대한 걱정, 마지막 소원, 자신은 명예롭게 죽을 것이라는 약속, 과거 저질렀던 실수나 불화에 대해 구하는 용서. 하지만 무엇보다 공포 정

치 시대 사형수들의 편지에서 나타난 긴장도 찾아볼 수 있었다. 요컨대 사랑하는 사람들의 기억 속에 계속 남아 있고 싶다는 바람과 사랑하는 사람들의 행복을 위해서는 그들의 기억에 남아 있어서는 안 된다는 의식 사이의 긴장 말이다. 수많은 병사들을 대표해 이름 모를 병사가 아내에게 남긴 편지를 살펴보자. "당신은 1월이면 스물여덟 살이 되겠군. 나이에 비해 당신은 아직 젊고 예뻐. 이런 칭찬을 늘 해줄 수 있었기에 기뻐. 내가 몹시 그립겠지만, 그렇다고 해서 사람들과 거리를 둬서는 안 돼. 두어 달 정도는 그렇게 하더라도 그 이상은 그러지 말길. 왜냐하면 게르트루트와 클라우스에게는 아버지가 필요하니까. 당신은 아이들을 위해 살아야 한다는 걸 잊지 말고, 나에 대해 너무 소란을 떨지 말길 바라. 아이들은 매우 빨리 잊어버리고, 특히 지금 아이들 나이 때는 더욱 그렇거든."[39]

작별 편지

작별 편지를 비롯한 이런 편지는 자살하는 사람들이 남겨둔 편지와 비슷한 점이 있다. 심리학자와 정신과 의사들은 이와 관련한 자료를 모았는데, 이런 편지를 살펴보면 자살한 사람들의 동기를 알아낼 수 있다. 자살하는 사람들은 자신이 시간을 선택했음에도 불구하고 시간의 압박을 받으며 편지를 쓰고, 편지와 죽음 사이의 시간 간격이 매우 짧다. 자살할 결심은 오래전부터 했을 수 있으나 그것을 실행하는 것은 흔히 갑작스럽고, 작별 편지에 그런 흔적을 남겨놓는다. 최후의 순간 쫓기는 마음 때문에 우연히 발견한 봉투의 뒷면이라든가 달력의 한쪽 면에 서둘러 쓰기도 한다. 사형수나 죽음을 앞둔 병사가 쓴 편지와 마찬가지로 자살하는 사람들이 쓴 편지에는 그들이 죽기 전 전달할 수 있는 마지막 내용이 포함되어 있다. 이들 역시 곧 기억 속에서만 계속 살아남을 것이라는 점을 잘 알고 있다. 하지만 그 밖에는 차이점이 더 많다.

공포 정치 때의 사형수, 적군에게 포위당해 살아서 나갈 가망이 없는 병사 그리고 원치 않는 죽음을 목전에 둔 모든 다른 사람은 있는 힘을 다해 사랑하는 사람에게 소식을 전하려고 애썼다. 그런데 자살하는 사람들은 대부분 그렇게 하지 않는다.[40] 이미 150년 전에 사람들은 편지를 남긴 경우와 그렇지 않는 경우에 대한 통계를 냈고, 이 통계를 보면 이상할 정도로 차이가 없다.[41] 여자는 남자만큼, 나이 든 사람은 젊은 사람만큼, 기혼자는 혼자 사는 사람만큼 편지를 남겨놓았다. 부모가 자식에게 남기는 편지는 자식이 부모에게 남기는 편지만큼 많았다. 자살은 사회경제적 계층이나 출신과 연관이 있지도 않고, 조기 자살 시도 혹은 정신병적 문제와도 그다지 연관이 없었다.[42] 하지만 '~만큼'이라는 표현은 오해를 불러올 수 있다. 수치를 처음으로 본 사람에게 가장 놀라운 점은 다음과 같은 결과 때문이다. 즉 자살자 4명, 혹은 5명 가운데 한 사람은 작별 편지를 남겨두지 않는다. 하지만 이러한 추정도 확실하지는 않다. 예를 들어, 익사나 사고로 인해 사망한 사건일 때 작별 편지는 발견되지 않는다. 이때 사망자는 자살로 기록되지 않을 가능성이 크다. 가장 흔히 쓰는 작별 편지는 이른바 진정한 의미에서의 작별 편지가 아니다. 몇 안 되는 편지와 쪽지 중에서도 받을 사람의 주소나 수신인이 밝혀져 있는 경우는 일부며, 따라서 우연히 발견한 사람이나 혹은 경찰이 수신자가 되기도 한다. 모든 작별 편지 가운데 절반이 약간 넘는 수는 가까운 사람에게 보내는 편지로 배우자, 부모, 자식, 형제와 자매를 수신인으로 지정했다.[43] 다음과 같은 사실을 아는 것도 바람직할 수 있나. 요컨대 개인적으로 작별 편지를 받는 사람은 아주 극소수다.

가까운 사람들에게조차 마지막 보고를 하지 않는 이 우울한 결과에는 온갖 원인이 있다. 자살 시도를 한 뒤 살아남은 사람들의 이야기를 들어 보면, 그들의 생각과 행동에 수축성이 있음을 알 수 있다. 요컨대 그들은 서둘러야 하고 가능한 한 빨리 끝냄으로써 마지막 순간 자살을 멈추게 할 수도 있는 생각이나 행동을 하고 싶지 않다고 한다.

하지만 자살하지 않은 사람들의 작별 편지에서 일부 해명을 할 수도 있지 않을까? 예를 들면 다음과 같은 점을 고민해볼 수 있다. 만일 자신의 삶을 스스로 끝낸 누군가가 다른 사람들처럼 사랑하는 사람의 기억 속에서 계속 살아 있길 원한다면, 도대체 이런 사람은 어떤 말을 해야 할까? 최초의 죽음은 자신이 선택했지만 두 번째로 죽게 하지는 말아달라는 부탁을 어떻게 할 수 있을까? 어떻게 스스로 죽지 않을 수도 있는데, 잊지 말아달라고 부탁할 수 있을까? 가장 사랑하는 사람에게 자신이 선택한 죽음에 대한 기억이 끔찍할 것이라는 점을 알면서, 어떻게 자신을 기억해 달라고 쓸 수 있겠는가? 스스로 근심의 원인을 제공해놓고 어떻게 위로해줄 말을 찾을 수 있겠는가? 다른 원인으로 죽었든 자살한 사람이든 이런 질문에는 답할 수 없을 것이다. 어쩌면 우리는 작별 편지가 남아 있지 않을 경우 죽은 사람의 절망과 당황스러움을 추정할 수 있을 뿐 아니라, 사랑하는 사람에게 적절한 말로 표현할 수 없기에 편지를 쓸 수 없다는 걸 알 수 있다. 쓰지 않은 작별 편지는 편지를 쓰지 않는 게 가장 낫다는 표시이기도 하다.

간청
•••••
　　푸키에 탱빌의 기록보관소에서 나온 작별 편지에는 모든 게 담겨 있다. 즉 눈물로 범벅된 마음속의 외침부터 공증인이 쓰는 것처럼 5쪽에 걸쳐 마지막 소원을 쓴 편지까지 말이다. 편지에는 머리카락, 반지와 메달을 동봉하고 손수건, 버클과 브로치도 들어 있었다. 그중 어느 것도 유족에게 전해지지 않았다. 그렇다고 차이가 있었을까? 자신을 잊지 말아달라고 애원하는 부탁이 유족에게 전해지지 않아서 누군가가 잊었을까? 구체적인 기념물이 없다고 해서 사랑하는 사람을 기억하기 힘들었을까? 편지를 쓴 사람이 기억 속에 남아 있고 싶다는 편지를 남겨놓지 않아서 사람들은 죽은 이를 그다지 애정도 없이 기억했을까?

이런 질문에 마음이 움직이는 사람은 이미 그 답을 알고 있다. 작별을 해야만 하는 사람은 좋은 기억 속에서 계속 살아 있기를 바라며, 누군가를 잊어버리는 사람은 이 기억을 가꾸고 잘 보살필 거라고 속으로 약속한다. 하지만 한 사람이 원하는 것과 다른 사람이 약속하는 것은 간청 이상이 아니다. 이 둘은 기억에 명령을 내릴 수 없으며, 기억은 자신의 길을 간다는 걸 잘 알고 있다. 가장 사랑하는 사람에 대한 기억조차 말이다. 이 모든 머리카락과 메달을 통해서 그들은 자신의 기억에 대한 무기력을 표현하는 것 아닐까? 만일 지극히 소중한 우리의 기억이 정말 안전하고 공격받지 않은 채로 저장될 수 있다면, 기억할 물건 따위는 필요하지 않을지 모른다. 기억을 가꿀 때 중요한 것은 결과가 아니라 사랑과 기억하고자 쏟는 헌신이다.

불편한 질문

망각

- 누군가가 당신에 대해 뭔가를 잊어버렸다고 해서 그 사람에게 상처를 준 적이 있습니까?
- 당신이 어떤 사람에 대해 뭔가를 망각함으로써 그에게 상처를 준 적이 있습니까?
- 당신이 공공연하게 간직하고 있는 어떤 것으로 인해 수치스러워한 적이 있습니까? 한 가지 예만 들어도 충분합니다.
- 누군가가 여러 사람이 있는 앞에서 당신이 뭔가 잊어버린 것을 기억나게 하면 불편합니까?
- 당신은 '무의식적인 표절'을 믿을 만하다고 여깁니까? 그런 일이 당신에게 생길 수 있을까요?
- 당신의 사진 중에서 어떤 기억도 나지 않는 게 있나요? 그렇다면 대체로 오래된 사진인가요, 아니면 최근의 사진인가요?
- 당신의 기억 가운데 특히 방해가 된다고 여겨지는 약점은 무엇인가요?
- 어떤 상황에서 절대적 기억을 갖지 못한 것을 후회했나요?

억압

- 당신은 억압하는 경향이 있나요? 어떤 것에서 억압을 도출해냅니까?
- 오히려 그래서 행복하다고 당신이 칭찬하는 기억의 단점은 무엇입니까?
- 만약 망각하는 기술이 있다면, 당신은 그것을 이용하겠습니까?
- 다른 사람의 기억에서 자신에 대한 기억을 지우고 싶었던 적이 있습니까?
- 소중한 기억을 보호하기 위해 뭔가를 듣지 않으려 했던 적이 있습니까?

수정

- 당신의 기억력은 좋은가요? 달리 표현하면, 당신의 기억에 대한 **역사**를 잘 기억할 수 있습니까?
- 과거와 다르게 기억하고 있다고 의식하는 사건을 알고 있나요?
- 당신의 과거를 다른 빛으로 관찰하려 한 적이 있거나 그런 일을 체험해본 적이 있나요? 과거의 기억을 바꾸게 했던 기억을 해본 적이 있나요?
- 사람들의 반응이 기억을 훼손시킬 수도 있다는 걱정 때문에 다른 사람에게 한 번도 이야기하지 않은 기억이 있습니까?
- 만일 친구와 사이가 틀어지면, 그 좋은 친구에 대한 기억이 바뀌나요?
- 누군가가 당신이 좋아하는 기억을 빼앗은 적이 있나요?
- 누군가로부터 그가 좋아하는 기억을 빼앗아본 적이 있나요?

함께 나눈 기억

- 당신과 배우자가 함께 나누고 있는 기억이 있는지요? 있다면 무엇 때

문에 그렇다고 추론하나요?

- 당신과 기억을 함께 나눈 사람이 더 이상 존재하지 않는다면, 그 기억이 바뀌나요?
- 당신이 배우자에게 당신에 대한 소중한 기억 세 가지를 말해보라고 부탁했을 때, 당신은 그중 하나라도 알 거라고 믿나요? 아니면 두 가지? 아니면 세 가지 모두?
- 당신의 배우자는 배우자에 대해 당신이 갖고 있는 가장 좋은 기억이 무엇인지 아나요?

최초의 그리고 마지막 기억
- 당신은 최초의 기억에 대해 얼마나 자주 이야기하나요?
- 아이들이 한 살 때 당신이 체험한 것을 아이들이 거의 모두 잊어버렸다는 게 당신을 방해한 적이 한 번이라도 있나요? 한 살 때? 아니면 그 이후에?
- 당신은 오래된 기억일수록 덜 신뢰하나요?
- 당신의 기억에 대해 걱정을 하나요?
- 당신의 회상에 대해 걱정을 하나요?
- 사랑하지만 이미 죽은 사람에 대한 기억으로 걱정하나요? 그렇다면 어떤 식으로? 아니라면 왜 아닌가요?
- 당신이 죽은 뒤 사람들이 당신을 기억할 가능성이 있다면, 당신에게 위로가 되나요?
- 당신이 가장 사랑하는 사람들의 기억에만 한해서 위로가 되나요?

주

머리말: 망각에 대하여

1. D. Draaisma, *De metaforenmachine. Een geschiedenis van het geheugen*, Groningen 1995.

2. G. Sperling, "The information available in brief visual presentations", *Psychological Monographs: General and Applied*, 74 (1960), 11, 1-29.

3. E. Tulving, "Are there 256 different kinds of memory?", J. S. Nairne (Hg.), *The foundations of remembering. Essays in honor of Henry L. Roediger, III*, New York/Hove 2007, 39-52.

4. 이런 질문은 《일기 1966-1971년》으로 출간했으며, 나중에는 선별해서 발행했다. M. Frisch, *Fragebogen*, Frankfurt am Main 1992. 마르설 뫼링(Marcel Möring)은 이러한 질문을 선별·편집해서 출간했다. M. Frisch, *Lastige vragen*, Amsterdam 1992.

01 망각으로 씻어낸 최초의 기억

1. P. Lejeune, *Le pacte autobiographique*, Paris 1975(신판 1996), 362.

2. E. Canetti, *Die gerettete Zunge*, München 1977, 9.

3. Canetti, *Gerettete Zunge*, 10.

4. M. J. Eacott & R. A. Crawley, "The offset of childhood amnesia", *Journal of Experimental Psychology: General*, 127(1998), 22-33.

5. N. Scheepmaker, *De eerste herinnering*, Amsterdam 1988.

6. Scheepmaker, *Herinnering*, 50.

7. Scheepmaker, *Herinnering*, 129.

8. Scheepmaker, *Herinnering*, 15, 134.

9. Scheepmaker, *Herinnering*, 127.

10. Scheepmaker, *Herinnering*, 66.

11. Scheepmaker, *Herinnering*, 97.

12. Scheepmaker, *Herinnering*, 49.

13. Scheepmaker, *Herinnering*, 37.

14. P. Blonsky, Das Problem der ersten Kindheitserinnerung und seine Bedeutung, *Archiv für die gesamte Psychologie*, 71(1929), 369-390.

15. C. Verhoeven, *De glans von oud ijzer: herinneringen, 1928-1982*, Baarn 1996, 9.

16. D. Draaisma, *Waarom het leven sneller gaat als je ouder wordt*, Groningen 2001, 21-36.

17. K. Nelson & R. Fivush, "The emergence of autobiographical memory: a social cultural developmental theory", *Psychological Review*, 111(2004), 486-511.

18. Scheepmaker, *Herinnering*, 51.

19. D. Kohnstamm, *Ik ben ik. De ontdekking van het zelf*, Amsterdam 2002.

20. Kohnstamm, *Ik ben ik*, 9. 융의 말은 다음에서 인용. C. G. Jung: *Erinnerungen, Träume, Gedanken*. Aliela Jaffé 기록 및 발행, Zürich, Rascher Verlag 1962.

21. Kohnstamm, *Ik ben ik*, 34.

22. R. Fivush, "The stories we tell: how language shapes autobiography", *Applied Cognitive Psychology*, 12(1998), 483-487.

23. Scheepmaker, *Herinnering*, 124-125.

24. G. Simcock & H. Hayne, "Breaking the barrier? Children fail to translate their preverbal memories into language", *Psychological Science*, 13(2002), 3, 225-231.

25. Simcock & Hayne, "Breaking", 229.

26. R. Fivush & K. Nelson, "Parent-child reminiscing locates the self in the past", *British Journal of Developmental Psychology*, 24(2006), 235-251.

27. 다음의 자료에서 인용. K. Sabbagh, *Remembering our childhood, How memory betrays us*, Oxford 2009, 11.

28. J. A. Usher & U. Neisser, "Childhood amnesia and the beginnings of memory for four early life events", *Journal of Experimental Psychology: General*, 122(1993),

155-165.

29. Eacott & Crawley, "Offset", 22-23.

30. Scheepmaker, *Herinnering*, 22.

02 우리는 왜 꿈을 망각할까

1. M. Jagger & K. Richards, *Ruby Tuesday*, 1967.

2. H. Havelock Ellis, *The world of dreams*, London 1911.a

3. M. W. Calkins, "Statistics of dreams", *American Journal of Psychology*, 5(1893), 311-343, 이 내용은 312쪽에 있음.

4. Calkins, "Statistics", 312.

5. L. Strümpell, *Die Natur und Entstehung der Träume*, Leipzig 1874.

6. S. Freud, *De droomduiding*, Amsterdam 1987, 50-52. 여기에서는 다음의 책 인용. Freud, Studienausgabe, Band II, *Die Traumbedeutung*, Frankfurt 1975, 38-39.

7. J. Delboeuf, *Le sommeil et les rêves*, Paris 1885.

8. Havelock Ellis, *World*, 229-230.

9. Havelock Ellis, *World*, 218.

10. J. J. F. de Lalande, *Voyage d'un François en Italie*, Venedig 1769, 294.

11. M. Jouvet, *Slapen en dromen*, Amsterdam/Antwerpen 1994, 60.

12. Jouvet, *Slapen*, 60.

13. F. Crick & G. Mitchison, "The function of dream sleep", *Nature*, 304(1983년 7월 14일), 111-114.

14. J. Winson, *Brain and psyche: the biology of the unconscious*, New York 1985.

15. 이 영화는 유튜브에서 'histoire'와 'crime'을 검색하면 찾을 수 있다.

16. L. Wright, *Clockwork man*, New York 1992.

17. Havelock Ellis, *World*, 214.

18. L. F. A. Maury, *Le sommeil et les rêves*, Paris 1861, 4쇄 1878, 161-162.

19. Havelock Ellis, *World*, 7.

20. W. Dement & E. A. Wolpert, "The relation of eye movement, bodily motility and external stimuli to dream content", *Journal of Experimental Psychology*, 55(1958), 543-553.

21. Dement & Wolpert, "Relation", 550.

22. J. Nelson, "A study of dreams", *American Journal of Psychology*, 3(1888), 367-401.

23. Nelson, "Study", 384.

24. M. Jouvet, *De dromenweger*, Amsterdam 1994.

25. Jouvet, *Dromenweger*, 289쪽에서 인용.

26. E. Aserinsky & N. Kleitman, "Regularly occuring periods of eye motility, and concomitant phenomena, during sleep", *Science*, 118(1953), 273-274.

27. J. Antrobus, "Cortical heimsphere asymmetry and sleep mentation", *Psychological Review*, 94(1987), 3, 359-368.

28. J. A. Hobson & R. W. McCarley, "The brain as a dream state generator: an activation-synthesis hypothesis of the dream process", *American Journal of Psychiatry*, 134(1977), 1335-1348.

29. D. Foulkes, *Dreaming: a cognitive-psychological analysis*, Hillsdale NJ 1985.

30. Foulkes, *Dreaming*, 165.

31. D. Dennett, *Consciousness explained*, London 1991, 10-13.

32. 다니엘서 2: 1-49.

33. 다음의 자료와 비교. I. Hacking, "Dreams in place", *The Journal of Aesthetics and Art Criticism*, 59(2001), 3, 245-260.

34. 1545년 루터가 번역한 성서는 이러하다. "생각이 나지 않소." 한편 킹 제임스 성경의 번역(1611)은 이렇다. "그게 나한테서 떠나가버렸소(The thing is gone from me)." 네덜란드 Bijbel-genootschap(1951)에는 그런 언급이 전혀 없다. 1995년의 Willibrord와 1996년의 Groot Nieuws Bijbel 번역도 마찬가지다.

35. Dement & Wolpert, "Relation", 544.

03 헨리 M.의 비망록

1. D. Washburn, "Waiting for H.M.", www.voiceofsandiego.org/science/article_0f1d01fa-20c9-88ea-00d45c8faaf2.html(2010년 8월 26일).

2. W. B. Scoville & B. Milner, "Loss of recent memory after bilateral hippocampal lesions", *Journal of Neurology, Neurosurgery and Psychiatry*, 20(1957), 11-21.

3. D. H. Salat et al, "Neuroimaging H.M: A 10-year follow-up examination", *Hippocampus*, 16(2006), 936-945.

4. G. Watts, "Henry Gustav Molaison, HM", *The Lancet*, 373, (2009년 2월 7일), 456.

5. Ph. J. Hilts, *Memory's ghost. The nature of memory and the strange tale of Mr. M.* New York 1995.

6. E. S. Valenstein, *Great and desperate cures. The rise and decline of psychosurgery and other radical treatments for mental illness*, New York 1986.

7. Valenstein, *Cures*, 78.

8. J. El-Hai, *The lovotomist. A maverick medical genius and his tragic quest to rid the world of mental illness*, Hoboken NJ 2005.

9. Valenstein, *Cures*, 142.

10. W. B. Scoville, "Selective undercutting as a means of modifying and studying frontal lobe function in man", *Journal of Neurosurgery*, 6(1949), 65-73.

11. Hilts, *Memory*, 92.

12. W. B. Scoville, "The limbic lobe in man", *Journal of Neurosurgery*, 11(1954), 64-66(65).

13. Hilts, *Memory*, 96.

14. Scoville, "Limbic", 66.

15. Hilts, *Memory*, 100.

16. B. Skotko, D. Rubin & L. Tupler, "H.M.'s personal corssword puzzles: understanding memory and language", *Memory*, 16(2008), 2, 89-96.

17. K. Danziger, *Marking the mind. A history of memory*, Cambridge 2008, 176-182.

18. S. Corkin, "Lasting consequences of bilateral medial temporal lobectomy: clinical cource and experimental findings in case HM", *Seminars in Neurology*, 4(1984), 249-259.

19. S. Corkin, "Acquisition of motor skill after bilateral medial temporal lobe excision", *Neuropschologia*, 6(1968), 255-265.

20. Hilts, *Memory*, 114.

21. B. Milner, S. Corkin & H.-L. Teuber, "Further analyses of the hippocampal

amnesic syndrome: 14-year follow-up study of HM", *Neuropsychologia*, 6(1968), 215-234.

22. Hilts, *Memory*, 122.

23. W. B. Scoville, "Amnesia after bilateral mesial teporal-lobe excision: introduction to case H. M.", *Neuropsychologia*, 6(1968), 211-213(211).

24. A. Bereznak, "The memory remains", *The Guardian*, 2009년 3월 9일.

25. Washburn, "Waiting", 1.

26. S. Corkin, "What's new with the amnesic H. M.?", *Nature Reviews/Neuroscience*, 3(2002), 153-160.

27. Washburn, "Waiting", 2.

28. Washburn, "Waiting", 3.

29. http://thebrainobservatory.ucsd.edu/(2010년 8월 27일).

30. Corkin, "What's new?", 159.

04 얼굴을 까먹는 남자

1. J. Bodamer, "Die Prosop-Agnosie", *Archiv für Psychiatrie und Nervenkrankheiten*, 179(1947), 6-53.

2. Bodamer, "Die Prosop-Agnosie", 11.

3. Bodamer, "Die Prosop-Agnosie", 16.

4. Bodamer, "Die Prosop-Agnosie", 18.

5. Bodamer, "Die Prosop-Agnosie", 35.

6. O. Sacks, *The man who mistook his wife for a hat*, London 1985. *Der Mann, der seine Frau mit einem Hut verwechselte* (D. van Gunsteren 번역), Hamburg 1990.

7. Sacks, *Mann*, 27.

8. A. J. Larner, "Lewis Carroll's Humpty Dumpty: an early report of prosopagnosia?", *Journal of Neurology, Neurosurgery, and Psychiatry*, 75(2004), 1063.

9. L. Carrol, *Achter de spiegel en wat Alice daar aantrof* (N. Matsier 번역), Amsterdam 2009, 197. 여기서 인용한 책은 *Alice hinter den Spiegeln* (Chr. Enzensberger 번역), Frankfurt, 1963, 94-95.

10. T. Kress & I. Daum, "Developmental prosopagnosia: a review", *Behavioural*

Neurology, 14(2003), 109-121, 109.

11. I. Kennerknecht, T. Grüter, B. Welling, S. Wentzek, J. Horst, S. Edwards & M. Grüter, "First report of prevalence of non-syndromic hereditary prosopagnosia", *American Journal of Medical Genetics*, 140(2006), 1617-1622.

12. D. J. Grelotti, I. Gauthier & R. T. Schultz, "Social interest and the development of cortical face specialization: what autism teaches us about face processing", *Developmental Psychobiology*, 40(2002), 213-225.

13. L. Yardley, L. McDermott, S. Pikarski, B. Duchaine & K. Nakayama, "Psychosocial consequences of developmental prosopagnosia: a problem of recognition", *Journal of Psychosomatic Research*, 65(2008), 5, 445-451.

05 완만한 언덕에 이어 가파른 절벽

1. 다음 자료 참조. K. Maurer & U. Maurer, *Alzheimer. Das Leben eines Arztes und die Karriere einer Krankheit*, München 1998.

2. 코르사코프의 삶과 그의 이름을 딴 질병에 관해서는 다음을 참조. D. Draaisma, *Geist auf Abwegen. Alzheimer, Parkinson und Co. Von den Wegbereitern der Gehirnforschung und ihren Fällen*, V. Kiefer und S. Häring 번역, Frankfurt 2008, 145-165.

3. S. Korsakow, "Eine psyische Störung, combiniert mit multipler Neuritis", *Allegemeine Zeitschrift für Psychiatrie und psychisch-gerichtliche Medicin*, 46(1890), 475-485, 478.

4. B. C. P. Jansen, *Het levenswerk van Christiaan Eijkman*, Haarlem 1959.

5. S. Korsakow, "Erinnerungstäuschungen bei polyneuritischer Psychose", *Allgemeine Zeitschrift für Psychiatrie*, 47(1891), 390-410, 407.

6. M. S. Albert, N. Butters & J. Levin, "Temporal gradients in the retrograde amnesia of patients with alcoholic Korsakoff's disease", *Archieves of Neurology*, 36(1979), 211 216.

7. N. J. Cohen & L. R. Squire, "Retrograde amnesia and remote memory impairment", *Neuropsychologia*, 19(1981), 337-356.

8. N. Butters & L. S. Cermak, "A case study of the forgetting of autobiographical

knowledge: implications for the study of retrograde amnesia", in D. C. Rubin(ed.), *Autobiographical memory*, Cambridge 1986, 253-272.

9. É, Claparède, "Récognition et motité", *Archives de Psychologie*, 11(1911), 79-90, 84.

10. Claparède, "Récognition", 85.

11. P. Graf & D. L. Schacter, "Implicit and explicit memory for new associations in normal and amnesic subjects", *Journal of Experiment Psychology: Learning, Memory, and Cognition*, 11(1985), 501-518.

12. R. A. McCarthy & E. K. Warrington, "Actors but not scripts: the dissociation of people and events in retrograde amnesia", *Neuropsychologia*, 30(1992), 7, 633-644.

13. McCarthy & Warrington, "Actors", 634.

06 당신의 동료에겐 탁월한 아이디어가 있다: 바로 당신의 아이디어

1. J. Verne, *De reis naar de maan in 28 dagen en 12 uren* (P. K. van's-Gravenhage 번역), Amsterdam 1977.

2. 뤼디 카우스브루크에게서 인용했다는 내 추측은 맞지 않았다. 또한 이 장을 축약한 내용을 〈NRC 한델스블라트〉(2010년 1월 9일)에 실었으나 원래 자신의 생각이었다고 말하는 사람은 나타나지 않았다.

3. R. P. Gruber, "Minds that think alike or cryptomnesia?", *Journal of the American Society of Plastic Surgeons*, 119(2007), 6, 1945-1946.

4. A.-C. Defeldre, "Inadvertent plagiarism in everyday life), *Applied Cognitive Psychology*, 19(2005), 1033-1040.

5. R. Dannay, *Current developments in copyright law*, New York 1980, 681.

6. Th. Flournoy, *From India to the planet Mars*, New York 1963에서 인용.

7. Flournoy, *India*, 405.

8. Flournoy, *India*, 405.

9. F. W. H. Myers, *Human personality and its survival of bodily death*, T1. 1, London 1903, 16.

10. H. Freeborn, "Temporary reminiscence of a long-forgotten language during the

delirium of broncho-pneumonia", *The Lancet*, 80(1902), 1685-1686.

11. S. Freud, *Zur Psychopathologie des Alltagslebens. Über Vergessen, Versprechen, Vergreifen, Aberglaube und Irrtum*, Frankfurt 1954, 117.

12. Freud, *Psychopathologie*, 175.

13. H. C. Warren, *Dictionary of psychology*, Boston 1934.

14. P. J. Vinken, "Onjuiste toeschrijvingen in de wetenschappelijke literatuur: plagiaat, cryptomnesie, palimpsestie en hyperloyaliteit", *Nederlands Tijdschrift voor Geneeskunde*, 126(1982), 1, 14-19, 16.

15. A. S. Brown & D. R. Murphy, "Cryptomnesia: delineating inadvertent plagiarism", *Journal of Experimental Psychology: Learning, Memory, and Cognition*, 15(1989), 3, 432-442.

16. L.-J. Stark, T. J. Perfect & S. E. Newstead, "When elaboration leads to appropriation: unconscious plagiarism in a creative task", *Memory*, 13(2005), 6, 561-573.

17. L.-J. Stark, T. J. Perfect, "Whose idea was that? Source monitoring for idea ownership following elaboration", *Memory*, 15(2007), 7, 776-783.

18. 바이의 이야기는 DVD *Live at the Astoria London*(2003)의 〈방콕〉에서 오디오 코멘트를 선택하면 들을 수 있다.

07 신경학계의 갈릴레이

1. A. L. Wigan, *A new view of insanity: the duality of the mind, proved by the structure, functions, and diseases of the brain and by the phenomena of mental derangement, and shown to be essential to moral responsibility*, London 1844.

2. 1985년에 새로운 판을 발행했으나 이것 역시 절판되었다. A. L. Wigan, *The duality of mind* (J. Bogen 발행), Malibu 1985. 인용문은 이 책에서 나왔다.

3. J. Bogen, "The other side of the brain II: an appositional mind", *Bulletin of the Los Angeles Neurological Society*, 34(1969), 135-162.

4. 짤막한 전기와 서지학 참조. B. Clarke, "Arthur Wigan and *The duality of the mind*", *Psychological Medicine*, Monograph Supplement 11, (1987), 1-52.

5. Wigan, *Duality*, 242-243.

6. Clarke의 "Arthur Wigan", 18쪽에서 인용.

7. 익명, "책에 관한 서평", *American Journal of Insanity*, 2(1845), 375-381.

8. Wigan, *Duality*, 31.

9. Clarke, "Arthur Wigan" 22쪽과 비교.

10. Wigan, *Duality*, 38.

11. Wigan, *Duality*, 31.

12. Wigan, *Duality*, 107.

13. Wigan, *Duality*, 108.

14. Wigan, *Duality*, 164.

15. Wigan, *Duality*, 135.

16. Wigan, *Duality*, 135.

17. Wigan, *Duality*, 63.

18. Wigan, *Duality*, 55.

19. Wigan, *Duality*, 56.

20. 보네 증후군에 관해서는 다음 참조. D. Draaisma, *Geist auf Abwegen. Alzheimer, Parkinson und Co. Von den Wegbereitern der Gehirnforschung und ihren Fällen* (V. Kiefer und S. Häring 번역), Frankfurt, 2008, 17-43.

21. Wigan, *Duality*, 128.

22. J. Bodamer, "Die Prosop-Agnosie", *Archiv für Psychiatrie und Nervenkrankheiten*, 179(1947), 6-53.

23. H. Holland, *Medical notes and reflections*, London 1839.

24. Wigan, *Duality*, 77.

25. Wigan, *Duality*, 179.

26. Wigan, *Duality*, 290.

27. Winslow, F. B., "The unpublished mss of the late Wigan, M.D., author of *The duality of the mind*", *Journal of Psychological Medicine* II: 부록, 1849.

28. S. P. Springer & G. Deutsch, *Left brain, right brain*, New York, 1981(ed. 1993), 31.

29. Wigan, *Duality*, 309.

30. Draaisma, *Geist auf Abwegen*, 126.

31. Wigan, *Duality*, 43-44.

32. Wigan, *Duality*, 45-49.

33. Wigan, *Duality*, 46.

34. Wigan, *Duality*, 305. 이 시의 제목은 〈유별나게 선한 자들에게〉이다. 위건은 이 시를 암기하고 있는 대로 인용했으며, 두 줄의 내용은 다음과 같다. "What's done we partly may compute/But know not what's resisted."

35. Wigan, *Duality*, 61.

08 억압에 관하여

1. S. Freud, "Bruchstück einer Hysterie-Analyse", *Monatsschrift für Psychiatrie und Neurologie*, 18(1905), 285-310, 408-467. 여기서는 다음의 책에서 인용. Freud, "Bruchstück einer Hysterie-Analyse", *Krankengeschichte der 'Dora'*, Frankfurt 1981.

2. Freud, "Bruchstück", 15.

3. Freud, "Bruchstück", 29.

4. Freud, "Bruchstück", 25.

5. H. S. Decker, *Freud, Dora, and Vienna 1900*, New York 1991, 119.

6. Freud, "Bruchstück", 18.

7. Freud, "Bruchstück", 64.

8. Freud, "Bruchstück", 69.

9. Freud, "Bruchstück", 70.

10. Freud, "Bruchstück", 77.

11. Freud, "Bruchstück", 32.

12. Freud, "Bruchstück", 31.

13. Freud, "Bruchstück". 하지만 여기서는 다음을 인용. S. Freud, *Briefe an Wilhelm Fließ 1887-1904*, 생략하지 않은 판, Frankfurt 1986, 1901년 1월 25일의 편지.

14. 도라의 아버지는 47세였고, 프로이트는 44세였다.

15. Freud, "Bruchstück", 115

16. 그는 이때의 진찰에 대한 기억을 35년이 지난 후에야 세상에 알렸다. F. Deutsch, "A footnote to Freud's 'Bruchstück of an analysis of a case of hysteria'", *Psychoanalytic Quarterly*, 26(1957), 161-163.

17. D. Draaisma, "Een toverblok. De geschiedenis van Freud en Dora", *Psychologie*, 9(1989), 28-34. 혹은 다음을 참조. P. Mahoney, *Freud's Dora*, New Haven 1996.

18. H. Cixous, *Portrait de Dora*, Paris 1976.

19. Freud, "Bruchstück", 20.

20. Freud, "Bruchstück", 10.

21. Freud, "Bruchstück", 58.

22. E. Jones, *Sigmund Freuds leven ein werk. De jaren van vorming en grote ontdekkingen*(1856-1900)(P. Olafson 번역), Amsterdam/Antwerpen 1956, 319-320.

23. S. Freud, *Studienausgabe*. Band III: *Psychologie des Unbewußten*, Frankfurt am Main 1975, 103-118, 108.

24. M. H. Erdelyi, "Repression, reconstruction, and defense: history and integration of the psychoanalytic and experimental frameworks", in J. L. Singer(ed.), *Repression and dissociation*, Chicago 1990, 1-31, 9-10.

25. H. F. M. Crombag & P. J. van Koppen, "Verdringen als sociaal verschijnsel", *De Psycholoog*, 29(1994), 11, 409-415, 409.

26. W. I. Thomas & D. S. Thomas, *The child in America*, New York 1928, 571-572.

27. H. Mercelbach & I. Wessel, "Recovered memories", *De Psycholoog*, 29(1994), 3, 85-90.

28. B. Ensink, "Reactie op Rocovered memories", *De Psycholoog*, 29(1994), 4, 148-149.

29. Crombag & van Koppen, "Verdringen", 410.

30. H. Merckelbach & I. Wessel, "Assumptions of student and psychotherapists about memory", *Psychological Reports*, 82(1998), 763-770.

31. W. A. Wagenaar, "The logical status of case histories", in J. D. Read & D. S. Lindsay(eds), *Recollections of trauma. Scientific evidence and clinical practice*, New York 1997, 109-126.

32. Crombag & van Koppen, "Verdringen", 409.

33. www.valseherinnering.eigenstart.nl(2010년 9월 3일).

34. M. Pendergrast, *Victims of memory*, Incest accusations and shattered lives, London 1996, 361-366.

35. 네덜란드에서는 키티 헨드릭스가 사실이 아니었음에도 불구하고 어떻게 해서 심리 치료를 받던 중 자신의 어머니로부터 학대를 당했다는 확신을 갖게 되었는지 상세히 서술했다. 이에 관해서는 다음을 참조. K. Hendriks, *Vaag verleden: hoe ik ging geloven in fictieve herinneringen*, Amsterdam 2004.

36. K. Pezdek & W. P. Banks(eds.), *The recovered memory/false memory debate*, San Diego 1996. M. A. Conway(ed.), *Recovered memories and false memories*, Oxford 1997.

37. E. Bass & L. Davis, *The courage to heal: a guide for woman survivors of child sexual abuse*, New York 1988.

38. E. Showalter, *Hysterie: hysterical epidemics and modern culture*, New York 1977.

39. E. Showalter, *The female malady: woman, madness, and English culture, 1830-1980*, New York 1985.

40. D. S. Holmes, "The evidence for repression: an examination of sixty years of research", in Singer, *Repression*, 85-102, 85.

41. Holms, "Evidence", 87.

42. Holms, "Evidence", 95-96.

43. S. Christianson & L. Nilsson, "Functional amnesia as induced by a psychological trauma", *Memory and Cognition*, 12(1984), 142-155.

44. Ensink, "Reactie", 149.

45. O. van der Hart, "Totale amnesie voor traumatische herinneringen. Een reactie op Merckelbach en Wessel", *De Psycholoog* 29(1994), 6, 240-245.

46. Van der Hart, "Totale amnesie", 240.

47. J. M. Rivard, P. E. Dietz, D. Martell & M. Widawski, "Acute dissociative responses in law enforcement officers involved in critical shooting incidents: the clinical and forensic implications", *Journal of Forensic Sciences*, 47(2002), 1-8.

48. L. Schelach & I. Nachson, "Memory of Auschwitz survivors", *Applied Cognitive Psychology*, 15(2001), 119-132.

49. C. P. Malmquict, "Children who witness parental murder: posttraumatic aspects", *Journal of the American Academy of Child and Adolescent Psychiatry*, 27(1986), 567-572.

50. R. S. Pynoos & K. Nader, "Children who witness the sexual assaults of their

mothers", *Journal of the American Academy of Child and Adolescent Psychiatry*, 27(1988), 567-572.

51. 비슷한 연구는 트라우마와 자서전적 기억에 관한 주제를 다룬 다음을 참조. *Applied Cognitive Psychology*, 15(2001); R. J. McNally, *Remembering trauma*, Cambridge (Mass.), 2003.

52. S. Berendsen, "Alarmbellen gaan te laat rinkelen. Een brandweervrouw met jarenlange klachten na een noodlottige brand", in H. Hornsveld & S. Berendsen (red.), *Casusboek EMDR*, Houten 2009, 57-65.

53. Hornsveld & Berendsen, *Casusboek*, 60-61.

54. F. Shapiro, "Efficacy of the eye movement desensitization procedure in the treatment of traumatic memories", *Journal of Traumatic Stress*, 2(1989), 199-223.

55. F. Shapiro, *Eye movement desensitization and reprocessing: basic principles, protocols, and procedures*, New York 1995.

56. R. Stickgold, "EMDR: a putative neurological mechanism of action", *Journal of Clinical Psychology*, 58(2002), 1, 61-75.

57. Hornsveld & Berendsen, *Casusboek*, 48.

58. H. Hornsveld & S. Beredsen, "EMDR werkt! Maar hoe?", in Hornsveld & Berendsen, *Casusboek*, 41-52, 48.

59. R. W. Günter & G. E. Bodner, "How eye movements affect unpleasant memories: support for a working memory account", *Behaviour Research and Therapy*, 46(2008), 913-931.

60. Hornsveld & Berendsen, *Casusboek*, 51.

61. C. Debell & R. D. Jones, "As good as it seems? A review of EMDR experimental research", *Professional Psychology: Research and Practice*, 28(1997), 2, 153-163.

62. M. L. van Etten & S. Taylor, "Comparative efficacy of treatments for post-traumatic stress disorder: a meta-analysis", *Clinical Psychology and Psychotherapy*, 5(1998), 126-144.

63. J. I. Bisson, A. Ehlers, R. Matthews, S. Pilling, D. Richards & S. Turner, "Psychological treatment for chronic post-traumatic stress disorder, Systematic review and meta-analysis", *British Journal of Psychiatry*, 190(2007), 97-104.

64. Hornsveld & Berendsen, *Casusboek*, 157.

65. A. Struik, "Getraumatiseerd door een eigen misdrijf. Behandeling van een 15-jarig meisje dat vrijkomt uit de jeugdgevangenis", Hornsveld & Berendsen, Casusboek, 259-264.

66. Struik, "Getraumatiseerd", 261.

67. Freud, "Bruchstück", 25

68. C. X. Alvarez & S. W. Brown, "What people believe about memory despite the research evidence", *The General Psychologist*, 37 (2002), 1-6.

09 절대적 기억의 신화

1. 프로이트의 저서에 나오는 고고학적 은유에 관해서는 다음을 참조. "Gradiva: psychoanalyse as archaeology", in L. Møller, *The Freudian reading. Analytical and fictional constructions*, Philadelphia 1991, 31-55.

2. S. Freud, Gesammelte Werke, Band X, "Die Verdrängung", 250쪽에서 인용.

3. J. W. Draper, *Human physiology*, London 1856(ed. 1868), 269.

4. J. W. Draper, *History of the conflict between religion and science*, London 1878. 남아 있는 기억의 흔적을 표현하기 위해 자주 사용하는 은유인 사진에 관해서는 다음을 참조. D. Draaisma, *De metaforenmachine. Een geschiedenis van het geheugen*, Groningen 1995, 154-162.

5. S. Korsakow, "Erinnerungstäuschungen(Pseudoreminiscensen) bei polyneuritischer Psychose", *Allgemeine Zeitschrift für Psychiatrie*, 47(1891), 390-410, 405.

6. Freud, Gesammelte Werke, Band X, "Die Verdrängung", 250.

7. E. F. Loftus & G.R. Loftus, "On the permanance of stored information in the human brain", *American Psychologist*, 35(1980), 5, 409-420.

8. www.histori.ca/minutes/minute.do?id=10211(2010년 7월 22일)

9. 지금까지 펜필드에 관해 나온 유일한 전기는 손자가 썼다. J. Lewis, *Something hidden. A biography of Wilder Penfield*, Toronto 1981. 다음의 애도사도 참조. J. Eccles & W. Feindel, "Wilder Graves Penfield", *Biographical Memories of Fellows of the Royal Society*, 24(1978), 473-513.

10. 1909~1935년 펜필드는 매주 자신의 어머니에게 편지를 썼다. 그의 어머니는 이 편지들을 소중하게 보관했고, 펜필드는 훗날 몬트리올 신경학연구소를 개업하기

주　　371

까지의 자서전을 쓸 때 이 편지들을 참고했다. W. Penfield, *No man alone. A neurosurgeion's life*, Boston/Toronto 1977.

11. W. Penfield & T. Rasmussen, *The cerebral cortex of man*, New York, 1951; W. Penfield & H. Jasper, *Epilepsy and the functional anatomy of the human brain*, Boston 1954.

12. W. Penfield, *The excitable cortex in conscious man*, Livepool 1958.

13. Penfield, *Excitable*, 28.

14. Penfield, *Excitable*, 29.

15. W. Penfield, "The interpretive cortex. The stream of consciousness in the human brain can be electrically reactived", *Science*, 129(1959), 3365, 1719-1725.

16. W. Penfield, "Engrams in the human brain. Mechanisms of memory", *Proceedings of the Royal Society of Medicine*, 61(1968), 8, 831-840, 840.

17. W. Penfield & P. Perot, "The brain's record of auditory and visual experience. A final summary and discussion", *Brain*, 86(1963), 4, 595-696.

18. Penfield, "Engrams".

19. W. Penfield, "The electrode, the brain and the mind", *Zeitschrift für Neurologie*, 201(1972), 297-309.

20. W. Penfield, *The mystery of the mind*, Princeton NJ 1975.

21. E. Hadley, "Movie film in brain: Penfield reveals amazing discovery", *Montreal Star*, 1957년 2월 14일.

22. 익명, "The brain as tape recorder", *Time*, 1957년 12월 23일.

23. W. Penfield, "Memory mechanisms", *Archieves of Neurology and Psychiatry*, 67(1952), 178-198.

24. Penfield, "Memory", 192.

25. Penfield, "Memory", 192.

26. Penfield, "Memory", 193.

27. Penfield, "Memory", 194.

28. L. S. Kubie, "Some implications for psychoanalysis of modern concepts of the organization of the brain", *Psychoanalytic Quarterly*, 22(1953), 21-52.

29. V. W. Pratt, *Canadian portraits: Osler, Banting, Penfield. Famous doctors*, Toronto/Vancouver 1956(ed. 1971), 141.

30. G. A. Ojemann, "Brain mechanisms for consciousness and conscious experience", *Canadian Psychology/Psychologie Canadienne*, 27(1986), 2, 158-168, 164.

31. W. H. Calvin & G. A. Ojemann, *Ontdekkingstocht door de hersenen* (P. Diderich 번역), Amsterdam 1995, 88-89.

32. L. R. Squire, *Memory and brain*, Oxford 1987, 75-84.

33. Penfield, *Excitable*, 29.

34. Penfield, "Brain's record", 650.

35. Penfield, *Mystery*, 25.

36. P. Gloor, A. Olivier, L. F. Quesney, F. Andermann & S. Horowitz, "The role of the limbic system in experiential phenomena of the temporal lobe", *Annals of Neurology*, 12(1982), 129-144.

37. Gloor, "Role", 137.

38. Penfield, "Memory", 193.

39. 〈토탈 리콜〉(1990). 감독: Paul Verhoeven, 각본: Ronald Shusett. 원작: Philip K. Dick, "We can remember it for you wholesale."

40. H. F. Ellenberger, *The discovery of the unconscious*, New York 1970.

41. C. X. Alvarez & S. W. Brown, "What people believe about memory despite the research evidence", *The General Psychologist*, 37(2002), 1-6.

42. M. D. Yapko, "Suggestibility and repressed memories of abuse: a survey of psychotherapist's beliefs", *American Journal of Clinical Hypnosis*, 36(1994), 3, 163-171.

10 에스테르하지의 기억

1. H. Mulisch, *Mijn getijdenboek*, Amsterdam 1975, 64.

2. P. Esterházy, *Harmonia Caelestis* (T. Mora 번역), Berlin 2003에서 인용.

3. L. Starink, "Er is een eenvoudig woord voor: verraad", 페테르 에스테르하지와의 인터뷰, *NRC Magazine*, 2004년 9월 8일, 10.

4. Esterházy, *Harmonia Caelestis*, 9.

5. L. Kósa (Hg.), *A cultural history of Hungary. From the beginnings to the eighteenth century*, Budapest 1999.

6. R. Gates-Coon, *The landed estates of the Esterházy princes. Hungary during the reforms of Maria Theresia and Joseph II*, Baltimore/London 1994.

7. Esterházy, *Harmonia Caelestis*, 657.

8. Esterházy, *Harmonia Caelestis*, 658.

9. Esterházy, *Harmonia Caelestis*, 487.

10. Esterházy, *Harmonia Caelestis*, 835.

11. Esterházy, *Harmonia Caelestis*, 488.

12. Esterházy, *Harmonia Caelestis*, 697.

13. P. Esterházy, *Verbesserte Ausgabe* (H. Skirecki 번역), Berlin 2004에서 인용.

14. Esterházy, *Verbesserte Ausgabe*, 14.

15. Esterházy, *Verbesserte Ausgabe*, 15.

16. Esterházy, *Verbesserte Ausgabe*, 53.

17. Esterházy, *Verbesserte Ausgabe*, 54.

18. Esterházy, *Verbesserte Ausgabe*, 15.

19. Esterházy, *Verbesserte Ausgabe*, 46.

20. Esterházy, *Verbesserte Ausgabe*, 29.

21. Esterházy, *Verbesserte Ausgabe*, 69.

22. Esterházy, *Verbesserte Ausgabe*, 91.

23. Esterházy, *Verbesserte Ausgabe*, 91. 기억하겠지만 여기서 T는 '눈물(tear)의 약자이다.

24. F. la Bruyère, "La fils blessé", Radio France Internationale, 6 June 2002, www.rfl.fr(2010년 8월 1일).

25. S. Schädlich, *Immer wieder Dezember: Der Westen, die Stasi, der Onkel und ich*, München 2009.

11 아무것도 잊어버리지 않는 거울

1. E. A. Poe, "The oval prttrait", *Graham's Magazine*, April 1842. 다음에서 인용. "Het ovale portret", *Verhalen* (M. Heesen 번역), Utrecht/Antwerpen 1981, 259-261, 260. 다음에서 인용. http://de.wikipedia.org/wiki/Das_ovale_Porträt.

2. E. A. Poe, "The oval prttrait", 261. 다음에서 인용. http://de.wikipedia.org/wiki/

Das_ovale_Porträt.

3. E. A. Poe, "The Daguerreotype", *Alexander's Weekly Messenger*, 1840년 1월 15일, 2. 다음에서 인용. A. Trachtenberg (Hg.), *Classic essays on photography*, New Haven(Conn.), 1980, 37-38.

4. Poe, "The Daguerreotype", 38.

5. Poe, "The Daguerreotype", 38.

6. Stendhal, *La vie de Henry Brulard* (1890). 다음에서 인용. *Das Leben des Henry Brulard* (A. Schirmer 번역), Zürich 1981, 417.

7. Stendhal, *Leben*, 417.

8. J. Wood, "The Americal portrait", in J. Wood (Hg.), *America and the Daguerreotype*, Iowa City 1991, 1-26, 11.

9. G. Freund, *Photography and society*, London 1980, 11.

10. 익명, "Daguerreotypes", *Littell's Living Age*, 9(1846), 551-552, 552. 다음의 자료에서 인용. B. Mattison, *The social construction of the American daguerreotype portrait* (1995년 박사 논문, www.americandaguerreotypes.com에 발표), 2010년 7월 22일.

11. E. W. Emerson & W.E. Forbes (Hg.), *Journals of Ralph Waldo Emerson*, New York 1911, 87.

12. O. Wendell Holmes, "The stereoscope and the stereograph", Trachtenberg, *Classic essays*, 71-82, 72.

13. Wendell Holmes, "Stereoscope", 74.

14. T. S. Arthur, "American characteristics; No. V—The daguerreotypist", *Godey's Lady's Book*, 38(1849), 352-355, 354.

15. A. Bogardus, "Trials and tribulations of a photographer", *British Journal of Photography*, 36(1889), 183-184, 184.

16. 다음에서 인용. D. E. Stannard, "Sex, death, and daguerreotype. Toward an understanding of image as elegy", Wood, *America*, 73-108, 96.

17. Stannard, "Sex", 96.

18. R. Rudisill, *Mirror image. The influence of the daguerreotype on American Society*, Albuquerque 1971, 25.

19. 다음에서 인용. Rudisill, *Mirror image*, 26.

20. N. Hawthorne, "The prophetic pictures", in N. Hawthorne, *Twice-told tales*, 1837(ed. Ohio 1974), 166-182.

21. Hawthorne, "Prophetic", 167.

22. Hawthorne, "Prophetic", 169.

23. Hawthorne, "Prophetic", 173.

24. Hawthorne, "Prophetic", 175.

25. Hawthorne, "Prophetic", 179.

26. N. Hawthorne, *The house of the seven gables*, 1851(Hg. Oxford 1991), 91.

27. 다음에서 인용. A. Scharf, *Art and photography*, London 1968, 45.

28. Scharf, *Art*, 56.

29. Scharf, *Art*, 57.

30. G. Batchen, *Forget me not. Photography and remembrance*, Amsterdam/New York 2004, 16-17.

31. Scharf, *Art*, 55.

32. Scharf, *Art*, 46.

33. E. Eastlake, "Photography", Trachtenberg, *Classic essays*, 39-68, 65.

34. J. de Zoete, "In het volle zonlicht", *De daguereotypieën van het Museum Enschedé*, Haarlem 2009.

35. De Zoete, *Zonlicht*, 45.

36. De Zoete, *Zonlicht*, 45.

37. De Zoete, *Zonlicht*, 51. 안토니 프레데릭 쥐르허르는 네덜란드에서 초상화를 매우 잘 그리는 화가들 가운데 한 사람으로 알려졌다. 마틸다의 초상화를 완성해주는 대가로 그는 네덜란드 금화로 90플로린을 받았다.

38. De Zoete, *Zonlicht*, 50.

39. J. Ruby, *Secure the shadow. Death and photography in America*, Cambridge/London 1995.

40. 사진 역사가 스탠리 번즈는 사망 후 사진을 수집했는데, 그 가운데 대략 70장을 표준으로 선별했다. S. B. Burns, *Sleeping beauty. Memorial photography in America*, Altadena 1990.

41. Burns, *Sleeping*, no. 42.

42. 다음의 자료에서 인용. K. Sykora, *Die Tode der Fotografie, I. Totenfotografie*

und ihr sozialer Gebrauch, München 2009, 105.

43. Burns, Sleeping, no. 42.

44. Sykora, Tode, 113-114.

45. Ruby, Secure, 71.

46. Batchen, Forget, 10-15.

47. A. Krabben, "Onveranderlijk de eeuwigheid in", in B. C. Sliggers (Hg.), Naar het lijk. Het Nederlandse doodsportret 1500-heden, Zupthen 1998, 148-176.

48. G. Flaubert, Madame Bovary (1857). 다음의 책에서 인용. G. Flaubert, Madame Bovary (W. Widmer 번역), München, 북클럽을 위한 번역권 취득판, Gütersloh, 발행 연도 없음, 439-440.

49. Flaubert, Madame Bovary, München, 256-257쪽에서 인용.

50. R. Kousbroek, "Een parallelle natuurkunde", NRC Handelsblad, Kulturbeilage, 2004년 3월 26일, 17.

51. L. Standing, "Learning 10,000 pictures", Quarterly Journal of Experimental Psychology, 25(1973), 207-222.

52. 여기서는 독일어판을 인용. Bernlef, Hirngespinste (M. Csollány 번역), München, 1989, 83.

53. Bernlef, Hirngespinste, 90.

12 망각의 기술

1. H. Weinrich, Lethe. Kunst und Kritik des Vergessens, München 1997, 92.

2. Weinrich, Lethe, 94.

3. Weinrich, Lethe, 24.

4. 책 형태로는《망각에 관한 소책자》로 출간되었다. 이것은 다음에서 찾아볼 수 있다.
M. Toonder, Daar zit iets achter, Amsterdam 1980.

5. Toonder, "Vergessen", 104.

6. Toonder, "Vergessen", 124.

7. Toonder, "Vergessen", 142.

8. Toonder, "Vergessen", 134.

9. Toonder, "Vergessen", 185.

10. Weinrich, *Lethe*, 103.

11. J. Vullings, "Ik wacht op mijn tijd", Interview Marten Toonder, *Vrij Nederland*, 2004년 10월 2일, 26-30, 26.

12. Vullings, "Wacht", 26.

13. Vullings, "Wacht", 26.

14. Vullings, "Wacht", 26.

15. Vullings, "Wacht", 26.

16. M. Toonder, "Herinneringen zonder trosst", in W. Kayzer, *Het boek van de schoonheid en de troost*, Amsterdam 2000, 249.

17. M. Toonder, *Autobiografie*, Amsterdam 2010, 11.

18. Toonder, "Herinneringen", 250.

13 두 번째 죽음

1. G. Fife, *The Terror. The shadow of the guillotine: France 1792-1794*, New York 2004.

2. O. Blanc, *De laatste brief. Authentieke afscheidsbrieven van slachtoffers van de Franse Revolutie* (M. E. Veenis-Pieters 번역), Amsterdam 1988, 20. 여기에서 인용한 책은 독일어로 번역한 것이다. *Der letzte Brief. Die Schreckenherrschaft der Französischen Revolution in Augenzeugenberichten* (B. Pätzold 번역), Wien-Darmstadt 1988, 31. 다음도 참조. C. Michael, *Abschied*.

3. Blanc, *Der letzte Brief*.

4. Blanc, *Der letzte Brief*, 39.

5. Blanc, *Der letzte Brief*, 39.

6. Blanc, *Der letzte Brief*, 148.

7. Blanc, *Der letzte Brief*, 94.

8. Michael, *Abschied*, 68.

9. Blanc, *Der letzte Brief*, 31.

10. Blanc, *Der letzte Brief*, 248.

11. Blanc, *Der letzte Brief*, 282.

12. Blanc, *Der letzte Brief*, 212.

13. Blanc, *Der letzte Brief*, 230.

14. Blanc, *Der letzte Brief*, 239.

15. Blanc, *Der letzte Brief*, 185-186.

16. Blanc, *Der letzte Brief*, 219.

17. Blanc, *Der letzte Brief*, 123.

18. Blanc, *Der letzte Brief*, 123.

19. Blanc, *Der letzte Brief*, 123.

20. M. Proust, *A la recherche du temps perdu: Du côté de chez Swann* (1913). 여기
서는 네덜란드어판을 인용. *De kant van Swann* (C. N. Lijsen 번역), Amsterdam
2000, 90.

21. Blanc, *Der letzte Brief*, 124.

22. Blanc, *Der letzte Brief*, 148.

23. Blanc, *Der letzte Brief*, 262.

24. Blanc, *Der letzte Brief*, 191.

25. Blanc, *Der letzte Brief*, 168-169.

26. Blanc, *Der letzte Brief*, 148.

27. Blanc, *Der letzte Brief*, 181.

28. Blanc, *Der letzte Brief*, 214.

29. Blanc, *Der letzte Brief*, 266.

30. Blanc, *Der letzte Brief*, 148.

31. Blanc, *Der letzte Brief*, 214.

32. Blanc, *Der letzte Brief*, 278.

33. Fife, *Terror*, 336-340.

34. Blanc, *Der letzte Brief*, 286.

35. Blanc, *Der letzte Brief*, 286.

36. Blanc, *Der letzte Brief*, 165.

37. Blanc, *Der letzte Brief*, 287.

38. H. Schröter, *Laatste brieven uit Stalingrad* (J. W. Crom 번역), Haag 1966.

39. Schröter, *Laatste brieven*, 83-84.

40. I. O'Donnell, R. Farmer & J. Catalan, "Suicide notes", *British Journal of Psychiatry*, 163(1993), 45-48.

41. E. S. Shneidman & N. L. Farberow (Hg.), *Clues to suicide*, New York 1957.

42. B. Eisenwort, A. Berzlanovich, U. Willinger, G. Eisenwort, S. Lindorfer & G. Sonneck, "Abschiedbriefe und ihre Bedeutung innerhalb der Suizidologie", *Nervernarzt*, 11(2006), 1355-1362.

43. E. S. Shneidman, "Suicide notes reconsidered", *Psychiatry*, 36(1973), 379-394, 386.

찾아보기

쪽수 옆 괄호 안 숫자는 주 번호입니다.

보가더스, A. 290, 375(15)
보겐, J. 162, 365(2~3)
보네, C. 175, 366(20)
보다머, J. 118~126, 362(1~5), 366(22)
보드너, G. E. 370(59)
보리, B. 30, 33~34
볼커르스, J. 31, 51
빌링스, J. 378(11~15)
브라운, S. W. 371(68), 373(41)
브로카, P. 113
브뤼예르, F. 라 374(24)
블랑, O. 378(2~12), 379(13~19, 21~37)
블론스키, P. 36, 358(14)
비슨, J. I. 370(63)
빈센트, G. 340
빈켄, P. 153, 365(14)
빈켄노흐, S. 32
빌링거, U. 380(42)

사바흐, K. 358(27)
살라트, D. H. 361(3)
색스, O. 125, 162, 362(6~7)
샤라스, F. 드 334
샤프, A. 376(27~29, 31~32)
샤피로, F. 190, 220~222, 370(54~55)
샥터, D. L. 364(11)
샬론, A. 294
서맥, L. S. 363(8)
서셋, R. 373(39)
셰링턴, C. 239

세틀리히, S. 374(25)
셀라흐, L. 369(48)
소넥, G. 380(42)
쇼월터, E. 213, 369(38~39)
숄츠, F. 236
수르디에 라발레, P. J. 333
슈나이드먼, E. S. 380(41)
슈뢰터, H. 379(38~39)
슈아쥘 스탱빌, F.-T., 모나코의 왕자
  비 335~338
슈워제네거, A. 255
슈트림펠, L. 58~59, 359(5)
슐츠, R. T. 363(12)
스노잉크, L. 35
스코빌, W. B. 96, 101~107, 112, 360(2),
  361(10, 12, 14), 362(23)
스코트코, B. 361(16)
스콰이어, L. R. 251, 363(7), 373(32)
스타링크, L. 373(3)
스타이넘, G. 214
스타크, L.-J. 365(16~17)
스탕달 285~286, 375(6~7)
스태너드, D. E. 375(16~17)
스탠딩, L. 377(51)
스트라워, A. 371(65~66)
스티브슨, R. L. 182
스티프, K. 30
스틱골드, R. 222, 370(56)
스펄링, G. 11, 357(2)
스페리, R. 162
스프링어, S. P. 366(28)